Reinhard Pfriem

Unternehmenspolitik in sozialökologischen Perspektiven

Theorie der Unternehmung

Band 1

Herausgegeben von Reinhard Pfriem

Reinhard Pfriem

Unternehmenspolitik in sozialökologischen Perspektiven

Metropolis-Verlag
Marburg 1995

Umschlagfoto: René Magritte (1898-1967): La Condition humaine (1933). Copyright: VG BILD-KUNST, Bonn 1994; für die Vorlage: Photograhie Giraudon, Paris.

Die Deutsche Bibliothek – CIP-Einheitsaufnahme

Pfriem, Reinhard:
Unternehmenspolitik in sozialökologischen Perspektiven / Reinhard Pfriem – Marburg: Metropolis-Verl., 1995
(Theorie der Unternehmung; Bd. 1)
Zugl.: St. Gallen, Hochschule für Wirtschafts-, Rechts- und Sozialwiss., Habil.-Schr., 1994
ISBN 3-89518-037-8
NE: GT

Metropolis-Verlag für Ökonomie, Gesellschaft und Politik GmbH
Postfach 1748, 35007 Marburg

Druck: Rosch Buch, Hallstadt

ISBN 3-89518-037-8

Vorwort

Das vorliegende Buch ist die überarbeitete Fassung meiner Habilitationsschrift, die im Januar 1993 bei der Hochschule St. Gallen eingereicht wurde. Das führt gleich zur ersten Danksagung: beim Erstgutachter Prof. Dr. Peter Ulrich, der bewiesen hat, welch intensive fachliche und persönliche Betreuung bei einem solchen Vorhaben möglich ist. Damit wurde zugleich ein Beispiel jener Kommunikation geliefert, die man in der betriebswirtschaftlichen Zunft allzu häufig schmerzlich vermißt. Als inhaltliche Unterstützung (die zugleich eine wohltuende Gemeinsamkeit der forschungspolitischen Perspektiven darstellt) sei insbesondere auf die Energie hingewiesen, mit der Peter Ulrich das Projekt der Erweiterung ökonomischen Denkens betreibt, jenseits dessen fortgesetzter Engführung oder Verabschiedung. Danken möchte ich auch herzlich den beiden weiteren Gutachtern, Prof. Dr. Eberhard Seidel und Prof. Dr. Knut Bleicher. Bei dem Kollegen Seidel möchte ich besonders hervorheben, daß er durch sein eigenes Tun Zuversicht verbreitet, es könnte in der Betriebswirtschaftslehre gelingen, deren Integration mit ökologischen Problemstellungen so zu betreiben, daß die Ökologie dabei nicht zu kurz kommt.

Für mich als Verfasser bedeutet die vorliegende Arbeit weit mehr als den formalen Akt des Habilitationsverfahrens. Sie ist zum einen eine Art Zwischenbilanz, etwas mehr als 10 Jahre, seit ich über meine Wuppertaler Promotion begonnen hatte, mich mit den Verbindungslinien zwischen Ökologie und Betriebswirtschaftslehre zu beschäftigen. Zum anderen ist sie so etwas wie der Stand einer Programmatik, nachdem ich durch die Gründung des Instituts für ökologische Wirtschaftsforschung (IÖW) gGmbH bis Anfang der 90er Jahre kaum zum gründlicheren wissenschaftlichen Arbeiten gekommen war, einer Programmatik für die inzwischen aufgenommene Hochschullehrertätigkeit.

In eine solche Arbeit der theoretischen und praktischen Selbstverständigung gehen stets vielfältige Einflüsse ein, die teils mit verschiedenen biographischen Phasen zusammenhängen. Wenn man mit der Studentenbewegung von 1968 ff. das persönliche Interesse an praktischer Veränderung der Gesellschaft einmal kräftig eingesogen hat, so treibt einen sowohl dieses als auch die damalige Einsicht, sich die gesellschaftlichen Verhältnisse theoretisch erklären können zu müssen.

Bezogen auf damalige Auffassungen hat sich „natürlich“ eine weitreichende Wende vollzogen: die Unternehmen werden nicht mehr als Ursache fast allen gesellschaftlichen Übels verstanden, sondern als besonders wichtiges Handlungsfeld für künftige gesellschaftliche Entwicklung.

Ein weiterer Hintergrund für die Arbeit liegt in meiner mehr als 5-jährigen Tätigkeit als IÖW-Geschäftsführer in Berlin. Der Frust darüber, im Vergleich zu anderen weit weniger zur wissenschaftlichen Beschäftigung mit der überfälligen ökologischen Öffnung der Betriebswirtschaftslehre zu kommen, wurde überkompensiert durch die reichhaltigen Erfahrungen, die wir seit 1987 in Projekten in und mit Unternehmen über die praktischen Möglichkeiten ökologischer Unternehmenspolitik gewinnen konnten. Auch wenn diese Praxisforschung auf Jahre hinaus den Bogen erst einmal weit zum betrieblichen Alltag spannte und wenig Raum für avanciertere theoretische Untersuchungen gab, hat sie mir den Horizont geliefert, vor dem solche Untersuchungen vernünftig angegangen werden können. Zahlreiche persönliche Gespräche brachten dabei weiter: für das Forschungsfeld „Ökologische Unternehmenspolitik“ seien insbesondere Hendric Hallay (inzwischen mein Mitarbeiter in Oldenburg), Sabine Lehmann und Jens Clausen genannt; stellvertretend für das gesamte IÖW Stefan Zundel, mein Nachfolger als Geschäftsführer. Ausdrücklich gedankt sei auch Rainer Lucas, nicht nur, weil die Freundschaft hier weit über die IÖW-Gründung zurückreicht, sondern auch, weil er keine unwesentliche Rolle spielte bei meiner Entscheidung, im Fach Betriebswirtschaftslehre zu promovieren.

Mit Dank erwähnen möchte ich auch diejenigen außerhalb des IÖW, die wichtige Gesprächspartner für meine konzeptionellen Überlegungen zur ökologischen Unternehmenspolitik waren; stellvertretend möchte ich hier Volker Stahlmann und Bernd Wagner hervorheben.

Der Weg nach Oldenburg war persönlich und beruflich eine abrupte Veränderung — eine Entscheidung, die ich bis heute nicht bereut habe, obwohl mir seither erst die Lasten einer Universitätsbürokratie sinnlich nahegehen, und das nicht zu knapp. Für den ersten Ruf nach Oldenburg und die seitherige Freundschaft möchte ich vor allen anderen Johann Middents, Bernd Feuerlohn und Reinhard Behrens danken. In diesen Oldenburger Jahren ist es trotz Sparerlassen und Ausstattungsdefiziten gelungen, persönlichen und fachlichen Teamgeist zu entwickeln. Neben Frau Ursula Cammans als Sekretärin und Hendric

Hallay als Mitarbeiter ist hier Alexandra Luig, Dirk Fischer, Christoph Schwarzer und Sabine Harde zu danken, auch dafür, daß dieses Buch endlich fertig wurde. Dirk Fischer und Christoph Schwarzer haben ebenso wie Hendric Hallay noch eine Reihe inhaltlicher Anregungen gegeben.

Jetzt kommt die Stelle, wo in manchen Büchern der Ehefrau und eventuell auch den Kindern dafür gedankt wird, dem Verfasser in hinreichendem Umfang den Rücken der zeitlichen Arbeitsteilung freigehalten zu haben. Mir geht es um anderes. Für die *innere* Ruhe, die ich erst finden mußte, für das glückliche Angekommensein, das einen schreiben lassen kann, was in einem denkt, und dafür, endlich mit jemandem unendlich reden zu können, danke ich Veronika. Und ebenso kommt ein Teil der Energie von daher, daß es Ursula gibt, zu der und von der sich das, was an Gefühlen zwischen Tochter und Vater möglich ist, in manch unruhigem Fahrwasser bewähren mußte. Schön, daß es Euch beide gibt.

Bochum und Stapelmoor, Dezember 1994

Inhalt

„Vielleicht beziehen die Dinge um uns ihre Unbeweglichkeit nur aus unserer Gewißheit, daß sie es sind und keine anderen, aus der Starrheit des Denkens, mit der wir ihnen begegnen."

(Marcel Proust, Auf der Suche nach der verlorenen Zeit)

„Um am Ende sagen zu könen: so war es, so ging es zu, dies ist die ganze Geschichte. Doch das wäre wider besseres Wissen. Wider besseres Wissen ist andererseits eine gute Art, nicht aufzugeben. Wüßten wir es besser, gäben wir auf."

(Per Olov Enquist, Kapitän Nemos Bibliothek)

III.
Bausteine für eine Pragmatik sozialökologischer Unternehmenspolitik

Einleitung

„Die Toten waren sachlich. War nicht alles Objektive, alles Unpersönliche so recht eine Angelegenheit der Toten? Die Toten nahmen keine Partei — sie waren die Parteilosen an sich. Während alle Lebenden, solange sie wirklich lebten und nicht als Mumien schon durch die Welt stolperten, Partei zu ergreifen hatten ...“
(aus: Krock & Co., einem von Friedrich Glausers Wachtmeister-Studer-Romanen).

Als der Club of Rome 1972 seinen Bericht über die „Grenzen des Wachstums“ (Meadows u.a. 1972) veröffentlichte, führte dies zu einer ersten breiten internationalen Diskussion über das Phänomen einer ökologischen Krise. Ganz im Sinne der Malthusschen Sorge in einer frühen Phase der modernen ökonomischen Wissenschaften (Malthus 1798), die mengenmäßige Bevölkerungsentwicklung könnte den Versorgungsmöglichkeiten vorauseilen, stand im sachlichen Zentrum der Analyse dieses Berichts das Problem der möglichen Ressourcenknappheit.[1]

Inzwischen ist das, was im politischen und akademischen Raum als ökologische Krise identifiziert wird, offenkundig wesentlich komplexer geworden: die Problemsicht ist von der Plünderung des Planeten (vgl. Gruhl 1975) zur Vergiftung des Planeten (vgl. Henseling 1992) fortgeschritten.

In einem 1991 veröffentlichten Bericht des Club of Rome, der bemerkenswerterweise viel weniger Diskussionsimpulse gab, weil er nämlich eines von inzwischen kaum mehr zählbaren einschlägigen Dokumenten darstellt, werden als wesentlich aufgeführt: „Die Ausbreitung toxischer Substanzen in der Umwelt ... Die Säuerung von Seen und Wäldern durch Schadstoffe ... Die Verseuchung der oberen Schichten der Atmosphäre durch Fluorchlorkohlenwasserstoff ... Der sogenannte Treibhauseffekt, der bei weitem bedrohlichste Umweltschaden“ (King/ Schneider 1991).

Gerade die Schädigung der Ozonschicht und die nach recht übereinstimmender Expertenansicht drohenden nachhaltigen Veränderungen

---

1 Dieser Umstand hat vermutlich einiges dazu beigetragen, daß häufig immer noch — längst fälschlicherweise — das Ökologieproblem als Knappheitsproblem verhandelt wird, s. dazu a. Kap. 8.1.

des Weltklimas unterstreichen alle einschlägigen Befunde, daß die Menschen in zwei Jahrhunderten industrieller Entwicklung intensiver und extensiver in ihre natürliche Umwelt eingegriffen haben als in den ganzen Jahrtausenden vorheriger menschlicher Entwicklung: „Mit der industriellen Revolution wurde der Stoffwechsel zwischen Mensch und Natur einem revolutionären Wandel unterzogen" (Henseling 1992, S. 10).

Dieser Wandel und seine Folgen lassen sich nicht einfach durch einige graduelle Veränderungen korrigieren. Im Vorgriff auf den *betriebswirtschaftlichen* Standort, von dem aus in der vorliegenden Arbeit die ökologischen Probleme behandelt werden, ergibt sich folgende Überlegung: Probleme der Ressourcenverknappung konnten und können prinzipiell (a) über Mengensteuerung und (b) über Substitution von Stoffen erfolgreich angegangen werden; bei der Vernichtung von Arten, der Zerstörung von Landschaften und dem In-die-Welt-setzen von möglicherweise nicht kontrollier- bzw. steuerbaren Stoffen und Technologien handelt es sich demgegenüber um Entwicklungen und Wirkungen, die kaum korrigierbar bzw. die irreversibel sind.

Die ökologischen Problembeschreibungen gehen sinnvollerweise aus von infrastrukturellen Zusammenhängen (vgl. dazu Strasser/Traube 1981, Pfriem 1983, v. Weizsäcker 1989): die Chemisierung und Zentralisation der Landwirtschaft hat zu einer Qualitätsverschlechterung der Nahrungsmittel geführt; Wohngifte markieren einen Teilbereich für den Befund, daß die Industrialisierung und Chemisierung des Alltags die Gesundheit vieler Menschen angegriffen hat; die Automobildominanz der Verkehrspolitik hat nicht nur zur Folge, daß ca. die Hälfte der Deutschen im unmittelbaren Wohnumfeld unter Verkehrslärm leidet (s. Rat der Sachverständigen für Umweltfragen 1988) — die Rede vom freien Stau für freie Bürger signalisiert, daß die Mobilität mit der herkömmlichen Technologie an ihre Grenzen stößt; die Menschen, die der Unwirtlichkeit ihrer Lebensumwelt auf touristischen Wegen entfliehen wollen, stoßen auf verschmutzte Gewässer, in denen Baden verboten oder ohne Verbot gesundheitsschädigend ist, und überfüllte Urlaubsorte; wo beides nicht der Fall ist, tragen sie oft genug zur weiteren Landschaftszerstörung bei.

Nicht nur in der Betriebswirtschaftslehre oder darüber hinaus den Wirtschaftswissenschaften, sondern generell ist die ökologische Krise bis heute hauptsächlich unter *eurozentristischen*, d.h. ökonomischer formuliert: den *spezifischen* Gesichtspunkten der entwickelten industriellen Länder behandelt worden.

Die 1992 in Rio durchgeführte UN-Konferenz für Umwelt und Entwicklung war sowohl in der Unternehmenspolitik als in der Wissenschaft Anstoß dafür, die *Globalität* und Internationalität der ökologischen Krise anzuerkennen und daraus theoretische wie praktische Schlußfolgerungen zu ziehen.

Für die Unternehmenspolitik wurde dies besonders deutlich an der Bildung eines Business Council for Sustainable Development. Dieser Unternehmerrat unter Führung des Schweizer Unternehmers Stephan Schmidheiny veröffentlichte im Vorfeld der UN-Konferenz einen Bericht, in dem es u.a. heißt: „Durch die Kooperation im Kontext einer nachhaltigen Entwicklung erhält die Unternehmensverantwortung neue zeitliche und räumliche Dimensionen. Die Unternehmen müssen die Auswirkungen ihrer Tätigkeit auf künftige Generationen und *auf Menschen in anderen Teilen der Welt* in Betracht ziehen" (Schmidheiny 1992, S. 129; Hervorhebung R.P.).

Sustainable development, d.h. in deutscher Sprache nachhaltige, dauerhafte, langfristig tragfähige Entwicklung steht seit 1992 dafür, daß Probleme von (ökologischer) Umwelt und Entwicklung (ökonomisch weniger entwickelter Länder) nur noch gemeinsam bearbeitet und gelöst werden können. Als *Konzept* (vgl. dazu Harborth u.a. 1991, Vornholz 1994) geht es dabei um die Frage nach den *Bedingungen* der Möglichkeit, die Wirtschafts-, Arbeits- und Lebensmodelle der entwickelten industriellen Länder so umzugestalten, daß deren Globalisierung auf dem ganzen Erdball möglich ist.[1]

In der folgenden Arbeit wird uns aus der *betriebswirtschaftlichen Perspektive der entwickelten industriellen Länder* die Frage beschäftigen, welche Beiträge die einzelwirtschaftlichen Subsysteme dieser Gesellschaften, d.h. die *Unternehmungen* für eine solche Entwicklung leisten können. Wir gehen also von der Herstellungsseite und nicht der Betroffenheitsseite des Wohlstandsmodells aus, das als nicht weiterführbar, nicht übertragbar etc. kritisiert wird. Insofern ist dieser Arbeit

1 Dieses Verteilungsproblem mag man durchaus unter zwei sehr verschiedenen Blickwinkeln angehen: dem einen (moralischen), daß dies ein Gebot der menschlichen Verteilungsgerechtigkeit ist; oder dem anderen (politischen), daß es eher unwahrscheinlich ist, daß die Mehrheit der Erdbevölkerung längerfristig eine deutliche Unterprivilegierung ihrer Lebensqualität hinnehmen wird.

die in der engeren ökologischen Debatte verhandelte Alternative „mehr Umweltzerstörung oder Askese“ sowieso äußerlich. Über den fachdisziplinären betriebswirtschaftlichen Bezug hinaus versteht sich diese Arbeit freilich als Beitrag zu einer Argumentation, daß die *ökologische* Perspektive nicht in Verzicht und Selbstbeschränkung liegt, sondern in Glück und Qualität: *ein* Problem, das für diese Perspektive erfolgreich bearbeitet und geklärt werden muß, ist „nur“ die gesellschaftliche Verbreitung der Einsicht, daß Unternehmen nicht einer technisch-rationalen Welt zugehören, die jenseits solcher Fragen existiert, sondern daß Unternehmen unternehmens*kulturell* nicht nur als Produzenten einer bestimmten internen Unternehmenskultur, sondern v.a. als Produzenten von *Kultur in die Gesellschaft hinein* zu verstehen sind.

Als *wissenschaftliche* Arbeit hat sich das Folgende von politischer Agitation und Euphorie fernzuhalten. Daß wir uns im Übergang vom ökonomischen zum ökologischen Zeitalter befänden (so v. Weizsäcker 1989), ist bis auf weiteres eine völlig unbegründete These.

Bei der praktischen und theoretischen Bearbeitung des ökologischen Problems spüren wir einstweilen eher Hilflosigkeit und weiterreichende Differenzen zwischen existierenden Konzepten (ökologisch gerichteter Veränderung) und politischer bzw. ökonomischer Praxis.

Dieser „lag“ zwischen (potentiell) „objektivem Wissen“ einer Gesellschaft und praktischer Umsetzung wird dadurch verstärkt, daß frühere gesellschaftstheoretische Konzeptionen eines quasi-apriorischen Fortschreitens der Menschheit zum umfassenden Frieden auf Erden (Kant) oder die Durchsetzung des materiellen und geistigen menschlichen Heils über eine Folge sehr grundsätzlicher Konflikte (so die an Marx orientierte wirtschafts- und sozialwissenschaftliche Tradition) inzwischen als widerlegt angesehen werden dürfen.

Das Ergebnis dieser Widerlegungen ist die theoretische wie praktische Unmöglichkeit, Gut gegen Böse stellen und damit vielleicht begründen zu können, warum sich trotz alledem das Gute in der gesellschaftlichen Zukunft noch durchzusetzen vermag. Soziologisch wird allseits eine „neue Unübersichtlichkeit“ (Habermas 1985) und eine Individualisierung (Beck 1986) beklagt. Tatsächlich gibt es eine Parzellierung möglicher Parteilichkeiten in gesellschaftlich relevanten Konflikten (wie wir das eher nennen möchten), die die Sache gesellschaftlicher Veränderung nicht einfacher macht.

Um so mehr lohnt der nüchterne *analytische Blick* darauf, welche *Akteure* dafür in Betracht kommen. Die vorliegende Arbeit begründet, inwiefern Unternehmen/Unternehmer (wenn überhaupt) eine tragende Rolle im Rahmen grundsätzlicher ökologischer Veränderungen einnehmen (können).

Im I. Teil der Arbeit werden die ökologische Herausforderung und die bisherigen betriebswirtschaftlichen Reaktionsweisen analysiert.

Dazu wird (1) aufgefächert, worin die *ökologische Herausforderung der Unternehmen* besteht und wie die Unternehmen von ihrer bisherigen Verfaßtheit her damit umgehen. (2) wird der *Charakter des Ökologieproblems* genauer betrachtet, was uns zu dem titelgebenden Begriff der Sozialökologie führt. Vor diesem Hintergrund wird (3) der *Aufnahme des Ökologieproblems durch die Betriebswirtschaftslehre* nachgegangen; dabei tritt eine Differenzierung zutage, die sowohl auf den unterschiedlichen thematischen Schwerpunktsetzungen der verschiedenen Fachvertreter als auch auf spezifischen Sichtweisen des Ökologieproblems beruht. Die bisherige betriebswirtschaftliche Rezeption des Ökologieproblems unterstreicht gleichzeitig die mögliche Vielfalt unternehmenspolitischer Reaktionsweisen; diese sind gebunden an (4) *Entscheidungsfreiräume im ökologischen Handlungsfeld*, die einschließlich für diese Frage verwendbarer Theoriegesichtspunkte untersucht werden.

Der II. Teil ist der im engeren Sinne theoretische Teil dieser Arbeit. Dabei soll Theorie im Spannungsfeld mit ihrer Praxis und im Lichte einschlägiger Vermittlungsbemühungen bewegt werden.

Eine solche Vermittlungsbemühung stellt seit geraumer Zeit der systemorientierte Ansatz der Betriebswirtschaftslehre dar, der mit seinen Weiterentwicklungen in jüngster Zeit unter Theoretikern wie Praktikern zunehmende Verbreitung gefunden hat. Daher werden (5) Chancen und Risiken des *systemorientierten, ganzheitlichen und integrierten Managementkonzeptes* einer genaueren Analyse unterzogen. Die wachsende Bedeutung dieses Ansatzes hängt zusammen mit dem Aufstieg normativen Managements als einem Kernstück der Unternehmenspolitik. Vor dem Hintergrund genauerer Bestimmungen von Unternehmenspolitik wird (6) das *normative Management* in seinen verschiedenen Komponenten aufgefächert.

„Ökologie und Ökonomie lassen sich — wenn überhaupt — nur wirtschaftsethisch versöhnen“ (Ulrich 1989b, S. 129). In (7) wird deshalb — im ausführlichsten Kapitel dieser Arbeit — den *Möglichkeiten einer sozialökologischen Ethik* nachgegangen. Die sich daraus ergebenden theoretischen Klärungen schaffen bessere Grundlagen für den angemessenen wirtschaftswissenschaftlichen Umgang mit dem Ökologieproblem. Dieser wird (8) betrachtet mit Blick auf eine noch zu entwickelnde *kritische Theorie der Unternehmung im ökologischen Handlungsfeld.*

Der III. Teil übersetzt die bis dahin geschaffenen theoretischen Elemente auf die Ebene des strategischen Managements.

Dies beginnt (9) mit einer Erörterung des Gedankens der *funktionsorientierten Unternehmenspolitik*, der der Unternehmung als Subsystem der Gesellschaft neue strategische Perspektiven eröffnet. Unter Bezugnahme auf die einschlägige betriebswirtschaftliche Diskussion wird in (10) nach den Bedingungen der *Möglichkeit ökologischer Innovationsstrategien* gefragt. Unabdingbare Voraussetzung dafür ist die angemessene Verarbeitung ökologisch relevanter Informationen und deren intensive Kommunikation. Das nachfolgende Kapitel (11) beschäftigt sich daher mit den Aufgaben ökologischer *Information und Kommunikation.* Die ökologische Herausforderung der Unternehmenspolitik liegt primär nicht in der technischen, sondern der sozialen Dimension. In (12) werden deshalb abschließend Bausteine einer *ökologischen Organisations- und Personalentwicklung* vorgestellt.

I.

ÖKOLOGIE, UNTERNEHMENSPOLITIK UND BETRIEBSWIRTSCHAFTSLEHRE — EIN BEZIEHUNGSPROBLEM

1. Kapitel

Die ökologische Herausforderung der Unternehmen

„Es war ein historischer Fortschritt, daß es inzwischen Gruppen gab, die die Rechte von Bäumen, Pflanzen und Tieren mit der gleichen Heftigkeit verteidigten, mit der andere für die Menschenrechte eintraten."
(Peter Schneider in seinem Roman „Paarungen")

1.1 Die Unternehmen als mögliche Akteure von Umweltpolitik

Umweltpolitik wurde in den Industrieländern keineswegs von Anfang an als Aufgabe der Unternehmen verstanden. In Deutschland, wo erstmals 1971 auf Bundesregierungsebene ein Umweltprogramm vorgestellt wurde, verstand sich zunächst der Staat als zentraler Akteur der Umweltpolitik, während daraus resultierende Anforderungen von der Wirtschaft erst einmal nur als Belastungen gesehen wurden. Im Zweifel *Gefährdung der ökonomischen Ziele*, war Umweltschutz also in der ersten Phase von Umweltpolitik eine lästige Restriktion, die alle ökonomischen Akteure nach Kräften zu hintergehen trachteten.

Die Studien von Meißner und Hödl (1978) sowie Sprenger (1979) widerlegten dann gegen Ende der 70er Jahre nachhaltig die Auffassung, Umweltschutz gefährde Volkswirtschaft und Arbeitsplätze. Danach sprach man von den positiven ökonomischen und Beschäftigungseffekten einer Umweltschutzindustrie (vgl. Huber 1982) und insgesamt davon, wie *vorteilhaft* Umweltschutz volkswirtschaftlich sei, bis hin zu weitreichenden Hoffnungen auf ein grünes Wirtschaftswunder (vgl. Brunowsky/Wicke 1985 und Wicke 1986).

Unter dem gleichzeitigen Druck ökologischer und beschäftigungspolitischer Probleme wurde staatlicherseits (vgl. Wirtschaftsminister des Landes Schleswig-Holstein 1991) sowie in gewerkschaftlichen

Programmen versucht, „Arbeit und Umwelt“[1] konzeptionell zu integrieren. Als Problem solcher Überlegungen stellte sich bald heraus, daß integrierte ökologische Lösungen aufgrund der dadurch begünstigten Struktur (Umweltschutz beschäftigungsorientiert an die bisherigen Produktionskonzepte anzuhängen) unterlaufen werden. So können Sanierungs- und Entsorgungstechnologien situativ und vorübergehend Abhilfe schaffen, langfristig ist ihre Dominanz jedoch ein Beleg für die Ineffizienz der Umweltpolitik.

Umweltschutz tauchte als *politisches Handlungsfeld* zunächst im Zusammenhang mit der Standortproblematik von Industrieunternehmen auf. Dies läßt sich am Beispiel des Ruhrgebiets als größtem industriellen Ballungsraum in Deutschland beschreiben (vgl. dazu Katalyse-Technikergruppe 1982 sowie Aring/Butzin/Danielzyk/Helbrecht 1989).

Historisch betrachtet gab es in diesem Raum Mitte der 60er Jahre eine Zäsur bei der Standortpolitik. Ausschlaggebend war die schwere langfristige Rezession der Montanindustrie, die einerseits die Zerstörung der regionalen Wirtschaftskraft zur Folge hatte, andererseits durch den gleichzeitigen Aufbau zukunftsträchtiger Industrien in den süddeutschen Zentren (insbesondere Maschinen- und Fahrzeugbau) die Attraktivität des Ruhrgebiets als Standort von neuen Industrien, aber auch von potentiellen Mitarbeitern mit hochqualifizierten Berufen sinken ließ. Die Folge war eine starke Abwanderung der Sekundärindustriebereiche als auch der qualifizierten Arbeitskräfte.

Ziel der eingeleiteten Standortpolitik war es deshalb, den Standort Ruhrgebiet attraktiver für Industrieansiedlungen und Facharbeiter zu gestalten. Als klassische Montanregion litt die Bevölkerung hier vor allem unter der als katastrophal zu bezeichnenden Umweltqualität, die bis zur direkten Gesundheitsgefährdung reichte. Die in Nordrhein-Westfalen propagierte Strategie des „Blauen Himmels über der Ruhr“ war in diesem Sinne vor allem Standortpolitik.

Die umweltpolitische Intention dieser Strategie lag nicht in der Vermeidung der Umweltwirkungen, insbesondere in der Montanindustrie, sondern die These war, daß die als unumstößlich für das Wohlergehen hinzunehmenden Umweltwirkungen von den Einwirkungen auf die Region und die Menschen dort getrennt werden müßten.

---

1 So die politische Formel solcher Ansätze.

Entsprechend wurden die Maßnahmen konzipiert:

- Durch eine regionale Verknüpfung der kommunalen Versorgungseinrichtungen in den Siedlungsverbänden und den Unterorganisationen wurde eine regionale Wasserwirtschaft entwickelt, die einerseits die Trinkwasserversorgung durch die Sicherung schadstoffarmer Wasserreserven (Ruhr) und zum anderen die reibungslose Entsorgung durch entsprechende Vorfluter (Emscher) gewährleisten sollte. So entstand koordiniert der sauberste Industriefluß Europas (Ruhr) und der erste als biologisch tot zu bezeichnende Fluß (Emscher).
- Durch die Trennung des Ruhrgebietes in Nord- und Südbereiche, jeweils getrennt durch die Stadtverbindungsachse, wurden einerseits attraktive Wohn-, Erholungs- und Gewerbegebiete (Süden) und andererseits klassische Montanbereiche (Norden) mit weiterhin schlechter Umweltqualität (Schlackehalden, Mülldeponien etc.) geschaffen.[1]
- Durch die Politik der hohen Schornsteine konnte die Immissionsbelastung vor Ort drastisch reduziert werden.

Mit diesen Infrastrukturmaßnahmen übernahm die Politik erstmals die Verantwortung für die Umweltsituation. Entsprechend wurden die Handlungsmuster von den Möglichkeiten der Politik zur Umsetzung geprägt.

Diese Handlungsmuster waren:

- Übernahme der siedlungspolitischen Umweltaufgaben durch bestehende oder neuzuschaffende kommunale bzw. regionale Verbände;
- Übernahme der versorgungspolitischen Umweltaufgaben ebenfalls durch die Kommunen oder Verbände (Kläranlagen etc.);
- Erarbeitung von immissionspolitischen Rahmenbedingungen (Smogalarm etc.);

---

1 Dieser Prozeß hatte übrigens auch gravierende soziale Folgen: In den nördlichen Ruhrgebietsbereichen kam es so zu einer Konzentration von Menschen, die mit den wachsenden Qualitätsanforderungen nicht Schritt halten konnten und zu deutlich höherem Anteil als anderswo arbeitslos wurden. Menschen mit geringer Qualifikation sind überdurchschnittlich standortgebunden. Armut und soziales Elend nehmen bis heute in diesen Gebieten drastisch zu. Es sei an dieser Stelle darauf hingewiesen, daß soziale Probleme und Aspekte in diesem engeren Sinn in dieser Arbeit von der Themenstellung her weitgehend ausgeblendet werden. Damit ist keineswegs gemeint, sie seien nicht wichtig.

- Übernahme der emissionspolitischen Verantwortung in der Montanindustrie durch die Verknüpfung der direkten und interessengebundenen Einflußnahmen (11. Mann im Aufsichtsrat) in den Unternehmen bei gleichzeitiger Schaffung der politischen Rahmenbedingungen durch Verordnungen, Auflagen etc.

Im letzten Punkt gab es aber immer eine informelle Verknüpfung beider Bereiche, sei es durch Personen (Politiker in den Aufsichtsräten von Industrieunternehmen) oder institutionell durch die Folgen der Vergesellschaftung gewichtiger Montan- und Energiebetriebe.

Bei der Übernahme dieser Umweltpolitik in den staatlichen Bereich, gegen Ende der 60er Jahre, konnte gerade diese Verknüpfung nicht aufrechterhalten werden. Die Schaffung der politischen Rahmenbedingungen löste sich hierbei auch institutionell (bedingt durch die andere Industriestruktur) von der politischen Einflußnahme direkt in den Betrieben. Die staatliche Umweltpolitik beschränkte sich dann auf die Übernahme von Umweltaufgaben durch die staatlichen Administrationen und auf die Schaffung von umweltrechtlichen Rahmenbedingungen.

Hierbei kam es zwangsläufig zu einer *Trennung* der umweltpolitischen Verantwortung und der einzelwirtschaftlichen Willensbildung in den Unternehmen. Die Unternehmen waren aus der Verantwortung entlassen. Umweltschutzmaßnahmen wurden damit lediglich zu einem äußeren Zwang für die Unternehmen mit den vermuteten ökonomischen Nachteilen für die deutsche Wirtschaft. Diese Struktur behinderte zusätzlich integrierte Technologien zugunsten additiven Umweltschutzes.

Denn dem Staat obliegt es zwar in der ausdifferenzierten modernen Gesellschaft, durch Gesetze, Verordnungen, Grenzwerte etc. umweltpolitische Rahmenbedingungen zu setzen; insofern scheint der Staat in der Vorhand — was stets und ständig die *Staatsillusion* erneuert, d.h. die Vorstellung, über den Staat vieles bis alles machen zu können.

Andererseits bedeutet Setzung von Rahmenbedingungen Universalisierung als Minimalisierung: die Standards müssen so gesetzt werden, daß die allermeisten einzelwirtschaftlichen Akteure (u.a. Unternehmen) ohne existentielle Bedrohungen mithalten können. Insofern *muß* der Staat von seiner universalisierenden Aufgabenstellung her hinterherhinken, d.h. haltmachen weit vor dem Raum, in dem ökologische Innovationen stattfinden. Und für diese hat er (im Unterschied zu den Unternehmen) außerdem auch nicht das Know-how.

Je stärker Staatshandeln den ökonomischen Umweltschutz bestimmt, desto mehr wird es sich um Maßnahmen handeln, die jenseits von business as usual ergriffen werden (müssen).

Additiver Umweltschutz, bei dem Filter- und Reinigungstechnologien an die existierenden Produktionsapparate gleichsam angehängt werden, hat zwar gegenüber Vermeidungstechnologien zwei vordergründige ökonomische Vorteile:

(1) handelt es sich um zusätzliche Geschäftsfelder, Verdienste und Arbeitsplätze;

(2) können Unternehmen und Politik auf strukturpolitische Eingriffe verzichten, die weh tun können und komplizierter erscheinen.

Integrierter und vorbeugender Umweltschutz wird dadurch aber eher behindert. Für ihn käme es darauf an, Sanierungs- und Reparaturtechnologien immer überflüssiger zu machen und eine ökologische Innovationsstrategie zu befördern, bei der die Vermeidung ökologischer Schäden und Zerstörungen im Zentrum steht. Solche Überlegungen verweisen auf das ökologische Handeln an der Quelle ökonomischer Aktivitäten. Damit sind die (produzierenden bzw. dienstleistenden) Unternehmen und die Verbraucher/innen angesprochen, wobei letztere hier aus der weiteren Betrachtung ausgeklammert bleiben sollen.

Natürlich waren an Unternehmen schon vorher aufgrund bestimmter einzelner Umweltgesetze bzw. der Verknüpfung ökologischer Aspekte mit Normen der Sicherheit und Qualität umweltpolitische Anforderungen gestellt, und auch die gesetzliche Verpflichtung, unter bestimmten Bedingungen Betriebsbeauftragte für Umweltschutz einzustellen,[1] stammt nicht erst aus den letzten Jahren. Gleichwohl erscheint es legitim, für Deutschland erst ab 1985 die Unternehmen (wie auch die Konsumenten) als erklärtermaßen entscheidende Akteure der praktischen Umweltpolitik zu definieren (s. Abb. 1), weil sich erst zu diesem Zeitpunkt über Tagungen, Publikationen und die Gründung der beiden Unternehmerinitiativen Bundesdeutscher Arbeitskreis Umweltbewußtes Management (B.A.U.M.) sowie Förderkreis Umwelt-future in breitem Umfang der Blick auf die ökologischen Handlungsmöglichkeiten von Unternehmen zu öffnen begann.

---

1 Vgl. dazu Kap. 12.

Abb. 1: Drei Phasen von Umweltpolitik in akteurssystematischer Betrachtung

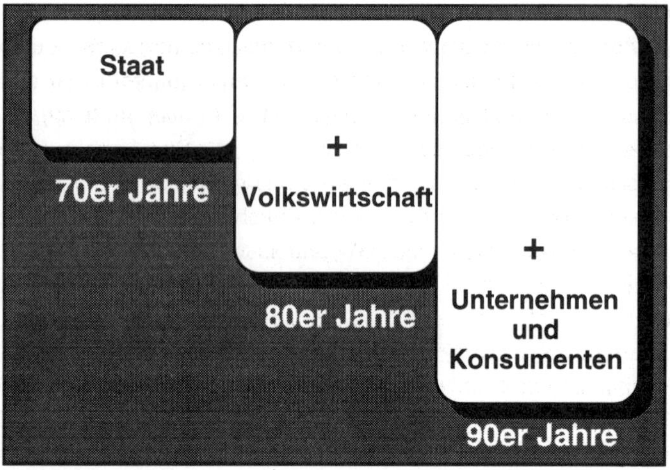

Quelle: eigene

Seitdem wird in zunehmendem Maße die Nutzung und Erweiterung unternehmenspolitischer Spielräume für möglichst ökologisches Handeln als zentrales Aktionsfeld präventiven Umweltschutzes betrachtet. In dieser Arbeit wird *ökologische Unternehmenspolitik* definiert werden als das Bemühen einer Unternehmung, innerhalb der betriebswirtschaftlichen Rahmenbedingungen von Existenz- und Rentabilitätssicherung aktive betriebliche Umweltpolitik

(a) über die gesetzlichen Vorschriften und Auflagen hinaus, sowie
(b) über den Bereich kurzfristiger Renditesicherung hinaus zu betreiben,

d.h. die Verantwortung für die ökologischen Bedingungen und Folgen des eigenen Tuns möglichst ernstzunehmen.

Ein Unternehmen bzw. Betrieb ist nicht nur ein ökonomisches, sondern auch ein ökologisches Subsystem der Gesellschaft. Das wirtschaftliche Handeln besteht aus Stoffwechsel- und Energieumsetzungsprozessen, wobei sich im menschlichen Wirtschaftskreislauf drei Hauptfunktionen unterscheiden lassen, nämlich:

- Produktion,
- Konsumtion,
- Destruktion (Entsorgung).

Die moderne Wirtschaftsgesellschaft ist gekennzeichnet durch eine *Verselbständigung ökonomischer Funktionsmechanismen* gegenüber den stofflichen Grundlagen der Produktion (vgl. dazu Kap. 2.1). Produktion und Konsumtion treiben sich gegenseitig fortwährend an — eine Dynamik, die im ökologischen Diskurs seit geraumer Zeit als Zwang zum Wirtschaftswachstum behandelt wird (s. Leipert 1989). Produktions- und Konsumtionsgesellschaft haben im Rahmen dieser expansiven Entwicklung ihren (von der Sache her eigentlich unvermeidlichen) Bezug zum Entsorgungsbereich vernachlässigt; aufgrund dessen machen Abfall und Sondermüll heute in den entwickelten industriellen Ländern eines der gravierendsten ökologischen Probleme aus.

Zur Identifizierung von Problemen ist deren Wahrnehmung die logische Voraussetzung. Diese Wahrnehmung kann durch die direkt Betroffenen oder durch Dritte erfolgen. Grundsätzlich lassen sich drei Betroffenheitsbereiche ökologischer Veränderungen, Schäden und Zerstörungen unterscheiden:

(1) Umweltmedien und Biotope (Luft, Wasser, Boden, Landschaft),
(2) Biozönosen (Lebensgemeinschaften von Pflanzen und Tieren),
(3) Menschen in direkter Betroffenheit (Schädigungen an Umweltmedien bzw. Biotopen und an Biozönosen wirken natürlich — indirekt — ebenfalls als Schäden auf die Menschen ein).

Als analytisches Raster, mit dem die Verflechtungen zwischen Unternehmen und ökologischer Umwelt systematisch erfaßt werden können, hat sich der *fünfstufige ökologische Produktlebenszyklus* als brauchbar erwiesen:[1]

- Stoff- und Energieeinsatz,
- Schadstoffe, Abwässer und feste Abfälle aus Produktionsverfahren,
- Ökologische Probleme bei der Produktverwendung,
- Ökologische Risiken der Produktentsorgung,
- negative ökologische Effekte durch Transport zwischen diesen vier Phasen.

Damit in der Absicht unternehmenspolitischer Aufklärung Verursacherketten abgebildet werden können, läßt sich der ökologische Produktlebenszyklus in einer Matrix mit den verschiedenen Betroffenheitsbereichen verknüpfen (s. Abb. 2).

---

1 Brauchbar im Rahmen entsprechender Praxisforschung in Unternehmen (vgl. dazu Hallay 1990).

Abb. 2: Matrix des ökologischen Produktlebenszyklus

Schädigungsobjekte / *Schädigungsquellen*	Luft	Wasser	Boden/ Landschaft	Tiere/ Pflanzen	Menschen in direkter Betroffenheit
Stoff- und Energieeinsatz					
Schadstoffe, Abwässer und feste Abfälle					
Produktverwendung					
Produktentsorgung					
Transport					

Quelle: eigene

Unter ausdrücklicher Bezugnahme auf die vom deutschen Sachverständigenrat für Umweltfragen vorgenommene Gliederung (Rat der Sachverständigen für Umweltfragen 1974) kann zwischen den Umweltmedien und den strukturpolitischen Bereichen des Umweltschutzes unterschieden werden.

Ökologische Probleme lassen sich nicht angemessen identifizieren als Probleme zu hoher Emissionen (Kuppelprodukte) oder zu hoher Faktoreinsätze, so daß Umweltpolitik nicht als reine Mengensteuerung konzipiert werden kann.

Bei den *strukturpolitisch* zu definierenden Bestandteilen des Ökologieproblems der Ökonomie reichen Knappheitskalküle zur analytischen Betrachtung nicht mehr aus. Es lassen sich die Bereiche Energiewirtschaft, Verkehr, Landwirtschaft und Chemieindustrie als vier Schlüsselbereiche strukturpolitischer Probleme des Umweltschutzes in entwickelten Industriegesellschaften nennen (vgl. a. Simonis 1990, S. 27ff.). Ökologische Strukturreformen in diesen Bereichen sind als Mengensteuerungsstrategien nicht vernünftig definierbar; vielmehr ist hier nach qualitativen Ansätzen eines ökologischen Strukturwandels gefragt. Die Verknüpfung dieser ökologisch relevanten wirtschaftsstrukturellen Bereiche mit unternehmenspolitischen Entscheidungen ist auf den ersten Blick evident. Gleichzeitig handelt es sich um gesellschaftliche Versorgungsbereiche, die in besonders hohem Maße durch *kulturelle Faktoren* geprägt sind. Auch deshalb spielen sie in dem ökologischen Diskurs des vergangenen Jahrzehnts eine so hervorragende Rolle.

Daraus folgt, daß nicht nur in globaler gesellschaftlicher, sondern auch in speziell unternehmenspolitischer Betrachtung ökologische Probleme nur hinreichend beschrieben werden können als Ausprägungsmerkmale der gesellschaftlich-spezifischen *Arbeits- und Lebensmodelle, Produktions- und Verbrauchslinien.* Die ökologische Dimension der Unternehmenspolitik annonciert daher nicht nur das dem modernen ökonomischen Denken allgemein zugrundeliegende Knappheitsproblem, sondern ebenso Fragen nach dem guten Leben, der möglichen Fülle des Lebens.

In den praktischen Ansätzen zu ökologischer Unternehmenspolitik bzw. umweltorientierter Unternehmensführung[1] scheiden sich gerade an diesem Punkt weiter die Geister: zwischen der *einen* Strategie, die sich auf die ökologische Optimierung der Verfahren richtet, allenfalls noch das Produktmaterial bei gegebener Verwendungsweise des Produkts, und einer *anderen*, auch die Produkte selbst ökologisch in Frage zu stellen und insofern die Unternehmung in ihrer möglichen Rolle als *strukturpolitischen Akteur* zu betrachten. Solche normativen und strategischen Selbstdefinitionen von Unternehmen haben natürlich weitreichende ökologische Folgen.

1.2 Ökologische Unternehmenspolitik als grundlegende Führungsaufgabe

Das ökologische Problem liegt jenseits der herkömmlichen ökonomischen Stabilitätsbetrachtungen. Weder in volks- noch in einzelwirtschaftlicher Betrachtung bestände es darin, daß die Ökonomie instabil ist bzw. schlecht funktioniert. Gerade die *Funktionseffizienz* von marktwirtschaftlichen Ökonomien hat, wenn die Integration ökologi-

1 Einen brauchbaren Überblick über die Aktivitäten einer Reihe von deutschen Firmen bietet: Umweltmanagement. So wird es gemacht, manager spezial, Beilage zu manager magazin 9/91.

scher Komponenten noch nicht gelungen ist, solch gravierende ökologische Zerstörungen zur Folge.

Das Ökologieproblem betrifft also im Kern die ökonomischen Steuerungsmechanismen jeder entwickelten industriellen Gesellschaft. Es ist heute das vermutlich breiteste Feld der unternehmensseitigen Produktion externer Effekte (vgl. dazu Bonus 1980): die von den Unternehmen hergestellten Produkte und Kuppelprodukte (vgl. a. 3.4) haben gerade, soweit die ökologische Dimension davon betroffen ist, einen hohen Öffentlichkeitsgrad, jedoch unbezahlte Komponenten (s.a. Hampicke 1991, S. 138).

Nach betriebswirtschaftlicher Auffassung ist derjenige Güterverzehr als leistungsbedingt und damit den Kosten zugehörig einzustufen, der auf den Prozeß der Leistungserstellung zwangsläufig einwirkt, so daß diese ohne ihn nicht zustandekommt.

Zweifellos kommt die einzelwirtschaftliche Leistungserstellung nicht ohne den Leistungsverzehr zustande, der sich in den (negativen) externen Effekten ausdrückt. Nach betriebswirtschaftlicher Kostenlehre (vgl. dazu Heinen 1975, S. 232) müßten also auch diese Kosten einbezogen werden.

Das betriebliche Rechnungswesen verbucht nur diejenigen Kosten, die das Unternehmen tatsächlich aufbringen muß. Externe Effekte oder soziale Kosten sind gesellschaftliche Aufwände, deren Abwälzung einzelwirtschaftlich einen Zusatzertrag bedeutet.

Nach dem Verursacherprinzip der deutschen Umweltpolitik (s. dazu Wicke u.a. 1992, S. 309ff.) sollen die externen Effekte der Unternehmenstätigkeit möglichst internalisiert werden. Man unterscheidet zwischen einer ökonomischen und einer ökologischen Internalisierung (vgl. Strebel 1980, S. 31ff.): die *ökonomische* Internalisierung bedeutet stoffliche Weiterproduktion der ökologischen Schäden, das verursachende Unternehmen kommt dafür (z.B. in Gestalt von Abgaben) finanziell für die Schadensbeseitigung auf; die *ökologische* Internalisierung bedeutet demgegenüber die Beendigung der ökologischen Schadensproduktion.

Weil das Ökologieproblem (a) verknüpft ist mit gesamtwirtschaftlichen Steuerungsproblemen und (b) als massive einzelwirtschaftliche Produktion negativer externer Effekte auftritt, stellt es seinem Charakter nach eine solch übergreifende Herausforderung der Unternehmen dar, daß diese es unmöglich hinreichend als Ressort oder Teilfunktion organisieren können.

Auf der Ebene der Unternehmensorganisation bedeutet dies, daß die gesetzlich vorgeschriebenen Betriebsbeauftragten für Abfall-, Gewässer und Immissionsschutz oder selbst übergreifend definierte Umweltschutzbeauftragte von Unternehmen nicht kompensieren können, daß die ökologische Dimension der Unternehmenstätigkeit in die grundlegenden und allgemeinen Führungsaufgaben der Unternehmung gehört, also zur „Chefsache" werden muß (s. ausführlich Kap. 12).

Auf der sachlich-stofflichen Ebene gilt dasselbe: ökologisch brisante Stoffe und komplexe Produkte stellen fach- und ressortübergreifende unternehmenspolitische Probleme dar, die den Einsatz der zentralen Führungsverantwortung der Unternehmen erfordern.

Von einer solchen Bestimmung des Schnittstellen- und Innovationsmanagements her gelangt man zu einem umfassenden betriebsökologischen Konzept im Sinne eines integrierten Systems ökologischer Unternehmensführung (vgl. Winter 1992).

Schumpeter hat den einzelwirtschaftlichen Entwicklungsprozeß von Innovationen und Wachstum als Prozeß der schöpferischen Zerstörung gekennzeichnet.[1] Das ökologische Problem der Gegenwart besteht im Ungleichgewicht zwischen Zerstörung und Reproduktion. Innovationen, erst recht, wenn sie zu eng nur als technische Innovationen verstanden werden,[2] erscheinen in ökologischer Perspektive primär nicht mehr als schöpferisch, sondern als bloße Zerstörung. Einzelwirtschaftliches Wachstum einerseits, andererseits die Sicherung bzw. Entwicklung der natürlichen Lebensgrundlagen der Menschen sowie darüber hinaus auch der Natur jenseits direkter menschlicher Verwertungsinteressen, sind schärfer denn je auseinandergetreten. Diesen Trennungsprozeß zu reflektieren *und* zu korrigieren, ist eine fundamentale Führungsaufgabe, die zum Kern des normativen und strategischen Managements einer modern geführten Unternehmung gehört, also eine spezifische Top-Management-Aufgabe darstellt.

Die beschriebene ökologische Herausforderung der Unternehmenspolitik stellt sich natürlich für unterschiedliche industrielle Branchen sehr unterschiedlich dar. Von daher erscheinen formalisierte Typisierungen der verschiedenen Reaktionsweisen (vgl. Meffert/Kirchgeorg

---

1 Siehe das 7. Kap. in Schumpeter 1952.
2 Zur Kritik an diesem Innovationsverständnis s. Kap. 10.

1992, S. 168 ff.) wenig sachgerecht; es macht eben große Differenzen, ob ein Unternehmen mit seiner dominierenden Produktpalette sich weitreichender ökologischer Kritik ausgesetzt sieht oder sich diese Kritik i.w. auf die eingesetzten Verfahren und Technologien konzentriert oder ob es sich gar um eine auf beiden Ebenen (Produkte und Verfahren) relativ saubere Produktion handelt. Sowohl die eher unternehmenspraxisnahe als auch die betriebswirtschaftlich-verallgemeinernde Literatur sehen über diesen Umstand der erheblich *unterschiedlichen* Betroffenheit von Unternehmen durch die ökologische Herausforderung häufig hinweg. Das Konzept eines ökologischen Strukturwandels „betrifft" die verschiedenen industriellen Bereiche allerdings zwangsläufig in höchst unterschiedlichem Maße; insofern ist die Verknüpfung einzelwirtschaftlicher und strukturpolitischer Analysen geboten.

1.3 Die ökologische Herausforderung übergreift alle Funktionsbereiche des Unternehmens

Aktive ökologische Unternehmenspolitik geht definitionsgemäß über die gesetzlichen Normen und die vorgängigen Rentabilitätskalküle hinaus. Die gesamte betriebliche Leistungserstellung ist auf die ökologischen Anforderungen hin zu orientieren; insofern ist Umweltschutz in der *funktionalen* Gliederung des Unternehmens nicht auf eine oder mehrere einzelne Funktionen reduzierbar.

Wie in Kap. 1.1 dargelegt, richten sich die ökologischen Anforderungen an die Unternehmensführung zunächst auf die stofflichen und energetischen Vorgänge im Rahmen der Unternehmenstätigkeit. Dies klingt zunächst nach recht einfacher Handhabbarkeit, weil der Bereich der stofflichen und energetischen Vorgänge eher einem hohen Objektivitäts- und Verallgemeinerungsgrad entspricht. Die stofflichen und energetischen Transformationsprozesse, die in industriellen Unternehmungen stattfinden, unterliegen jedoch vielfältigen, subjektiv gefärbten gesellschaftlichen und politischen Interpretationen; insofern treten hier schon massive Informationsverarbeitungsprobleme auf (vgl. dazu später Kap. 4 und 11).

Nun annonciert die in dieser Arbeit zugrundegelegte Definition von ökologischer Unternehmenspolitik, daß über die Beseitigung von

Schwachstellen hinaus die Entwicklung und Nutzung ökologischer Optimierungspotentiale gefordert ist. Ein erst einmal auf die Verfahrenstechnologien und Prozesse bezogener Anspruch richtet sich auf die ökologisch saubere Produktion (clean technology). Umweltpolitische Novellierungen und deren Beschleunigung, weil der ökologische und gesellschaftliche Druck immer stärker wird, provozieren Innovationsforderungen in der Richtung, daß unerwünschte Kuppelprodukte und Abfall in so geringem Maße wie möglich entstehen.[1]

Unter ökologischen Kriterien erfährt auch der *Qualitätsbegriff* eine Neuorientierung. Möglichst geringe negative ökologische Wirkungen in der Herstellungs-, Nutzungs- und Entsorgungsphase werden zu einem neuen, dabei sehr rasch grundlegenden Qualitätsmerkmal von Produkten.

Solche Anforderungen revitalisieren die herkömmlichen ökonomischen Beziehungen. Hersteller reichen etwa in zunehmendem Maße ökologische Anforderungen, die ihnen von Kundenseite entgegengebracht werden, an ihre Lieferanten weiter, mit der Mahnung im Hintergrund, dann, wenn die Marktmachtverhältnisse es ermöglichen, im Weigerungsfalle eine Lieferantensubstitution zu betreiben.

Angesichts einer bis auf weiteres feststellbaren *Dynamik steigender ökologischer Ansprüche* können Unternehmen das, was daraus direkt als Anforderungen an sie entsteht, kaum genau kalkulieren. Es kann insofern nicht verwundern, daß die Begriffe Risiko und Risikomanagement zunehmenden Eingang in die Literatur zur ökologischen Unternehmensführung gefunden haben.[2] Von den ökologischen Komponenten der Standortfrage, mit der z.T. langwierige Genehmigungsverhandlungen verbunden sind, bis zur Produktpolitik, die von Seiten der Konsumenten und der industriellen Partner zunehmend differenzierter analysiert wird, ergibt sich eine Vielzahl von Risiken, die für angemessene unternehmenspolitische Entscheidungen berücksichtigt werden müssen.

So existieren mittlerweile etwa zahlreiche Einrichtungen zu Produkttests unter ökologischen bzw. gesundheitlichen Gesichtspunkten, die durch Entdeckung gefährlicher Stoffe in komplexen Produkten Unternehmen quasi „über Nacht" dazu veranlassen können, ein Produkt zu verändern oder gar aus dem Handel zu nehmen.[3]

---

1 Vgl. zu diesem Problemfeld Wagner/Fichtner 1992.
2 Vgl. Wicke u.a. 1992, S. 625ff.; Haller 1991.
3 Vgl. exemplarisch die Geschichte des Haarwaschmittels timotei der elida-gibbs-GmbH.

Oder bestimmte Stoffe bzw. Stoffgruppen werden über einen längeren Diskussionsprozeß als schädlich erkannt, so daß entsprechende Gesetze oder Verordnungen absehbar werden, zeitlich aber schlecht zu kalkulieren sind; im Sinne eines vorbeugenden Risikomanagements kann sich hier die frühzeitige Substitution als vernünftig erweisen.[1]

Die Ausdifferenzierung des *strategischen Gefährdungspotentials* industrieller Produktionen ist mittlerweile jedenfalls so vielfältig geworden, daß dieses nur durch eine solche Positionierung der ökologischen Verantwortung im Unternehmen erfolgen kann, die die einzelnen Funktionsbereiche übergreift und die potentiellen Problemlagen frühzeitig, aufgeschlossen und sensibel bearbeitet.

Optimal beginnt eine solche strategische Orientierung bereits im Funktionsbereich Forschung und Entwicklung, wenngleich sich hier die Implementation ökologischer Vorgaben bei komplexen Branchen, wie etwa der Chemischen Industrie, als außerordentlich schwierig erweist.

Allerdings fallen in diesem Bereich wichtige Vorentscheidungen über den Platz einer Unternehmung im ökologischen Handlungsfeld: mitbedingt durch die spezifische Entwicklungsgeschichte von Umweltpolitik (s. Kap. 1.1) nehmen nachsorgende additive Umwelttechnologien nach wie vor einen zu großen Raum ein. Und selbst dort, wo das Ziel der *Vermeidung* von Umweltschäden bereits größere Bedeutung hat, beschränken sich solche Bemühungen häufig noch auf entsprechende Verfahrenstechnologien. Von einem integrierten produkt- und funktionsorientierten Umweltschutz (s. dazu Kap. 9) sind viele Unternehmen nach wie vor weit entfernt. Mängel an innovativer und integrierter strategischer Orientierung führen zu Fehlinvestitionen gewaltigen Ausmaßes. Ein in seinem Ausmaß kaum abschätzbares Beispiel hierfür bahnt sich in den Versuchen der Automobilindustrie an, die mittlerweile weitverbreitete Kritik am Produkt und seinen infrastrukturellen Bedingungen wie Folgen faktisch zu unterlaufen und *statt dessen* auf eine Strategie der Ökologisierung des Autos als solchem zu setzen.[2]

---

1 Vgl. exemplarisch hierzu den Ersatz schwermetallhaltiger Druckfarben bei dem Verpackungsfolienhersteller Nordenia AG.

2 Vgl. dazu die — kontroversen — Diskussionsbeiträge in Hesse 1992. Solche Fehlinvestitionen sind gewöhnlich mit Mythenbildungen verbunden, d.h. mit einseitig positiven Verklärungen bestimmter Entwicklungsmöglichkeiten; in diesem Fall sind dies das Elektroauto und das wasserstoffgetriebene Automobil.

Auch in der Unternehmerschaft hat inzwischen die Diskussion darüber begonnen, daß Strategien für eine nachhaltige ökologische Entwicklung schmerzhafte Entscheidungen für solche Firmen mit sich bringen können, deren Produkte durch die Anforderungen der Gesellschaft zum Schwinden verurteilt sind (vgl. Schmidheiny 1992, S. 128). So lassen sich aus ökologischer Sicht *schrumpfende Marktanteile* der Hersteller von Blei, von Phosphaten und von Fluorchlorkohlenwasserstoffen als Teil*siege* auf dem Weg zur Sicherung bzw. Verbesserung der Lebensgrundlagen beschreiben. Für den betriebswirtschaftlichen Standpunkt folgen daraus möglicherweise Probleme der Stoffsubstitution: das aus der Vergangenheit bekannte und produktionstheoretische Vertrauen in die unbedingte Substituierbarkeit von Stoffen ist allerdings kaum mehr gerechtfertigt; für die Unternehmenspolitik können sich daraus komplizierte Friktionen ergeben.[1]

Die herkömmliche Aufgliederung der betriebswirtschaftlichen Funktionsbereiche ist theoretisch wie praktisch verknüpft mit dem ökonomischen Prinzip, wie es zu den Grundbausteinen der Allgemeinen Betriebswirtschaftslehre gehört (vgl. dazu Wöhe 1991, S.1f.).

Die Übertragung des ökonomischen Prinzips auf die ökologische Herausforderung hat mittlerweile Niederschlag gefunden im Begriff der *Öko-Effizienz*. Bei Schmidheiny werden diejenigen Unternehmen als ökoeffizient bezeichnet, „die auf dem Weg zu langfristig tragbarem Wachstum Fortschritte machen, indem sie ihre Arbeitsmethoden verbessern, problematische Materialien substituieren, saubere Technologien und Produkte einführen und sich um die effizientere Verwendung und Wiederverwendung von Ressourcen bemühen“ (Schmidheiny 1992, S. 38).

Eine solche Definition kann als brauchbar beschrieben werden, wenn die genannten Problemkreise von Fehlinvestitionen, Mythenbildung und Substitutionseuphorie dabei mitreflektiert werden sowie jener, den wir als Effizienzsteigerungsillusion kennzeichnen möchten. Die strategische Konzeption etwa, für den Verkehrsbereich stärkere Einschränkungen der Transportströme und des Transportvolumens von vornherein für unmöglich zu erklären, weil effiziente Transportmöglichkeiten für die wirtschaftliche Entwicklung lebenswichtig seien, und sich mit der Verringerung des Material- und Energieverbrauchs zu be-

1 Zu den wachstumspolitischen Konsequenzen für die strategische Unternehmensführung s. Kap. 9 und 10.

gnügen (so freilich Schmidheiny 1992, Kurzfassung S. 14), steht im Kontrast zu der Tatsache, daß mehr als die Hälfte des gesamten Energieverbrauchs in den Industrieländern auf diese oder jene Weise mit der räumlichen Struktur zu tun hat, d.h. der relativen Lage von Wohnungen, Arbeitsplätzen und Einkaufsstätten (vgl. World-Watch-Institute 1992, S. 40).

Abb. 3: Fortschreitende Naturzerstörung bei gleichbleibenden Emissionsmengen

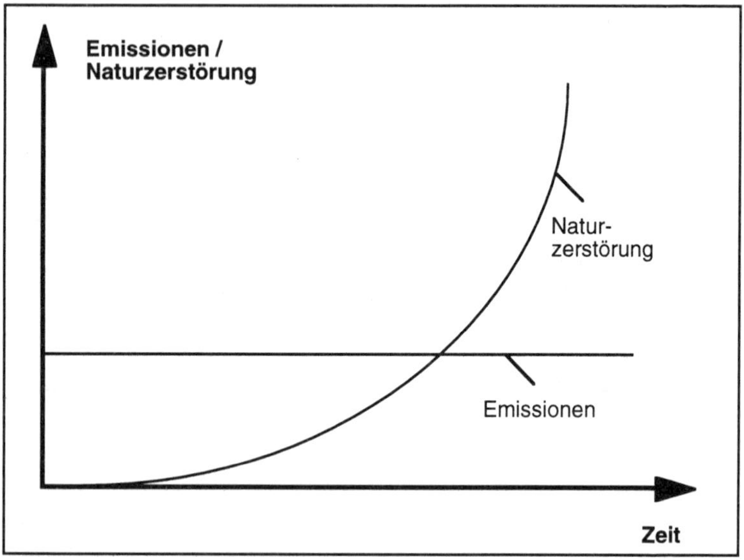

Quelle: eigene

Strategien einseitiger Steigerung von Material- bzw. Energieproduktivität können sich als höchst kurzsichtig erweisen. Wenn als positives Beispiel angeführt wird, daß die Chemische Industrie der Industrienationen seit 1970 ihre Produktion verdoppelt und dabei ihren Energieeinsatz pro Mengeneinheit um mehr als die Hälfte gesenkt habe (Schmidheiny 1992, S. 38), so bedeutet das ja, daß Umweltentlastungen pro verbrauchender Einheit durch Mengeneffekte fast wegkompensiert werden. Damit ist aber mitnichten ein ökologischer Stillstand erreicht, denn fortgesetzte Umweltschädigung auf demselben Niveau bedeutet in der Zeit die fortschreitende, d.h. sich verstärkende Zerstörung der Natur (bzw. den zunehmenden Abbau des Naturvermögens) (s. Abb. 3).

Solche Fragen stehen für die Unternehmen in zunehmendem Maße in einem kommunikativen Zusammenhang. Zur abrundenden Beschreibung der ökologischen Herausforderung ist deshalb darauf einzugehen.

1.4 Der kommunikative Kontext der ökologischen Herausforderung

Wie in der betriebswirtschaftlichen Literatur inzwischen weitgehend anerkannt wird, hat sich in den vergangenen Jahrzehnten aufgrund gesellschaftlicher und kultureller Veränderungen ein Wandel des Unternehmensmodells ergeben.[1]

Die daraus *zunächst erfolgsstrategisch*[2] erwachsende gesellschaftliche Verantwortung der Unternehmen gegenüber verschiedenen, auch untereinander heterogenen Anspruchsgruppen kann angemessen nicht als monologische, sondern nur als dialogische Verantwortung hergestellt werden (vgl. dazu Steinmann/Löhr 1991, Ulrich 1986).

Für das ökologische Handlungsfeld ist nun charakteristisch, daß sich seine Probleme (1) durch sämtliche internen und externen Anspruchsgruppen der Unternehmen hindurchziehen (was wiederum den Querschnittscharakter des betrieblichen Umweltschutzes unterstreicht) und daß darüber hinaus sogar (2) die ökologischen Ansprüche nicht einmal von der Gesamtheit aller Anspruchsgruppen gebündelt werden.

Zu (1): Die Behauptung, alle internen und externen Anspruchsgruppen seien gleichzeitig als *ökologische* Anspruchsgruppen zu kennzeichnen, könnte bereits durch den Befund begründet werden, daß die Breite des in verschiedenen empirischen Untersuchungen festgestellten Umweltbewußtseins mittlerweile derart ist, daß den meisten Akteuren unterstellt werden darf, daß sie je individuell ökologische Gesichtspunkte in ihre Handlungsweise und Entscheidungen einzubringen versuchen.

Hier geht es freilich um mehr: die Verbindung je individuellen Umweltbewußtseins mit der jeweiligen *ökonomischen* Rolle führt zu einer Spezifizierung der ökologischen Komponenten bei den verschiedenen

---

1 Konzeptionell dazu Ulrich 1977, vgl. a. Ulrich/Fluri 1992, S. 58f.

2 Das „zunächst" ist wichtig, weil es annonciert, daß im weiteren erfolgsstrategische und praktisch-moralische Entscheidungskalküle gar nicht genau voneinander abgegrenzt werden können, s. dazu Kap. 4 und 6.

Anspruchsgruppen. So sind etwa für *Industriearbeiter* in vielen Bereichen ökologische Probleme mit solchen des Arbeitsschutzes verknüpft, von denen sie gesundheitlich direkt betroffen sein können (vgl. Bogun/Osterland/Warsewa 1990). Leitende *Entscheidungsträger* von Unternehmen geraten durch entsprechende juristische Entwicklungen möglicherweise in direkte strafrechtliche Verantwortung. Und für die *Träger des Eigenkapitals* gehören verschiedene ökologische Probleme in das für sie elementare Feld der Investitionssicherheit.

Bei den *externen* Anspruchsgruppen bietet sich ein ähnliches Bild. Auf die mögliche Abhängigkeit der *Lieferanten* von den ökologischen Ansprüchen der Weiterverarbeiter ist in Kap. 1.3 schon verwiesen worden.[1]

Sowohl als Weiterverarbeiter wie erst recht als Endverbraucher tragen die *Kunden* in besonders massiver Weise ökologische Ansprüche vor. In vielen Bereichen ist die ökologische Beschaffenheit zu einem der elementaren Qualitätsmerkmale von Produkten und Vorprodukten geworden. Eine sehr wirksame Rolle in diesem Gefüge spielt der Handel, der in den vergangenen Jahren seinerseits durch zahlreiche ökologische Initiativen aktiv geworden ist (vgl. dazu Hopfenbeck 1990, S. 452ff.).

Wie in anderen Handlungsfeldern auch fächern sich Staat und Gesellschaft als weitere — in dieser Form aggregierte — externe Anspruchsgruppen genauer auf. Als umweltpolitischer Akteur setzt der *Staat* einerseits ökologische Rahmenbedingungen quasi als Eingrenzung eines Bereichs, in dem Unternehmen ihren ökonomischen Operationen ungestraft nachgehen dürfen. Auf der anderen Seite vermag der Staat den Unternehmen direkte und indirekte ökologische Stimuli zu geben: direkt in seiner Rolle als Auftraggeber, wenn z.B. bei öffentlichen Ausschreibungen ökologische Aspekte besonderes Gewicht gewinnen; indirekt mit einer Umweltpolitik, die nicht nur über Grenzwerte u.ä. Grenzen setzt, sondern positive Anreize für die ökologische Optimierung von Produkten und Verfahren bietet.

---

1 Einen frühen Musterfall dazu stellte das manche Lieferanten zunächst sehr überraschende Unterfangen des Lengericher Verpackungsfolienherstellers Bischof + Klein dar, von den Lieferanten über die Sicherheitsdatenblätter nach DIN-Norm hinaus ökologisch aufschlußreiche Stofflisten zu erhalten (vgl. dazu Günther 1991, S. 406ff.).

Die *Gesellschaft* wollen wir im Rahmen der ökologischen Herausforderung der Unternehmen in dreifacher Hinsicht aufgliedern:

(a) als *direkt Betroffene* unternehmenspolitischer Maßnahmen. Das können Anwohner sein, die unter den Schadstoffemissionen einer nahen Industrieanlage leiden, ebenso wie Hausbesitzer, die wegen eines Ansiedlungsvorhabens (etwa der Teststrecke für ein Automobilunternehmen) zum Verkauf gedrängt werden;

(b) als Menschen, die sich aufgrund persönlichen Engagements, möglicherweise sogar hauptberuflich, in *Verbänden oder Initiativen des Umweltschutzes* engagieren. Diese verschiedenartigen Gruppen bzw. Institutionen stellen in einer durch Verbände mitgeprägten repräsentativen Demokratie eine wichtige ökologische Lobby dar;

(c) als *kritische Öffentlichkeit*. Weil ökologische Schäden (s.a. 1.2) auch in dem Sinne global sind, daß Nichtkäufer von den ökologischen Gefahren eines Produktes oder einer infrastrukturellen Veränderung ebenso betroffen sein können wie Käufer, hat sich längst eine vielfältige und facettenreiche kritische Öffentlichkeit im ökologischen Handlungsfeld herausgebildet, die über die verschiedenen Informations- und Kommunikationsmedien in ihrer Wirkung verstärkt wird.

Wir stellen also spezifische ökologische Inhalte bei allen internen und externen Anspruchsgruppen fest.[1] Es ergibt sich aber ferner (2) der Umstand, daß die *Natur* keine Anspruchsgruppe darstellt: wegen der sprachlichen Vermitteltheit von Kommunikation ist die nichtmenschliche Natur als solche hier ausgeschlossen. Die Natur kann nicht sprechen, sie kann sich nur rächen, indem das ihr zugefügte Leid bzw. die ihr angetanen Zerstörungen als Verluste an Lebensqualität, schlimmstenfalls als Bedrohung von Lebensmöglichkeit auf die Menschen zurückschlagen.

Für die Anwendung des Modells der „quasi-öffentlichen Unternehmung“ (P. Ulrich 1977) im ökologischen Handlungsfeld ergibt sich daraus eine wichtige Konsequenz: *einerseits* stellen vor allem die unter Gesellschaft systematisierten externen Anspruchsgruppen (selbsternannte) Stellvertreter der für sich nicht sprachhandlungsfähigen Natur dar — wie angemessen diese stellvertretende Interessenwahrnehmung funktioniert, bleibt zwangsläufig offen; *andererseits* tritt mangels

1 Zur theoretischen Fundierung des Anspruchsgruppenkonzeptes s. Freeman 1984.

Sprachhandlungsfähigkeit der Natur wiederum monologische Verantwortung der Unternehmenspolitik auf den Plan, und zwar hier als Wahrnehmung von Verantwortung in bezug auf andere und anderes, auf etwas, das sich nicht selbst vertreten kann.[1]

Die Unternehmung ist also angesichts der ökologischen Herausforderung mit vielfältigen Ansprüchen konfrontiert, deren Befriedigung über interne und externe Kommunikation geregelt werden muß.[2]

Die Möglichkeiten dieser Regulierung sind u.a. abhängig von dem Verarbeitungsfilter, mit dem die Entscheidungsträger von Unternehmen diese Kommunikation betreiben (vgl. a. Kap. 4).

Solche Entscheidungsträger sollten im gesellschaftlichen Kontext nicht vordergründig als Hauptverursacher von Umweltzerstörungen, sondern als Rollenträger mit besonders hohen ökologischen Effekten beschrieben werden. Es führt nicht weiter, Unternehmer bzw. Unternehmensmanager als ökologisch „böse Buben" zu kennzeichnen, weil ihre Rolle als Entscheidungsträger in Produktionssystemen der Gesellschaft darauf beruht, daß diese Gesellschaft ein Produktionssystem will und braucht.

Um so wichtiger ist allerdings die Einschätzung der künftigen Verhaltensweisen unternehmenspolitischer Entscheidungsträger für die Gesamtentwicklung im ökologischen Problemfeld. Je nachdem, was man den Unternehmen zutraut, wird man einer eher zuversichtlichen oder einer eher skeptischen Sichtweise zuneigen.

Die Angemessenheit solcher einschätzenden Urteile ist abhängig zudem von der spezifischen Sichtweise des Ökologieproblems. Um diese geht es im 2. Kapitel.

---

1 Wir wollen diese Festlegungen an dieser Stelle so belassen; für den weiteren Gang der Untersuchung sind sie wichtig, s. in Kap. 7.2 die Erörterung zu den Problemen einer anthropozentrisch verstandenen Ethik.

2 Siehe dazu konstruktiv Kap. 11.

2. Kapitel

Auf der Suche nach einem angemessenen Ökologiebegriff

„Natur! Wir sind von ihr umgeben und umschlungen — unvermögend aus ihr herauszutreten, und unvermögend tiefer in sie hineinzukommen."

(J.W. v. Goethe, Die Natur — Fragment aus dem Tiefurter Journal 1783)

2.1 Das ökologische Problem als Resultat einer verselbständigten Ökonomie

Nachdem wir im vorigen Kapitel die ökologische Herausforderung an die Unternehmens*praxis* aufgefächert haben, kann nun daran gegangen werden, dem Ökologieproblem in einer eher theoretischen Systematisierung auf die Spur zu kommen: eine solche brauchen wir, weil eine empirisch gehaltvolle Theorie über Unternehmenspolitik im ökologischen Handlungsfeld natürlich eines sachlich hinreichenden Ökologiebegriffs bedarf. Aus der im 1. Kapitel beschriebenen Unterschiedlichkeit der ökologischen Herausforderung für die Unternehmenspolitik konnten wir schon feststellen, daß unternehmensseitig sehr verschiedene Wahrnehmungen und Beschreibungen zur Geltung kommen. Die *wissenschaftliche* Vorgehensweise muß nun darin bestehen, die spezifische Definitionsgewalt des Unternehmens, worin denn das Ökologieproblem besteht, die immer geprägt sein wird von der einzelwirtschaftlichen Erfolgsorientierung des Unternehmens, zu überprüfen und kritisch in Frage zu stellen.

Vor dem Blick auf die heutigen Strömungen der Diskussion über Ökologie ist dafür ein Blick auf die Gesamtentwicklung der menschlichen Naturgeschichte erforderlich. Bis in die technisch-industrielle Moderne hinein ist das menschliche Naturverhältnis geprägt vom Drang zur Emanzipation: Emanzipation *von* der Natur. Die frühen Entwicklungsphasen auch der uns im einzelnen genauer bekannten Menschheitsgeschichte zeigen die Menschen noch in so starker Abhängigkeit von der Natur, daß eine solche Emanzipation im Sinne des menschlichen Sich-selbst-der-Natur-Entgegensetzens noch nicht möglich ist. In der gesellschaftlichen Praxis konnte Natur so auch noch kein Objekt menschlicher Zurichtung sein, sondern war vielmehr das innere Grundprinzip von allem, des einzelnen Dings in seiner Einzelheit betrachtet oder der Welt im ganzen.[1] Die in unserem geschichtlichen Raum christlich dominierten Auffassungen des Mittelalters und der frühen Neuzeit bis zum Durchbruch der quantitativ-analytischen Naturwissenschaften bereiteten demgegenüber den Boden für einen Standpunkt, wonach der Natur kein elementarer Zweck und Wert mehr beizumessen ist, sie umgekehrt aber als zurichtbares Material in den Dienst der menschlichen Bedürfnisse gestellt werden kann. Darin bestand in den vergangenen Jahrhunderten die *praktische* Funktion der Naturwissenschaften: die menschliche Beherrschung und Ausplünderung der Natur zu optimieren und zu rationalisieren. Nimmt man die Philosophie (bei allen Problemen, die mit dieser Annahme verbunden sein mögen) als Bündelung der geistigen Strömungen ihrer Zeit, so ergibt sich folgender Befund: seit Kant wird in den philosophischen Hauptströmungen, zugespitzt noch einmal durch die linguistische Wende der Philosophie in diesem Jahrhundert (vgl. dazu Schnädelbach 1991), der Natur keine selbständige Existenz mehr zugestanden.

Der Abstieg der Natur bis zur Preisgabe ihrer selbständigen Existenz geht einher mit dem Aufstieg der Geldwirtschaft und der technisch-industriellen Produktionsweise. Vor dem Mittelalter hatte die päpstliche Weisung noch geheißen: Des Geldes Zugewinn ist der Seele Tod.[2] „Die Geburt des Fegefeuers“ (Le Goff 1984) im 12. Jahrhundert markierte den Zwischenschritt auf dem Wege zu einer Gesellschaft, in der nachhaltiges Gewinnstreben und der Aufbau einzelwirtschaftlicher Macht zum Ausdruck einer führenden gesellschaftlichen Rolle wurde. Das 19. Jahrhundert gebar den Typus der erwerbswirtschaftlich orientierten Unternehmung, mit dem sich die Betriebswirtschaftslehre des 20. Jahrhunderts von Anbeginn bis heute beschäftigt. Diese Unternehmung hat verschiedene kontingente Quellen, wie aus Abbildung 4 ersichtlich wird.

---

1 Vgl. zu dieser und der folgenden historischen Rekonstruktion Picht 1989 und die Beiträge in Böhme (Hg.) 1989.

2 Des Papstes Leo I. Mitte des 5. Jahrhunderts, vgl. Le Goff 1984: Fenus pecuniae, funus est animae.

Abb. 4: Die vier Quellen der industriellen Unternehmung

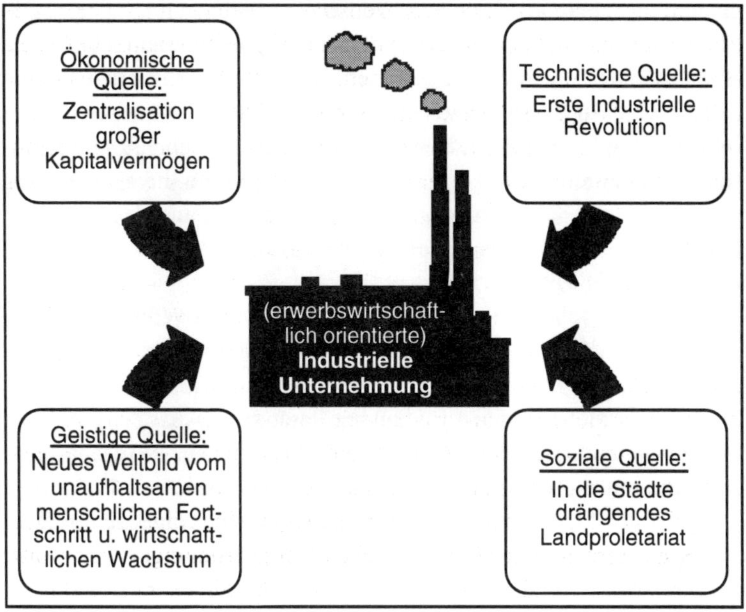

Quelle: eigene

Damit entstand ein Wirtschaftssystem, das sich in seiner leitenden Dynamik von lokalen Bezügen, auch von dezentralen naturwirtschaftlichen Zusammenhängen zunehmend abkoppelte (vgl. Braudel 1986, v.a. S. 50ff.). Ein solches Wirtschaftssystem, dessen tragende Handlungslogik einschließlich seiner Subsysteme und deren verantwortlicher (Entscheidungs-)Träger auf die abstrakte Verwertung eingesetzten Kapitals gerichtet ist, hat sich „natürlich" von einer Natur, die immer nur konkret-stofflich gedacht werden kann, erst recht emanzipiert.

Die *ordnungspolitische* Grundvorstellung zur Reproduktion eines solchen Systems geht dahin, auf eine Selbstregulation ökonomischer Prinzipien zu setzen, die tunlichst frei ist von jedweden politischen, sozialen oder auch ökologischen Regulierungen.[1] Die Frage nach der Triftigkeit einer solchen Vorstellung läßt sich präzisieren, wenn man

1 Vgl. zur Auseinandersetzung mit diesem Grundkonzept des klassischen Wirtschaftsliberalismus Polanyi 1978, insbesondere S. 71ff.; Polanyi liefert insgesamt eine historisch und kulturell überzeugende Rekonstruktion des Prozesses, der sich als Herausbildung der modernen Wirtschaftsgesellschaft kennzeichnen läßt.

zwei Grundtypen wirtschaftlichen Handelns beschreibt, deren Differenzierung immer wieder betont worden ist. Schon bei Aristoteles findet sich die Trennung in die dem konkret stofflichen verhaftet bleibende Ökonomik und die auf den abstrakten Gelderwerb orientierte Chrematistik (vgl. dazu Seifert 1986 sowie Immler 1985). Die eher unübliche Braudelsche Unterscheidung von Marktwirtschaft und Kapitalismus zielt auf Ähnliches, realgeschichtlich fundiert durch die Entwicklung vom 15. zum 18. Jahrhundert. Und ganz in diesem Sinne ist auch Polanyi zu verstehen, wenn er die zwei Bedeutungen des Begriffes „*wirtschaftlich*" charakterisiert:

„In seiner sachlich-materiellen Bedeutung ist das Wort ‚wirtschaftlich' von der Abhängigkeit hergeleitet, in welcher wir Menschen in bezug auf unseren Lebensunterhalt von Natur und Mitmensch stehen ... In seiner formal-logischen Bedeutung leitet sich ‚wirtschaftlich' aus dem Charakter der Zweck-Mittel-Beziehung ab, wie in ‚Wirtschaftlichkeit' im Sinne von Sparsamkeit" (Polanyi 1979, S. 210).

So haben wir für die Welt des einzelwirtschaftlichen Handelns zwei sehr unterschiedliche Sichtweisen (s. Abb. 5); und es ist eindeutig, daß Natur nur in der einen eine konstitutive Rolle spielt.
Ein wichtiger Unterschied dieser beiden Beschreibungsweisen besteht darin, daß in 5a Wert gelegt wird auf den reproduktiven Charakter des

Abb. 5: Zwei Sichtweisen des einzelwirtschaftlichen Handelns

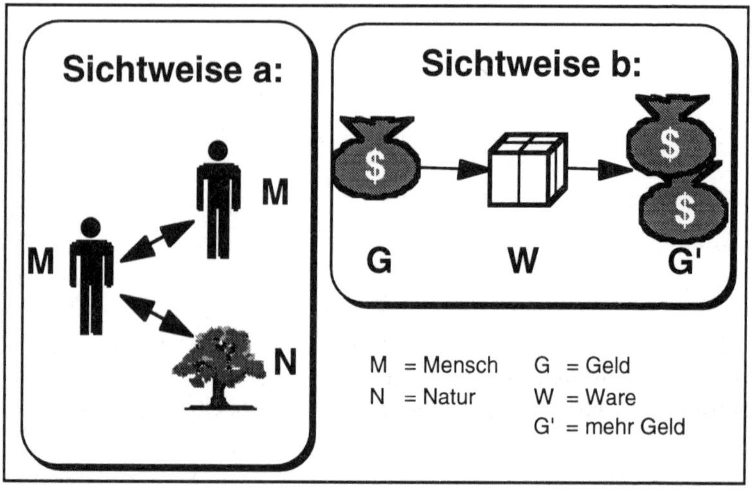

Quelle: eigene

Prozesses, während in 5b der Gedanke im Vordergrund steht, daß sich die ganze Sache nur lohnt, wenn der abstrakte Reichtum nachher größer ist als vorher. Die betriebswirtschaftliche Tradition steht gegenüber diesen beiden Denkmodellen spätestens seit Gutenberg eindeutig bei Sichtweise b.

Als nächstes soll der Frage nachgegangen werden, wie die völlige Emanzipation von der Natur, wenn sie denn verantwortlich ist für das heutige Ausmaß von Zerstörung, relativiert oder gar rückgängig gemacht werden kann. Ein besonders radikal daherkommender Vorschlag besteht darin, die Ökologie zur Leitwissenschaft von heute zu erheben.

2.2 Ökologie als Leitwissenschaft?

In einem der von ökologischer Seite wohl ergiebigsten Bücher für die wirtschafts- und sozialwissenschaftliche Frage, welcher Stellenwert denn der Ökologie zukäme, heißt es: „Die Ökologie hat heute für politische Bewegungen auf Weltanschauungsebene einen ähnlich ‚leitenden' Charakter wie früher z.B. die Evolutionsbiologie für sozialdarwinistische und rassistische Strömungen, und sie hat als Wissenschaft für viele andere Wissenschaften eine Art diffusen Vorbildcharakter — ähnlich dem, der der Physik einige Jahrhunderte hindurch zukam" (Trepl 1987, S. 226).

Nun hat die Gründlichkeit, mit der die technisch-industrielle Moderne die Natur instrumentalisiert hat, mit der in Deutschland und anderen Ländern in den siebziger Jahren beginnenden *Fortschritts- und Zivilisationskritik* unter ökologischen Vorzeichen eine sich in der Folge rasch verbreiternde Kritik erfahren. Es konnte nicht ausbleiben, daß im Rahmen einer solchen Kritik auch Positionen aufkamen, für die der Naturbezug als solcher, die Ökologie als Wissenschaft per se, die Hoffnung einzulösen versprach, angesichts des Verlustes an sonstigen Orientierungen eine zukunftsträchtige und moralisch hochstehende Grundlegung für eine neue Wirtschafts- und Gesellschaftspolitik zu schaffen. „Ökologisch wirtschaften" schien etwas zu sein, was eine verbindliche theoretische Fundierung nicht nur bekommen sollte, sondern auch bekommen konnte.

In seinen radikalen Varianten ist ein solches Programm damit verknüpft, daß die Moderne als Epoche des geistigen und kulturellen *Niedergangs* ausgezeichnet wird. Bei dem Physiker Capra etwa, dessen ‚Wendezeit' zu den im deutschen Sprachraum meistgelesenen Büchern dieser Richtung gehört, stehen Descartes, Galilei und Newton als Urheber der heutigen Naturzerstörung da. Völlig einseitig wird die philosophische und naturwissenschaftliche Begründung der Moderne auf den Nenner gebracht, der Herrschaft des Verstandes über die Sinne und der Menschen über die Natur den Weg bereitet zu haben.[1]

Was mit einer solch einseitigen Anschauungsweise unterschlagen wird: daß dieselben geistigen Entwicklungen erst die *Bedingungen* der Möglichkeit geschaffen haben, individuelle menschliche Freiheit und Autonomie zu denken und zu realisieren; daß die Naturwissenschaften und ihre Anwendung durch Schaffung materiellen Wohlstands für eine recht bedeutende Zahl von Menschen erstmals die Bedingungen der Möglichkeit geschaffen haben, menschliches Glück jenseits der Fragen von Hunger und direkter menschlicher Unterdrückung zu denken und zu realisieren, fällt bei einer solchen Betrachtung ebenfalls unter den Tisch.

Es bleibt der grobe *Appell an ein neues Weltbild*, dessen Realisierungsbedingungen im Rahmen einer solchen Vorgehensweise natürlich keiner ernsthaften Prüfung unterzogen werden können, sondern dessen praktische Geltungskraft voluntaristisch gesetzt wird.

Ein Spezifikum solcher Bemühungen um eine ökologische Weltanschauung liegt in der Verbindung wissenschaftlichen und quasi-religiösen Argumentierens: wo aus wissenschaftlicher Sicht Zweifel angemeldet werden können, wird durch die Notwendigkeit des Glaubens zusätzlicher Druck erzeugt; und wo religiöse Menschen nicht gleich überzeugt sein mögen, dient die behauptete Wissenschaftlichkeit als Überzeugungshilfe. Deutlich wird dies etwa bei Carolyn Merchant als führender US-amerikanischer Vertreterin dieser Strömung, wenn sie formuliert: „Die dritte Form von Ethik (gegenüber der egozentrischen und der anthropozentrischen, R.P.) ist die ökozentrische. Sie bezieht ihre

---

1 Auf dem Umschlag von Capras Buch wird dessen Position knapp und trefflich zusammengefaßt: „Weiterleben kann die Menschheit nur, wenn sie von Grund auf anders denken lernt. An die Stelle von quantitativem Messen muß qualitatives Werten treten — eine ganzheitliche, ökologische Anschauungsweise, die unser bankrottes mechanistisches Weltbild ablöst" (Capra 1983).

Wertvorstellungen aus dem Kosmos und wird über das Individuum und die menschliche Gesellschaft hinaus auf die gesamte Umwelt ausgedehnt. Die ökozentrische Ethik basiert auf der ökologischen Naturwissenschaft, einem rationalen Glauben an die Naturwissenschaften und die Gesetze der Ökologie: Die Einheit, Stabilität, Vielfalt und Harmonie des Ökosystems ist die Quelle der wirklichen Werte, wenn Entscheidungen zu treffen sind. Dabei kommt es darauf an, das Gleichgewicht zwischen der Natur und dem Überleben aller lebenden und leblosen Dinge als Komponenten des Ökosystems zu bewahren. Die Menschen sind nur einer von vielen Teilen des Ganzen“ (Merchant 1989, S. 139). Was ist das Ganze?[1]

Das Ganze im Sinne der ganzen Natur oder gar des Alls ist für den Menschen zwar denkmöglich, freilich kaum nach der Idee eines stabilen und harmonischen Systems, wenn mit Harmonie ein solches Gleichgewicht zwischen den einzelnen Komponenten der gesamten Natur gemeint ist, bei dem alle friedlich miteinander leben und niemand zu kurz kommt.

Die tatsächliche Natur ist im Unterschied zu solch idyllischen Vorstellungen eine recht brutale Veranstaltung, die „davon lebt“, daß — angefangen vom Menschen — individuell betrachtet viele Lebewesen anderen das Leben nicht gönnen. Der einzelne Fisch hat nun mal nichts davon, daß sein Gefressenwerden an der langfristigen Stabilität der Räuber-Beute-Beziehung zwischen seiner Art und den Fischreihern nichts ändert, sondern diese Stabilität vielmehr produziert.

Ökologisch-holistische Konzeptionen, wie sie mit Einfluß auf die wirtschafts- und sozialwissenschaftlichen Diskussionen im deutschen Sprachraum etwa Meyer-Abich vorgetragen hat,[2] sind im praktischen Ergebnis nicht handlungsfördernd, sondern handlungshemmend, weil aus der Aufforderung, auf alle und alles Rücksicht zu nehmen, gerade im ökonomischen Kontext keine vernünftigen Schlußfolgerungen gewonnen werden können, was denn nun getan werden solle.

Die „Hinwendung zu einem neuen Erkenntnisideal oder Paradigma, dem des Holismus“ (Meyer-Abich 1989, S. 9), weil der bisherige Weg

1 Mit dem eher systemtheoretisch fundierten Holismus setzen wir uns im 5. Kapitel auseinander. Hier geht es um den im engen Sinne naturbezogenen Holismus zwecks Klärung eines angemessenen Ökologiebegriffs.

2 Siehe dessen acht Formen von Rücksichtnahme in der Ethik, in: Meyer- Abich 1984, S. 23.

in den Abgrund führe, bringt uns mit den bisherigen Vorschlägen eines *ökologischen Fundamentalismus*, wie er von Meyer-Abich, Capra, Merchant u.a. vorgetragen wird, jedenfalls noch nicht zu einem anderen Ziel. Wie man an manchen Diskussionen in der deutschen Ökologiebewegung der 80er Jahre vermutlich nachzeichnen könnte, produziert ein solcher Fundamentalismus ständig das Dilemma, konkretes ökologisches Handeln als unzureichend und die bestehenden Strukturen und Verhältnisse stabilisierend zu denunzieren, weswegen so viele Fundamentalisten bloße Rhetoriker bleiben und im Attentismus im Hinblick auf eine Situation verharren, die nie kommen wird.[1]

In theoretischer Hinsicht erscheint der gegenwärtige geistige Zugriff auf die Natur als Ganzes vor allem deshalb problematisch, weil die ganze uns umgebende Natur durch die Menschen kultivierte Natur ist, d.h. vielfältige menschliche Eingriffe in diese Natur bereits stattgefunden haben, die wir konkret eher als zerstörerisch bezeichnen und rückgängig machen wollen würden.[2]

„Der Umbau der Natur vollzieht sich als Moment der Humangeschichte" (Schäfer 1991, S. 503).

Angesichts der gegenwärtigen ökologischen Krise ist das „natürlich" nicht das Plädoyer für (in den Begriffen des jungen Marx) die Humanisierung der Natur statt die Naturalisierung des Menschen: die modern-industrielle Humanisierung der Natur hat belegt, daß nicht nur der (nichtmenschlichen) Natur, sondern auch dem Menschen kein positiven Telos unterstellt werden kann. Die „kultürliche Evolution" (s. Haber 1993, S. 102) produziert keine pax naturanda et naturata, vielmehr unendlich viele Widersprüche. Vulgärökologische Begriffsbildungsbemühungen vom Gleichgewicht sind daher für die Ökologie mindestens so unangemessen wie vergleichbare für die Ökonomie (vgl. Haber 1993, S. 104).

---

1 Bei Schönherr findet sich eine entsprechende Kritik mit dem Hinweis, „daß wir ökologisch handeln müssen, ohne zu hoffen, damit unsere ökologischen Probleme lösen zu können. Es kann weder im ökologischen noch im sonstigen politischen Handeln darum gehen, bedeutende Ein- oder Ausstiege bzw. umwälzende Veränderungen zu erreichen. Das sind jene revolutionären Obsessionen und Illusionen, die uns seit zweihundert Jahren prägen, die aber an einer menschlichen Praxis scheitern, die Bedürfnis und Verschränkung zugleich ist" (Schönherr 1989a, S. 10).

2 So wären etwa, wenn es in den nächsten Jahrzehnten tatsächlich zu einer ökologischen Umsteuerung des Verkehrssystems kommen sollte, vielfältige Straßenrückbaumaßnahmen erforderlich.

Als naturwissenschaftlich sozialisierter Ökologe hat Haber präzise herausgearbeitet, inwiefern Ökologie als Naturwissenschaft über sich hinausweist: „Als ‚Lehre von der Umwelt', genauer: von den Wechselwirkungen zwischen Lebewesen und Umwelt, ist Ökologie ihrem Wesen nach eine *biologische* (Hervorhebung W. H.) Disziplin, die auf dem Kontinuum des Lebens gründet und es mit erklärt. Doch die Umwelt ist je nach dem oder den Bezugslebewesen, das oder die der Ökologe nach Belieben wählt (daher ist die Unterscheidung zwischen einem anthropozentrischen und einem „öko"zentrischen Umweltschutz im Grunde nicht haltbar!), etwas jeweils Spezifisches mit immer wieder anderen Abgrenzungs- und Definitionsproblemen, wie bereits Jakob J. von Uexküll gelehrt hat" (Haber 1993, S. 98).

2.3 Die Rede von Ökologie ist eine andere als die von Umweltorientierung

Der Abgrenzung gegen die fundamentalistische Überhöhung des Ökologiebegriffs möchten wir insofern diejenige gegen die pragmatische Verstümmelung gleich folgen lassen: wir halten es für aussagekräftig und relevant, von *ökologischer* statt von umweltorientierter oder umweltbewußter *Unternehmenspolitik* zu sprechen. Es scheint uns überhaupt kein Zufall zu sein, daß diejenigen, die den Begriff ökologisch verwenden, damit eher den Standpunkt einer weitreichenden Herausforderung von Wirtschaft und Gesellschaft durch das Ökologieproblem verbinden, oft auch die Notwendigkeit neuer gesellschaftstheoretischer Anstrengungen, während die Vertreter der Begriffe „umweltorientiert" und „umweltbewußt" eher dazu neigen, den Umweltschutz additiv als zusätzliches Feld von Unternehmens-, Wirtschafts- und Gesellschaftspolitik zu betrachten und hier keine grundsätzlicheren Integrationsprobleme feststellen können.[1]

Wer von ‚umweltorientiert' statt von ‚ökologisch' schreibt oder spricht, legt damit nahe, daß er allein in der Gegenüberstellung von Mensch und Umwelt sieht, denkt und spricht, daß es kein neues Nachdenken über die Beziehungen zwischen Mensch und Natur, keine korri-

1 Diesen Befund werden wir im nächsten Kapitel anhand der Betriebswirtschaftslehre näher begründen.

gierte menschliche Weltauslegung braucht, um in Abkehr von den vergangenen Jahrzehnten einen eher schonenden Umgang mit der Natur zu entwickeln.

Auch wenn die im vorigen Abschnitt vorgestellte holistische Richtung dieses Ziel nicht einzulösen vermag, bedarf es sehr wohl einer Korrektur im Sinne einer ökologischen Kehre. Das Ausmaß der Zerstörung der Natur durch die industrielle Tätigkeit der Menschen ist zurückzuführen auf die Wertlosigkeit für uns, in die wir sie versetzt haben. Die Reduktion von Natur auf Umwelt begünstigte und begünstigt dieses In-Wertlosigkeit-setzen.

So sehr wir Meyer-Abichs holistische Folgebetrachtung für eine Sackgasse halten, so sehr sind wir doch einverstanden mit einer zentralen Ausgangsannahme, weil wir diese für unumstößlich halten: „Wir sind mit unserer *natürlichen* Mitwelt (Hervorhebung, R.P.), mit den Tieren und Pflanzen, mit Erde, Wasser, Luft und Feuer naturgeschichtlich verwandt. Im Ganzen der Natur sind sie unseresgleichen und wir sind ihresgleichen. Im Frieden mit der Natur haben wir die natürliche Mitwelt nicht nur zu unserem Nutzen, sondern in ihrem Eigenwert oder um ihrer selbst willen zu respektieren“ (Meyer-Abich 1984, S. 24).

Die Rede vom Eigenwert der Natur ist im ökologischen Diskurs der vergangenen Jahre keineswegs für unumstößlich gehalten, sondern immer wieder kritisiert worden (vgl. etwa Reiche/Füllgraff 1987).

Dem liegt ein Mißverständnis zugrunde:[1] die Anerkennung eines *Eigenwertes der Natur* durch die Menschen kann sich natürlich nur vollziehen im Rahmen menschlicher Wahrnehmungsmöglichkeiten, über die Menschen aus guten Gründen dazu kommen können, einen solchen Eigenwert zu respektieren. Insofern geht jegliche Behauptung, mit dem Begriff des Eigenwerts solle unter Absetzung von den Menschen die Natur zur metaphysischen Kategorie hypostasiert werden, fehl: es geht nur um die bescheidene menschliche Einsicht, daß die Natur auch für sich da ist und *nicht nur für den Menschen.*

Die Auffassung, die Natur sei nur (instrumentell) für den Menschen da, möchte ich als *umwelttechnische Sichtweise* kennzeichnen. In ökonomischem Kontext ist die Natur dabei einerseits ein „Sack von Ressourcen“ (nach einem Begriff von Ulrich Hampicke, vgl. dazu systematisch Hampicke 1992) — das ökologische Problem ist hier die Minderung des Einsatzes von Rohstoffen und Energie auf ein Maß, das

1 Das wir im Kapitel über Ethik nochmals aufgreifen werden.

verhindert, an die Grenze absoluter Knappheiten zu kommen; andererseits ist die Natur Schadstoffdeponie, die bestimmte zu beachtende Kapazitätsgrenzen bei der Aufnahme von gasförmigen Emissionen, festen und flüssigen Abfällen hat.

Bei diesen beiden Bestimmungsmerkmalen hört die umwelttechnische Sichtweise von Natur auf; insbesondere muß keine Verbindung hergestellt werden von einem über das Risiko ökologisch unerwünschter In- und Outputs definierten Produktionssystem der Gesellschaft zu ihrem Konsumtionssystem. Die Probleme der Entsorgungsgesellschaft sollen in den Griff gebracht werden, ohne den Charakter der Versorgungsgesellschaft zu analysieren.

Wir können die Grenzen der umwelttechnischen Sichtweise also sowohl im Hinblick auf ihre Anthropozentrik wie auf ihre Technozentrik beschreiben:

- sie ist *anthropozentrisch*, indem sie auf das Bemühen verzichtet, die Menschen als Teil eines komplexen Beziehungsgefüges zu reflektieren (dem Menschen als Beobachter abzuverlangen, sich selbst als Beobachter zu beobachten[1]), stattdessen die instrumentelle Rolle von Natur für den Menschen fortführt, die die Naturzerstörung in der Moderne hat explodieren lassen;
- sie ist *technozentrisch*, weil die Tabusetzung der modernen industrialistischen Lebensweise erfordert, das Veränderungsfeld im technologischen Bereich zu fokussieren; auf die eingängige Formel gebracht wird dazu dann von ökologischer Effizienzrevolution gesprochen.[2]

Die Naturwissenschaft Ökologie liefert als Naturwissenschaft (und als nichts sonst) Aussagen über Ökosysteme. Haber (vgl. dazu Haber 1978, v.a. S. 87ff.) unterscheidet „zwei einander durchdringende Arbeitsgebiete der Ökosystemforschung: die Produktionsökologie mit dem Akzent auf der Ökosystem-Produktivität und die Strukturökologie mit dem Akzent auf der Ökosystem-Stabilität“ (Haber 1978, S. 83). Produktionsökologie beschäftigt sich mit Stoffströmen, also der Verwendung von Energie und Materie in Ökosystemen, in dem Bezugs-

1 Auf diese systemtheoretisch inspirierte Terminologie wird später genauer eingegangen.

2 Deren wirksamster Vertreter dürfte im deutschen Sprachraum Ernst-Ulrich von Weizsäcker sein, Leiter des Wuppertal-Institutes für Umwelt, Klima und Energie.

rahmen, der durch den zweiten Hauptsatz der Thermodynamik vorgegeben ist.[1] Kritisch ist dieser Bezugsrahmen dadurch, daß die unter industrialistischen Bedingungen extrem beschleunigte Umwandlung von verfügbarer in nicht verfügbare Energie und Materie (in der zugehörigen Terminologie: eine immense Steigerung der Entropie) auf ein existenzvernichtendes Ende verweist: energetisch den Wärmetod des Weltalls, stofflich eine Vermischung aller Materialien von einem solchen Ausmaß, das nicht mehr reproduktionsfähig ist.

Die Produktionsökologie verweist auf die Produktivität der Ökosysteme im Sinne ihrer Erzeugungsfähigkeit. Wir können darüber verstehen, daß das Vermögen der (nichtmenschlichen) Natur, unabhängig von menschlichen Eingriffen materiellen (natürlichen) Reichtum hervorzubringen, nicht als konstant, sondern gerade umgekehrt als höchst unterschiedlich zu denken ist.

Nun wird in akademischen wie außerakademischen Diskursen immer wieder darauf hingewiesen, daß diese Perspektive so fern sei, daß wir uns damit nicht ernsthaft auseinandersetzen müßten. Das Argument ist vordergründig richtig, verfehlt freilich deshalb seinen Gegenstand, weil die auf dem Weg dorthin stattfindenden ökologischen Veränderungen von hoher gesellschaftlicher und speziell auch ökonomischer Relevanz sind: steigende Entropie macht eine gegebene Leistung technisch immer aufwendiger, ökonomisch immer teurer.[2]

Die Produktionsökologie liefert also bereits einige Informationen, die unser ökonomisches und sonstiges gesellschaftliches Leben beeinflussen könnten, wenn wir sie angemessen verarbeiten. „Gegenstand der Strukturökologie ist die räumliche und zeitliche Ordnung der Elemente und Wechselwirkungen im Ökosystem, die zugleich dauerhaft und dynamisch sein muß, um mit stabilen Strukturen und Abläufen — heute oft „Strategien“ genannt — Wachstum und Entwicklung zu ermöglichen. Das Zusammenspiel räumlicher und zeitlicher Ordnung stellt die Organisation des Ökosystems dar“ (Haber 1978, S. 85). Auf

1 Danach ist Masse und Energie nicht nur zueigen, nicht verschwinden zu können (1. Hauptsatz), sondern auch, einem stetigen Transformationsprozeß von Verfügbarkeit in Nichtverfügbarkeit zu unterliegen; um die Einführung des zweiten Hauptsatzes der Thermodynamik in die ökonomische Theoriebildung hat sich insbesondere Georgescu-Roegen (1971, s.a. 1988) verdient gemacht.

2 Nach Rohstoffen muß immer tiefer gegraben werden; die Erwärmung von Wasser betreiben wir zu nennenswerten Teilen über Atomenergie etc.

dieser Ebene entfaltet sich „natürlich" das Risiko stark zunehmender Entropie erst in seiner ganzen Brisanz, auch wenn es durch den bloßen Durchsatz an Stoffen und Energie bereits ausgelöst wird. Die Strukturökologie vermag Informationen darüber zu liefern, die über das Durchsatzproblem als solches hinaus auf ein Mehr oder Weniger an intelligenter Organisation verweisen, kann also ebenfalls Unterstützung geben für gesellschaftliches und speziell ökonomisches Handeln.

Entsprechend werden von einem Teil der Verfechter ökologischen Wirtschaftens Methoden zu dessen Operationalisierung konstruiert. Schmidt-Bleek scheint dabei dem Bemühen um Operationalisierung besonders nahezukommen: „Das Maß für Umweltbelastungsintensität ist die das ganze Produktleben umspannende Material-Intensität Pro Serviceeinheit, also der Materialverbrauch von der Wiege bis zur Wiege pro Einheit Dienstleistung — die MIPS" (Schmidt-Bleek 1994, S. 108). Den strukturökologischen Anforderungen[1] kommt Schmidt-Bleek durch die Ergänzung von MIPS um FIPS nach.[2] Mit einer solchen naturwissenschaftlichen Konzeptionalisierung[3] sollen — in den Worten Schmidt-Bleeks (S. 105) — technisch kontrollierbare Vorgänge innerhalb der von der Ökosphäre vorgegebenen Leitplanken gehalten werden; auf fällt wieder einmal die Neigung von Technikern, soziokulturelle Probleme *möglichst objektiv* zu definieren und Lösungswege *möglichst technisch* zu beschreiben. Wissenschaftsmethodisch, ja geradezu -theoretisch aufschlußreich ist dabei, daß Schmidt-Bleek mit seinem Institutskollegen Wolfgang Sachs einen prononcierten Vertreter der auch in dieser Arbeit vertretenen soziokulturellen Sicht des Ökologieproblems als Zwischenrufer auftreten läßt, der techniktranszendierende Aspekte betont (Schmidt-Bleek 1994, S. 103ff.). Sachs ergeht es dabei wie vielen, die die ideologische Trennung zwischen Technisch-Umsetzbarem (für den Alltag) und Bereitschaft zur Wertediskussion (für die Sonntagsreden) beklagen und gleichwohl gerade dafür instrumentalisiert werden: „Recht hat er, aber darüber müssen wir erst einmal gründlich nachdenken."[4]

---

1 Schmidt-Bleek greift dabei allerdings nicht auf diese Habersche Differenzierung zurück.

2 „Wir definieren also, zunächst generell, als flächenbezogenen Umweltindikator die Flächenintensität pro Service- bzw. Dienstleistungseinheit, die FIPS" (Schmidt-Bleek 1994, S. 151).

3 Schmidt-Bleek bezeichnet sich selbst als Physikochemiker.

4 So Schmidt-Bleek 1978, S. 103. Mangelnde Bereitschaft, sich zu einem einseitig anthropozentrischen Standpunkt zu bekennen, kann

Sicherlich können Konzepte wie MIPS einiges beitragen zur ökologischen Kritik und Veränderung, weil ihnen um die Verringerung des Durchsatzes an Stoffen und Energie und des Flächenverbrauchs zu tun ist, sie also an wichtigen Elementen des ökologischen Problems ansetzen. Befriedigen können sie theoretisch (und in der Folge: praktisch) auf keinen Fall (zur Kritik an Stoffkreislaufkonzepten s.a. Haber 1993, S. 104), weil sie auf eine Rekonstruktion der soziokulturellen Entstehungsfaktoren verzichten und damit nicht den Blick öffnen auf die (wiederum in erster Linie soziokulturellen) Bedingungen der Möglichkeit ökologisch verträglicheren Wirtschaftens. Ohne Kulturrevolution wird die Effizienzrevolution freilich nicht zu haben sein.[1] Anders, mit Habers Begriffen formuliert: die Produktionsökologie thematisiert die Ökosystem-Produktivität, die Strukturökologie die Ökosystem-Stabilität. Was ist mit der Ökosystem-*Qualität*?

Sind schon die Produktivität und die Stabilität der Ökosysteme wesentlich geprägt durch den menschlichen Naturumgang, so führt die Frage nach der Qualität erst recht in einen Bereich, der nicht mehr vorrangig technisch und naturwissenschaftlich bearbeitet werden kann. Kriterien und Indikatoren von produktiver Funktionsfähigkeit und von Stabilität lassen sich noch im Sinne einer Korridorisierung des innerhalb des Korridors (zwischen Schmidt-Bleeks Leitplanken) freien, d.h. auch von ökologischen Problemen unbehelligten menschlichen Lebens verstehen. Ökologische Qualität betrifft die Kriterien des *guten Lebens*, ständig und fundamental.

Dementsprechend zeichnet sich eine *sozialökologische Sichtweise* von Natur, die ich der umwelttechnischen idealtypisch gegenüberstellen möchte, dadurch aus, daß die Frage nach der Natur als grundlegende Frage menschlichen Seins überhaupt gestellt wird. Eine Konzentration auf die Analyse des Produktionssystems erscheint bei diesen Anforderungen als unzureichend; die ökologischen Probleme können nur hinreichend beschrieben werden als Ausprägungsmerkmale der gesellschaftlich-spezifischen Arbeits- und Lebensmodelle, der Produktions-

---

man Schmidt-Bleek übrigens nicht vorwerfen, lautet doch der Titel seines Buches: Wieviel Umwelt braucht der Mensch?

1 Es spricht für die Redlichkeit Schmidt-Bleeks, kritische Kommentare einbauen zu wollen. So kann man in dem Buch auch lesen, die Öko-Effizienzrevolution bleibe unzureichend und einäugig, wenn sie nicht von einer Suffizienzrevolution begleitet würde (S. 191). Es belegt freilich die (sorry!) Beschränktheit der Konzeption, daß ein solcher Satz MIPS nicht tangiert, mithin Sonntagsredencharakter hat.

und Verbrauchslinien in verschiedenen strukturellen und infrastrukturellen Bereichen (s. Abb. 6). Die sozialökologische Sichtweise von Natur macht also mit dem sozialen und kulturellen Charakter des Ökologieproblems unbedingt ernst.

Abb. 6: Umwelttechnische und sozialökologische Sichtweise des Ökologieproblems

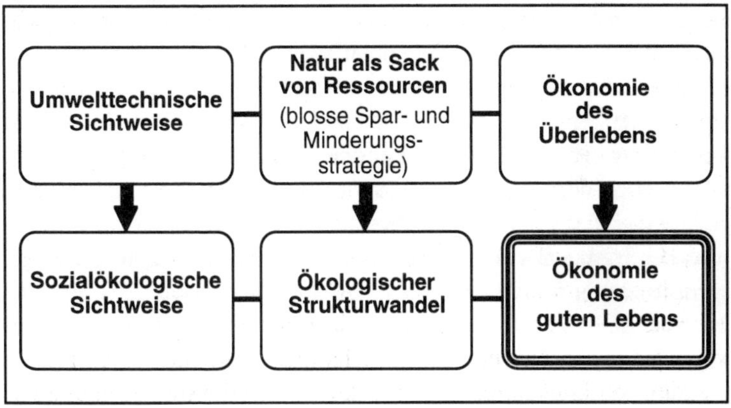

Quelle: eigene

Sie bezieht auch einen anderen Standpunkt gegenüber der Moderne, speziell den modernen Naturwissenschaften.

Während die von mir so bezeichnete umwelttechnische Sichtweise die hinreichenden Verbesserungen von einer ökologisch aufgeklärten Fortführung des modernen naturwissenschaftlichen Programms erwartet, praktisch also viel Zuversicht in sogenannte Umwelttechnologien setzt, sieht die sozialökologische Sichtweise bei den modernen Naturwissenschaften neben den von ihr gelieferten Erkenntnisfortschritten vor allem einen grundsätzlichen Regreß.

In den Worten Georg Pichts: „Die Naturwissenschaftler können ihre Forschungen nur deshalb betreiben, weil sie seit Galilei beschlossen haben, die unermeßlich schwierige Frage, was sie zu ihren Erkenntnissen befähigt, auszuklammern. Sie fragen nicht nach der Natur überhaupt, weil sie entdeckt haben, daß der Verzicht (darauf), diese Frage zu stellen, ihnen den Spielraum gibt, sich unbefangen der Erforschung von Phänomenen innerhalb der Natur zu widmen". (Picht 1989, S. 4) Wenn die sich selbst so bezeichnet habende Ökologiebewegung in Deutschland und anderen europäischen Ländern überhaupt unter einen gemeinsamen Aussagegehalt subsumiert werden kann, dann unter einen sozialökologischen, der im Kern fortschritts- und zivilisationskritisch ist: „... daß die Menschheit heute in Gefahr ist, durch ihre Wissenschaft von der Natur die Natur zu zerstören“ (Picht 1989, S. 9).

Zu dieser modernen Wissenschaft von der Natur gehört konstitutiv die seit Descartes philosophisch vollzogene Konstruktion eines Subjektes Mensch, dem die *Objektsphäre Natur* gegenübersteht. Die seit Menschengedenken bestehende philosophische Elementarfrage nach der menschlichen Selbstauslegung in der Welt, d.h. der die Menschen umgebenden Natur wird durch eine auf den nächsten praktischen Fortschritt orientierte experimentelle Naturwissenschaft in den Bereich des Überflüssigen bzw. geistigen Luxus verwiesen; menschliche Sinnsuche und -gebung wird zum Gegenstand von Sonntagsreden, und zwar paradoxerweise erst recht zu einer Zeit, wo christlich-religiöse, vom Jenseits her argumentierende Weltanschauungen drastisch an Bedeutung verlieren. Picht formuliert das so: „Die Ausklammerung der Frage nach der Wahrheit war deshalb die Bedingung, unter der die expansive Entwicklung der neuzeitlichen Naturwissenschaft erst möglich wurde. Moderne Wissenschaft ist jene Form der Erkenntnis, die möglich wird, wenn man die Frage nach der Wahrheit methodisch ausschließt“ (Picht 1989, S. 16).[1]

Es ist üblich, hinsichtlich des Ökologieproblems eher zuversichtliche oder eher skeptische Positionen darauf zurückzuführen, daß die konkrete Analyse konkreter Umweltpolitik eher optimistisch oder eher pessimistisch ausfällt.

Im Grunde führt uns jedoch die sozialökologische Sichtweise als solche bereits zu einer skeptischen Position, weil sie uns nämlich darauf hinweist, daß die von der Moderne vollzogene schematische Gegenüberstellung von Mensch und Natur eine metaphysische Konstruktion ist. Ausgerechnet mit dem bis dahin größten Abschied von (über-

1 Wir werden später unten noch sehen, daß dieses Urteil auch auf zwei recht kritische Zugriffe auf heutige Problemlagen zutrifft, auf die wir uns zunächst positiv beziehen, nämlich
a) die Fokussierung der menschlichen Vernunft auf den herrschaftsfreien Diskurs in der Diskursethik (weil die Frage nach den Bedingungen der Möglichkeit eines herrschaftsfreien Diskurses noch nicht die Frage nach den Bedingungen der Möglichkeit von Wahrheit ist) und
b) den Rückbezug erfolgsstrategischer Unternehmenspolitik auf die gesellschaftlichen Funktionen von Unternehmen (weil die Frage nach der Funktion noch nicht die Frage nach dem Sinn ist).

irdisch bezogener) Metaphysik haben sich die Menschen eine neue (irdisch bezogene) Metaphysik geschaffen, die die Über-Ichs durch ein „Ich-über-alles“ zu ersetzen trachtet.

Eine sozialökologische Sichtweise, die diese geistige Wende der Moderne kritisch reflektiert, muß skeptisch sein gegenüber den menschlichen Machbarkeitsphantasien (wie sie sich etwa in politischen Konzeptionen „Durch Umweltschutz zum neuen Wirtschaftswunder“ äußern [vgl. Brunowsky/Wicke 1985]), weil sie grundsätzlich skeptisch ist gegenüber der Kraft menschlicher Subjektivität: „Wenn man das Denken nicht aus der Natur herausnimmt, sondern als einen Vorgang in der Natur auffaßt, hebt man die Subjektivität des Menschen aus den Angeln“ (Picht 1989, S. 35).

Die sozialökologische Sichtweise des Ökologieproblems eignet sich mit ihrer Kritik an der *Maßlosigkeit* menschlichen Denkens[1] auch zur Kritik an der Maßlosigkeit moderner ökonomischer Theorie. Ebenfalls Picht hat darauf hingewiesen, daß die ökonomischen Theorien des Kapitalismus wie des Sozialismus bloß Theorien über die Produktionsverhältnisse sind: „Theorien über die Produktion als solche gibt es nicht und kann es nicht geben, denn wenn man Wachstum nur als quantitativen Prozeß versteht, lassen sich keine Kriterien dafür gewinnen, was hier wachsen soll. Deswegen lernen wir aus den ökonomischen Theorien nur, wie produziert werden kann, aber nicht, was produziert, was also in der Produktion ans Licht gebracht werden soll. Das ist aber genau der Punkt, an dem heute die Ökonomie mit unserem Ökosystem kollidiert“ (Picht 1989, S. 57f.).

Auch wenn wir uns in dieser Arbeit oft sehr eng auf die betriebswirtschaftliche Diskussion beziehen, damit auf eine Fachdisziplin, deren Gegenstand u.a. produzierende Unternehmen sind, darf also die untrennbare Verknüpfung von Produktion und übriger menschlicher Lebenswelt im Rahmen einer angemessenen Bearbeitung des Ökologieproblems nicht verloren gehen.

1 Diese Kritik schließt auch einen Teil neuerer systemtheoretischer Versuche ein, „Komplexität“ (ungleich Kompliziertheit) zwar anzuerkennen, freilich aufgrund dieser Erkenntnis erfolgreich managen zu können.

2.4 Sozialökologie zielt auf die Verteidigung der sozial konstituierten Natur

Auch Picht ist nicht frei von der Vorstellung, eine menschenbezogene Ökologie könne wissenschaftlich konstruiert werden.[1]

Demgegenüber bedeutet die *konsequente* Verabschiedung von einer Leitwissenschaft Ökologie gleichzeitig auch den Verzicht auf die Vorstellung, das vernünftige menschliche Leben in und mit der Natur sei überhaupt wissenschaftlich bestimmbar. Wissenschaft kann immer wieder aufklären, welche ökologischen Folgen bestimmte ökonomische Entscheidungen haben, wie ökologisch wünschenswerte Ziele ökonomisch realisierbar gemacht werden können etc.. Wissenschaft mag auch zu dem Urteil kommen, daß die Wirtschafts-, Arbeits- und Lebensmodelle, auf die sich eine Gesellschaft praktisch dominierend in demokratischer Weise verständigt hat, ökologisch zerstörerisch und auf Dauer verhängnisvoll sein werden — sie hat jedoch auch von daher *als Wissenschaft* kein Recht, diese Lebensweise als *falsch* zu kritisieren. Wenn (durchaus herrschaftsfrei) eine Gesellschaft (bzw. ihre Mehrheit) zu dem Schluß gelangt, auf vom Aussterben bedrohte Tierarten oder auf die späteren menschlichen Generationen keine Rücksicht nehmen zu brauchen, dann läßt sich dies nicht in theoretischen Diskursen wissenschaftlich widerlegen, sondern „nur" in praktisch-moralischen Diskursen kritisieren.[2] Dieses „nur" gehört freilich zu dem hier vorgestellten sozialökologischen Ansatz konstitutiv dazu: es gibt keinen Graben, wo derselbe auf der einen Seite als Wissenschaftler, auf der anderen als bloßer Mensch schlechthin steht. Sondern die Positionen des sozialökologischen Wissenschaftlers, die zu Unrecht als einseitig normativ, emotional oder sachlich unangemessen beurteilt werden mögen, resultieren aus der Verantwortung des Wissenschaftlers, der das — von der

---

1 Picht 1989, S. 50: „Deshalb wird die Ökologie der Menschen, die Humanökologie, erst dann eine wissenschaftliche Gestalt annehmen, wenn sie zugleich als biologische, als sozialwissenschaftliche und als geschichtswissenschaftliche Grundwissenschaft verstanden wird und alle Sphären menschlichen Daseins zusammenschließt".

2 Castoriadis hat das deutlicher als viele andere pointiert: „Das Ziel der Wahrheit oder der Freiheit läßt sich nicht begründen. Man kann eine bestimmte Aussage widerlegen, nicht jedoch die Skepsis oder das Grinsen. Man kann eine Politik wegen eines inneren Widerspruchs ablehnen, aber man widerlegt nicht Auschwitz oder den Gulag, man bekämpft sie" (Castoriadis 1981, S. 22).

Gesellschaft zudem in der Regel bezahlte — Privileg genießt, sich weit gründlicher als viele andere mit diesen Fragen beschäftigen zu können. Sozialökologie relativiert also Wissenschaft und strapaziert umso mehr *Verantwortung*.

Der Begriff Sozialökologie wird jenem der Humanökologie dabei ausdrücklich vorgezogen, weil darüber erst der soziale, inter-individuelle, politische, zusammengefaßt: *gesellschaftliche Charakter menschlicher Naturaneigung* deutlich hervorgehoben wird. Dieser Hinweis gilt auch gegenüber der sich selbst so kennzeichnenden Humanökologie, wenn dort über die Gegenüberstellung eines abstrakten Individuums und der natürlichen Umwelt hinausgegangen wird.[1]

Das Risiko ist freilich hoch, daß mit der Engführung auf die Humanökologie die gesellschaftlichen Verhältnisse, unter denen der menschliche Naturumgang stattfindet, und dessen Verknüpfung mit spezifisch menschlichen Zielsetzungen und Wertvorstellungen, die sich in der menschlichen Geschichte bereits stark gewandelt haben und weiterhin stark wandeln können, zu kurz kommen.

Gerade im betriebswirtschaftlichen Kontext braucht ein sozialökologischer Ansatz allerdings eine angemessene Berücksichtigung beider Elementardimensionen, der Beziehung Mensch-Natur wie der Beziehung Mensch-Mensch. Und der Begriff Sozialökologie scheint uns der günstigste, um die Verflochtenheit beider Dimensionen zum Ausdruck zu bringen.[2]

Anschlußmöglichkeiten bietet der Sozialökologiebegriff auch zu Diskussionen über eine Politische Ökologie, soweit diese ebenfalls die soziale Dimension betont und von einer Rollenbestimmung der Ökologie als Leitwissenschaft Abstand hält (vgl. dazu früh Strohm 1980).

Wir befinden uns also vor einer theoretisch und praktisch *offenen Zukunft*. Diese Offenheit gilt bereits für die hinter uns liegende Ge-

1 Der Gegenstand von Humanökologie wird von der internationalen Organisation für Humanökologie in Wien so definiert: „Beschäftigung mit dem menschlichen Leben in all seinen physikalischen, chemischen, biotischen, geistigen, sozialen und kulturellen Manifestationen von einem ökologischen Gesichtspunkt aus; das bedeutet, die ‚Wechselbeziehungen zwischen einem Menschen oder einer Anzahl von Menschen und der ihn oder sie umgebenden Außenwelt' zu betrachten"; Glaeser 1989, S. 32.

2 Deswegen wird er in dem hiesigen Kontext programmatisch verwendet, auch wenn er ursprünglich zur Bearbeitung stadtsoziologischer Probleme entwickelt wurde; vgl. Glaeser 1989, S. 31f. Ausführlich auch Hassenpflug 1993.

schichte, denn schon die heutigen bzw. früheren Naturzustände sind bzw. waren gesellschaftlich bedingt, d.h. grundsätzlich kontingent.[1]

„Natürlich" reden wir in der Alltagssprache immer wieder so von Natur, als ob es noch die ursprüngliche wäre oder als ob es einen unantastbaren Naturkern geben würde — wir müssen uns freilich die Fragwürdigkeit dieser sprachlichen Konstruktion immer wieder klarmachen.

Mit den Worten von Böhme kommt es darauf an, „die Natur als sozial konstituierte zu verstehen. Das bedeutet, daß einzelne Naturstücke als kulturelle Produkte begriffen werden sollen".[2]

Dieser Prozeß der menschlichen Naturgeschichte ist längst so weit fortgeschritten, daß zwischen dem, was umgewandelt wurde, und den Umwandlungen nicht mehr vernünftig differenziert werden kann, auch nicht über den Hilfsbegriff einer zweiten Natur.[3]

Bei Moscovici ist das Naturverständnis eng verknüpft mit einem spezifischen Begriff menschlicher Arbeit. Arbeit wird als menschliche Selbstbe(s)tätigung in und mit der Natur verstanden. Dabei besteht eine Beziehung zwischen Invention und Reproduktion, die zentral ist für die Spannungen von menschlicher Bedürfnisbefriedigung und Naturschonung.[4]

Wir können daraus zweierlei lernen:

(1) wird das ökologische Problem auf Arbeit zurückgeführt, die wir in unserer betriebswirtschaftlichen Perspektive als in bzw. durch Unternehmen organisierte Arbeit kennzeichnen können. Ökologische Problembestände lassen sich folglich auch als *kulturelle* Produkte unternehmenspolitischer Entscheidungen charakterisieren;

---

1 Zum Beispiel ist der Wald, dessen Sterben in Mitteleuropa aufgehalten werden soll, nicht ursprüngliche Natur, sondern von den Menschen so hergestellte.

2 Böhme 1985, S. 59. Schon bei Moscovici hatte der Begriff der menschlichen Natur geheißen, die Menschen bewirkten „die Umordnung des natürlichen Zustands als solchem"; Moscovici 1982, S. 38.

3 So aber Sohn-Rethel 1981, S. 199. Zur Kritik daran vgl. Moscovici 1982, S. 39f.

4 „Konkret erfolgt die Schöpfung der Arbeit, die uns mit den übrigen Elementen verbindet und damit unserem natürlichen Sein Existenz verleiht, durch Vermittlung zweier Prozesse mit je spezifischen Funktionen: Erfindung und Reproduktion ... Es sind die einzigen Prozesse, in denen die Arbeit — Wissen und Fertigkeit — nicht als Mittel oder als Instrument erscheint, sondern in der Qualität des Zweckes und des Objektes, als ihr eigener Zweck und als ihr eigenes Objekt"; Moscovici 1982, S. 60ff.

(2) annonciert der Begriff der Reproduktion, daß es mindestens Splitter von Referenzbezügen geben muß, von denen her Natur gegenüber menschlichen Eingriffen verteidigt werden kann, nicht nur praktisch-moralisch oder praktisch-militant, sondern auch argumentativ.

Wenn die Analyse des menschlichen Naturumgangs in diesem Jahrhundert nämlich als Analyse eines Zerstörungsprozesses durchgeführt wird (und darüber scheinen sich alle ernsthaften Diskussionspartner jenseits sonstiger Differenzen einig zu sein), dann muß es ja gute Gründe geben, die verhindern, die ganze Entwicklung uneingeschränkt positiv als beschleunigten technischen Fortschritt zu charakterisieren.

Umgekehrt muß es solche Gründe und Bezüge geben, um positiv *Reproduktion* (das ist sowohl Erhalt wie Wiederherstellung) *von Natur als gesellschaftliche Aufgabe* zu definieren.[1]

Wenn der Rückgriff auf frühere Naturzustände nicht durch das Argument gerechtfertigt werden kann, daß es sich dabei um eine natürlichere Natur handelte, es aber offenkundig kein Zufall ist, daß solch ein Rückgriff heute bei vielen Menschen positiv besetzt ist,[2] dann wird damit der Blick gerichtet auf ästhetische und kulturelle Qualitäten. Über diese kann nicht wissenschaftlich nach der Frage von richtig oder falsch gestritten werden; es scheint aber kulturelle und ästhetische Bestände zu geben, die in Widerstände gegen Naturzerstörung doch so etwas wie quasi-objektive Begründungen zu legen vermögen.[3]

Der Zwang, in ökonomischen Entscheidungszusammenhängen stets nur Teilaspekte des ökologischen Problems bearbeiten zu können, darf, so möchten wir zum Abschluß dieses Kapitels festhalten, nicht dazu führen, daß daraus ein Druck wird, der den praktischen (praktizierten) Ökologiebegrif immer weiter verkümmern läßt. Der hier vorgetragene

1 Vgl. zur reproduktiven Arbeit auch Böhme/Schramm 1985.

2 Man denke etwa an die bei den meisten Menschen positive Stimmung angesichts von Stadtbildern oder Landschaften früherer Jahrhunderte.

3 Der Hinweis scheint umso wichtiger, als zu den Grundelementen der Moderne wohl das Risiko gehört, diese Dimensionen über zu eng gefaßte Rationalkalküle und rationalistisch gefaßte Erklärungsmuster zu verdrängen (vgl. dazu ausführlich Böhme/Böhme 1987). Da die genannten kulturellen und ästhetischen Bestände auf Erfahrungen basieren, ergibt sich sofort die Frage, inwieweit sie gegenwärtig und in Zukunft nicht durch aufgezwungene Erfahrungsverzichte weiter abgebaut werden; der Frage kann und soll im Rahmen dieser Arbeit jedoch nicht weiter nachgegangen werden.

Begriff von Sozialökologie zielt darauf, sich die vielfältigen Dimensionen des ökologischen Problems ständig neu zu erschließen und gerade solche, die zu kurz zu kommen drohen, immer wieder in praktische Diskurse und beschränkte ökonomische Praxis einzuführen. Deshalb macht es auch keinen Sinn, nach *der* Kategorie (und zwecks Operationalisierung nach *dem* Maß) des Ökologischen bzw. ökologisch Verträglichen zu suchen. Wie an dem MIPS-Konzept gezeigt wurde, führen solche Bemühungen gerade dazu, denn doch wieder eine Aufspaltung zu betreiben zwischen dem, was für pragmatischen ökonomischen und technischen Kontexten zumutbar erklärt wird, und jenem, worüber man erst einmal gründlicher nachdenken müsse.

Die verschiedenen Dimensionen, die eine *sozialökologische* Sichtweise für die Bearbeitung ökologischer Probleme erschließt, sind deshalb nicht gegeneinanderzustellen oder auch nur in eine priorisierende Rangfolge zu bringen.

Wir verzichten daher bewußt auf eine Numerierung, wenn wir im folgenden versuchen, diese Dimensionen systematisch zu kennzeichnen[1] :

- *Entropieproblem*, d.h. weit vor der Extremperspektive Wärmetod bzw. totale Materievermengung steigende ökonomische, technische etc. Aufwände zur Erreichung desselben Ziels;
- *Vergiftungsproblem*, d.h. eine ständig steigende Zahl von Menschenhand kombinierter, damit produzierter Stoffe schafft toxikologische Risiken, deren Bewältigung immer zweifelhafter wird;
- *Produktivitätsproblem*, d.h. im Resultat menschlicher Bearbeitungen, Einschränkungen, Nivellierungen und Zerstörungen sinkt die Fähigkeit der Natur ab, Neues hervorzubringen, u.a. verschwenderische Fülle jenseits von Funktionalität zu produzieren;
- *Verteilungsproblem*, d.h. die materiellen Infrastrukturen wurden und werden mit dem Fortgang der Menschengeschichte immer großräumiger und langfristiger organisiert, woraus räumliche und zeitliche Verteilungen entstehen, deren (menschliche) Kontrollierbarkeit zwangsläufig abnimmt;

1 Dieser Systematisierungsversuch ist nicht unwesentlich inspiriert von einigen Diskussionen im Rahmen des Instituts für ökologische Wirtschaftsforschung (IÖW), namentlich mit Arnim von Gleich; speziell dessen Paradigma der Konvivialität und das dazugehörige Kriterium der Eingriffstiefe haben den Verfasser dieser Arbeit allerdings bislang (noch) nicht überzeugen können.

- *Gesamtstabilitätsproblem*, d.h. die dynamischen Beziehungsgeflechte zwischen verschiedenen Ökosystemen können so grundsätzlich geschädigt werden, daß für die Menschen rückwirkend eine Gefährdung ihrer natürlichen Lebensgrundlagen eintritt;[1]
- *Naturästhetikproblem*, d.h. die menschliche Naturbeziehung ist nicht allein eine technisch-ressourcenbezogene, im engen Sinne gesundheitliche etc., sondern wickelt sich auch in Empfindungen ab — so wie Insekten und Blüten sich wahrnehmen und präsentieren (Böhme 1989, S. 52), so kommunizieren Menschen mit der Natur über einen Code, der Empfindung heißt;
- *Kulturqualitätsproblem*, d.h. im Rahmen soziokultureller Veränderungen definieren menschliche Gesellschaften bzw. Individuen je anders, wie sie sich das gute Leben vorstellen — wie auch immer findet das Bemühen um gutes Leben in und mit Natur statt, hängt folglich seine Realisierbarkeit wesentlich ab von den Zuständen der Natur.

Diese sieben Dimensionen des ökologischen Problems in der von uns vorgetragenen sozialökologischen Sichtweise sind bewußt über *Probleme* definiert. Denn so sehr wir mit dem Bisherigen einen deutlich kritisch-normativen Blick auf die heutigen Naturzustände (und die zugrundeliegenden menschlichen Arbeits- und Lebensweisen) werfen, so sehr sträuben wir uns doch, auch nur auf der Ebene allgemeiner Begrifflichkeiten Sozialökologie affirmativ anzugehen.[2]

Weiterhin haben wir uns deshalb für die Fokussierung auf Probleme entschieden, weil Probleme der Bearbeitung harren. So richtig es in Zeiten hektischer menschlicher Überaktivitäten mit zerstörerischen Folgen ist, Loblieder für Unterlassen, Kontemplation und Faulheit anzustimmen: wir dürfen unsere Anstrengungen nicht hauptsächlich richten auf Archivieren und Konservieren der Natur (vgl. dazu Schäfer 1993, S. 244), vielmehr geht es um Qualität als Ergebnis genutzter Handlungs- und Gestaltungspielräume. In diesem Sinne geht auch eine

1 Das klingt so, als würde uns das Kriterium der Eingriffstiefe doch überzeugen, tut es aber gleichwohl nicht, weil es den „Handlungstyp“ des Unterlassens einseitig privilegiert gegenüber dem sinnvollen Bemühen um Stabilität und Qualität.

2 Als jüngeres Beispiel der Schwierigkeiten, Sozialökologie in dieser Richtung als Paradigma zu konstruieren, s. Hassenpflug 1993.

menschliche Naturpolitik fehl, die in erster Linie (gutwillig) als Naturschutzpolitik ausgelegt ist. Naturschutz muß Naturpflege werden.[1]

Was aber heißt Naturpflege? Diese hat ja kein „natürliches" (menschlich) erkennbares Telos (Zweck, finales Ziel). Schutz ist unklar, aber Entwicklung (etwas entwickeln? sich entwickeln?) kaum weniger (vgl. Haber 1993, S. 103). Es gibt keinen Ausweg aus dem grundsätzlichen Dilemma menschlich-ökologischen Handelns: jedes Bemühen um Planung und Gestaltung der Umwelt steht in einem Widerspruch zu Selbstorganisationsprozessen der Natur, der nur teilweise aufgelöst werden kann.[2]

Betriebswirtschaftlehre wird demzufolge auch in sozialökologischer Absicht weiter zu tun haben. Bevor wir der Frage nachgehen, wie ihre Aufgaben denn dafür zu beschreiben wären, wollen wir zunächst betrachten, wie Betriebswirtschaftslehre bislang ihre ökologische Herausforderung angenommen hat.

---

1 So lautet das Postulat bei Suchantke 1993, S. 191ff., der diesen Gedanken an vielen Naturbeispielen illustriert.

2 So auch Haber 1993, S. 105; Haber macht übrigens im selben Aufsatz (S. 101) darauf aufmerksam, daß Skepsis gegenüber *zentralistischen* Steuerungsversuchen gelernt werden kann (überfällig ist).

3. Kapitel

Die bisherige betriebswirtschaftliche Rezeption des Ökologieproblems

„Als sie das Ziel aus den Augen verloren hatten, verdoppelten sie ihre Anstrengungen."
(Mark Twain)

3.1 Eine fachdisziplinäre Entwicklung und ihre praktischen Hintergründe

Mit dem Blick auf die ökologische Dimension des Unternehmens ist die Betriebswirtschaftslehre der Unternehmenspraxis nicht vorausgeeilt. Strebels recht frühe Publikation[1] vermochte keinen Auftakt zu einer intensiveren betriebswirtschaftlichen Fachdiskussion zu bilden, obwohl etwa in der Bundesrepublik Deutschland zu Beginn der 80er Jahre die Ökologiebewegung eine solche Breite erreicht hatte, daß Umweltschutz bereits zu den meistdiskutierten gesellschaftspolitischen Themen gehörte.

Aus der unternehmenspolitischen Perspektive heraus gehörte Umweltschutz zu dieser Zeit vorrangig noch in den Bereich von Rahmenbedingungen und Restriktionen; von daher schien es kein Thema sein zu müssen für eine betriebswirtschaftliche Disziplin, die in der Gutenbergschen Tradition (vgl. Gutenberg, 1. Aufl. 1951) den betrieblichen Leistungserstellungsprozeß *innerhalb* gegebener Rahmenbedingungen als ihren Lehr- und Forschungsgegenstand betrachtete.

Wenn seit kurzer Zeit die Verknüpfung des Ökologieproblems mit der betriebswirtschaftlichen Forschung auf breiterer Front für wichtig gehalten wird, dann bestanden über Jahre vorher die steten Tropfen, die den betriebswirtschaftlichen Stein höhlten, in *nicht*ökonomischen

1 Strebel 1980; es blieb bis 1988 das einzige Buch eines betriebswirtschaftlichen Hochschullehrers, das die allgemeinen Beziehungen zwischen Unternehmen und ökologischer Umwelt zum Hauptgegenstand hatte.

Beiträgen zur Beziehung von Ökologie und Ökonomie. Wieder einmal schwappten bahnbrechende, gleichzeitig allerdings bis zur Trivialität grundlegende Erkenntnisse von außerhalb in eine Disziplin hinein (vgl. zu diesem Phänomen Seidel/Menn 1988, S. 113).

Die von der Ökologiebewegung vorgetragenen Inhalte stabilisierten zunächst freilich eher ein defensives unternehmenspolitisches und betriebswirtschaftliches Verständnis. Unter dem Druck theoretischer Konzeptionen, die gewerkschaftsnahen und weitergehend kapitalismuskritischen Zusammenhängen entstammten, wurde hier den Unternehmen aus strukturellen gesellschaftlichen („systembedingten") Gründen die Möglichkeit eher abgesprochen, ökologisch Sinnvolles zu tun[1].

Vor diesem Hintergrund begann sich ein unproduktiver Widerspruch zwischen zwei Typen betriebswirtschaftlichen Zugriffs auf die Beziehung von Unternehmen und ökologischer Umwelt zu entwickeln: einerseits Erweiterungen um ökologische Einzelaspekte[2], andererseits eine grundsätzlich kritische Position, die zunächst eher skeptisch war gegenüber ökologisch effizienten Umsetzungsmaßnahmen von Unternehmen, zumindest auf kurze Zeiträume hin.[3]

Eine wesentliche Voraussetzung, die unproduktiven Elemente einer solchen Konstellation aufzulösen, entwickelte sich dann Mitte der 80er Jahre mit programmatisch verstärkten Schritten einer ökologischen Unternehmens*praxis*.

Hervorgegangen aus einer Ökologie-Kommission des Bundesverbandes Junger Unternehmer (BJU) gründeten sich im Jahr 1987 gleich zwei Vereine, die ihre ökologische Eigeninitiative als Unternehmer zum Hauptzweck der Vereinstätigkeit erklärten: der „Bundesdeutsche Ar-

---

1 Vgl. die Mehrheit der Beiträge in Berger/Müller/Pfriem 1982. Es handelt sich dabei um den Reader für einen großen Kongreß „Zukunft der Arbeit" in Bielefeld, bei dem das Ökologieproblem vor allem aus linker Theorietradition heraus diskutiert wurde.

2 „Diesen Ansätzen ist weitgehend gemein, daß sie von der Vorstellung ausgehen, eine Integration ökologischer Aspekte in die Betriebswirtschaftslehre könne schon durch eine Verbindung mit der traditionellen einzelwirtschaftlichen Rationalitätsvorstellung erfolgreich gewährleistet werden" (Seidel/Menn 1988, S. 30).

3 Aus heutiger Sicht würde ich auch die ersten Entwicklungsphasen meiner eigenen Konzeption so einordnen; vgl. Pfriem 1983 und 1983a. Das Buch „Ökologische Unternehmenspolitik" (Pfriem 1986) orientierte dann programmatisch schon vom Titel her darauf, das Ökologieproblem zum *aktiven* Bestandteil aller Ebenen der Unternehmenspolitik zu machen.

beitskreis für umweltbewußtes Management" (B.A.U.M.) und der Förderkreis Umwelt-future.

„Ziel von B.A.U.M. ist es, Unternehmen und Institutionen für die Probleme des Umweltschutzes weiter zu sensibilisieren und darzustellen, daß es aus unternehmerischer Weitsicht und Eigeninteresse sinnvoll ist, wenn Unternehmen freiwillig und über die gesetzlichen Anforderungen hinaus Umweltschutz als wichtige Zielsetzung unternehmerischer Tätigkeiten erkennen und entsprechend umsetzen und damit gleichzeitig dem Wohle aller dienen".[1] Ähnlich heißt es bei future: „future entwickelt auf Basis von Erfahrungen der Mitgliedsunternehmen den dualen Ansatz zur ökonomisch/ökologischen Unternehmensführung und dessen Umsetzung mit Hilfe einer umweltorientierten Organisationsentwicklung."[2]

Die Gründung dieser beiden Unternehmerinititativen hatte mehrere wichtige praktische Folgen:

- insofern sich praktisch tätige Unternehmer und Manager zusammenschlossen, gab dies Anstöße für die Intensivierung der ökologischen Diskussion sowie für entsprechende Aktivitäten bei den überkommenen Industrie- und Arbeitgeberverbänden;
- durch die klare programmatische Position von B.A.U.M. und future, nicht nur die bestehenden Umweltgesetze einzuhalten, sondern möglichst viel darüber hinaus zu tun, kam innerhalb der Unternehmerschaft eine Dynamik in Gang, sich über die betriebswirtschaftlichen Handlungsmöglichkeiten zu verständigen und Umweltschutz nicht nur als ökologische Gratiseffekte im Rahmen eines „business as usual" zu praktizieren;
- gegenüber der Möglichkeit ökologischer Unternehmenspolitik skeptische bzw. grundsätzlich kritische Positionen im akademischen wie im gesellschaftspolitischen Raum wurden gezwungen, sich analysierend und Stellung beziehend auf die unternehmerischen Aktivitäten im ökologischen Feld einzulassen;
- B.A.U.M. und future organisierten fortan eine Vielzahl von Kongressen und veröffentlichten zahlreiche einschlägige Publikationen[3],

---

1 So heißt es in der Selbstdarstellung, s. in Glauber/Pfriem 1992, S. 246.
2 Glauber/Pfriem 1992, S. 248; vgl. auch Günther 1992.
3 Vgl. für B.A.U.M. Winter 1987, für future die regelmäßig erscheinende Zeitschrift „Unternehmen und Umwelt".

wodurch der direkte Dialog zwischen Wissenschaft und Unternehmenspraxis sehr gefördert wurde.

Dieser direkte Dialog vermochte auf beiden Seiten zahlreiche Lernprozesse in Gang zu setzen; die Unternehmer und Unternehmen begannen sich auch kritischeren Positionen von ökologischer Seite zu öffnen, die sie vorher vielleicht eher zu ignorieren versucht hatten, und umgekehrt hatten sich theoretische Konzepte auf dem Prüfstand der Praktiker zu bewähren und entsprechend abzuschleifen.[1] Diese praktischen Hintergründe zu berücksichtigen ist *notwendig*, um die Entwicklung der akademisch-betriebswirtschaftlichen Reaktionsweisen auf das Ökologieproblem angemessen verstehen zu können.

Das manifestiert sich in zweierlei Hinsicht:

- erstens wird so erklärlich, warum im Unterschied zu vorher 1988 so viele ökologiebezogene Publikationen von Vertretern der betriebswirtschaftlichen Fachdisziplin erschienen;[2]
- zweitens gingen und gehen die oben als z.T. unproduktiv gekennzeichneten Kontroversen *innerhalb* der Betriebswirtschaftslehre darüber, wie das Fach die Integration ökologischer Belange angemessen betreiben solle, weiter.

Diese Kontroversen resultieren nicht allein aus differenten Sichtweisen des ökologischen Problems und unterschiedlichen wissenschaftstheoretischen Standpunkten, sondern gerade von ihrer Genese her stark aus den spezifischen Akzentsetzungen und Zugängen, mit denen sich betriebswirtschaftliche Fachvertreter auf das Ökologieproblem zubewegt haben.

Diesen letzten Gesichtspunkt machen wir im folgenden daher zum Gliederungskriterium, um den Versuch einer knappen Systematisierung der bisherigen betriebswirtschaftlichen Ökologiediskussion vorzunehmen. Nicht berücksichtigt werden dabei logischerweise jene Publikationen auf Ebene der Allgemeinen Betriebswirtschaftslehre, bei denen

---

1 Exemplarisch sei hierfür die Entwicklung von der Ökobilanz zum Öko-Controlling angeführt, s. dazu Kap. 11.

2 Insofern ist die Feststellung nicht übertrieben, hinsichtlich des Gegenstandes Ökologie 1988 zum Startjahr der Betriebswirtschaftslehre zu erklären; vorher waren es eben nur wenige, in dieser Sache kaum gehörte Fachvertreter gewesen.

die ökologische Dimension der Unternehmenstätigkeit weiterhin ausgeklammert bleibt[1].

3.2 Marketingorientierte Zugänge

„Der Bereich Absatzwirtschaft/Marketing stellt eines der am intensivsten bearbeiteten Felder der betriebswirtschaftlichen Umweltökonomie dar“ (Tiebler 1990, S. 133).

Die Ursache dieses Befundes läßt sich ohne größere Schwierigkeiten identifizieren: mehr als manche andere Herausforderung wurde die ökologische Herausforderung vom Markt an die Unternehmung herangetragen, und zwar *sowohl* im engeren Sinne der Käufermärkte *als auch* im Sinne einer kritischen und sensibilisierten Öffentlichkeit. Letztere trägt in diesem Fall besondere Züge, die für das überdurchschnittliche Ausmaß unternehmenspolitischer Reaktionsweisen wie auch des betriebswirtschaftlichen Marketings verantwortlich gemacht werden können.

Wer als Konsument die Qualität eines Produktes im technisch-funktionalen Sinne geringer schätzt als die möglicher Alternativen, kann dem durch Nichtkauf Rechnung tragen, ohne daß damit für ihn weitere Folgen verbunden wären. Von *ökologischen* Folgen eines Produktes betroffen können hingegen auch diejenigen sein, die das Produkt gar nicht gekauft oder sogar den Kauf dieses Produkts aus ökologischen Gründen verweigert haben: z.B. sind auch diejenigen, die im häuslichen Bereich selbst auf Umweltverträglichkeit achten, von der Wasserverschmutzung betroffen, die andere mit giftigen Chemikalien betreiben; z.B. sind solche, die absichtsvoll auf das Auto verzichten, genauso wie andere gezwungen, Autoabgase einzuatmen (als Nichtautofahrer vielleicht sogar noch mehr); z.B. sind diejenigen, die ihre Abfälle möglichst minimieren und vernünftig entsorgen, von der allgemei-

---

1 Vgl. etwa Wöhe, 17. Aufl. 1991, wo Ökologie nicht einmal als Stichwort im Sachregister auftaucht. Von daher erscheint es besonders befremdlich, daß Wicke u.a. (1992, S. 1ff. und S. 11f.) ihre betriebliche Umweltökonomie über Wöhe definieren. Es ist das Verdienst von Hopfenbeck (1989, 4. Aufl. 1991), als erster eine Allgemeine Betriebswirtschaftslehre mit umfangreichem Ökologieteil vorgelegt zu haben.

nen Müllproblematik genauso betroffen. Usw. Dies begründet ja auch neben der engen *theoretischen* Verknüpfung von Ökologie und Gesellschaft, warum das Ökologieproblem in solch zunehmendem Maße und solcher Breite für die öffentliche gesellschaftliche Diskussion von Bedeutung wurde.

Bei den auf den Funktionsbereich Marketing spezialisierten betriebswirtschaftlichen Hochschullehrern war die Aufgeschlossenheit gegenüber der ökologischen Herausforderung frühzeitig entsprechend groß. Meffert u.a. (1986) führten ebenso wie Raffée u.a. (1987) empirische Untersuchungen durch, die die ansteigende Bereitschaft von Unternehmen zu umweltschutzbezogenen Aktivitäten ebenso aufzeigten wie noch vorhandene Vorbehalte und Abwehrhaltungen.[1]

Dabei trat als bemerkenswerte Differenz zutage, daß in Branchen, die von ökologischen Problemen besonders stark geprägt sind und entsprechend intensiv in der öffentlichen Auseinandersetzung stehen, der Umweltschutz als Unternehmensziel vergleichsweise hoch angesiedelt wird, während in bezug auf das Verarbeitende Gewerbe insgesamt festzustellen ist, daß hier in der Regel noch keineswegs ökologische Zielsetzungen ökonomischen gleichgestellt werden.[2]

Angesichts des rasch angewachsenen Stellenwertes des Ökologieproblems in der öffentlichen Diskussion können die Plädoyers aus der betriebswirtschaftlichen Marketing-Literatur, die Unternehmen sollten ökologische Aspekte systematisch in ihre Marketing-Konzeptionen integrieren, natürlich nicht überraschen.[3]

Auf diesen Plädoyers aufbauend wurde insbesondere von Meffert u.a. das überkommene Marketing-Mix auf den ökologischen Bereich übertragen.[4]

---

1 Da es sich bei den Genannten um führende Vertreter auch der allgemeinen betriebswirtschaftlichen Marketinglehre handelt, kann die Behauptung von Wicke u.a. (1992, S. 387f.), ökologisches Marketing habe bis heute keinen Eingang in die betriebswirtschaftliche Literatur gefunden, nicht nachvollzogen werden; vgl. demgegenüber schon die Zusammenstellung verschiedener Konzeptionen in Heinz 1988.

2 Siehe zu diesem Befund Raffée/Förster/Fritz 1992, S. 245

3 Vgl. zur Berücksichtigung ökologischer Ziele speziell in den unternehmerischen Marketing-Konzeptionen als repräsentative Untersuchung FUUF 1990, spez. die Kap. 12 und 13.

4 Siehe das ökologiegerichtete Marketing-Mix bei Meffert u.a. 1986, S. 154.

Das Problem dieser analogen Vorgehensweise scheint uns darin zu bestehen, daß die Handlungsmöglichkeiten von Unternehmen einfach durchdekliniert werden, ohne (a) die praktischen Restriktionen dabei zu berücksichtigen (die u.a. erklären helfen, warum trotz bester Absichten nach wie vor so viele Unternehmen in so hohem Ausmaß die natürliche Umwelt belasten und schädigen) und (b) die einseitig unternehmensbezogene Sichtweise zu reflektieren, die mit einem aus dem Gutenbergschen Verständnis abgeleiteten absatzpolitisch orientierten Marketing verbunden ist.[1]

Ein einseitig absatzpolitisches Marketingkonzept und ein daraus abgeleitetes ökologiegerechtes Marketing-Mix sind sehr wohl in der Lage, einzelne produktpolitische, kommunikationspolitische, distributionspolitische und kontrahierungspolitische Vorschläge zu machen, wie sie sich u.a. in den in diesem Abschnitt angeführten Arbeiten befinden — daran besteht kein Zweifel. Der Zweifel richtet sich auf die Möglichkeit, aus einer absatzpolitischen Perspektive heraus die Unternehmen als *dienstleistende Subsysteme der Gesellschaft* analysieren zu können.

Nur von einem solchen betriebswirtschaftlichen Standpunkt aus, der das Unternehmen in funktionsorientierter Weise betrachtet (s. dazu Kap. 9), kann nämlich dann die nötige Distanz des beobachtenden Wissenschaftlers zum Unternehmen hergestellt werden. Der Begriff der *nötigen* Distanz zielt darauf, daß der sowohl die betriebswirtschaftliche Handlungslogik als auch das Ökologieproblem im Blick haben müssende Betriebswirt in der Lage ist, umweltpolitische Maßnahmen von Unternehmen nicht vorschnell als solche dem Gesamtkatalog ökologischer Fortschritte zuzuordnen, sondern in bezug auf ihre *ökologische* Angemessenheit überprüfen und gegebenenfalls kritisieren zu können. Anderenfalls läuft der an ökologischen Fragen arbeitende Betriebswirt Gefahr, die Rolle des zusätzlichen Aktivisten der PR-Abteilung des jeweiligen Unternehmens einzunehmen.[2]

---

1 Vgl. zur Auseinandersetzung Freimann 1984a; ein Beitrag zu einer anderen Sichtweise ist auch Flieger 1992.

2 Trotz von uns unterstellter bester ökologischer Absichten gilt dies u.E. für Meffert 1990 und für weite Teile von Hopfenbeck 1990, so sehr sich etwa bei letzterem in den einleitenden Teilen und der Schlußbetrachtung sehr skeptische und kritische Erörterungen finden.

3.3 Managementorientierte Zugänge

Vom betriebswirtschafts*theoretischen* Standpunkt gilt für die hier behandelten Konzepte, daß sie einzuordnen sind in einen Prozeß der Verschiebung von der Betriebswirtschafts- zur Managementlehre.[1]

Damit ist erst einmal ein sehr pragmatischer Zugriff verbunden, der individuell verschieden von einer auch persönlich engagierten Sichtweise gegenüber den ökologischen Problemen ausgeht. Das „Management der Umweltbeziehungen" (Dyllick 1989) nimmt die ökologische Herausforderung auf und unterbreitet den Unternehmen Vorschläge, wie sie diese strategisch und operativ umsetzen können.

Analog zur vorgängigen betriebswirtschaftlichen Unternehmensführungslehre wird das Gebiet der strategischen Unternehmensplanung ins Zentrum gerückt (vgl. Kreikebaum 1989). Dabei kann nach Zielsystem, Planungsinstrumentarium und Strategieentwicklung unterschieden werden.[2]

Auf der Zielsystemebene geht es allgemein um die einzelwirtschaftliche Beziehung zwischen ökologischen und vorgängigen betriebswirtschaftlichen Zielen, d.h. um die Frage ihrer Vereinbarkeit. Diese Beziehung läßt sich formal beschreibend auffächern, um zu einer ersten Systematisierung zu kommen, indem man zwischen Synergieeffekten, Indifferenz und Zielkonflikten unterscheidet.[3] Bezogen auf solche Unterscheidungen kann für die konkrete Unternehmenspraxis eine Maßnahmenhierarchie definiert werden.

Als praktisch tätiger Unternehmer unterscheidet Winter beispielsweise (1) gesetzlich vorgeschriebene, (2) kostensenkende, (3) kostenneutrale und (4) kostensteigernde Umweltschutzmaßnahmen. Mit dieser Hierarchie, bei der die Zuordnung in eine der vier Kategorien natürlich noch einmal mit vielen subjektiven Bewertungskalkülen verknüpft ist (s. dazu Kap. 4), wird natürlich möglicherweise einer Dominanz des vorgängigen betriebswirtschaftlichen Gesichtspunktes noch unter Ausblendung der Ökologie der Weg geebnet: nicht die ökologische Effizienz einer Maßnahme, sondern die bloße Kostenbetrachtung ent-

1 Dieser Prozeß wird in Kap. 5.1 genauer betrachtet.

2 Vgl. auch den diesbezüglichen Überblick bei Antes 1990, hier speziell S. 94ff.

3 Zur unternehmerischen Zielbildung als Grundlage des Führungssystems vgl. auch Hopfenbeck 1991, S. 457ff.

scheidet darüber, welchen Rangplatz die jeweilige Maßnahme in der hierarchischen Ordnung erhält.

Die Integration ökologischer Aspekte in das Planungsinstrumentarium einer Unternehmung kann grundsätzlich in zwei Richtungen vollzogen werden: (1) in der ökologischen Erweiterung herkömmlicher Planungsinstrumente und (2) in der Neuentwicklung von Instrumenten, die speziell der Bearbeitung ökologischer Probleme bzw. Ziele des Unternehmens dienen (vgl. Antes 1990, S. 96).

Entlang der Linie (1) ist es natürlich möglich, die Portfoliomethode auf die ökologische Problemstellung der Unternehmung zu beziehen. So hat etwa Steger unter Bezugnahme auf das Normstrategiekonzept von Porter ein Marktchancen-Umweltrisiko-Portfolio entwickelt (Steger 1992, S. 274ff.) und ebenso für die Entwicklung eines strategischen Radars für Umweltmärkte plädiert (Steger 1988, S. 177ff.).

Es stellt sich bei solchen Bemühungen allerdings die Frage, wie weit damit die ökologische Reichweite und Effektivität unternehmenspolitischer Strategien noch als Kriterium Berücksichtigung finden kann oder ob nicht wie bei den marketingorientierten Zugängen das Risiko einer Engführung des Ökologie-Ökonomie-Problems auf die kalkulatorischen Erfolgskriterien unternehmerischen Handelns[1] außerordentlich hoch ist.

Wenn Steger etwa risikoorientierte, chancenorientierte und innovationsorientierte Normstrategien unterscheidet (Steger 1992, S. 276ff.), dann leiten sich diese durchgehend aus dem Blick auf die langfristigen Überlebenschancen einer Unternehmung als betriebswirtschaftlich agierender Einheit ab, aus nichts sonst. Langfristig überleben gelingt freilich bekanntermaßen auch jenen Unternehmen, die ein hohes Maß ökologischer Schäden und Zerstörungen produzieren; wäre dem nicht so, gäbe es nicht die auch solchen Konzepten vorausgesetzten ökologischen Probleme, jedenfalls nicht in einem solchen Ausmaß.[2]

---

1 Zur Einbettung bloßer Kalküle in weitere Erfolgsmuster einzelwirtschaftlichen Handelns vgl. neben dem nachfolgenden 4. Kapitel u.a. Ulrich 1986, S. 219ff. und Ulrich 1988.

2 Steger stellt das Portersche Normstrategien-Konzept übrigens selbst mit den hier vorgebrachten Argumenten in Frage: „Dabei wird jedoch die Frage ausgeblendet, inwieweit die Strategien zur Verwirklichung der vorgegebenen Ziele beitragen“ (1992, S. 272). Er weist auch auf die Begrenztheit des Portfolioansatzes hin (Steger 1992, S. 292), verzichtet aber darauf, aus beidem die Konsequenzen zu ziehen.

Was wir aus dieser Betrachtung lernen können, ist der geschärfte Blick dafür, daß es bereits im Rahmen eines analytischen und praktisch-normativen[1] betriebswirtschaftlichen Bemühens um ökologische Unternehmensstrategien darauf ankommt, das ökologische Problem sowohl in seiner Eigenständigkeit zu untersuchen als auch ökonomische Strategien und Konzepte danach zu beurteilen, wie weit sie zur Bewältigung ökologischer Probleme beitragen. Da es sich um Probleme im Spannungsfeld von Ökologie und Ökonomie handelt, die „gemanagt" werden müssen, braucht der mit dem Ökologieproblem befaßte Betriebswirt also auf jeden Fall eine *doppelte Perspektive*, die ökonomische *und* die ökologische, um diesbezüglich unternehmenspolitische Strategien und Maßnahmen analysieren oder gar solche empfehlen zu können.

Das Erfordernis dieser Doppelperspektive bedeutet umgekehrt, daß speziell für die Bearbeitung ökologischer Probleme entwickelte Instrumente nach ihrer anfänglichen Konzeptualisierung mit den ökonomisch vorgängigen verzahnt werden müssen, um dauerhaft erfolgreich eingesetzt werden zu können.[2]

Gegenüber den in diesem Abschnitt behandelten Ansätzen scheint allerdings der erste Hinweis von größerem Belang zu sein. Aus den ersten beiden Kapiteln ist bereits deutlich geworden, daß der Charakter und die Schärfe des Ökologieproblems in der modernen industriellen Gesellschaft mit aktiven umweltpolitischen Maßnahmen von Unternehmen durchaus beantwortet werden können, *ohne* daß negative ökologische Entwicklungen damit aufgefangen werden.

Um so nachdrücklicher stellt sich die Frage nach den Bedingungen der Möglichkeit einer aktiven ökologischen Unternehmenspolitik, von der diese Arbeit hauptsächlich handelt: angesichts der genannten Schärfe, d.h. eben nicht einfachen „Handle- und Managebarkeit" des Ökologieproblems kommt es darauf an, ökologische Zielsetzungen so weit irgend möglich betriebswirtschaftlich vertretbar zu machen, jedenfalls aktiv anzustreben und nicht lediglich als Grenze, als „Restriktion des Gewinnziels"[3] zu betrachten.

---

1 Nicht ethisch-normativen (vgl. dazu Kap. 3.5).

2 Das läßt sich gerade an der Entwicklungsgeschiche ökologischer Informationssysteme für Unternehmen deutlich zeigen, vgl. dazu Kap. 11.

3 So aber Staehle 1992, S. 80.

Von einer betrieblichen Umweltökonomie, die ihren programmatischen Begriff auch theoretisch rechtfertigen könnte, sind die managementorientierten Zugänge zum Ökologiebegriff noch weit entfernt. Das gilt gerade auch für den gleichnamigen Versuch von Wicke u.a. (1992), wobei entlastend angeführt werden mag, daß sich kein Betriebswirt unter den Autoren befindet.

Jedenfalls kann eine Konzeption nicht überzeugen, die auf der theoretischen Ebene einerseits keinerlei Bezug zu der inzwischen sehr ausgefächerten volkswirtschaftlichen Behandlung des Ökologieproblems sucht, betriebswirtschaftlich andererseits auch zu der in Deutschland seit Jahren geführten Ökologiediskussion keine Verknüpfung herstellt, sondern das eigene Begriffsgefüge aus Wöhes Einführung in die Allgemeine Betriebswirtschaftslehre herleitet, die doch ihrerseits das Verhältnis von Ökologie und Betriebswirtschaftslehre bis in die jüngste Auflage hinein gar nicht thematisiert.[1]

Mit einer solchen Herangehensweise kann die konzeptionelle Bündelung des Durchgangs durch die einzelnen Funktionsbereiche dann nur über die im theoriefreien Raum schwebende Unterscheidung zwischen defensivem und offensivem Umweltmanagement gelingen, die freilich auf einer emphatisch-appellativen Ebene verbleibt und weder analytisch-erklärend noch gestalterisch-normativ der Frage nach den ökologischen Handlungsspielräumen von Unternehmen und den diesbezüglichen Grenzen nachzugehen vermag.[2]

---

1 Den Verfasser dieser Arbeit kann es daher auch nicht trösten, daß seine „Betriebswirtschaftslehre in sozialer und ökologischer Dimension“ (1983) im Literaturverzeichnis von Wöhe als relevant für „Gegenstand, Methoden und Geschichte der Betriebswirtschaftslehre“ aufgeführt wird.

2 Siehe auch die Kritik von Steger 1992, S. 274.

3.4 Produktionswirtschaftliche Zugänge

In stofflich-technischer Hinsicht sind v.a. die industriellen Unternehmungen[1] als Systeme zu betrachten, die Input an Stoffen und Energie über den von Gutenberg so bezeichneten betrieblichen Leistungserstellungsprozeß (Throughput) in Outputs transformieren (s. Abb. 7).

Abb. 7: Transformationsprozeß eines Produktionssystems

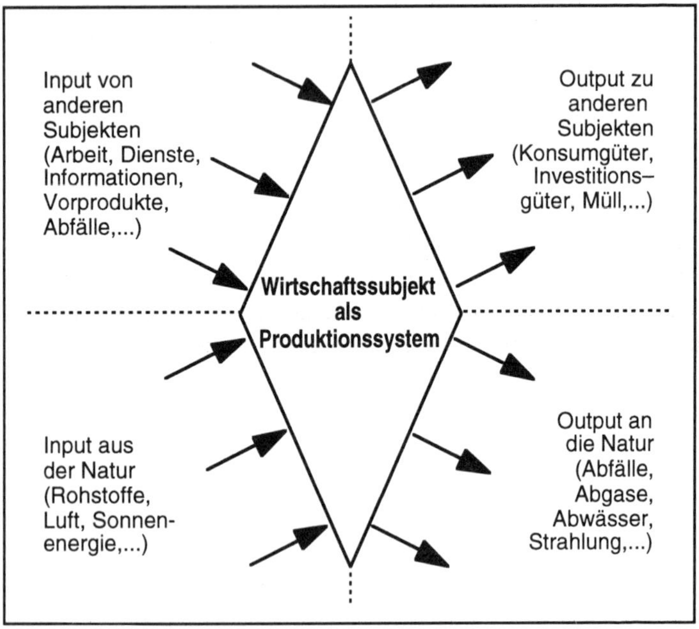

Quelle: Dyckhoff 1992, S. 63

Diese Outputs bestehen einerseits in den von den Unternehmen angestrebten Produkten, andererseits in der von Riebel schon frühzeitig (Riebel 1955) charakterisierten Kuppelproduktion (ohne daß dessen Überlegungen in den nachfolgenden Jahrzehnten die betriebswirtschaftliche Fachdiskussion hätten prägen können). Mittlerweile hat sich in der Gesellschaft wie in der Betriebswirtschaftslehre die Erkenntnis durchgesetzt, daß eine hoch entwickelte Versorgungsgesellschaft zwangsläufig auch eine Entsorgungsgesellschaft ist, so daß sich v.a.

1 Bedingt gilt dies in unterschiedlicher Weise natürlich auch für jene, die dem Dienstleistungsbereich zugeschlagen werden.

die im produktionswirtschaftlichen Bereich spezialisierten Betriebswirte zunehmend mit abfallwirtschaftlichen Problemen auseinandersetzen (vgl. Wagner/Fichtner 1992).

Daß erklärtermaßen produktionswirtschaftliche Zugänge zum Ökologieproblem in der Betriebswirtschaftslehre relativ zu den managementorientierten in der deutlichen Minderheit sind, hat mehr mit der schon angeführten und in Kap. 5.1 näher beschriebenen allgemeinen Verschiebung von Betriebswirtschafts- zu Managementlehre zu tun als mit ökologischen Gründen: im Gegenteil fokussiert doch im ersten Anlauf[1] die stoffliche Dimension von Input, Throughput und Output einschließlich Kuppelprodukten die Rolle der Unternehmen als vorrangiger ökologischer Problemproduzenten einer Gesellschaft am präzisesten.

Strebel hatte als Pionier der ökologischen Öffnung der Betriebswirtschaftslehre (Strebel 1980) selbst noch für diese Sachlage gestanden; die betriebswirtschaftlichen Publikationen ab Mitte der 80er Jahre und insbesondere 1988 waren dann allerdings eher den in den beiden vorigen Abschnitten behandelten marketing- und managementorientierten Ansätzen zuzurechnen, und zwar häufig ohne sich im engeren Sinne produktionswirtschaftlichen oder gar produktionstheoretischen Fragestellungen zuzuwenden.

Dabei ginge es bei einer Betriebswirtschaftslehre, die mit Gutenberg einmal auf produktionstheoretischen Grundlagen aufgebaut war (s. Gutenberg 1951ff.), doch unbedingt darum, der Frage nach der Integration ökologischer Belange in die Betriebswirtschaftstheorie als Frage nach der Integration des Faktors Natur in die Produktionstheorie nachzugehen, damit aber auch das vorgängige betriebswirtschaftliche Produktionsfaktorensystem einer grundsätzlichen *Überprüfung* zu unterziehen.

In produktionswirtschaftlicher Beschreibung erscheint die natürliche Umwelt zunächst „zum einen als Lieferant von Ressourcen (Rohstoffe, Energie) und zum anderen als Aufnahmemedium stofflicher und energetischer Rückstände“.[2]

1 Im ersten Anlauf soll heißen: im nächsten Schritt muß entsprechend Kap. 2 dieser Arbeit zur Einsicht in die soziokulturelle Vermitteltheit des Ökologieproblems weitergegangen werden; wie wir gleich noch sehen werden, bleiben einige hier aber auf der Strecke.

2 So formuliert bei Antes (1992, S. 128) in seiner betriebswirtschaftlichen Literaturübersicht, vgl. auch Strebel 1980.

Das ist genau die umwelttechnische Sichtweise des Ökologieproblems, die in Kap. 2 als unangemessen kritisiert wurde. Auf einer solchen Grundlage können natürlich wiederum für die Funktionsbereiche Forschung + Entwicklung, Materialwirtschaft und Logistik, Produktion und Entsorgung vielfältige ökologische Verbesserungsvorschläge vorgestellt werden[1]; Erörterungen des sehr grundsätzlich naturzerstörerischen Charakters des modernen industriellen Produktionssystems, gar analytische Bögen zum dieses[2] ja eigentlich bedingenden Konsumtionssystem und Lebensmodell der Gesellschaften hiesiger Breitengrade sind danach allerdings nicht erforderlich.

Die Weigerung, die unter ökologischen Gesichtspunkten vielleicht doch elementareren produktionswirtschaftlichen Defizite der überkommenen betriebswirtschaftlichen Theorie kritisch zu reflektieren, wird deutlich sowohl bei der Übersetzung von Produktions- in Kostentheorie wie bei den Konsequenzen für die Ausgestaltung der Produktionsfunktion.

Als erklärter Vertreter von Heinens entscheidungsorientiertem Ansatz schlug Strebel frühzeitig eine Korrektur der Gutenbergschen Produktionstheorie vor: „Wegen der tatsächlichen (gesellschaftlichen) Knappheit des Gutes Umwelt muß nach dem Faktorsystem auch die Produktionstheorie entsprechend revidiert werden. Dies ist nicht nur eine theoretisch motivierte Forderung, sondern schon deshalb auch praktische Notwendigkeit, weil Umweltbeanspruchung in wachsendem Maße durch Gebühren etc. in der einzelwirtschaftlichen Kostenrechnung zutage tritt" (Strebel 1980, S. 40). Die Ausklammerung der natürlichen Umwelt bei Gutenberg wird von Strebel mit dem plausiblen Argument kritisiert, daß die Unverzichtbarkeit bei der Leistungserstellung das entscheidende Definitionsmerkmal für einen Produktivfaktor sei. Der Hinweis auf das „Zutagetreten" in der einzelwirtschaftlichen Kostenrechnung sollte allerdings relativiert werden, weil bis heute und auch weiterhin[3] zahlreiche ökologische Schäden, Belastungen und Zerstörungen nicht in angemessenen Knappheitspreisen für die einzelne Unternehmung zum Ausdruck kommen.

---

1 So *praktisch* möchten wir Kap. III, S. 119ff. bei Wicke u.a. (1992) lesen.

2 Nach landläufiger ökonomischer Theorie von Konsumentensouveränität.

3 Nach durchgehend geteilter Auffassung.

Strebel versuchte in seinem produktionstheoretischen Konzept auch die natürliche Umwelt in Heinens Produktionsfunktion vom Typ C einzubauen, wohl wissend, daß Heinens Elementarfunktion per definitionem der Bedingung genügen muß, daß „stets eindeutige Beziehungen zwischen der technisch-physikalischen Leistung (Potentialfaktorleistung) und der ökonomischen Leistung (Kombinationsleistung)" (Heinen 1978, S. 221) bestehen. Strebel muß daher auch Abfälle und Schadstoffe, die als Kuppelprodukte eigentlich zum Output gehören, in den Input zwängen, um den rein geldökonomischen Optimierungscharakter[1] der betriebswirtschaftlichen Produktionsfunktion zu retten.

Ähnlich war bei den früheren produktionswirtschaftlichen Überlegungen von Dyckhoff noch die These vertreten worden, es bräuchten „keine grundsätzlich neuartigen Modell- und Lösungsansätze als Instrumente entwickelt zu werden" (Dyckhoff 1990, S. 40). Neuerdings findet sich eine Unterscheidung in Güter, Übel und Neutrum für die Objekte wirtschaftlicher Aktivitäten, die die technische und umweltmediale Begrenztheit vorgängiger produktionswirtschaftlicher Ansätze zu sprengen scheint (Dyckhoff 1992, S. 67ff.).

Eine solche Unterscheidung kann allerdings gar nicht durchgeführt werden frei von Referenzsystemen und Annahmen darüber, was denn unter ökologischen Kriterien Gut, Neutrum oder Übel sei.[2]

Insofern bezeichnet dieser Beitrag von Dyckhoff sehr genau die sachliche Grenze bzw. den notwendigen Bruchpunkt einer engen produktionswirtschaftlichen Betrachtungsweise innerhalb der Betriebswirtschaftslehre: was Gut (good) oder was Übel (bad) ist, kann nur unter Berücksichtigung *qualitativer* Kriterien beurteilt werden, die über den bloß technischen oder umweltmedialen Blickwinkel hinausgehen.

Der betriebswirtschaftstheoretische Versuch, die ökologische Öffnung sachlich (Betriebswirtschaftstheorie als Produktionstheorie) und methodisch (dominante Rechenhaftigkeit betriebswirtschaftlicher Modellbildung) als Ergänzung ohne Bruch zu vollziehen, ist zum Scheitern verurteilt (s. Abb. 8). Die betriebswirtschaftliche Theorie als (gesellschaftstheoretisch in das erwerbswirtschaftliche Prinzip eingebettete)

1 Zur Kritik geldökonomischer Verengungen betriebswirtschaftlicher Überlegungen s. Freimann 1984.

2 Die Unterscheidung von goods und bads finden wir betriebswirtschaftlich übrigens auch schon in dem rasch gescheiterten Ansatz einer Arbeitsorientierten Einzelwirtschaftslehre (AOEWL), s. WSI-Projektgruppe 1974.

Produktionstheorie hatte sich mit und seit Gutenberg ja gerade über die Auffassung entfaltet, es sei „der inhaltliche Zweck (also auf jeden Fall die Qualität des Outputs, R.P.) gewissermaßen nur Datum, demgegenüber das Rationale, die Zweck-Mittel-Relation, jenes Abwägen, Erwägen, Vergleichen, Veranschlagen, gegebenenfalls auch Abmessen darstellt, das als ein solches nicht aus dem inhaltlich bestimmten Zwecke (z.B. Geldertrag)[1], sondern aus der Natur des Rationalen, Vernunftgemäßen, der formalen Kategorie selbst stammt, deren Wesen dieses Abwägen, die Zweck-Mittel-Beziehung ist" (Gutenberg 1929, S. 31).

Abb. 8: Die verkürzte Sicht des Ökologieproblems in Teilen der Betriebswirtschaftslehre

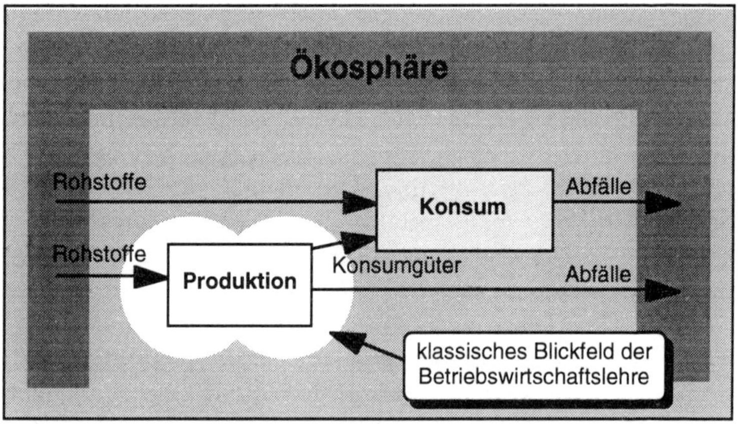

Quelle: eigene, in Anlehnung an Seidel/Menn 1988, S. 28

So wird die sozialwissenschaftliche Öffnung der Betriebswirtschaftslehre, die mittlerweile ein Vierteljahrhundert zurückliegt, pikanterweise ausgerechnet von denjenigen *rückgängig* gemacht, die um eine (darauf eben leider enggeführte) produktionstheoretische Öffnung des Faches in ökologischer Hinsicht bemüht sind. Die Differenzierung in Güter und Nichtgüter (Ungüter, Übel, Bads u.ä.) ist völlig belanglos, wenn für den Kern einer betriebswirtschaftlichen Umweltökonomie nach wie vor der Throughout, d.h. Gutenbergs betrieblicher Leistungserstellungsprozeß gehalten wird.[2] Die gerade in ökologischer Hinsicht frag-

1 Selbst dieser wird hier aus der instrumentalistischen Theorie heraus nach außen befördert.

2 So begründete jüngst Strebel nochmals programmatisch seine Konzeption betriebswirtschaftlicher Umweltökonomie, s. Strebel 1991.

würdige wissenschaftliche Leistung Gutenbergs bestand in der Isolierung des betrieblichen Leistungserstellungsprozesses, d.h. der Abtrennung der Produktionsverfahren und ihrer Optimierung vom Was und Wofür der Produktion, die nach einer solchen Theoriekonzeption als Fragen außerhalb des betriebswirtschaftlichen Feldes angesehen werden. Nun ist aber (1) die Optimierung der Faktoreinsatzkombination im Sinne der betriebswirtschaftlichen Produktionstheorie weniger denn je von der Produkt- und übrigen Marketingpolitik eines Unternehmens abzutrennen[1] und (2) richten sich die gesellschaftlichen Anforderungen an die Unternehmen über die Aufgabe „to do the things right" hinaus zunehmend auf die Aufgabe „to do the right things". Das heißt, der praktische Ablauf der Beziehung zwischen Unternehmen und Gesellschaft artikuliert selbst das drastische Ansteigen der negativen externen Effekte infolge betrieblicher Produktionen, mit anderen Worten: die Grenzen des marktwirtschaftlichen Funktionsmechanismus. Angemessen behandelt werden kann diese Spannung zwischen einzelwirtschaftlichen Kalkülen und (ihrerseits heterogenen) gesellschaftlichen Zielen nur dadurch, daß sie theoretisch (und praktisch übrigens auch) als Spannung gepflegt wird. Betriebswirtschaftliche Produktionstheorie im von Gutenberg geprägten Sinne muß allerdings versuchen, diese Spannung aufzuheben zugunsten eines möglichst reibungslosen Funktionierens betrieblicher Produktion für Markt und Gesellschaft, damit sich Betriebswirtschaftslehre eben analog der Gutenbergschen Grundkonzeption mit Markt und Gesellschaft nicht beschäftigen muß. Dyckhoff versucht die Aufhebung dieser Spannung, indem er seine Thematisierung des Problems der externen Effekte in eine solche „Nutzenmaximierung durch den Produzenten" münden läßt, „wobei die Nutzenfunktion nicht spezifiziert ist und beliebige ökonomische, ökologische oder soziale Ziele für den Produzenten zuläßt" (Dyckhoff 1992, S. 72). Damit wird freilich in der Tat die seit Heinen betriebene sozialwissenschaftliche Öffnung der Betriebswirtschaftslehre (die ja gerade auf einen verantwortungsvollen Umgang mit der Spannung zwischen Un-

---

Entsprechend technozentrisch und fernab jeder soziokulturellen Aufklärung des Ökologieproblems fallen dann auch die Instrumentierungen einer solchen betriebswirtschaftlichen Umweltökonomie aus, s. dazu Strebel 1992.

1 Die offenkundige Verschiebung von der Produktionswirtschaft zum Marketing innerhalb der betriebswirtschaftlichen Funktionsbereichslehren während der letzten zwei Jahrzehnte untermauert diese Entwicklung.

ternehmen und Gesellschaft zielte) zurückgenommen und außerdem jede unternehmenstheoretische Anstrengung (auch das Bemühen um Anschluß an den unternehmenstheoretischen Diskurs) beiseitegeschoben, die nämlich mit einer dermaßen plakativen Zielerweiterung auf einzelwirtschaftlicher Ebene in jedem Fall unverträglich wäre. Insofern ist in der näheren Beschreibung der Differenz zwischen Gütern, Neutra und Übeln bei Dyckhoff nur folgerichtig, daß Produkte im engeren Sinne per definitionem als erwünscht zu gelten haben.[1] Eine erst recht in ökologischer Hinsicht kritische Überprüfung der Gutenbergschen Produktionstheorie würde demgegenüber zu dem Ergebnis führen, daß eine zeitgemäße betriebswirtschaftliche Produktionstheorie die Produkte (nicht nur Abfälle im Sinne einzelwirtschaftlich unerwünschter bzw. nicht in erster Linie erwünschter Produktionsergebnisse) ebenso zu thematisieren hat wie Fragen der optimalen Produktionsverfahren.[2] Produktionstheorie ist entsprechend zu erweitern um eine Destruktionstheorie, die nicht nur das thematisiert, was bereits aus einzelwirtschaftlicher Perspektive heraus als Abfall gekennzeichnet werden kann, sondern auch das, was Teile der Gesellschaft Unternehmen in *Differenz* zu deren Sichtweise als destruktiv vorhalten.

Und die hauptsächliche Erweiterung der betriebswirtschaftlichen Produktionstheorie bestünde insbesondere unter ökologischen Gesichtspunkten darin, in eine *Reproduktionstheorie* einzugehen, die statt zunehmend weniger begreifbarer und einholbarer Aufspaltung in Fortschritt und Zerstörung zum Gegenstand hätte, Zusammenhängendes in

---

1 Siehe die Tabelle 5.1 in Dyckhoff 1992, S. 67, die bedauerlicherweise an Eindeutigkeit in dieser Hinsicht nichts zu wünschen übrig läßt. Ebenso kategorisch wie holzschnittartig heißt es in einer vorzugsweise für Studierende bestimmten Darlegung: „Erwünscht sind der Output an Gütern (Produkte) und der Input von Übeln (Redukte), da durch beide innerhalb des Prozesses Werte entstehen (beim Redukt genauer negative Werte vernichtet werden). Unerwünscht sind der Input von Gütern (Faktoren) und der Output an Übeln (Abprodukte)" (Dyckhoff/Souren 1993, S. 338). Abgesehen von der Fehlerhaftigkeit der zweiten Analogie (die Güterinputs sind eben deshalb sehr erwünscht, weil die Kombination der Produktionsfaktoren ein ökonomisch positives Ergebnis bewirkt): eine so schlichte und schematische Gegenüberstellung geht am Kern des ökologischen Diskurses, der kontrovers über die ökologische Qualität der gesamten Produktionsergebnisse geführt wird, „schlicht" vorbei.

2 Bei näherem Hinsehen sogar nicht nur ebenso, sondern vorrangig; das werden wir im Laufe dieser Arbeit noch genauer feststellen, s. dazu speziell Kap. 9 und 10.

seiner Entwicklung und Veränderung zu analysieren (analysieren zu können).[1] Noch in den produktionstheoretischen Ausarbeitungen Strebels und Dyckhoffs, denen im Rahmen dieser Arbeit gute Absichten keineswegs abgestritten werden sollen, schlägt sich wissenschaftstheoretisch nieder, welch grandioses Eigentor Gutenberg mit seiner Anstrengung erzielte, ein Erkenntnisobjekt Betriebswirtschaft vom Erfahrungsobjekt Betriebswirtschaft möglichst deutlich abzugrenzen. Fatalerweise spielen in solchen produktionswirtschaftlichen Analysen nämlich der wirtschaftliche Strukturwandel, der die gegenwärtige Epoche prägt, und seine ökologischen Seiten überhaupt keine Rolle, die auch nur der Erwähnung würdig wäre. So klebt Betriebswirtschaftstheorie dieses Schlages fernab von allen wirtschafts- und sozialwissenschaftlichen Analysen und empirischen Untersuchungen über inter- und intrasektoralen Strukturwandel[2] am Gutenbergschen Ideal des Produktionsbetriebes, von dem aus angeblich solide rechenhafte Modelle entwickelt werden können.[3]

Es geht auch anders. Im letzten Abschnitt dieses Kapitels beleuchten wir daher in groben Zügen *solche* betriebswirtschaftlichen Ansätze, die sehr stark vom Inhalt der ökologischen Herausforderung kommen und von daher auch wissenschaftstheoretisch das vorgängige Selbstverständnis der akademischen Fachdisziplin in Frage stellen.

---

1 Damit würde theoretisches Werkzeug bereitgestellt, den faktischen Vorrang von Abfallverwertung, und -verbrennung gegenüber Abfallvermeidung kritisch zu reflektieren — aktuell scheint es aber das vorrangige direkte Interesse so mancher akademischen Betriebswirte zu sein, sich als direkte Propagandisten der sogenannten thermischen Verwertung zu betätigen.

2 Peinlich fernab übrigens auch von innerbetrieblichen Entwicklungstendenzen wie lean production u.ä.

3 Auch von — im Vergleich zu Strebel und Dyckhoff — kritischer Seite wird diese Bornierung auf die innerbetrieblichen Produktionspläne im engen Sinne weiter gepflegt, s. Walger 1993.

3.5 Zugänge von einer gesellschaftstheoretischen Analyse des Ökologieproblems her

Die produktionswirtschaftliche Öffnung zu der nur soziokulturell thematisierbaren Frage, was denn Güter und was Übel seien, deutet bereits eine Strömung der bisherigen betriebswirtschaftlichen Rezeptionsgeschichte des Ökologieproblems an, die in diesem letzten Abschnitt behandelt werden soll.

Die in 3.3 vorgestellte Doppelperspektive, die dem sich ökologischen Problemen zuwendenden Betriebswirt aufgenötigt ist, bedeutet angesichts seiner fachlichen Verflochtenheit mit der unternehmerischen Handlungslogik *zunächst* einmal, sich bewußt auf die Seite von Natur und Gesellschaft zu stellen und aus diesem Blickwinkel die konkrete Unternehmenstätigkeit zu analysieren.[1]

Auch wenn man als Betriebswirt seine Untersuchungen und Forschungen auf die produktionswirtschaftlichen und sonstigen Entscheidungstatbestände zu konzentrieren hat, führt die Berücksichtigung ökologischer Effizienzgesichtspunkte zwangsläufig dazu, (a) die ökologische Lage zu analysieren, und (b) die konkreten Lebensmodelle einer Gesellschaft einzubeziehen. In jenen Ansätzen zu einer betrieblichen Umweltökonomie, die in den vorigen Abschnitten behandelt wurden, scheint eine Verknüpfung zwischen dem Produktionsmodell und dem Konsumtionsmodell einer Gesellschaft nicht erforderlich. Die ökologisch inspirierte Kritik der Wirtschaftsweise industriell entwickelter Länder hat nun hingegen vielfältige Beweise geliefert, daß zwischen Wirtschaftsstilen und Lebensstilen enge Verbindungen bestehen, eine ökologisch befriedigende Korrektur der Produktionsweise also nur im

1 Seidel/Menn schreiben 1988, S. 110, von einer doppelten Loyalität, wobei partielle Meinungsverschiedenheiten keinesfalls ausgeschlossen seien, und warnen die Betriebswirte in diesem Zusammenhang vor dem Bündnis mit „unternehmensfeindlichen Kräften“. Dazu sei allerdings darauf hingewiesen, daß unternehmensfeindliche Kräfte keinen wissenschaftlicher Definition zugänglichen Begriff darstellen, vielmehr Unternehmen von ihrer Seite aus im konkreten Konfliktfall feststellen, was das denn sei. Aus ökologischer Sicht kann es deshalb keinerlei A priori zugunsten der Unternehmensloyalität geben. Im Konfliktfall geht es nicht um Loyalität, sondern um vernünftig begründete Parteilichkeit. Darum ziehen wir den Begriff der Doppelperspektive jenem der doppelten Loyalität vor.

Rahmen von soziokulturellen Veränderungen denkbar ist (vgl. Strasser/Traube 1981, neuerdings Glauber/Pfriem 1992).

Entsprechend den Darlegungen in Kapitel 1 und 2 sind diese Zusammenhänge außerdem im globalen Maßstab zu thematisieren, d.h. die Ökologieproblematik ist heute in so direkter Weise eine internationale und die ökologischen Auswirkungen der Entscheidungen vieler Unternehmen sind so grenzübergreifend, daß es der betriebswirtschaftlichen Forschung aus Gründen analytischer Korrektheit verwehrt ist, Zusammenhänge z.B. zwischen Emittenden und Immissionsgebieten als national oder gar lokal eingrenzbar zu behandeln.

Das Plädoyer für eine engere Verbindung zwischen Betriebswirtschaftslehre und Landschaftsökologie[1], das die naturräumlichen Dimensionen einzelwirtschaftlichen Handelns hervorhebt, ist gleichfalls in den genannten internationalen Kontext einzuordnen.

Auch wenn nicht alle, die wie der Verfasser zu der hier betrachteten betriebswirtschaftlichen Strömung gehören, diesen Begriff verwenden[2], möchte ich sie als *sozialökologisch* charakterisieren, insofern für alle die soziokulturelle Vermitteltheit des Ökologieproblems relevant ist. Diese soziokulturelle Vermitteltheit ist prinzipiell auf zwei Ebenen angesiedelt: der strukturellen und der kulturellen (vgl. dazu Seidel 1989, S. 263f.).

Je nach der Ebene können ökologische Problembestände stärker auf defizitäre Steuerungsmechanismen oder auf (ebenfalls in ökologischer Hinsicht) defizitäre Lebensmodelle einer Gesellschaft zurückgeführt werden. Die betriebswirtschaftliche Analyse muß dies untersuchen, um zu auch in den praktischen Folgen befriedigenden Aussagen über die Bedingungen der Möglichkeit von ökologischer Unternehmenspolitik zu kommen.

Die Doppelperspektive einer Betriebswirtschaftslehre in sozialökologischen Perspektiven läßt es als wenig vernünftig erscheinen, ökonomische und ökologische Ansätze gegenüberzustellen.[3]

Die Ausfächerung einer *doppelperspektivischen Methode*, wie sie mit dieser Arbeit versucht wird, sucht gerade die Schnittmengen und Grauzonen im Spannungsfeld von Ökologie und Ökonomie zu eruieren

1 Siehe Seidel 1992a, S. 1ff.; vgl. auch Seidel 1992.
2 Bei Seidel und Menn (1988) heißt es etwa „Ökologisch orientierte Betriebswirtschaft", bei Stitzel (1992) „Ökologische Betriebswirtschaftslehre".
3 So aber Stitzel 1992, S. 40f.

als (möglicherweise) bislang vernachlässigte betriebswirtschaftliche Handlungsbereiche (s. Kap. 4), daraus Entscheidungsfreiräume für ethisch verantwortliches Unternehmenshandeln abzuleiten (s. Kap. 7) und insofern die Theorie der Unternehmung um Theorieelemente bezüglich des Agierens von Unternehmen im ökologischen Handlungsfeld zu erweitern (s. Kap. 8).

Löst man diesen Zusammenhang auf und erweckt (wie Stitzel) den Eindruck, als hätten ökologisch orientierte Ansätze nichts mit der Theorie der Unternehmung zu tun, so geraten sozialökologische Ansätze rasch in die Schublade normativer und appellativer, daher nicht sachgemäßer Konzepte. Die Kontroverse in diesem Punkt, die in 3.1 schon für die früheren Jahre angesprochen wurde, geht nämlich weiter. So unterscheidet G.R. Wagner (1990) bezüglich der „konzeptionellen Behandlung des Verhältnisses zwischen unternehmerischen und ökologischen Zielen" neben einer reinen Konfliktsicht zwischen der „Konzedierung zumindest partieller und/oder temporärer Komplementaritäten" und „Ansätzen konzeptioneller Einbeziehung ökologischer Komponenten in das unternehmerische Zielsystem" (G.R. Wagner 1990, S. 12).

Die Unterscheidung zwischen den letzten beiden Strömungen erscheint unplausibel, denn eine konzeptionelle Einbeziehung der Ökologie in das unternehmerische Zielsystem stützt sich ja gerade auf die einzelwirtschaftlichen Komplementaritäten von Ökonomie und Ökologie.

Noch fragwürdiger wird der Wagnersche Differenzierungsversuch, wenn Freimann, Seidel/Menn, Kreikebaum und der Verfasser mit ihren Ansätzen als „metaökonomisch" gekennzeichnet werden. Mit der „Rückkehr ethikbestimmter Sichtweisen in das Denkgebäude wirtschaftswissenschaftlicher Theorien" stellt sich nach Wagner „die Frage nach der ökonomischen Sachkonsistenz dieser Konzepte."[1]

Auch Strebel warnt aus produktionswirtschaftlicher Sicht vor wirtschaftsethischen Überlegungen (s. Strebel 1990). Damit wird der Anschein erweckt, als würden etwa der Industriebetriebslehre die Grundlagen entzogen, wenn sie sich nicht nur technisch, sondern auch auf der soziokulturellen Ebene mit der ökologischen Herausforderung auseinandersetzt. Demgegenüber haben wir im vorigen Abschnitt gezeigt,

1 G.R. Wagner 1990a, S. 14; es kann nicht überraschen, daß Wagner diese Frage eindeutig negativ beantwortet.

daß gerade aus produktionswirtschaftlicher Sicht die Öffnung zu einer soziokulturellen Bearbeitung des Ökologieproblems unumgänglich ist.[1]

Das Plädoyer für eine sozialökologische Öffnung der Betriebswirtschaftslehre ist vermutlich noch kein wissenschaftstheoretisches Programm. Dieser Weg, in dessen Rahmen sich die hier vorgelegte Arbeit bewegt, führt allerdings dazu, die betriebswirtschaftliche Erklärungsfunktion erneut ernstzunehmen und das Handeln von Unternehmen im Lichte der ökologischen Herausforderung sorgfältig zu analysieren, um zu auch *betriebswirtschaftstheoretisch* relevanten Schlußfolgerungen zu kommen.

Gleichzeitig kommt es darauf an, aktuellen ökologischen Handlungsbemühungen von Unternehmen beratende Hilfestellung zu geben, u.a. auf den Gebieten der Organisation des betrieblichen Umweltschutzes[2] und der Entwicklung ökologischer Informationssysteme für Unternehmen.[3]

Erklärungs- und Gestaltungsfunktion der Betriebswirtschaftslehre setzen sich also im sozialökologischen Kontext gegenseitig voraus: die erklärenden Analysen müssen sich des empirischen Materials aus dem praktischen Unternehmenshandeln heraus bedienen und vor allem die ökologische Dimension der Unternehmenspolitik überhaupt einbeziehen; und die Gestaltungsvorschläge werden nur dann von genügender Reichweite sein, wenn sie die Restriktionen und Fußangeln ökologischer Unternehmenspolitik gebührend untersuchen.

Mit letzterem und der Frage nach ökologischen Entscheidungsspielräumen von Unternehmen werden wir uns daher im 4. Kapitel befassen.

---

1 Vgl. zur Auseinandersetzung mit den Argumenten Strebels auch Freimann 1991.

2 Siehe Kap. 12; vgl. auch als Beitrag dazu mit einer explizit theoretischen (und dem Inhalt nach sozialökologischen) Fundierung B. Wagner 1990.

3 Siehe dazu Kap. 11; die enge Verknüpfung von Erklärungs- und Gestaltungsfunktion, die das Ja zu solchen Hilfestellungen einschließt, nennen wir mit Kappler *Praxisforschung* (vgl. Kappler 1976). Insofern widersprechen wir Neuberger, wenn er für eine jungfräulich bleibende Wissenschaft plädiert, die sich auf das Nach-Denken des Vor-Gemachten beschränkt (s. Neuberger 1988, S. 57f.). Wir sind der Auffassung, daß eine so schematische Trennung von Wissen- und Machenschaft der Entwicklung der Wissenschaft keineswegs förderlich ist, sondern diese vielmehr hemmt.

4. Kapitel

Unternehmenspolitische Entscheidungsfreiräume im ökologischen Handlungsfeld

„Der Gedanke, der den Wunsch, seinen Vater, tötet, wird von der Rache der Dummheit ereilt.“
(Theodor W. Adorno)

4.1 Die Beziehung zwischen Ökonomie und Ökologie

In marktwirtschaftlich verfaßten Gesellschaften finden sich die Unternehmen einer spezifischen Handlungslogik ausgesetzt, die die Managementlehre mit dem Begriff des Formalziels zu fassen versucht (vgl. Staehle 1983, S. 24f.); unabhängig von der je konkreten stofflichen Produktion oder den angebotenen Dienstleistungen verfolgt ein Unternehmen gewinn- bzw. rentabilitätsorientierte Ziele.

Damit wird in der Regel eine instrumentelle Beziehung zwischen Formalziel und Sachzielen unterstellt: letztere sind für das Unternehmen/den Unternehmer die Mittel, mit denen er das Formalziel maximal zu erreichen sucht. Dieses Denkmodell zehrt von seiner scheinbaren Eindeutigkeit und hat sich trotz Modifikationen in der ökonomischen Theorie bis heute halten können.

Bevor wir uns im 4. Abschnitt dieses Kapitels damit allgemein näher auseinandersetzen, wollen wir zeigen, daß sich das ökologische Problem seiner Struktur nach gegen solche Eindeutigkeiten sperrt. Das hat zunächst damit zu tun, daß ökologische Ziele (wie wir im 2. Kapitel gesehen haben) nur bedingt eindeutig zu definieren sind.

Ökologische Zielsetzungen sind von Grund auf in jedem gesellschaftlichen, gar ökonomischen Kontext relativ: der Nullverbrauch an natürlicher Umwelt kann für menschliche Gesellschaften, erst recht für ökonomisches Handeln kein vernünftiges Ziel sein. Die statt dessen mögliche regulative Idee möglichst sparsamen und schonenden Umgangs mit der Natur führt sofort in die spezifischen historischen und gesellschaftlichen Deutungen von Natur als aus heutiger Sicht grundsätzlich kulturell überformter Natur. Und auf der konkreten Zielebene weichen im weiteren die ökologischen Perspektiven der einzelnen Individuen bzw. Gruppen der Gesellschaft erheblich voneinander ab: die einen bevorzugen clean high-tech, die anderen die ländliche Atmosphäre.

Die bis hierhin gemachten Überlegungen sind zu berücksichtigen, wenn man *allgemein* die Beziehung von Ökonomie und Ökologie zu durchdenken versucht: man muß sich der möglichen Scheinabstraktheit solchen Durchdenkens bewußt sein.[1]

Versucht man gleichwohl die möglichen Beziehungen zwischen Ökonomie und Ökologie zu systematisieren, so ergibt sich folgende Konstellation von Positionen:

(1) Die Ökologie wurde in der Vergangenheit vernachlässigt, dies ist jetzt erkannt. Ökologie und Ökonomie passen grundsätzlich gut zueinander, Umweltschutz kann volks- und betriebswirtschaftlich zu einem neuen Wachstums- und Ertragsfaktor gemacht werden.[2]

(2) Ökonomie und Ökologie stehen für grundsätzlich unterschiedliche bzw. entgegengesetzte Rationalitäten, Ökologie muß daher gegen Ökonomie durchgesetzt werden.[3]

(3) Beide Positionen sind einseitig. Volks- und betriebswirtschaftlich stehen Ökonomie und Ökologie in zahlreichen Widersprüchen zueinander, es gibt zwischen beiden jedoch Schnittmengen, die (a) erkannt, (b) genutzt und (c) erweitert werden können bzw. sollten.

Die dritte Position wird hier nicht deshalb vertreten, weil sie der Form

---

1 Eine Systematisierung der Beziehungen zwischen Ökologie und Ökonomie wird dennoch insbesondere für sinnvoll gehalten gegenüber einer Position, die meint, die Natur durch die externen Anspruchsgruppen ersetzen zu können (so Staehle 1992, S. 77): externe Anspruchsgruppen als sprachhandlungsfähige Subjekte vermögen bestenfalls gute Interessen- und Stellvertreter der Natur zu sein, nie diese selbst.

2 Am wohl exponiertesten wird diese Position im akademischen und politischen Feld vertreten durch zahlreiche Publikationen von Wicke (s. Literaturverzeichnis); dazu zählt in der Betriebswirtschaftslehre ferner der Teil der Literatur, der einem recht bruchlos einführbaren Umweltmanagement das Wort redet (vgl. das 3. Kapitel sowie die Kritik von Seidel und Menn 1988, S. 30).

3 Dies entspricht der im 2. Kapitel kritisierten Konzeption von Ökologie als Leitwissenschaft.

nach den differenziertesten Eindruck macht, sondern weil die bisherigen Erfahrungen mit Ansätzen ökologischer Unternehmenspolitik diese Position vielfältig bestätigen.

Abbildung 9 illustriert die genannten Positionen, wobei die beiden letzten darauf hinweisen, daß der Umgang mit der jeweiligen Schnittmenge natürlich in zweierlei Weise betrieben werden kann: entweder (3a) so, daß die Ökologie in das ökonomische System eingepaßt wird, oder (3b) so, daß die Ökonomie ökologisch geöffnet wird.

Abb. 9: Typologie der Beziehungen zwischen Ökonomie und Ökologie

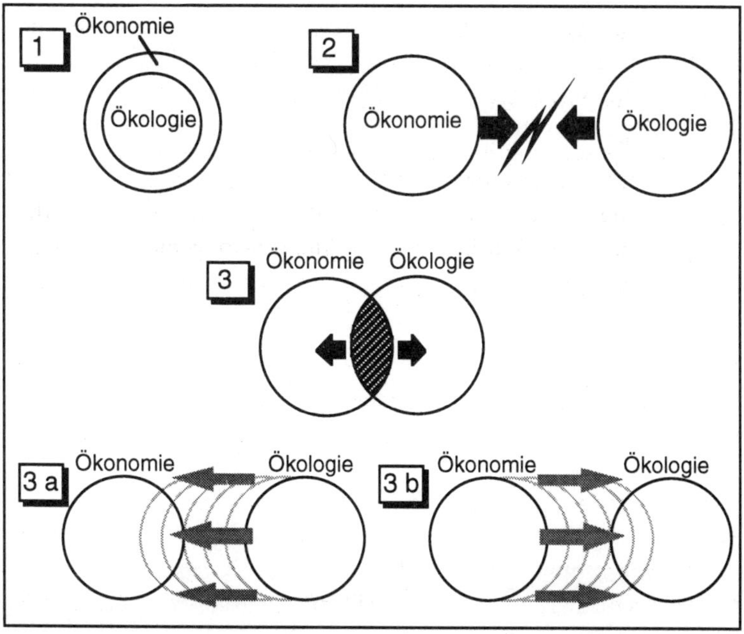

Quelle: eigene

Ökologisches Management von und in Unternehmen läßt sich in diesem Sinne als Schnittmengenmanagement beschreiben: die Rolle, die Unternehmensmanager im ökologischen Feld einnehmen, dreht sich zunächst unabhängig von ihrer persönlichen Einstellung eben um die Frage, wie weit sie die genannten Schnittmengen

- *erkennen*,
- *nutzen* und

• *erweitern* wollen bzw. können.[1]

Dafür, wie die Antwort auf diese Frage ausfällt, sind die persönlichen Einstellungen dann natürlich von höchster Relevanz; aber wir halten es gegenüber der oben genannten Position 1 (deren Risiko heißt, zu unkritisch und euphorisch mit Ökologie und Unternehmenspolitik umzugehen) wie gegenüber Position 2 (die dazu neigt, Umweltmanagement ständig unter Pauschalverdacht zu halten bzw. sogar als aussichtslos zu definieren) für wichtig, die widersprüchliche Rolle von Unternehmensmanagern bezüglich des Ökologieproblems zunächst unabhängig von ihrer persönlichen Einstellung zu erfassen.

Wenn die analytische Rollenerfassung durch subjektive Verdächtigungen verdrängt wird, verstellt das den Blick sowohl für die Möglichkeiten wie für die Schwierigkeiten ökologischer Unternehmenspolitik.

Entscheidungsträger von Unternehmen handeln unter spezifischen Bedingungen und Restriktionen, im Rahmen betriebswirtschaftlicher Handlungs- und Entscheidungsspielräume. Deren Grenzen sind also nicht allein durch das persönliche Wollen bestimmt, sondern persönliche ökologische, ethische etc. Motive können nur im Rahmen von *„constraints"* zur Geltung gebracht werden.

Hill/Fehlbaum/Ulrich unterscheiden Aufgaben- und Personenconstraints (Hill/Fehlbaum/Ulrich 1981, S. 322). Im einen Fall sind sie bedingt durch die Eigenschaften der von den Organisationsmitgliedern zu erfüllenden Aufgaben, im anderen durch die Eigenschaften der Organisationsmitglieder, die ihr Verhalten bei der Aufgabenerfüllung in der Organisation prägen.

Für unsere Fragestellung der unternehmenspolitischen Erkenntnis, Nutzung und Erweiterung ökologischer Handlungsspielräume sind die Personenconstraints von besonderem Interesse. Umgekehrt, d.h. positiv steht die Frage nach dem „Problemlösungspotential der Systemmitglieder" (Hill/Fehlbaum/Ulrich 1981, S. 328). Dieses wird dort definiert als abhängig vom Umfang an Kenntnissen und Fähigkeiten, von der Offenheit gegenüber neuen Erfahrungen und vom Denkansatz, womit die Methode gemeint ist, mit der Probleme angegangen werden. Constraints sind also nicht etwas objektiv Fixes, sondern bezogen auf Wahrnehmung wie auf Veränderung Subjektives, Fließendes.

1 Dieses Schnittmengenkonzept ist bewußt handlungstheoretisch konzipiert, vgl. a. Pfriem 1989a, S. 14ff. und P. Ulrich 1991, S. 10.

4.2 Die Frage nach ökologischen Handlungsfreiräumen von Unternehmen

Die Frage nach ökologischen Handlungsfreiräumen von Unternehmen ist für *diejenigen* Teile von betriebswirtschaftlicher und Managementliteratur, die sich der ökologischen Herausforderung angenommen haben, keineswegs selbstverständlich. Entsprechend der in der Betriebswirtschaftslehre intensiv geführten Zieldiskussion (vgl. Heinen 1966) finden sich hier des öfteren formal beschreibende Definitionen zu „Umweltschutz in betriebswirtschaftlichen Zielsystemen“ (s. Strebel 1980, S. 46ff.); eine *theoretische* Erörterung von Entscheidungsfreiräumen der Unternehmen sucht man weitgehend vergebens.[1]

Die Umweltmanagement-Literatur verzichtet in der Regel auf die Erklärungsfunktion von Betriebswirtschaftslehre und bietet dafür bündelweise Gestaltungsempfehlungen an.[2]

Soweit diese auf das betriebswirtschaftliche Formalziel bezogen werden, wird diese Beziehung *beschrieben*, ihr aber in keiner Weise als theoretischer Problemstellung nachgegangen. Wicke u.a. unterscheiden etwa ökologische Maßnahmen von Unternehmen nach (1) hoher Rentabilität, (2) kostengünstiger Realisierung von umweltrechtlichen Anforderungen, (3) Durchführung solcher Maßnahmen trotz relativ geringer Rentabilität, (4) Durchführung gewinneutraler umweltförderlicher Maßnahmen und (5) solchen Maßnahmen, die sich negativ auf die Gewinnentwicklung auswirken (Wicke u.a. 1992, S. 643).

Eine solche betriebliche Umweltökonomie bewegt weniger analytisch real existierende Widersprüche als daß dann die eigene Position gemäß dem Beziehungsmodell 3a von Ökonomie und Ökologie gestaltet wird (s. Abb. 9), wenn es heißt: „Aus gesellschafts- und umweltpolitischem Engagement und aus betriebswirtschaftlicher Rationalität sollten zumindest drei der fünf denkbaren Stufen eines solchen offensiven Umweltmanagements systematisch analysiert und realisiert werden“ (Wicke u.a. 1992, S. 643).

Derartig zu argumentieren ist irreführend, weil eben die Stufen eins bis drei erst einmal nur der vorgängigen betriebswirtschaftlichen Ratio-

1 Eine der raren Ausnahmen bildet Thielemann (1990), der betriebswirtschaftliche und personalistische Begründungsansätze ökologischer Unternehmenspolitik unterscheidet.

2 Zu diesem Defizit von neuerer Managementliteratur allgemein und genauer Kap. 5.1.

nalität entsprechen und ein gesellschafts- und umweltpolitisches Engagement jenseits dieser nur in den Stufen vier und fünf aufgefunden werden kann. Entgegen der von den Autoren verwandten Terminologie wäre erst dort vernünftigerweise von offensivem Umweltmanagement zu sprechen.

Innerhalb des definierten Rahmens der Erkenntnis, Nutzung und Erweiterung ökologischer Handlungsfreiräume sind dann natürlich Maßnahmen eingeschlossen, die (a) kurzfristig oder langfristig eindeutig positive Renditeeffekte haben bzw. (b) aufgrund gesetzlicher Vorschriften und Auflagen sowieso getätigt werden müssen. Seriös kann jedoch von *ökologischer Unternehmenspolitik* nur die Rede sein, wenn von dem jeweiligen Unternehmen über die Fälle (a) und (b) hinausgehend die mit der Definition gegebene Orientierung praktiziert wird. Daß keineswegs eindeutig feststeht, wie der „Rahmen des betriebswirtschaftlich Vertretbaren“ zu definieren ist, liegt auf der Hand. Die im folgenden systematisierten betriebswirtschaftlichen Gründe wie Hemmnisse für ökologische Unternehmenspolitik konstituieren eine Schnittmenge im einzelwirtschaftlichen Spannungsfeld zwischen Ökonomie und Ökologie, die in vielfältiger sachlicher und zeitlicher Hinsicht den Charakter einer Grauzone hat. Eben daraus resultieren unternehmenspolitische *Handlungs- und Entscheidungsfreiräume.*

In der Konkurrenz zwischen den Unternehmen führt die Existenz dieser Freiräume auf der *Beschreibungsebene* zunächst einmal zu unterschiedlichen Verhaltenstypen gegenüber dem ökologischen Problem, die sich in passiv-verweigernd, mitnahmeeffekte-orientiert und aktiv-innovativ aufteilen lassen.

Analytisch erscheint die Frage wichtiger, *warum* Unternehmen im ökologischen Handlungsfeld zu diesen oder jenen Verhaltensweisen bzw. Entscheidungen kommen.

Die Annahme, daß Unternehmen überhaupt Entscheidungen unterschiedlichen Charakters in solchem Ausmaß treffen, daß diese Unterschiede von ökologischer Relevanz sind, ist gleichbedeutend mit der Preisgabe jener Annahme, Unternehmen wären überhaupt in der Lage, eindeutig-optimale Entscheidungen zu treffen. Wir begründen die erste Annahme mit dem, was wir die *doppelte Subjektivität* der Informationsverarbeitung nennen (s. Abb. 10):

Abb. 10: Doppelte Subjektivität der Informationsverarbeitung

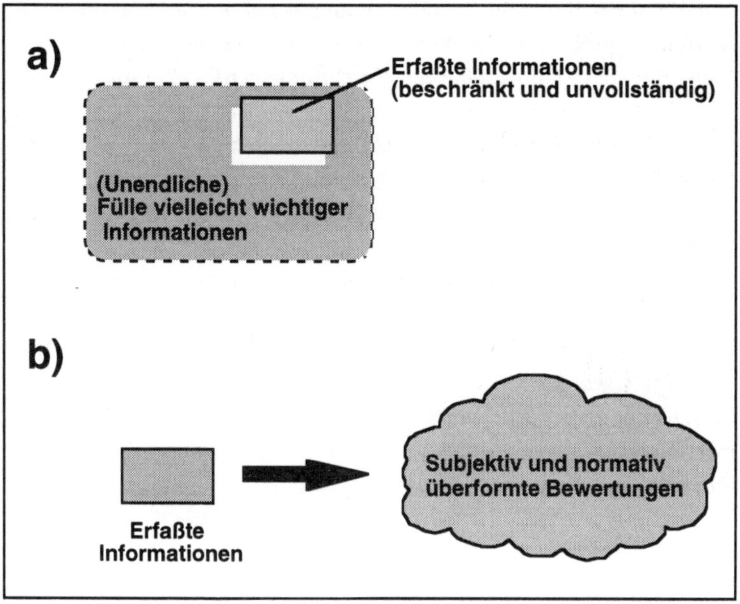

Quelle: eigene

(a) operieren Unternehmen unter der Bedingung beschränkter und unvollständiger Informationen; diese Subjektivität ist keine endogene: die Entscheidungsträger verschiedener Informationen werden mit verschiedenen Informationssets konfrontiert;

(b) gibt es in der qualitativen (d.h. *bewerteten*) Erfassung und Verarbeitung ökologisch relevanter Informationen bei den unternehmenspolitischen Entscheidungsträgern zwangsläufig normativ überformte Selektionsmechanismen.

Die Bedingung (a) ist für die neuere Betriebswirtschafts- und Managementlehre mittlerweile ziemlich selbstverständlich; mit der Bedingung (b) hat sie sich bislang kaum beschäftigt.[1]

Theoretisch läßt sich die Bedingung (b) erst einmal durch Erkenntnisse des symbolischen Interaktionismus präzisieren. Danach (vgl. Mead 1968 und Blumer 1969) kann sich der Mensch durch seine Sprachhandlungsfähigkeit zum Objekt seiner selbst machen, also re-

1 Eine um so wichtigere Ausnahme stellt die kürzlich veröffentlichte empirische Untersuchung von Ulrich und Thielemann (1992) dar.

flektieren. Mittels der Sprache wird den Objekten eine Bedeutung zugeschrieben, die in einem Prozeß der Interaktion entsteht. Mit anderen Worten: es gibt keine objektive Realität als Ergebnis von (unternehmenspolitischen) Informationsverarbeitungsprozessen, sondern eine Vielzahl personen- und gruppenspezifischer Realitäten.

Selbst wenn Menschen, d.h. auch unternehmenspolitische Entscheidungsträger es wollen würden, „könnten“ sie gar nicht als (im Fall von Unternehmen geldgesteuerte) Reiz-Reaktions-Trivialmaschinen funktionieren.[1]

Zu der zwangsläufigen Subjektivität des Informationsinputs kommt noch ein Weiteres hinzu: unterschiedliche unternehmenspolitische Entscheidungsträger sind in unterschiedlichem Maße gewillt bzw. fähig, die *Folgewirkungen* ihrer Entscheidungen zu bedenken. Unter dem inzwischen allgemeinen Druck ökologischer und gesellschaftlicher Verantwortung spielt dieser Gesichtspunkt in alle Entscheidungen hinein, aber eben in höchst unterschiedlicher Weise.[2]

4.3 Motive und Hemmnisse ökologischer Unternehmenspolitik

Auch eine *theoretische* Erörterung von Motiven und Hemmnissen für ökologische Unternehmenspolitik läßt sich nicht aus einer allgemeinen Theorie deduzieren. Auf dem *Wege* zu einer kritischen und empirisch gehaltvollen Theorie der Unternehmung im ökologischen Handlungsfeld, für den sich diese Arbeit gleichsam als Markierungsstein versteht, müssen erst einmal die *praktischen* Erfahrungen verarbeitet werden, die über die ersten Ansätze zu ökologischer Unternehmenspolitik in den vergangenen Jahren gemacht werden konnten.[3]

---

1 Stärker theoriebezogen werden wir uns damit im 5. Kapitel beschäftigen und vor allem im 7., wo es um den radikalen Konstruktivismus geht, der diese Einsicht auf die Spitze getrieben hat.

2 Berücksichtigung von Folgewirkungen erfordert strategisches Handeln und Lernfähigkeit. Siehe dazu die Kap. 10 und 12 dieser Arbeit.

3 Infolgedessen schöpft die nachfolgende Systematisierung nicht so sehr aus Publikationen der Betriebswirtschafts- und Managementlehre, sondern mehr aus praktischen Erfahrungen, die der Verfasser als Projektleiter gemacht hat, v.a. im Rahmen von Projekten des Insti-

Die Unternehmung kann als *ökologischer Akteur* (vgl. a. Thielemann 1990) nur sinnvoll beschrieben werden, wenn im Rahmen betriebswirtschaftlicher Handlungslogik Entscheidungsfreiräume definiert werden können, die den Zugriff auf verschiedene Aktivitäten erlauben, *ohne* damit ökologische gegen ökonomische Kalküle setzen zu müssen.

In diesem Sinne lassen sich drei Gruppen betriebswirtschaftlich-erfolgsstrategischer Motive für ökologisches Handeln kennzeichnen:

(1) Motive der Kostensenkung

Die naheliegendsten Schnittmengen von ökologischen und einzelwirtschaftlich-ökonomischen Zielen ergeben sich dort, wo Reduzierungen des Inputs in beiderlei Hinsicht zu Vorteilen führen: etwa Einsparungen an Rohstoffen und Energieverbrauch, Schließung materialwirtschaftlicher Kreisläufe (vgl. Stahlmann 1988), innerbetriebliches Recycling. (Investitions-)Kosten werden ferner dann gesenkt, wenn Produktionsumstellungen bezüglich ihres Zeitpunktes vom Unternehmen selbst bestimmt werden, statt daß hier die umweltrechtlichen Vorgaben terminierend wirken und das Unternehmen in eine betriebswirtschaftlich auf jeden Fall ungünstigere Reaktions- und Anpassersituation zwängen.

Weit mehr als ein Kostenkalkül ist das Ziel der langfristigen Unternehmensstabilisierung. Grundsätzlich können Unternehmen, die sich der ökologischen Herausforderung verweigern, in eine existentielle Krise geraten, weil notwendig gewordene ökologische Anpassungen betriebswirtschaftlich möglicherweise nicht mehr verkraftet werden können.[1] Unternehmen schaden sich selbst, wenn sie sich in Abhängigkeit von einer auf längere Sicht nicht haltbaren Technologie oder Produktstrategie begeben.

(2) Motive der Ertragssteigerung

Ökologie ist zu einem strategischen Erfolgspotential im Wettbewerb geworden, auch in der internationalen Dimension. Daraus resultiert die Möglichkeit früher Gewinne und spezifischer Marktführerschaften. Neue, ökologisch relevante Produkte bzw. Technologien können gewichtige ökonomische Vorsprünge schaffen.

---

tuts für ökologische Wirtschaftsforschung (IÖW) gGmbH zur Einführung ökologischer Informationssysteme von Unternehmen. Siehe dazu Hallay/Pfriem 1992.

1 Ein deutscher Pionierfall war 1984 die dem Unternehmen gegenüber staatlicherseits zwangsweise durchgesetzte Schließung des Hamburger Boehringer-Werkes wegen fortgesetzter Dioxin-Emissionen.

Wenn bei staatlichen Aufträgen ökologische Anforderungen stärker berücksichtigt werden, kommen solche Unternehmen eher zum Zuge, die diesen Anforderungen gerecht werden. Die *Fähigkeit* hierfür muß antizipiert werden, etwa im Rahmen von Angeboten auf öffentliche Ausschreibungen hin.

Die Ansprüche der Konsumenten an die Unternehmen sind deutlich gestiegen (vgl. Billen 1992). Qualitätskontrolle hat einen gewichtigen ökologischen Gehalt bekommen. Unternehmen, die weiterhin einseitig auf Verbrauchervorstellungen setzen, in denen Ökologie keine Rolle spielt, können Schiffbruch erleiden. Stellungnahmen des Umweltbundesamtes, die Aufklärungsarbeit der Informationsmedien und spezifische Einrichtungen, wie Verbraucherinitiativen, Öko-Tests etc., unterstützen ökologisch bewußte Konsumentscheidungen. Unternehmen, die das Ökologieproblem aktiv aufgreifen, zeichnen sich nach vorliegenden Untersuchungen (vgl. Meffert u.a. 1986) allgemein durch ein hohes Maß an Flexibilität und Zukunftsorientierung aus, d.h. sind offensichtlich generell die wettbewerbsstärksten.

Schließlich ist in ertragsorientierter Perspektive Ökologie von Gewicht für die Bildung des Unternehmensprofils in der Öffentlichkeit. Angesichts der Schlüsselrolle, die der Zerstörung der natürlichen Umwelt mittlerweile zukommt, sind Unternehmen in zunehmendem Maße bemüht, darauf zu reagieren. Durch Überschreiten der gesetzlichen Mindestanforderungen beweisen Unternehmen ihre besondere gesellschaftliche Verantwortung.

(3) Motive der gesteigerten Leistungsfähigkeit des Unternehmens

Trotz der weiter im Steigen begriffenen Bedeutung normativen Managements für den Unternehmenserfolg und entsprechender Diskussionen (vgl. a. Kap. 6) läßt sich bei vielen Praktikerdebatten und -kongressen der Eindruck gewinnen, daß technische und unmittelbar ökonomische Aspekte im Vordergrund betrieblichen Umweltschutzes stehen. Welche Bedeutung die umweltbewußten Einstellungen der Belegschaftsmitglieder bzw. des Managements selber haben, wird dabei oft unterschätzt. Diese Aspekte bilden freilich eigenständige strategische Motive für ökologische Unternehmenspolitik.

Für die Beschäftigten beginnt die Möglichkeit der ökologischen Identifikation mit ihrem Betrieb eine zunehmende Rolle zu spielen. Ökologische Unternehmenspolitik führt also zur *Steigerung des innerbetrieblichen Leistungs- und Innovationspotentials.*

Diese ökologische Identifikation betrifft nicht allein das Mehr oder Weniger an ökologischem Profil des Unternehmens. Probleme des Arbeitsschutzes sind oft eng mit solchen des Umweltschutzes verknüpft; von daher ergeben sich Ansatzpunkte, im Rahmen arbeitnehmerorientierter Strategien umweltschutzbezogene Lösungen zu thematisieren (vgl. Schmidt 1992).

Gegenüber dem früheren, gerade in Deutschland stark autoritär und bürokratisch geprägten Unternehmertyp haben sich bei den Managern der heutigen Generation neue Leitbilder von Fortschritt, Unternehmenszielen, gesellschaftlicher Entwicklung usw. sowie neue Aufgeschlossenheit gegenüber externen Herausforderungen gebildet, die Auswirkungen haben auf den Gehalt dieser Entscheidungen. Initiativen wie die von B.A.U.M. und future wären nicht möglich ohne diese soziale und ökologische Qualität des Generationswechsels in den Chefetagen zahlreicher deutscher Unternehmen.

Die vorgenannten strategischen Gründe für ökologische Unternehmenspolitik lassen sich auch als *ökologische Nutzenpotentiale* beschreiben (s. Abb. 11).

Abb. 11: Ökologische Nutzenpotentiale

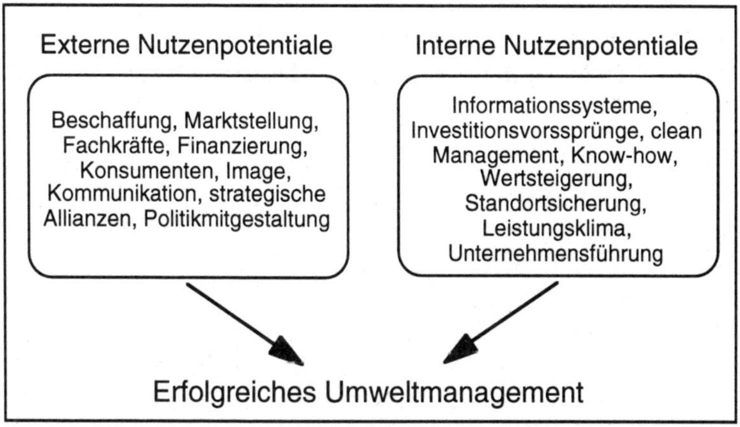

Quelle: eigene

Aus diesen strategischen Motiven ergeben sich nun die oben dargestellten *Schnittmengen* im einzelwirtschaftlichen Spannungsfeld zwischen Ökonomie und Ökologie.

Die Schnittmengen drücken zugleich die Verschränkung zwischen den einzelwirtschaftlichen Entscheidungsspielräumen und den übergeordneten Rahmenbedingungen aus; bei mehreren der strategischen Motive für ökologische Unternehmenspolitik wird der natürlich nicht aufhebbare Bezug zu den zunächst von außen daherkommenden constraints bzw. Anreizen deutlich:

- je stärker beispielsweise die energiewirtschaftliche Struktur eines Landes auf Verschwendung ausgelegt ist, desto weniger Kostenanreize für Energieeinsparungen sind natürlich gegeben;
- je ökologisch unsensibler die Verbraucher bleiben, desto weniger werden ökologische Qualitätskriterien nachfragerelevant;
- je weniger effizient eine staatliche Umweltpolitik ist, desto weniger sehen sich Unternehmen gefordert, deren absehbaren Einzelschritten vorauszueilen. Usw.

Ökologische Entwicklungen bedürfen also einer entsprechenden Koevolution von Staat und Gesellschaft (d.h. möglichst vielen der Elemente, aus denen Gesellschaft besteht) (vgl. dazu Seidel 1992). Weder lassen sich die Elemente der Gesellschaft hinreichend allein durch externe Vorgaben des Staates in Bewegung setzen, noch können diese Elemente (etwa Unternehmen) voluntaristisch handeln unter Absehung von den staatlicherseits gesetzen Rahmenbedingungen.

Mit der Denkfigur eindeutig-optimaler Handlungen (bzw. Handlungsmöglichkeiten) unter gegebenen Bedingungen ist diese Konstellation sicherlich nicht zu erfassen. Die Vielfalt und Unterschiedlichkeit realen Handelns von Individuen und sozialen Systemen unter gleichen Bedingungen gibt uns einen Hinweis darauf, daß dieselbe Handlung von den einen als Pioniertat, von den anderen als Weg in die Sackgasse betrachtet wird. Das Akteursfeld erweist sich als äußerst heterogen; und es wird sich erst ex post erweisen, wer die *Promotoren und Innovatoren* richtiger Ideen sind, also waren.

Hinzu kommt die differierende Wahrnehmung der Bedingungen: „In einem bestimmten Sinne werden ... auch die ‚constraints‘ gewählt: Sie sind jene Daten, die im Gegensatz zu den ‚choices‘ als ‚sicher‘ gelten. Sie umfassen nicht nur Annahmen über das, was unter gegebenen Umständen ‚nicht geht‘, sondern auch alle festen Vorstellungen von dem, was ist bzw. was sein soll“ (Wiesenthal 1991, S. 285).

Wie konstruiert insofern das ist, was oft als „Sachzwänge“ bezeichnet wird, läßt sich an den folgenden Hemmnissen ökologischer Unternehmenspolitik verdeutlichen.

Dabei lassen sich *vier Gruppen solcher Hemmnisse* kennzeichnen.

(1) Ökonomismus

Wenn (wie in den beiden vorherigen Abschnitten begründet) die Wahrnehmung ökologischer Handlungs- und Entscheidungsfreiräume von Unternehmen eine zwangsläufig recht subjektive Angelegenheit ist, dann folgt daraus, daß eine Sichtweise, die ökologische Unternehmenspolitik a priori auf „Gewinn durch Umweltschutz" reduziert,[1] eine unangemessene Engführung ökologischen Engagements unternehmenspolitischer Entscheidungsträger darstellt. Unternehmer bzw. Unternehmensmanager werden damit auf eine Rolle des bloßen Vollstreckens ökonomischer Sachzwänge reduziert, von der sich viele in praxi längst emanzipiert haben.[2]

Als ökonomistisch ist auch die Verabsolutierung der Kostenseite zu kennzeichnen. Vorzugsweise im Feld der kleinen und mittleren Unternehmen wird Umweltschutz immer noch einseitig als Kostenfaktor interpretiert. Viele sind froh, wenn sie den gesetzlichen Anforderungen überhaupt ohne zu große betriebswirtschaftliche Einbußen nachkommen können. Wo die Wettbewerbssituation hart und die Rendite schmal ist, heißt es schnell: „mehr als vorgeschrieben kommt zu teuer".

(2) Innovationsfeindlichkeit

„Ist Öko möglicherweise out?" Die Frage, welche Rolle die ökologische Dimension gegenwärtig für unternehmenspolitische Innovationsprozesse spielt, läßt sich nach gegebenem Forschungsstand kaum präzise beantworten. Die Bedeutung, die spezifischen Aspekten weiterer gesellschaftlicher Entwicklung beigemessen wird, ist sicherlich abhängig von der (relativ geringen) Bedeutung, die andere Gesichtspunkte haben. In diesem Sinne kann man zwar einerseits von einer zumindest *rhetorischen* Durchsetzung des Umweltschutzes als allgemein verbindlichem Ziel sprechen. Auf der anderen Seite hat es in den letzten Jahren Entwicklungen gegeben,[3] die von dem ständigen Bedeutungsaufstieg der ökologischen Frage abgelenkt haben.

---

1 So nämlich die Grundphilosophie eines großangelegten Projektes des Umweltbundesamtes, das eine Repräsentativbefragung von 600 Unternehmen durchführte, s. FUUF 1991.

2 Vgl. zur Darstellung und Kritik solcher ökonomistischen Denkmuster, für die der Markt eine Sachzwangstruktur darstellt, die Handeln i.e.S. ausschließt, Ulrich/Thielemann 1992, S. 34ff.

3 Die für sich, wie die deutsche Wiedervereinigung oder die Auflösung des sowjetisch beherrschten Ostblocks, *erst einmal* uneingeschränkt positiv beurteilt werden müssen.

Dadurch werden unternehmenspolitische Einstellungsmuster eher begünstigt als behindert, wo es heißt: „Wir machen das sowieso schon alles.“ Gerade Unternehmen, die aufgrund ihrer technischen und organisatorischen Struktur seit langem zu bestimmten Minimalaktivitäten verpflichtet sind,[1] neigen offensichtlich dazu, *darüberhinausgehenden* Anforderungen mit Skepsis und Mißtrauen zu begegnen.

(3) Organisatorische Defizite

Betrieblicher Umweltschutz ist nicht nur eine Frage des Wollens, sondern auch eine des Könnens. Gerade kleine und mittelständische Unternehmen verfügen oft nicht über das nötige Know-how zur Entwicklung einer ökologischen Unternehmenspolitik, zumindest nicht in allen dafür relevanten Bereichen.

Hervorzuheben ist dabei, daß es nicht nur auf Wissensbestände hinsichtlich des Standes der Technik, auf dem Markt abgreifbarer Umwelttechniken etc. ankommt, sondern ebenso auf Kenntnisse hinsichtlich der ökologischen Problemzusammenhänge, in die die spezifische Unternehmenstätigkeit einzuordnen ist. Solche Kenntnisse sind häufig am ausgeprägtesten dort vorhanden, wo Unternehmensführungen nach wie vor gesellschaftliche Gegnerschaft wittern und von daher vermeidbare Berührungsängste haben.

Für die organisatorische Auslegung des Umweltschutzes im Betrieb existieren minimale gesetzliche Standards. So sind Unternehmen unter bestimmten Voraussetzungen verpflichtet, Betriebsbeauftragte für Immissionsschutz, für Gewässerschutz oder für Abfall einzusetzen. Aufgrund von empirischen Untersuchungen liegen praktische Erfahrungen über Reichweite und Grenzen der Effizienz dieses Instruments vor, die den Betriebsbeauftragten nur eine recht bescheidene Rolle bei der ökologischen Organisationsentwicklung von Unternehmen zuzuweisen vermögen (vgl. Kap. 12).

An dieser Stelle ist wesentlich, daß die nach Gesetz pflichtgemäße Existenz von Betriebsbeauftragten in Unternehmen das Management zu der fehlerhaften Auffassung führen kann, damit organisatorisch genug für den betrieblichen Umweltschutz getan zu haben („die machen das ja alles“). Im Sinne einer Überwindung dieses Ressortdenkens und einer stärkeren Verankerung ökologischer Zielsetzungen im Unternehmen haben Unternehmenspraktiker in den vergangenen Jahren die Formel aufgebracht: „Umweltschutz muß Chefsache werden!“

1 Siehe etwa die Messungen in der Chemischen Industrie.

So richtig der erste Schritt ist, den betrieblichen Umweltschutz auf die Ebene des allgemeinen Managements zu heben, so sehr kommt es dann freilich darauf an, alle Hierarchieebenen und Funktionsbereiche in diese Erweiterung der unternehmenspolitischen Zielsetzungen einzubeziehen. Erst recht wird eine dauerhafte Entwicklung ökologischer Unternehmenspolitik im Unternehmen nicht gelingen, wenn es einzelnen Promotoren innerhalb des Managements nicht gelingt, ökologisches Engagement nicht nur in Worten, sondern auch in Taten zur Sache der ganzen Gruppe zu machen.

(4) Anachronistische Erfolgskalküle
Das auf Minimierung des Inputs bei definiertem Output oder auf Maximierung des Outputs bei gegebenem Input festgelegte ökonomische Prinzip der Allgemeinen Betriebswirtschaftslehre (s. Wöhe 1991, S. 1f.) ist zur Praxis hin keineswegs offen: noch geht der Zugriff von vielen (vor allem kleineren) Unternehmen eher zu dem ersten Pfad, den auszuloten in vieler Hinsicht auch einfacher erscheinen mag. Es braucht eben mehr Phantasie, strategische *Erfolgspotentiale* ausfindig zu machen, auf die das Unternehmen bisher noch nicht gekommen ist; gerade hier liegen aber ökologische (und ökonomische) Zukünfte.

Das in Unternehmen vorherrschende Erfolgsdenken ist nach wie vor vielfach *zu kurzfristig* angelegt. Der Vormarsch strategischer Planung hat hier zwar Besserung geschaffen; bemerkenswerterweise drohen freilich neuere Formen des internen Wettbewerbs, die aus Gründen weiterer Effizienzsteigerung implementiert werden (Profitcenter, Championship, Erfolgskontrollfristen), die Vorteile langfristiger Erfolgsorientierung wieder zunichte machen.

Traditionell ist Unternehmensführung darauf orientiert, als sicherste und zuverlässigste Daten jene der Finanzbuchhaltung und des kaufmännischen Rechnungswesens anzusehen.[1] Im ökologischen Handlungsfeld ist freilich verstärkter Umgang mit *weichen* Daten erforderlich: etwa das langfristige Verbraucherverhalten, die Entwicklung der staatlichen Rahmenbedingungen sowie die Auswirkungen ökologischen Engagements auf die Leistungsbereitschaft der Führungskräfte wie der übrigen Beschäftigten lassen sich nicht exakt messen, schon gar nicht sinnvoll monetarisieren. Je mehr Unternehmensmanager an „business

---

1 Entsprechend ist Controlling bisher theoretisch und praktisch im wesentlichen als *finanzwirtschaftliches* Controlling ausgelegt, vgl. Coenenberg/Baum 1987.

as usual" kleben, desto weniger werden sie gerade im ökologischen Handlungsfeld zukunftsorientierte und innovationsfähige Entscheidungen treffen können. Als Kurzsichtigkeit scheint hier insbesondere ein starres Festhalten an der gegebenen Produktpalette von Belang zu sein, was Denken in Alternativen und neuen Problemlösungen im Wege steht. Ökologische Unternehmenspolitik kann in dem Maße gelingen, wie sich Unternehmen als strukturpolitische Akteure begreifen lernen (s. Kap. 9) — ein Lernprozeß, der den meisten Unternehmen wohl noch bevorsteht. Es steht zu vermuten, daß diejenigen Unternehmen Wettbewerbsvorteile im ökologischen Handlungsfeld aufbauen werden, die reflektierter mit den Fallstricken betrieblicher Umweltpolitik umgehen (s. Abb. 12).

Abb. 12: Fallstricke betrieblicher Umweltpolitik

- Fehlende Kenntnis der eigenen Situation
- Mangelnde Beobachtung des Umfeldes
- Unklare Zielstrukturierung
- Konfliktverdrängung
- Konzentration auf kurzfristige Probleme
- Beschränkung auf harte Daten
- Behandlung von Gestaltungsfeldern als Sachzwänge
- Defizite in der Organisation des betrieblichen Umweltschutzes

Quelle: eigene

4.4 Theorieanschlüsse der Frage nach Handlungs- und Entscheidungsfreiräumen

Natürlich wird die Frage nach solchen subjektiven Einstellungen von Entscheidungsträgern von Unternehmen nur in dem Maße betriebswirtschaftlich relevant, indem Handlungs- und Entscheidungsfreiräume innerhalb des betriebswirtschaftlich Vertretbaren als existierend angenommen werden können.

Sydow kritisiert deterministische Ansätze in Analysen zur Arbeits- und Organisationsgestaltung und weist darauf hin, „daß Organisationsspielräume existieren und vor dem Hintergrund der technischen Entwicklung eher größer werden" (Sydow 1985, S. 12). Zwar spielt bei Sydow schon von seiner Themenstellung her die Technik als Einflußfaktor eine einseitig dominierende Rolle, trotzdem läßt sich für die allgemeine Frage nach der theoretischen Beleuchtung von Handlungs- und Entscheidungsspielräumen einiges beherzigen. So sind diese nicht erst bei den Entscheidungen selbst und ihrer Realisierung von Belang, sondern bereits vorher, vermittelt durch die subjektiv unterschiedlichen Wahrnehmungen: „In diesem Sinne schaffen Interpretationsspielräume Organisationsspielräume" (Sydow 1985, S. 21). Objektive (d.h. *vorgegebene*) und subjektive (d.h. *wahrgenommene*) Handlungs- und Entscheidungsfreiräume sind dabei keineswegs als identisch zu betrachten.

Im Rahmen *unternehmenspolitischer* Entscheidungen führt uns die Frage nach Freiräumen auf das Problem der ökonomischen Rationalität, oder präziser: was denn das *Ökonomische* ist und wie weit das Ökonomische *rational* ist.

Eine Möglichkeit besteht darin, „menschliches Verhalten dadurch zu erklären, daß man unterstellt, daß sich die einzelnen Individuen ‚rational' verhalten. Individuen handeln dadurch, daß sie aus den ihnen zur Verfügung stehenden Möglichkeiten eine rationale Auswahl treffen."[1]

Wie die neoklassische[2] ökonomische Theorie ihr Selbstverständnis vor allem über ein spezifisches Menschenbild konstituiert, das hat Kirchgässner für diese Richtung vor kurzem noch einmal programmatisch zusammengefaßt. Die Rationalität des rationalen Wahlhandelns impliziert eindeutige Optimalität bei gegebenen Präferenzen, und das ist vor allem deshalb eine *sehr starke Rationalitätsannahme*, weil die Vertreter dieser ökonomischen Auffassung sich mit den Präferenzen, deren

1 So definiert Kirchgässner (1991, S. 2) die Ökonomik als Methode der Sozialwissenschaften, in Abgrenzung zu Ökonomie (Wirtschaft) als Gegenstandsbereich.

2 Der Begriff wird hier verwendet im Bewußtsein und in Anerkennung der vielen Differenzierungen, die sich unter diesem begrifflichen Dach zusammenbringen lassen und die etwa in vielen umweltökonomischen Einzelfragen durchaus belangvoll sind. Es soll hier also keine Pauschal- und Totschlagsargumentation betrieben, sondern nur dem Umstand Rechnung getragen werden, daß sich mit diesem Firmenschild ein Konsens der dazuzurechnenden Vertreter ökonomischer Theorie in bestimmten Grundsatzfragen, also ein mainstream, verknüpfen läßt.

Vielfalt, Entwicklung usw. nicht meinen beschäftigen zu sollen[1] und die Rationalität des Wahlhandelns insofern als stark durch dessen Restriktionen determiniert angenommen wird. Kirchgässner plädiert deswegen dafür, zur Erklärung von Veränderungen im menschlichen Verhalten vor allem Veränderungen in den Restriktionen heranzuziehen.[2] Ökonomie wird dementsprechend als „Wissenschaft von der Veränderung der Verhältnisse" ausgezeichnet, weil ihr die Einsicht in die Veränderbarkeit menschlichen Verhaltens durch die Veränderung von Restriktionen zugrundeliege (Kirchgässner 1991, S. 27). Die Reichweite dieser Verhaltensdeterminiertheit geht bis zu der Empfehlung, im Felde der Umweltpolitik doch unbedingt eher die Restriktionen zu verändern als auf die Veränderung der Präferenzen zu setzen (Kirchgässner 1991, S. 45). Beileibe nicht zum ersten Mal wird ein erklärter Neoklassiker hier zum heimlichen Staatsfetischisten. Wer anders als Menschen soll denn die Restriktionen menschlichen Handelns ändern? Und schon auf der Ebenen des komplexen Gefüges Gesellschaft sind handelnde und Restriktionen setzende (= verändern könnende) Menschen keine zwei voneinander getrennten Klassen von Menschen. Wieso sollten Menschen, die auf der Handlungsebene nichts ändern wollen (z.B. Umweltschutz weiter nachrangig finden), als Veränderer von Restriktionen in derselben Frage eine andere Zielsetzung verfolgen (z.B. harte Umweltschutznormen und -anreize durchsetzen)?[3]

---

1 Kritisch setzt sich mit dieser Verzichtsleistung als Ökonom seit langem Hirschman auseinander, s. speziell 1988, S. 17ff.

2 Kirchgässner 1991, S. 39, wobei uns das spezielle Argument, die Restriktionen seien unabhängig erfaßbar und die Präferenzen seien unabhängig von den Handlungen nicht erfaßbar, also ein i.e.S. methodisches Argument, natürlich an den schon vor langem von Joseph Weizenbaum angeführten Schlüsselsucher erinnert: der suchte unter einer Laterne; befragt, wo er meinte, den Schlüssel verloren zu haben, verwies er ins Dunkle; befragt, warum er dann unter der Laterne suche, führte er an, dort könne er besser sehen.

3 Da wir über das Ausmaß der von uns verursachten Umweltzerstörungen längst hinreichend wissen, sogar permanent *überinformiert* werden, geht es um weit mehr als den strategischen Umgang mit situativen Schwächeanfällen, wofür in der Literatur seit langem die Geschichte des Odysseus steht, der sich am Mast festbinden ließ, bevor er an den Sirenen vorbeisegelte. So schlecht wir dabei wegkommen mögen in Deutschland und vergleichbaren Ländern, in denen die Bevölkerung über freie Wahlen ihren Präferenzen zumindest allgemein Ausdruck verleihen kann: wenn auf der politischen Ebene das umweltpolitische Steuer nicht herumgeworfen wird, so ist dies Indikator für die mangelnde ökologische Willenskraft der Gesellschaft. Die

Eine starke Rationalitätsannahme, die zudem auf die vorrangig prägende Rolle von (externen) Restriktionen setzt, führt zum Kurzschluß von Handeln auf Verhalten: „Verhalten von Individuen wird erklärt, indem unterstellt wird, daß sie rational handeln" (Kirchgässner 1991, S. 18). Es scheint uns kein Zufall zu sein, daß Kirchgässner auf derselben Seite erklärt: „Wissenschaftslogisch dürfte das dem ökonomischen Verhaltenmodell zugrundeliegende ‚Rationalitätsprinzip' für die Sozialwissenschaften einen ähnlichen Stellenwert haben wie das ‚Kausalitätsprinzip' in den Naturwissenschaften." Das ist wohl richtig, allerdings unfreiwillig und negativ: in den fortgeschrittenen naturwissenschaftlichen Theorieansätzen ist die Zeit der „Wenn, dann"-Rationalität längst vorbei.

Wenn Handeln im Verhalten verschwände, dann ginge Freiheit in einer wesentlich durch die Restriktionen des „Wahlhandelns" geprägten Rationalität verloren. Dann (aber auch nur dann!) machte die hier gestellte Frage nach Handlungs- und Entscheidungsfreiräumen keinen Sinn. Nun wird freilich an der harten Rationalitätsannahme seit langem gekratzt. Immer wieder zitierter Pionier dieser Kratzerei ist Herbert Simon[1] mit seinem Konzept der „bounded rationality", einer Anpassung an den menschlichen Entscheidungsalltag: „Nach dem Verhaltensmodell begrenzter Rationalität ist der Mensch nicht gezwungen, Entscheidungen zu treffen, die unendlich weit in die Zukunft reichen, die die ganze Skala menschlicher Werte umfassen und bei denen jedes Problem mit allen anderen Problemen der Welt in Zusammenhang steht" (Simon 1993, S. 29).

Wer Alternativen entwickelt, ist nicht frei von der Gefahr der Vereinnahmung. Wo Simon sein Modell der bounded rationality als Alternative zum ökonomischen Verhaltensmodell verstanden wissen will, sieht Kirchgässner problemlose Vereinbarkeit (Kirchgässner 1991, S. 31). Allerdings *über*sieht der Vertreter des ökonomischen Verhaltensmodells dabei, daß seine programmatische Formel „Nutzenmaximierung unter Nebenbedingungen bei Unsicherheit" (Kirchgässner 1991, S. 14) trotz gegenteiliger Behauptung (S. 31) an den Simonschen satisficer nicht heranreicht, keinesfalls identisch ist. Der Mensch als Lebewesen, das Befriedigung sucht, ist eben tatsächlich ein anderes als

umweltpolitische Stagnation, teils Regression, die wir seit einiger Zeit nach Jahren ökologischen Aufbruchs erleben, ist nicht gerade ein Beleg für Kirchgässners Argumentation.

1 Siehe dazu Simon 1957, March/Simon 1958.

das Lebewesen, das Maximierung sucht. Natürlich ist dieser Satz kategorisch, d.h. eine Differenzbildung an fließenden Grenzen. Crozier/Friedberg (1993, S 196) formulieren statt Maximierung Optimierung, auch bei Simon selbst heißt es „optimizing". Uns selbst erscheint Maximierung (wie auch bei Kirchgässner) klarer, weil es die dem betreffenden ökonomischen Denken (einzel- wie volkswirtschaftlich) zugehörige Vorrangstellung des Quantitativen (damit auch auf quantitative Vermehrung Orientierten) betont.

Optimierung kann auch — jenseits des Quantifizierungsdogmas und hierarchisch abgeklärter Präferenzordnungen — die schiere Befriedigung von Bedürfnissen betreffen. Wir halten die Differenz zwischen Nutzen und Befriedigung allerdings für fundamental, und es ist kein Zufall, daß dahinter gewöhnlich die Horizonte unterschiedlicher Menschenbilder auftauchen. Der Nutzen fokussiert eindeutig stärker auf das individuelle Ego, auf die Nachweisbarkeit, daß etwas für eben dieses Ego vorteilhaft ist, und auf Ergebnisse positiven Tuns. Befriedigung ist offener für soziale und kollektive Erlebnisse, orientiert mehr auf das Gefühl als die nachweisbare Vorteilhaftigkeit und ist gut vorstellbar durch Unterlassen (z.B. sich vermeintlichen Pflichten entziehen zu können). Simon hat seine bounded rationality keineswegs nur über Argumente bestimmt, daß für eine Entscheidung nur begrenzte Informationen zur Verfügung stünden, daß man nicht alle Folgen überblicken könne etc. — daraus könnte ja in der Tat abgeleitet werden, sich *erst recht* auf Rationalität zu konzentrieren. Wenn auch mit Skepsis gegenüber romantischen Überhöhungen bezüglich der Funktion der beiden Gehirnhälften[1] hat Simon über die frühe Form von bounded rationality hinaus das Intuitionsmodell menschlicher Rationalität definiert und darauf hingewiesen, daß Gefühle dabei eine wesenliche Rolle spielen (vgl. Simon 1993, S. 33ff.). Von daher kann (wie auch mittels der Differenz von Nutzen und Befriedigung) beobachtet werden, daß die Vertreter des ökonomischen Verhaltensmodells immer wieder auf der Ebene des Menschenbildes zu Amputationen gezwungen werden, oft genug reichlich willkürlich, d.h. ohne die Angabe vernünftiger Gründe, über deren Triftigkeit sich auseinandergesetzt werden könnte.[2]

---

1 Daß nämlich die linke für den analytischen Verstand zuständig wäre, die rechte für Gefühl, Intuition, Kreativität — ein quasi-anthropologisches Argument, das in einem Teil der ökologischen Literatur gern zur Kritik der abendländisch-westlichen Rationalität eingesetzt wird.

2 Kirchgässner etwa weist darauf hin, daß Boulding sich mit Liebe aus-

Ein weiteres Element des ökonomischen Verhaltensmodells erweist sich als höchst unbefriedigend: gerade weil es sich mit den Präferenzen nicht auseinandersetzen will (neben den schon angeführten Gründen vor allem auch deshalb, weil Wissenschaftler als solche kein Recht hätten, sich in die Bedürfnisse der Menschen einzumischen), werden diese in eigentümlicher Weise als starr, klar und eindeutig unterstellt. Wir setzen dem die Auffassung gegenüber, daß es gerade die Flexibilität und Widersprüchlichkeit individueller Präferenzen ist, die fundamentale Bedeutung hat für konkrete gesellschaftliche (auch ökonomische) Verhältnisse. Und darüber hinaus: eben diese Flexibilität und Widersprüchlichkeit von Präferenzen ist mitverantwortlich für die Existenz von Handlungs- und Entscheidungsfreiräumen (also auch nicht nur für Informationsdefizite und das rationale Individuum in seiner Rationalität „störende" Gefühle). Wie wird denn etwa der persönlich ökologisch sensibilisierte Entscheider entscheiden in einer Entscheidungssituation des Unternehmens, die — je nach Entscheidung — mit höchst unterschiedlichen ökologischen Konsequenzen verbunden ist? Folgte er seinen persönlichen ökologischen Wunschvorstellungen einseitig, würde er vermutlich die Rollenerwartungen *anderer* ihm gegenüber enttäuschen und sich damit möglicherweise auch beruflicher Entwicklungsperspektiven berauben; aber bei optimaler Rollenerfüllung würde er wichtige *eigene* Präferenzen verletzen. Warum soll ökonomische Theorie also eindeutig das Zweite für gewiß und das Erste für unmöglich bzw. irrational (im Sinne von ökonomisch unsinnig) erklären? Zielkonflikte werden vor dem Hintergrund ausgetragen, daß es keine konsistenten Zielhierarchien gibt.[1] Selbst ex post sind Urteile schwierig, die rote Zahlen mit zu großen ökologischen Sprüngen oder schwarze mit weiser ökologischer Zurückhaltung begründen wollen.

---

einandersetzt und kommentiert für sich apodiktisch: „In der vorliegenden Arbeit wird mit der Annahme nicht-altruistischen Verhaltens Liebe ... aus der Betrachtung ausgeschlossen und das Schwergewicht auf die Tauschbeziehungen gelegt" (Kirchgässner 1991, S. 21, Fußnote 24). Irgendwann landet man mit solchen anthropologischen Voluntarismen dann bei Gary Beckers Opportunitätskosten des Heiratens — natürlich vom Standpunkt *männlicher* Kalkulation. Die arme Mrs. Becker! Oder konnte sie der Nobelpreis für ihren Gary etwa über diesen ökonomistischen Chauvinismus hinwegtrösten?

1 Das ist, wenn man es weiter verfolgt, nicht nur ein Problem mangelnder Eindeutigkeit der Präferenzordnung: Freud hat das Individuum darüber aufgeklärt, daß es nie so *bei sich* sein wird, wie die frühbürgerliche Aufklärung hoffte.

Schließlich stoßen wir auf ein weiteres Defizit der Rationalitätsannahme des ökomomischen Verhaltensmodells, das zuvörderst erkenntnistheoretischer Natur ist und insofern über die Erörterungen Simons hinausweist. Wenn man nämlich dem Gedanken weiter folgt, daß Entscheidungssituationen nicht als objektiv-rational ausgezeichnet werden können, sondern vielfältig subjektiv überformt sind, dann ist weit mehr in Frage zu stellen.[1] Selbst wenn man bis dahin trotz Simons Einspruch gegen diese Vereinnahmung den Vertretern des ökonomischen Verhaltensmodells zustimmen könnte, daß die bounded rationality das Menschenbild des REMM (Resourceful, Evaluating, Maximising Man, s. dazu Meckling 1976) präzisiert, nicht korrigiert: aufrechterhalten wird die Annahme einer *objektiven Rationalität* und *rationalen Objektivität*, gegen die erkenntnistheoretisch heute viele Gründe ins Feld zu führen sind. „Das Rationalmodell fußt offensichtlich auf dem erkenntnistheoretischen Realismus, der Abbildtheorie der Wahrheit“ (Oesterdiekhoff 1993, S. 16). (Rationale) Wahlhandlungen beziehen sich auf Situationen und Konstellationen, deren Objektivität und Eigentlichkeit, deren An-sich-Sein nicht im geringsten angezweifelt wird. Eben dies ist jedoch ganz grundsätzlich in Frage zu stellen. Die constraints sind nicht nur deshalb selbst Ergebnis von Wahlhandlungen, weil die Informationssets verschiedener Individuen in bezug auf denselben Entscheidungsgegenstand unterschiedlich sind, sondern: je mehr Schleier wir lüften, desto besser können wir einsehen, daß es eine subjektunabhängige objektive Realität nicht gibt.[2]

Das ökonomische Verhaltensmodell produziert, wie wir gesehen haben, den funktionalistischen Kurzschluß vom Handeln auf Verhalten. Soweit Betriebswirtschaftslehre (gerade auch ökologisch bemühte) unter diesen Bedingungen Gestaltungsvorschläge macht mit der Geste, daß diese sich nicht quasi-automatisch von selbst ergeben, ist die Gefahr des Voluntarismus, praktisch: des Scheinhandelns immens. Vergleichsweise früh haben sich als Sozialwissenschaftler Crozier und Friedberg mit dieser Dichotomie auseinandergesetzt, dabei auch darauf

---

1 „In dem Maße, wie sich die reale Entscheidungssituation als deutungsabhängig und deutungssensibel erweist, wäre wohl auch die sozialphilosophische Auffassung in Frage zu stellen, wonach Wirtschaft und Politik Subsysteme eines ausschließlich zweckrational kalkulierten Handelns seien“ (Wiesenthal 1991, S. 289).

2 Theoretisch wird dies in Teil II dieser Arbeit unter Rückgriff auf den Radikalen Konstruktivismus weiter vertieft werden.

hingewiesen, daß zwischen beiden[1] oft Verknüpfung vorgespielt wird, wo gar keine ist (Crozier/Friedberg 1993, S. 235). Demzufolge wird Freiheit bei Crozier/Friedberg grundsätzlich anders definiert denn als rationale Einsichtsfähigkeit in bestehende Wahlhandlungsmöglichkeiten bei gegebenen Restriktionen: „Weil es diese Freiheit gibt, gibt es keinen Determinismus, sind die Geschichte und die Gesellschaft als eine menschliche Schöpfung oder Erfindung zu verstehen und sind unsere sozialen Konstrukte notwendig kontingent."[2]

Nicht nur der Wandel ist kontingent, sondern auch das Konstrukt, „auf das er sich bezieht" (S. Crozier/Friedberg 1993, S. 245). Diese Einsicht in die Kontingenz des Konstrukts/Objekts führt uns weiter: dazu, eine kritische, in der Konsequenz ablehnende Haltung einzunehmen gegenüber einem weiterem Versuch der Vertreter des ökonomischen Verhaltensmodells, „sauberen Verhältnissen" Geltung zu verschaffen: gegenüber dem *methodologischem Individualismus*[3]. „Die Normen, denen ein Individuum folgt, sind das Produkt eines kulturellen Lernprozesses, d.h., einer Sozialisierung, die durch die Sanktionen der Umwelt verstärkt wird. Aber zugleich kann man sie auch als soziales Konstrukt betrachten und bemerken, daß sie z.B. eine der wesentlichen Dimensionen der Existenz eines Marktes sind" (Crozier/Friedberg 1993, S. 197f.). Mit anderen Worten: wir können Individuum und Sozialität nicht so schematisch auseinanderdividieren, wie uns dies der methodologische Individualismus vorschlägt. Wenn Kirchgässner formuliert: „So wie ‚Handeln' hier verstanden wird, können dies nur Individuen, nicht aber Kollektive oder Aggregate" (ders. 1991, S. 23), so ist dies nichts als eine unbegründete Setzung.[4] Wenn Kirchgässner fortfährt: „Letztere (Kollektive oder Aggregate, also auch Unternehmen, R.P.) haben auch keine eigenständigen Präferenzen, die von denen der in ihnen handelnden Individuen unabhängig wären. Kollek-

---

1 In der Betriebswirtschaftslehre werden die beiden Pole gängigerweise als Erklärungs- und Gestaltungsfunktion bezeichnet.

2 Crozier/Friedberg 1993, S. 276. Dazu, daß „die Umwelt die scharfen Kanten eines unerbittlichen Selektionsmechanismus" verliert, interessant jüngst auch Grabher 1994, s.u.a. S. 16.

3 Es ist kein Zufall, daß in der Betriebswirtschaftslehre der Begründer des verhaltensorientierten Ansatzes (Günther Schanz) sich zugleich als hartnäckigster Vertreter des methodologischen Individualismus präsentiert.

4 Man fragt sich natürlich manchmal, wo die Chuzpe herkommt, bei hohem eigenem Anspruch wissenschaftlicher Systematik zentrale Annahmen nicht begründen zu müssen.

tive Entscheidungen ergeben sich daher ... aus der Aggregation individueller Entscheidungen und nicht aus dem eigenständigem Handeln von Kollektiven“ (ebd.), so ist das bestenfalls eine *unpräzise* Argumentation: denn daraus, daß die Präferenzen eines sozialen Systems (z.B. einer Unternehmung) selbstverständlich nicht unabhängig sein können von der Gesamtmenge der in ihnen handelnden Individuen, ergibt sich ebenso selbstverständlich *nicht*, daß soziale Systeme nicht als eigenständige Akteure ausgezeichnet werden könnten (vgl. dazu Krohn/Küppers 1992). Diesen Tatbestand der Emergenz sozialer Systeme, deren Agieren eben nicht hinreichend auf die in ihnen handelnden Individuen zurückgeführt werden kann, werden wir im Zuge dieser Arbeit näher beleuchten. Die kritische Theorie der Unternehmung, der diese Schrift zuarbeiten will, hat insofern einen eigenen Gegenstand und braucht diesen nicht erst über umständliche Reduktionsverfahren zu gewinnen.

In diesem Abschnitt, der die Bedeutung und das Ausmaß von Handlungs- und Entscheidungsfreiräumen zu fundieren sucht (im folgenden eben nicht nur für Individuen, sondern vor allem für Unternehmen als soziale Systeme), sollen die Grenzen der Rationalitätsannahme für die Handlungsebene des sozialen Systems noch ein wenig weiterverfolgt werden.[1] Was wir für die Individuen in kritischer Differenzbildung zum ökonomischen Verhaltensmodell dargelegt haben, gilt für soziale Systeme verschärft: die *prinzipielle* Unmöglichkeit rationalen Agierens. Natürlich werden auch hier Rationalitätsmythen gepflegt.

Crozier/Friedberg beschreiben (1) das Postulat der Kohärenz, (2) das Postulat der Hierarchie der Elemente der sozialen Wirklichkeit und (3) das Postulat der Homogenität des sozialen Feldes (Crozier/Friedberg 1993, S. 237ff.):

- Das 1. Postulat behauptet, eine Organisation könne nach einem einzigen Prinzip funktionieren. (Dafür stehen etwa rechte wie linke

1 Korrekterweise sei darauf hingewiesen, daß Kirchgässner (1991) explizit „Grenzen des ökonomischen Ansatzes“, d.h. der starken Rationalitätsannahme des ökonomischen Verhaltensmodells diskutiert: die Aussagekraft könne überschätzt, die gegebene könne als die beste aller Welten angesehen und die Machbarkeit der Verhältnisse könne überschätzt werden; diese Diskussion hat jedoch leider nur absichernden Charakter und erreicht an keiner Stelle das Niveau kritischer Selbstreflektion der elementaren und häufig unbegründeten Annahmen des ökonomischen Verhaltensmodells und der dieses konstituierenden Rationalitätsbehauptung.

Trivialanalytiker, die bei der Unternehmung nichts anderes als den Zielmonismus der Gewinnmaximierung beobachten können.) Dagegen stehen die Widersprüche, die jedes soziale System auszeichnen.

- Das 2. Postulat behauptet, daß jedes soziale System über eine einzige Triebfeder zusammengehalten wird und veränderbar ist. (Dafür stehen etwa alle Vulgärmarxisten, die die Ökonomie — zudem noch mit einem sehr engen Verständnis davon — zur „Basis" verklärten und alles Spannende in den „Überbau" abschoben.) Dagegen steht, „daß jedes System als ein System mit mehreren Zugängen betrachtet werden kann" (Crozier/Friedberg 1993, S. 238).
- Das 3. Postulat behauptet, daß innerhalb eines sozialen Systems alle an einem Strang ziehen. (Das wird schon durch konkrete gesellschaftliche Praxis permanent Lügen gestraft: man betrachte nur, wie viele *Täter* in Deutschland nach 1945 und 1989 wenig Probleme damit hatten, die Rolle des *Opfers* zu markieren.) Theoretisch spricht dagegen, daß jedes soziale System ganz fundamental (nur scheinbar widersprüchlich) durch kontroverse Spiele der Mikropolitik zusammengehalten wird.[1]

„Auf der Ebene des Systems führt diese Überlegung zum Problem der kollektiven, organisatorischen oder systemischen Fähigkeiten und zu der Analyse der Bedingungen der Entwicklung, d.h. des Erlernens oder gar, wenn man so will, der Eroberung größerer Fähigkeit durch die Menschen" (Crozier/Friedberg 1993, S. 240). Es geht also um die Frage der Lernfähigkeit sozialer Systeme, u.a. Unternehmen.[2] Der Aspekt des Lernens führt zu einer spezifischen Herangehensweise an die Frage strategischen Handelns, das eben grundsätzlich Anderes bedeutet als die Verlängerung operativ-rationalen Handelns auf der Zeitachse. Die Verabsolutierung der Rationalitätsannahme durch das ökonomische Verhaltensmodell hat vermutlich einen gar nicht geringen Beitrag dazu geleistet, daß angeblich strategisches Handeln in unserer modernen Gesellschaft noch so stark nach dem eher alttestamentarischen (oder wildwestlichen) Motto „Augen zu und durch" betrieben wird. Trotz allen Redens über Strategie und Fernwirkungen scheint die Menschheit ja der Fluch zu begleiten, um so unflexibler (umgangs-

1 Siehe dazu den instruktiven Sammelband von Küpper/Ortmann 1988.

2 Siehe dazu auch Hallay/Pfriem 1994a sowie die übrigen Beiträge dieses Themenschwerpunktes im betreffenden IÖW-Informationsdienst.

sprachlich: sturer) zu sein, je grundsätzlicher und schwieriger die Probleme sind.[1] Strategie ist (wenn überhaupt) etwas grundsätzlich Anderes als die Verlängerung oder Stabilisierung operativ denkbarer (bzw. verstandener) Rationalität.[2]

„Saubere" Entscheidungen können durch „schmutziges" Handeln im Rahmen von Strategie gar nicht sauber bleiben. Positiv formuliert: im Schmutz läßt sich lernen. Daraus folgt: man braucht nicht auf diejenigen zu warten, die andere Regeln verordnen, sondern kann dazu beitragen, ein anderes Spiel zu spielen. „Und nicht, wie man ein wenig vorschnell glaubt, die Regeln dieser Spiele müssen sich ändern, sondern die Be-

Abb. 13: Unternehmung als Re-aktor oder Akteur?

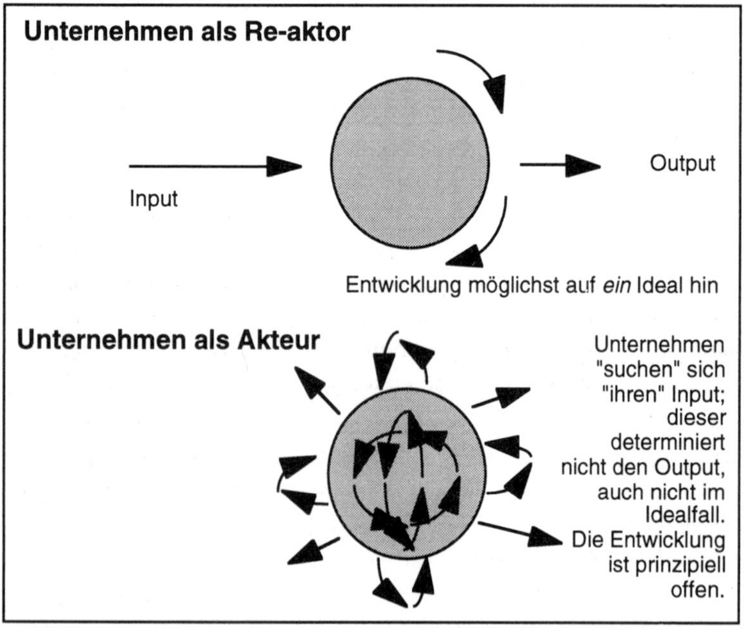

Quelle: eigene

1 Eine schöne Illustration dieses Phänomens für Geschichte und Politik liefert Tuchman 1984.

2 Das ist schon deshalb so, weil Strategie (praxeologisch betrachtet) ja gar nicht zu sauber abgeleiteten Entscheidungen führen kann: „Es muß gehandelt, nicht nur entschieden werden" (Becker/Küpper/Ortmann 1988, S. 105f.).

schaffenheit des Spiels selbst muß eine andere werden."[1] Unternehmen als spezifische soziale Systeme prägen die Beschaffenheit des Spiels wesentlich mit. Entgegen einem in der Betriebswirtschaftslehre immer noch häufigen Verständnis sind sie keine Input-Output-Trivialmaschinen, sondern Akteure auf der Grundlage von Handlungs- und Entscheidungsfreiräumen (s. Abb. 13).

Wie läßt sich nun die Existenz dieser Handlungs- und Entscheidungsfreiräume auf einen sinnvollen theoretischen Begriff bringen? Dazu brauchen wir das Rad keineswegs neu zu erfinden. Cyert und March prägten vor mittlerweile drei Jahrzehnten (Cyert/March 1963) den Begriff ‚Slack'. Slack läßt sich im ersten Anlauf definieren als die Existenz überschüssiger Ressourcen und die Fähigkeit zur Entdeckung neuer Möglichkeiten, aber auch als dezentrierte, flexible und umweltsensible Strukturen der Organisation.[2] Slack ist im Grunde eine weitere Antithese zur Rationalitätskonzeption des ökonomischen Verhaltensmodells, insofern er nämlich auf die (auf Potentialüberfluß beruhenden) Überschußmöglichkeiten eines sozialen Systems verweist, also etwas, was denklogisch jenseits der vorgängigen Rationalitätskonzeption liegt. Im Sinne dieser Vorstellung, die eher auf verschwenderische Vielfalt als auf asketische Selbststeuerung sozialer Systeme zielt, hat Grabher Slack jüngst unter dem Begriff der *Redundanz* revitalisiert (Grabher 1994, programmatisch S. 11ff.). Auch hier wird die Existenz von Slack zum Ausgangspunkt genommen, um den Mythos eindeutig-optimaler Entscheidungen destruieren zu können: „In gewisser Weise konstituiert diese Widerspruchs- oder Ambiguitätstoleranz die Intelligenz des Systems, die verhindert, daß widersprüchliche Signale — zugunsten einer falschen Eindeutigkeit — unterdrückt werden. Das Beharren auf beruhigender Eindeutigkeit setzt nicht selten eine Art kognitiver Drift in Gang, in der das System nur noch selektive Bestätigung für einseitige (Fehl-)Wahrnehmungen sucht. Was zunächst gelegentlich noch als Betriebsblindheit selbstkritisch wahrgenommen wird, steigert sich damit zu einer systematischen Unfähigkeit, Umweltveränderungen angemessen interpretieren und verarbeiten zu können" (Grabher 1994, S. 38). Grabher unterscheidet bei Slack als Strukturredundanz im Be-

1 Crozier/Friedberg 1993, s. 241. In diesem Sinne werden wir in Kapitel 7 die wirtschaftsethischen Konzepte von Steinmann und Homann zu kritisieren haben.

2 Vgl. dazu auch Hirschman 1974, S. 9ff., wo allerdings die deutsche Übersetzung von Slack mit „Schlaffheit" reichlich irreführend ist.

trieb zwischen funktionaler Kristallisierung und funktionaler Interpretation: erstere bezieht sich auf den möglichen Slack tradierter betriebswirtschaftlicher Funktionsbereiche wie Forschung und Entwicklung, Marketing etc.; letztere bezieht sich auf Potentiale, die quer zur überkommenen betriebswirtschaftlich-funktionalen Arbeitsteilung liegen (s. Grabher 1994, S. 107). Zwar werden diese Überlegungen nur ansatzweise konkretisiert, aber doch gegen solche lean-production-Konzepte gewendet, die Redundanz/Slack zu Lasten des *strategischen* Erfolgs abbauen und sich bei näherem Hinsehen als reichlich alte Rationalisierungsmethoden unter modisch begrifflichem Dach erweisen.

So gelangen wir an das Ende nicht nur dieses Abschnitts und Kapitels, sondern des ersten Teils dieser Arbeit. Auch wenn wir den (folgenden) Teil II als den relativ theorieorientiertesten ansehen, möchten wir ein Fazit ziehen, bei dem wir uns nicht scheuen, es in ein Zitat von Crozier und Friedberg zu kleiden: „Jegliche Verantwortung wird heute, soweit dies menschenmöglich ist, der Gesellschaft zugeschrieben. Es ist nur zu natürlich, daß der moderne Mensch, von unmöglichen Entscheidungen niedergedrückt und oft gezwungen, die Verantwortung für seinen Horizont übersteigende Probleme auf sich zu nehmen, sich davon zu überzeugen sucht, daß er ja nichts dafür kann. Aber dennoch erscheint es uns, daß das Erlernen neuer Spiele nur dann möglich ist, wenn zunächst einmal jeder seinen Freiraum und seine Fähigkeiten anerkennt, anders zu spielen als nach den routinemäßigen Strategien, in denen er sich eingeschlossen glaubt“ (Crozier/Friedberg 1993, S. 261).

Bevor wir die Frage nach den Handlungs- und Entscheidungsfreiräumen von Unternehmen als sozialen Systemen weiter vertiefen, scheinen uns noch zwei Hinweise wichtig, die durch das Folgende nähere Präzisierung erfahren werden:

(1) Theoretisch wie praktisch kann dem Erkennen, Nutzen und Erweitern der Handlungs- und Entscheindungsfreiräume von Unternehmungen nur nachgegangen werden, wenn die Dämonisierung des Phänomens ‚Macht‘ in sozialen Beziehungen überwunden wird. Um ein letztes Mal mit Crozier/Friedberg zu argumentieren: Macht ist Handlungsfähigkeit. Und: „Nur Macht kann Macht bekämpfen. Die große Gefahr des Mißbrauchs von Macht liegt nicht darin, daß ein Akteur eine Initiative ergreift, sondern darin, daß man ihm diese Möglichkeit nimmt, und zwar dadurch, daß bestimmte Akteure oder höhere Instanzen das Monopol der Initiative de facto an

sich reißen.“[1]

(2) Trotz Anerkennung mikropolitischer Spiele wurde dem eigenständigen Agieren sozialer Systeme bislang vermutlich deshalb recht wenig Bedeutung geschenkt, weil einschlägige Analysen sich zu stark auf das konzentrierten, was sich *in* Organisationen abspielt, und darüber vernachlässigten, *wofür* Organisationen tätig sind.[2] Wir möchten demgegenüber (analytisch wie forschungsprogrammatisch) formulieren: das Was und Wofür spielt im Agieren sozialer Systeme (gerade Unternehmen) seit geraumer Zeit eine ständig steigende Rolle, und nur wenn wir *das* verstehen, können wir *diese* verstehen.

---

1 Crozier/Friedberg 1993, S. 276. Zur Kritik einer Anti-Fixierung auf Macht (die u.a. verkennt, daß Macht nur eine Steuerungsressource unter vielen anderen ist) s.a. Willke 1993, S. 132f.

2 Als kluge organisationstheoretische Überlegungen, die gleichwohl diesem Defizit (und damit der unter (1) kritisierten Machtsemantik) verhaftet sind, s. Küpper/Ortmann 1988, S. 8 sowie im selben Band Ortmann S. 18ff.

II.

THEORETISCHE GRUNDLAGEN FÜR EINE KONZEPTION ÖKOLOGISCHER UNTERNEHMENSPOLITIK

5. Kapitel

Systemorientiertes, ganzheitliches, integriertes Management — Chancen und Risiken

„Der Wille zum System ist ein Mangel an Rechtschaffenheit."
(Friedrich Nietzsche)

„Das Ganze ist das Unwahre."
(Theodor W. Adorno)

5.1 Von der Betriebswirtschafts- zur Managementlehre – Ambivalenzen einer Entwicklung

Die Betriebswirtschaftslehre, wie sie in Deutschland bis in die heutigen Tage hinein gelehrt wird, hat eine sehr besondere Geschichte und trägt besondere Züge.

Mit den Begriffen Betriebswirtschaftslehre und Managementlehre, so läßt sich zeigen, sind unterschiedliche Konzeptionen verbunden, wobei mir bemerkenswert erscheint, daß innerhalb der betriebswirtschaftlichen Zunft die Reichweite der dahinterstehenden Unterschiede in wissenschaftstheoretischer wie unternehmenspolitischer Hinsicht bislang gar nicht thematisiert wird.

Auch für die deutsche Entwicklung gilt zweifellos, daß *auslösend* für das Zustandekommen einer akademischen Disziplin das praktische Erfordernis war, das zur vergangenen Jahrhundertwende gewonnene Wissen über erfolgreiche Methoden der Unternehmensführung zu systematisieren und systematisiert zu vermitteln. Die Zentralisation des Kapitals in *ökonomischer* Hinsicht, die Herausbildung der großen Industrie in *technischer* Hinsicht und die Entstehung immens wachsender Unternehmensorganisationen in *sozialer* Hinsicht hatten einen Stand erreicht, der danach verlangte, „wissenschaftlich" mit diesem Phänomen umzugehen. Es entspricht diesem Drang und der damaligen Sichtweise, wenn Taylor sein 1911 in den USA erschienenes Hauptwerk „Principles of *scientific* management" nannte.

Dieser Wissenschaftsbegriff zielt nun zunächst auf die *systematische* Zusammenfassung, Anwendung und Vermittlung praktischen Wissens. In dieser Weise ist etwa auch die Gründung der ersten Handelshochschulen 1898 in Leipzig, Wien, St. Gallen und Aachen einzuordnen, die in Lehrbüchern häufig als Geburtsstunde der deutschen Betriebswirtschaftslehre gekennzeichnet wird.[1]

Möglicherweise sind es die überdurchschnittlich starken geisteswissenschaftlichen Traditionen aus dem Deutschland des 18. und 19. Jahrhunderts, die in der Folge dazu geführt haben, daß hier die Betriebswirtschaftslehre in den nachfolgenden Jahrzehnten so stark als Theorie zu konzipieren versucht wurde. Hervorzuheben sind wohl *Schmalenbach* (der neben wegweisenden Untersuchungen zu Bilanz, Kostenrechnung u.ä. bemerkenswerte Überlegungen zum Prinzip der gemeinwirtschaftlichen Wirtschaftlichkeit anstellte), *Rieger* (dessen Privatwirtschaftslehre das kapitalistische Gewinnstreben in reinster Form auf den Begriff brachte) sowie *Nicklisch* (dessen Vorstellungen über Arbeit und Betriebsgemeinschaft sich bruchlos in die nationalsozialistische Wirtschaft überführen ließen) (vgl. Pfriem 1983a, S. 68ff.). Es war nämlich nicht das bloße unternehmenspraktische Erfordernis, aus der Handelswissenschaft eine Allgemeine Betriebswirtschaftslehre zu machen, das dazu trieb, wie es in der unter Studenten des Faches verbreitetsten Einführung immer noch heißt, „eine eigene betriebliche Theorie zu entwickeln" (Wöhe 1991, S. 68), sondern das direkt theoretische Bemühen um Anschlußfähigkeit an die ökonomische Wissenschaft.

Natürlich mag, wie auch Wöhe berichtet, die Diskriminierung der akademischen Betriebswirte, Vertreter eine „schnöden Profitlehre" oder einer „Technologie des Rechnungswesens" zu sein, eine Rolle für den Wunsch gespielt haben, eine wissenschaftliche Theorie zu entwickeln und nicht nur eine „Kunstlehre der Kapitalverwertung" (vgl. dazu Schmalenbach 1978).

---

1 Dem widerspricht heftig Schneider (1981), dem, wenn auch mit einer ziemlich anderen Orientierung als uns, um die deutliche Unterscheidung zwischen systematisiertem Praxiswissen und Theorie zu tun ist.

Jenseits der Motive sind in unserem Zusammenhang wichtiger die Ergebnisse: bis zur produktionstheoretischen Fundierung von Betriebswirtschaftslehre durch Gutenberg zu Beginn der 50er Jahre[1] existierte ein eindeutiges Bemühen, dem Fach den *Status einer ökonomischen Theorie* zu geben, die insofern nicht nur Gestaltungshilfe zu leisten hatte, sondern sich auch der Erklärungsfunktion betrieblichen Geschehens verpflichtet wußte. Diese Erklärungsfunktion war streng rationalistisch angelegt: Gutenberg betrachtete es als fundamental, vom Betrieb als vielfältigem Erfahrungsobjekt zugunsten eines Erkenntnisobjektes abstrahieren zu können, für das sich (mit Produktions- und Kostenfunktionen) die mathematische Methode ergiebig einsetzen läßt (s. Abb. 14).

Abb. 14: Der Betrieb als Erfahrungs- und Erkenntnisobjekt bei Gutenberg

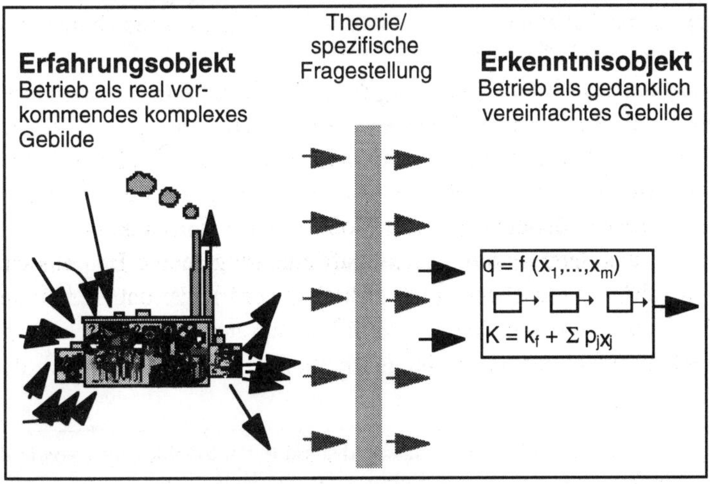

Quelle: eigene

Im Rahmen dieser Arbeit ist nicht der Platz, auf die Entwicklungsschritte im einzelnen einzugehen[2]. Was uns allerdings näher interes-

1 Gutenberg, E., 1951, 24. Aufl. 1983; die gesellschaftstheoretische und ökonomische Grundlegung dazu hatte Gutenberg bereits mit seiner Habilitationsschrift (1929) geschaffen.

2 Neben dem Buch von Schneider, der die Geschichte des Faches zurichtet auf Betriebswirtschaftslehre als Lehre vom Einkommensaspekt menschlicher Handlungen, und der Einführung von Wöhe ist hinzu-

siert, ist der von der Sache her sehr brachiale, von der Durchsetzung her *erstaunlich diskussions- und bruchlose* Übergang von einer stark theorieorientierten Betriebswirtschaftslehre zu einer gemessen an theoretischen Ansprüchen außerordentlich pragmatischen Managementlehre[1] .

Daß ein solcher Übergang bereits stattgefunden hat (obwohl die unter Studenten besonders verbreiteten Einführungsbücher von Wöhe und Schierenbeck noch den Namen „Betriebswirtschaftslehre" tragen und das Fach an den deutschen Universitäten auch weiter so heißt), kann man bereits nachvollziehen, wenn man die Titel der einschlägigen Lehrbücher betrachtet: ohne hier eine quantitative Erhebung vorzulegen oder uns auf eine solche zu beziehen, ist Management(lehre) eindeutig im Aufwind, Betriebswirtschaftslehre ebenso eindeutig im Abwind. Und wo Betriebswirtschaftslehre als Titel annonciert wird, kann dies dann auch möglicherweise eher die Respektierung gegenüber der Bezeichnung des akademischen Faches sein als die Bezugnahme auf die Gutenbergsche Tradition.[2]

Mit dem Auftreten *Gutenberg-kritischer* Ansätze in der deutschsprachigen Betriebswirtschaftslehre — dem entscheidungsorientierten von E. *Heinen*, dem verhaltensorientierten von G. *Schanz* und dem systemorientierten von H. *Ulrich* — passierte nun mehr als eine paradigmatische Veränderung der zentralen Gegenstände einer akademischen Disziplin: ohne daß dies zunächst bewußt wurde bzw. bis heute in nennenswerter Weise systematisch diskutiert worden wäre, veränderte sich der Status von einer Theorie mit Erklärungsansprüchen zu einem nur noch praxis- und anwendungsorientierten Lehrgebiet.[3] Nach dem

---

weisen auf die entsprechenden Abschnitte bei Staehle 1991, sowie die immer noch lesenswerte Publikation von Hundt 1977.

1 Dieses Urteil halten wir für gerechtfertigt, auch soweit Plädoyers für Multi- statt Monodisziplinarität zutreffende Kritik an der *spezifischen* ökonomischen Theorie Gutenbergs transportieren. Die Praxis wurde nicht nur vorangestellt, sondern der Bruch zur volkswirtschaftlichen und erst recht Gesellschaftstheorie weiter vertieft.

2 So bei der u.a. wegen ihrer ausführlichen Behandlung des Ökologieproblems ansonsten sehr verdienstvollen Einführung von Hopfenbeck, W. 1989, wo es noch nicht einmal ein Kapitel zur Produktion gibt.

3 *Wenn* Heinen sich zur betriebswirtschaftlichen Erklärungsfunktion äußerte, konzentrierte er diese auf die unternehmens*internen* Vorgänge: „Im Rahmen ihrer Erklärungsaufgabe muß sich die Betriebswirtschaftslehre mit der Erklärung der Entstehung von Führerschaft

Desaster des deutschen Geistes in der 12-jährigen Ära des Nationalsozialismus und unter dem angelsächsischen Einfluß der 50er und 60er Jahre (hier wurde und wird „business" allein praktisch aufgefaßt, nicht theoretisch) war man insgesamt pragmatischer geworden — so könnte einer der Erklärungsversuche der *Enttheoretisierung der Betriebswirtschaftslehre* im deutschen Sprachraum seit den 60er Jahren lauten.

Auf der anderen Seite bezog sich die *sozialwissenschaftliche Öffnung* der Betriebswirtschaftslehre, wie sie von Heinen, Schanz, Kirsch u.a. paradigmatisch gegenüber Gutenberg vertreten wurde, ja keineswegs nebulös auf den Menschen, sondern auf entsprechende einschlägige sozialwissenschaftliche Forschungserkenntnisse und Theoriefortschritte.

Unserer Ansicht nach wurde dabei zum Teil mehr plakativ ersetzt als kritisch weitergeführt, Annahmen und Aussagen über das Verhalten von Menschen in Organisationen vereinseitigt und sich nicht mehr hinreichend auf die Handlungslogiken und -zwänge erwerbswirtschaftlicher Unternehmungen bezogen, wie Gutenberg diese gründlich analysiert hatte.[1] Nun war Gutenberg keineswegs frei von theoretischer Verantwortung dafür, daß die sozialwissenschaftliche Öffnung der Betriebswirtschaftslehre ohne und gegen ihn stattfinden mußte: sein System der betriebswirtschaftlichen Elementarfaktoren (objektbezogene menschliche Arbeitsleistungen, Betriebsmittel und Werkstoffe) fußte nicht nur auf einer prinzipiell dualistischen Gegenüberstellung von leitender (dispositiver) und ausführender Arbeit, die im Zuge der Zeit durch die reale Entwicklung relativiert bis widerlegt wurde; seine Behauptung, „daß die Leistung der Geschäfts- und Betriebsführung in ei-

---

und mit den zwischenmenschlichen Vorgängen befassen, die im Führungsprozeß stattfinden" (Heinen 1974, S. 100).
Die Arbeit der Kommission Wissenschaftstheorie des Verbandes der Hochschullehrer für Betriebswirtschaftslehre e.V. scheint uns ebenso wie etwa die Beiträge in Wunderer (1988) als Ausdruck des Widerstandes gegen diesen Trend charakterisiert werden zu können, ohne daß dieser bislang gebrochen werden konnte.

1 Wenn man nämlich *allgemeine* Erkenntnisse über Handeln von Menschen in Organisationen ohne Berücksichtigung der dabei auftretenden Besonderheiten auf erwerbswirtschaftliche Unternehmungen überträgt, werden möglicherweise ideologische (schönfärberische, der Wirklichkeit nicht standhaltende) Aussagen produziert. Diese Kritik liegt entsprechenden Arbeiten von Kappler u.a. um 1980 zugrunde, die daher Gutenberg gegenüber verhaltenswissenschaftlichen Ansätzen als den gegenstandsangemesseneren betriebswirtschaftlichen Theoretiker verteidigen (vgl. Kappler 1980).

ner betriebswirtschaftlich nicht zugänglichen, irrationalen Schicht wurzelt" (Gutenberg 1983, S. 131), versperrte zudem die überfällige Aufgabe, das Handeln von Unternehmens*führungen* wissenschaftlicher und systematischer als vorher anzugehen.

Dieses taten (oder versuchten) eben die schon genannten Gutenberg-kritischen Ansätze. Heinen stellte schon mit dem Schlüsselterminus seiner Konzeption das Entscheidungsproblem und dessen Zusammenhänge in das Zentrum der Analyse; Schanz reflektierte die Zusammenhänge von Anreizen, die Organisationen ihren Mitgliedern vermitteln, und Beiträgen, die diese deshalb für die Organisation leisten wollen. Was dabei jedoch eher verloren ging, war die eingehendere Beschäftigung mit dem erwerbswirtschaftlichen Unternehmen als sehr spezifischem Organisationstypus.

Was man nicht genauer erklären kann (oder will), damit kann man auch schlechter umgehen. Wenn es stimmt, daß die sozialwissenschaftliche Öffnung der Betriebswirtschaftslehre Gutenberg zu Recht überwinden mußte, um von der Gleichsetzung der arbeitenden Menschen mit Betriebsmitteln und Werkstoffen wegzukommen, sich mit den weiter wirkenden realen Strukturmechanismen der Unternehmungen in der marktwirtschaftlich-kapitalistischen Gesellschaft jedoch weit weniger als Gutenberg beschäftigt hat, dann hat dies Folgen für die Ergiebigkeit der Theorie: in dem Maße, in dem auf die Erklärungsfunktion *verzichtet* wird, wird die Gestaltungsfunktion *substanzloser*.

Staehle charakterisiert den Prozeß als positiven[1] so: „Die BWL entwickelt sich von einer rein ökonomischen Disziplin zu einer Sozioökonomie und nähert sich damit immer mehr der angelsächsischen Managementlehre. Kirsch sieht die BWL auf dem Weg zu einer verhaltenswissenschaftlich fundierten Führungslehre, und Schanz versteht die verhaltenstheoretische BWL als eine spezielle Sozialwissenschaft mit der Aufgabe, die Realität von Betrieben mit Hilfe allgemeiner Theorien des Verhaltens von Individuen zu erklären." (Staehle 1988, S. 19)

Das Problem ist allerdings, daß hinter diesem Typus von Sozioökonomie die Ökonomie eher verschwindet, nämlich die vorrangig *ökonomisch* zu führende Analyse der Handlungslogiken und -restriktionen

1 Er wendet sich am Schluß des zitierten Beitrags dann selbst gegen die Vernachlässigung wirtschaftlicher Aspekte, hat u.E. aber nicht unwesentlich dazu beigetragen, die Betriebswirtschaftslehre als Managementlehre von der ökonomischen Theorie wegzuführen.

von Unternehmungen, die dem erwerbswirtschaftlichen Prinzip unterliegen.

Die sozialwissenschaftlich geöffnete, führungsorientierte Managementlehre „hat den ihr von Gutenberg zugewiesenen Standort außerhalb des objektiven Reichs der (berechenbaren) ökonomischen Rationalität beibehalten; mit kompensatorischem Eifer ist sie in sozialwissenschaftlicher Richtung voranmarschiert, ohne zur mikroökonomischen BWL zurückzuschauen." (P. Ulrich 1989, S. 143)

Vernünftige, d.h. in der Praxis auch erfolgreich umsetzbare Gestaltungsempfehlungen zeichnen sich hingegen gerade dadurch aus, daß die strukturell und kulturell bedingten Restriktionen der Umsetzung mitbedacht und für deren erfolgreiche Bearbeitung Vorschläge gemacht werden. „Sozialwissenschaftlich geöffnetes" Management macht als solches diese Gestaltungsrelevanz noch nicht aus. Ob ich Menschen effizienter beherrschen kann, weil ich ihr Verhalten genauer kenne, oder auf derselben Grundlage eine Produktion im Sinne der betroffenen (produzierenden) Menschen organisiere, wird auf dieser Stufe analytischen Fortschrittes noch nicht entschieden.

Es spricht zunächst einmal sogar einiges für das erstere, weil Management die unüberbrückbare Trennung zwischen dem Subjekt, das managt, und den Objekten (einschließlich Menschen), die gemanagt werden, eher stabilisiert als infragestellt. Der Einstiegsverdacht liegt also nahe, daß Management (bzw. die Wissenschaft davon) sich weniger damit beschäftigt, wie man etwas (und anderes) versteht, als damit, wie man etwas (und andere) im Griff hat. Sachlich und sprachlich zielt Management also erst einmal auf den *technokratischen* Umgang mit Dingen und Menschen.

Gleichzeitig gilt es aber ernstzunehmen, daß die mit dem Starkwerden des Begriffes Management einhergehende sozialwissenschaftliche Öffnung der Betriebswirtschaftslehre dem Menschen mehr Recht geben wollte, als es in der Betriebswirtschaftslehre vorher der Fall war. Die zunehmend unter dem Terminus „Management" (statt „Betriebswirtschaftslehre") vorangetriebene sozialwissenschaftliche Öffnung der Betriebswirtschaftslehre ist insofern eine *ambivalente Geschichte* — sowohl eine des Zugewinns wie eine des Verlustes (s. Abb. 15).

Abb. 15: Die Beziehung von Betriebswirtschafts- und Managementlehre

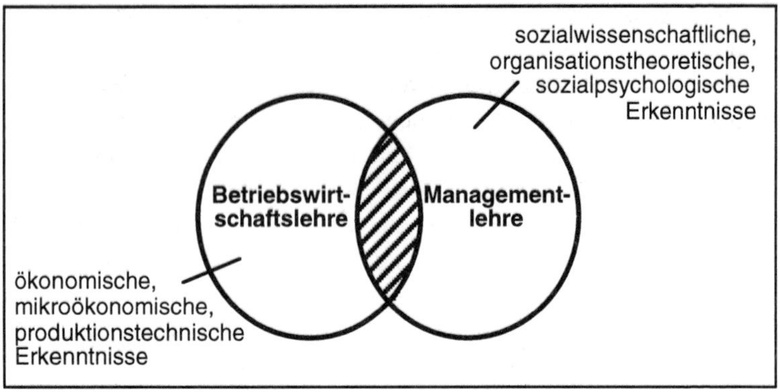

Quelle: eigene

Da uns im Rahmen dieser Arbeit mit dem Ökologieproblem vor allem ein Problem zwischen Unternehmung und externer Umwelt interessiert, und weil auch in der unternehmenspraktischen Relevanz Entscheidungs- und Verhaltensorientierung an Bedeutung verloren haben, während die Systemorientierung, vernetztes Denken etc., speziell auch der St. Galler Managementansatz intensiver diskutiert werden denn je, soll im folgenden die mögliche sozialtechnokratische Falle der Öffnung von Betriebswirtschaftslehre anhand des an der Hochschule St. Gallen von Hans Ulrich u.a. entwickelten und inzwischen von Knut Bleicher weitergeführten systemorientierten Ansatzes analysiert werden.

5.2 Systemtheorie und Unternehmensführung

Der Systembegriff dürfte in den Wirtschafts- und Sozialwissenschaften inzwischen zu den meistgebrauchten gehören, wobei u.a. deshalb weitreichend Unterschiedliches gemeint ist. In der Theorie des kommunikativen Handelns (Habermas 1981) wird System kategorial der Lebenswelt entgegengestellt und ist insofern weniger als das gedacht, was agiert, sondern vielmehr als Handlungen von Akteuren restringierender Rahmen. In der allgemeinen Theorie sozialer Systeme (Luhmann 1984) wird das elementare theoretische Fundament dadurch erstellt, daß „die traditionelle Differenz von Ganzem und Teil durch die

Differenz von System und Umwelt ersetzt" (Luhmann 1987, S. 22) wird. Hier wird also gerade umgekehrt die Handlungsperspektive auf das System geschoben, das mit seiner Umwelt in spezifischer Weise agiert.

Bedeutsame Unterschiede in verschiedenen Fassungen des Systembegriffs ergeben sich ferner auch innerhalb von Konzeptionen, in denen das System nicht selbst agiert, sondern ihm eine Objektrolle zugeschrieben wird. Wo das System als das Restriktionsnetz für die Handelnden gedacht wird, ist die Beeinflussung nur „trotzdem" möglich, d.h. unter energischer Anspannung. Wo hingegen als System das gemeint ist, was gemanagt werden soll, da ist es zum außerordentlich dehnbaren und gestaltbaren Objekt kontinuierlichen Handelns geronnen.

Daß mit einer allgemeinen Systemtheorie ein Anspruch gestellt wird, der über einzelne Gegenstände und sogar Fachdisziplinen hinausreicht, darf nicht den Blick dafür verstellen, daß zwischen verschiedenen Systemtypen erhebliche Unterschiede bestehen.

Als grundlegend unterscheidbar können wir ökologische, soziale und technische Systeme kennzeichnen.

Bezüglich ökologischer Systeme finden wir wiederum höchst unterschiedliche Charakterisierungen je nachdem, welche Rolle der nichtmenschlichen Natur in der jeweiligen theoretischen Konzeption zugewiesen wird. In Luhmanns Theorie sozialer Systeme ist, anthropozentrischerweise, bei der entsprechenden Ausdifferenzierung nur von Organismen und gar nicht von ökologischen Systemen die Rede (s. Luhmann 1987, S. 16). Mit der Begründung, von System könne nur gesprochen werden, wenn ein Zusammenhang sich selbst gegen eine Umwelt abgrenze, hat sich Luhmann dann sogar grundsätzlich gegen einen Begriff von ökologischem System ausgesprochen (Luhmann 1986, S. 21). Auf der anderen Seite des Spektrums steht hier eine Charakterisierung ökologischer Systeme, bei der der nichtmenschlichen Natur ein Selbstwert oder Eigenwert zugemessen wird.[1]

Im Unterschied zu Luhmann plädieren wir dafür, auch dann schon von Systemen zu sprechen, wenn eine entsprechende Charakterisierung von außen vernünftigerweise gegeben werden kann, ohne daß die Be-

1 Der Erörterung dieses Problems werden wir, anknüpfend an der Präsentation des Sozialökologiebegriffs im 2. Kapitel, nachgehen im 7. Kapitel, wo wir uns mit der Frage einer anthropozentrischen oder nichtanthropozentrischen Ethik beschäftigen.

dingung der Selbstabgrenzung vorliegt. Zur Plausibilisierung unserer Position wollen wir hier nur anführen, daß prinzipiell alle Angehörigen eines Sozialsystems ihre System-Umwelt-Beziehung anders definieren können als dies von außen vernünftigerweise geschieht: z.B. könnten ausnahmslos alle Angehörigen eines Staates der Meinung sein, es handele sich bei diesem um eine Demokratie, und der überwältigende Teil der restlichen Welt wäre trotzdem mit guten Gründen der Meinung, dies sei eine schlimme Diktatur.[1] Von daher kennzeichnen wir als unterschiedliche Grundtypen soziale, ökologische und technische Systeme.

Die Auszeichnung von technischen Systemen, die Luhmann aus der dargelegten Position heraus ebenfalls ablehnt (er möchte hier nur von Maschinen sprechen), hat, wie sich noch zeigen wird, für unsere betriebswirtschaftliche Argumentation einen besonderen heuristischen Wert: weil nämlich analytische Wachsamkeit geboten ist dort, wo soziale und/oder ökologische Systeme trotz ihrer Andersartigkeit (v.a.: daß sie *Leben* verkörpern) analog behandelt werden (sollen) zu technischen Systemen. Wir werden am Schluß dieses Kapitels sogar dazu kommen, daß in dieser Technokratiefalle das entscheidende Risiko speziell betriebswirtschaftlicher Anwendungen der Systemtheorie liegt.

Die erste elementare Systemtypenunterscheidung betrifft in unserem Sinne also jene zwischen *sozialen und ökologischen Systemen* einerseits und *technischen Systemen* andererseits. In einem zweiten Schritt trennen wir zwischen ökologischen und sozialen Systemen, und zwar zunächst in dem ganz schlichten Sinne, daß wir unter ökologischen Systemen die Gesamtheit der ökologischen Gefüge einschließlich des Evolutionsproduktes Mensch verstehen, unter sozialen Systemen spezifische Anordnungen, die Menschen zur Regulierung ihrer Interaktionen geschaffen haben. Diese Unterscheidung (und jeweilige Charakterisierung) ist bewußt vorsichtig gewählt, weil wir uns davor hüten möchten, hinsichtlich der Natürlichkeit in einer kulturell längst überformten Natur oder der Gestaltbarkeit in einer weniger denn je steuerbaren sozialen Welt Annahmen aufstellen zu müssen, die sich bei näherem Hinsehen als zu stark, einseitig und überholt erweisen.

---

1 Natürlich hat es in all solchen real existierenden Fällen immer oppositionelle Minderheiten gegeben bzw. gibt es diese; aber wir brauchen für unser Plausibilisierungsargument ja nur auf der modellmäßigen Ebene zu argumentieren.

Die folgende Abbildung zur Auszeichnung der drei verschiedenen Systemtypen lehnt sich zwar erklärtermaßen an die entsprechende von H. Ulrich und Probst (Ulrich/Probst 1988, S. 101) an, bleibt aber aus dem genannten Grunde in der inhaltlichen Konkretisierung weit vorsichtiger.

Abb. 16: Unterschiedliche Systemtypen und Problemebenen

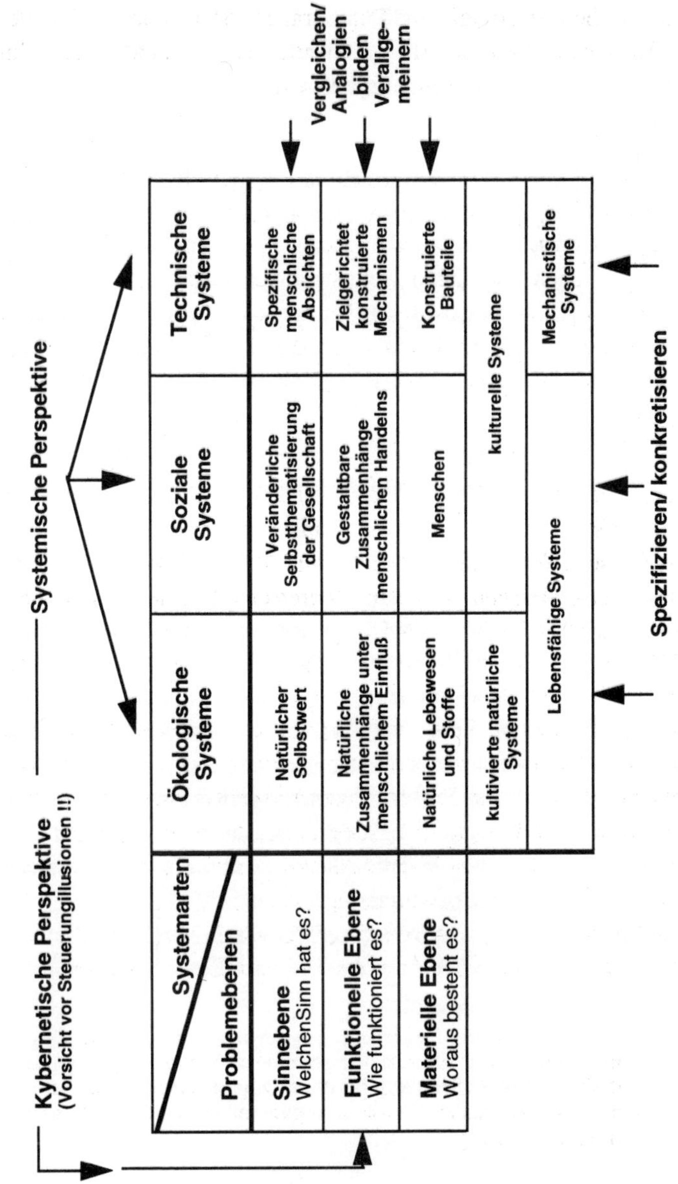

Quelle: unter Verwendung von H. Ulrich/Probst 1988, S. 101

Zu starke Annahmen sind häufig das Resultat mangelnder Präzision bei den Begründungsleistungen. Es ist vermutlich kein Zufall, daß dieses Phänomen gerade im Feld des systemorientierten, ganzheitlichen, vernetzten etc. Denkens so oft angetroffen werden kann, weil wir in den letzten Jahren hier eine besonders starke Diffundierung über das theoretische und akademische Feld hinaus erlebt haben.

Dies beruht sicher auf dem kräftigen Vormarsch der Systemtheorie in verschiedenen Wissenschaftsgebieten.

Willke sieht dafür drei wesentliche Begründungen:

1. die *fachspezifische* Universalität, d.h. den Anspruch eines einheitlichen Forschungsansatzes, der auf der Einheitlichkeit der grundlegenden Systemprobleme aufbaue, jedoch unterschiedliche Interpretationen und Wahrheitsvorstellungen zulasse,
2. die *interdisziplinäre* Universalität, daß nämlich die Allgemeine Systemtheorie entstanden sei aufgrund der verblüffenden Ähnlichkeit der Systemprobleme in den unterschiedlichsten Wissenschaften, und
3. die Universalität des Problems der *Komplexität*, die in der soziologischen Systemtheorie besonders früh berücksichtigt sei (vgl. Willke 1991, S. 1ff.).

Die Betriebswirtschaftslehre steht nun als angewandte bzw. anwendungsorientierte Wissenschaft unter dem Druck, die Diffundierung theoretischer Einsichten über das akademische Feld hinaus nicht nur hinnehmen zu müssen, sondern selbst betreiben zu sollen. Wo sie mit besten Absichten über die Erklärungsfunktion hinausgehen und der Gestaltungsfunktion dienen will, muß sie sich den Praktikern verständlich machen. Das ist erstens ein terminologisches Problem. Das ist freilich zweitens auch das Problem, vernünftige Ratschläge in das Wollen *und* Können von Entscheidungsträgern in Unternehmungen zu übersetzen, die mit bestimmten Handlungslogiken vertraut sind und unter bestimmten Handlungsrestriktionen operieren.[1]

Die genannten „besten Absichten" gehörten von Beginn an zu den Stärken des systemorientierten Ansatzes der Betriebswirtschaftslehre,

---

1 Dabei gilt selbstverständlich die im Kapitel 3 begründete Argumentation, daß gerade im ökologischen Feld Handlungslogiken und -restriktionen weit weniger invariant und exakt sind, als dies dem durchschnittlichen Entscheidungsträger eines Unternehmens erscheinen mag.

der zu einer Zeit, als noch weit weniger von Systemtheorie die Rede war, von Hans Ulrich u.a. an der Hochschule St. Gallen entwickelt wurde. Diesem und seiner aktuellen Weiterführung durch Knut Bleicher wollen wir uns daher in den beiden nächsten Abschnitten zuwenden, bevor wir die Reichweite und Grenzen eines systemtheoretischen Ansatzes für das mit dieser Arbeit verbundene Anliegen zusammenfassend erörtern.

5.3 Der systemorientierte Ansatz der Betriebswirtschaftslehre

Zunächst gilt es, einen vergleichenden Blick zu werfen auf eine Besonderheit des systemorientierten Ansatzes der Betriebswirtschaftslehre, weil uns diese den wesentlichen Grund dafür liefert, warum wir für eine ökologisch aufgeklärte Theorie der Unternehmung und daraus folgende Anwendungsorientierungen am Systemansatz zumindest anknüpfen können.

Dem entscheidungsorientierten und dem verhaltensorientierten Ansatz der Betriebswirtschaftslehre, die hier als zeitlich parallel und materiell ähnlich repräsentativ angeführt werden sollen, lagen wichtige reformatorische Impulse gegenüber der betriebswirtschaftlichen Theorie Gutenbergs zugrunde, wie bereits in 5.1 gezeigt wurde. Mit der Entschiedenheit ihres Bemühens, die Gutenbergsche Ansicht von der menschlichen Arbeit im Betrieb zu korrigieren, führten sie dessen einseitige Konzentration auf das innere Geschehen des Betriebes bzw. der Unternehmung freilich weiter.

Nun lagen die ersten Entwicklungsjahre dieser sozialwissenschaftlichen Öffnung von Betriebswirtschaftslehre in einer Zeit, als Fragen der Humanisierung der Arbeit (neue Formen der Arbeitsgestaltung, vgl. dazu Spitzley 1980 und Schäuble 1979), erweiterter Mitbestimmung (vgl. dazu Chmielewicz 1975 und Koubek/Küller/Scheibe-Lange 1980) sowie der Demokratisierung der Unternehmensverfassung (vgl. Steinmann/Gerum 1978) diese Konzentration inhaltlich verständlich erscheinen ließen: entsprechende gesellschaftspolitische Entwicklungen stellten die Unternehmenspolitik vor neue Anforderungen und provozierten hilfreiche Beiträge aus der Betriebswirtschaftslehre.

Die Verbindung kritischer betriebswirtschaftlicher Beiträge mit einer Industriesoziologie, die die Beziehung von Technik und Arbeit i.w. nur als betriebsinterne thematisierte, trug dann aber noch ein übriges dazu bei, den zunehmenden externen Herausforderungen der Unternehmenspolitik zu geringe Bedeutung beizumessen, insbesondere den ökologischen.

Eben hier lag von Beginn an eine folgenreiche Differenz bei dem von Hans Ulrich u.a. an der Hochschule St. Gallen entwickelten systemorientierten Ansatz. Mindestens in erster elementarer Weise mußte dem System die (System-)Umwelt gegenübergestellt werden, und so war es kein Zufall, daß als eine Umwelt des Systems Unternehmung frühzeitig auch die ökologische mitgedacht wurde.[1]

Wenn wir uns an die Erörterung in 5.1 zum Unterschied zwischen einer erklärenden betriebswirtschaftlichen Theorie und einer praktisches Managementwissen vermittelnden Lehre erinnern, so ist der systemorientierte Ansatz von Anfang an sehr pointiert im Sinne der zweiten Richtung konzipiert worden. Da hieß es etwa programmatisch: „Nach unserer Auffassung besteht der Zweck der BWL darin, handelnden Menschen das in bestimmten Problemsituationen benötigte Wissen zur Verfügung zu stellen ... Die dabei zu lösenden Probleme sind solche des ‚Führens' bzw. des Gestaltens und Lenkens dieser realen Gebilde. Er geht also um jene Probleme, die von Führungskräften im weitesten Sinne in Unternehmungen und vergleichbaren anderen Sozialgebilden gelöst werden müssen. In diesem Sinn wird die hier postulierte BWL verstanden als Unternehmungsführungslehre oder, wenn man den engen Bezug auf Unternehmungen vermeiden will, als Managementlehre." (H. Ulrich/Krieg/Malik 1976, S. 135f.)

In gewisser Weise hatte damit der systemorientierte Ansatz einen eindeutig technokratischeren Start als der entscheidungs- und verhaltensorientierte: wo diese an Gutenberg kritisierten, daß seine *Analyse* der menschlichen Arbeit im Betrieb verkürzt und unangemessen sei, propagierte die Ausgangskonzeption des systemorientierten Ansatzes

1 Vgl. H. Ulrich/Krieg 1974, S. 20, wo es heißt: „Die drei Umweltsphären (die soziale, die ökonomische und die technologische, R.P.) sind nun aber ihrerseits in die ökologische Umwelt, den Gesamthaushalt der Natur, einbezogen."

offensiv die *Abkehr vom ökonomischen Standpunkt* zugunsten einer vollständigen Konzentration auf die Gestaltungsfunktion.[1]

Bezogen auf die wissenschaftliche wie die gesellschaftspraktische Entwicklung wuchs bei den Trägern des systemorientierten Ansatzes in der Folgezeit in bemerkenswertem Ausmaß die Bereitschaft, neue Orientierungen zu berücksichtigen und zu verarbeiten. Als ein Beleg dafür kann etwa H. Ulrich/Probst (1988) dienen. Angefangen vom Titel wird hier versucht, eine umfassende „Anleitung zum ganzheitlichen Denken und Handeln" zu geben. Ulrich und Probst unterscheiden 7 Bausteine eines ganzheitlichen Denkens (zum folgenden s. H. Ulrich/Probst 1988, S. 25ff.):

1. Das Ganze und seine Teile. Diese Begrifflichkeit wird an den Anfang der Erklärung dessen gestellt, was ein System überhaupt ist.
2. Vernetztheit. Hier wird dem linearen kausalen Denken eine Absage erteilt und die Netzwerkvorstellung befürwortet, deren bildlicher Ausdruck der Kreis ist (kein Anfang und kein Ende).
3. Jedes System unterhält Beziehungen zur Umwelt. Unternehmen lassen sich als zweckorientierte soziale Systeme beschreiben, die bestimmte Funktionen in der Gesellschaft erfüllen.
4. Komplexität: Komplexität meint mehr als Kompliziertheit, nämlich die Fähigkeit zur häufigen Zustandsveränderung.
5. Ordnung. Ordnung wird dabei nicht nur auf die Struktur eines Systems bezogen, sondern auf die Koppelung von Struktur und Verhalten.
6. Lenkung. Hier wird hervorgehoben, daß Lenkung nicht Steuerung meint im Sinne von informationellen Anweisungen an ein System, sondern das System soll die Fähigkeit entwickeln, sich selbst unter Kontrolle zu halten.
7. Entwicklung. Hier wird ausdrücklich auf die Nichtidentität von Entwicklung und Wachstum hingewiesen; Wachstum sei weder notwendig noch hinreichend für Entwicklung.

---

1 Vgl. H. Ulrich/Krieg/Malik 1976, S. 151, wo es heißt: „Die Auffassung, daß mit der wirtschaftswissenschaftlichen Terminologie und dem Festlegen eines ‚betriebswirtschaftlichen' Gesichtspunktes in der klassischen ‚BWL als Wirtschaftswissenschaft' eine solche nicht problemadäquate Einschränkung stattfindet und damit der geforderte Praxisbezug nicht erreichbar ist, war der Hauptgrund für die Wahl des Systemansatzes an der HSG im Jahr 1964."

Diese 7 Bausteine belegen einerseits die Absicht, neuere geistige Orientierungen aufzugreifen und einzubeziehen. In diesem Sinne ist es vermutlich richtig, wie Staehle beim systemorientierten Ansatz der Betriebswirtschaftslehre eine Fortentwicklung von Kybernetik I zu Kybernetik II zu konstatieren.[1]

Für die Lenkung sozialer Systeme war dieser Erkenntnisfortschritt fundamental, weil er von einer Führungskonzeption abbringen half, die mit der Wirklichkeit nie in Übereinstimmung zu bringenden Ordnungsvorstellungen hinterherläuft. Allerdings entspricht dieser Wandel dem Zeitgeist: wir konstatieren gerade in bezug auf die Leitbilder für soziale Systeme in diesem Jahrhundert einen deutlichen Wandel von statischen zu dynamischen Ordnungsvorstellungen, so wie wir in bezug auf die individuellen Tugenden in den letzten Jahrzehnten einen Wandel von Pflicht und Gehorsam zu Flexibilität und Kreativität feststellen können.

Insofern ist zu fragen, welchen Charakter diese theoretische wie praktische Modernisierung hat. Bezogen auf menschliches Handeln und Verhalten sind Flexibilität, Kreativität usw. *Sekundärtugenden*, die hinsichtlich der sozialen bzw. ökologischen Werte, die mit ihnen verfolgt oder erreicht werden, noch keine Aussagekraft haben. Flexibilität kann bedeuten, sich aufgrund eigener Neigungen und Selbstverwirklichungsbedürfnisse von der einen in die andere Berufstätigkeit zu begeben; ebenso ist jedoch von Flexibilität die Rede, wenn z.B. Ostfriesen wegen der Arbeitslosigkeit zu Hause unter der Woche im Schwäbischen ihr Einkommen verdienen müssen. Das Urteil, daß inhaltlich noch fast alles offen ist, selbst wenn damit ein relativer Erkenntnisfortschritt zu vorher zu verzeichnen ist, gilt übrigens insbesondere für den im Rahmen einer Systemorientierung ebenfalls häufigen Begriff der Ganzheitlichkeit.

Wir sagen „häufig“, weil etwa die Luhmannsche Theorie sozialer Systeme die Differenz von System und Umwelt paradigmatisch alternativ setzt zur traditionellen von Ganzem und Teil.

---

1 Staehle 1991, S. 41f. Dort wird so unterschieden: „Kybernetik I betont primär die gleichgewichtserhaltenden Prozesse in Systemen. Folglich stehen Probleme der Ultra- und Multistabilität und Servomechanismen zu deren Erreichung (Soll-Ist-Vergleich, Abweichungsanalyse, Rückkopplung) im Mittelpunkt des Interesses. Kybernetik II befaßt sich dagegen mit Problemen der Instabilität, Flexibilität, Wandel, Lernen, Evolution, Autonomie und Selbstreferenz. Ungleichgewicht ist keine Katastrophe, sondern eher der Normalfall und Voraussetzung für Wandel.“

Bei Hans Ulrich und Probst hingegen ist angefangen vom Titel die *Ganzheitlichkeit* ein Schlüsselbegriff. Ganzheitlichkeit wendet sich gegen analytischen Reduktionismus, methodologischen Individualismus und Wertfreiheitspostulate (hinter denen sich „praktisch-normativ" ja doch immer bestimmte Wertsetzungen verbergen).

„Im Gegensatz zu dem vorherrschenden analytischen Denken anerkennt das systemische Denken die Merkmale der Komplexität, Vernetztheit, Dynamik und Offenheit als wesentlich für die Eigenart seiner Untersuchungsobjekte. Es anerkennt, daß diese Untersuchungsobjekte in ihrer Eigenart zerstört werden, wenn sie aus ihrem systemischen Zusammenhang gerissen werden."[1]

Nun ist der freie Blick auf das, was dann der systemische Zusammenhang von Untersuchungsobjekten ist, komplizierter und subjektiver als es nach solchen Formulierungen scheinen mag. Daß man die Dinge nicht aus dem Zusammenhang reißen soll, ist ja eine so neue Redeweise nicht; und wir haben bei der Behandlung der Positionen von Capra, Merchant und Meyer-Abich im 2. Kapitel gesehen, daß gerade im ökologischen Feld mit dem energisch vorgetragenen Anspruch, alles ganz anders zu sehen, möglicherweise so viel noch nicht gewonnen ist.

In einem Aufsatz über Systemsteuerung und Kulturentwicklung hat Peter Ulrich schon recht früh darauf aufmerksam gemacht, daß ein seriöser Umgang mit dem Ganzheitlichkeitsbegriff erforderlich macht, die Besonderheit und Begrenztheit des eigenen Standortes selbstkritisch zu reflektieren.[2]

Bevor wir die daraus resultierenden Risiken für eine systemorientierte Betriebswirtschafts- bzw. Managementlehre in der sozialen wie in der ökologischen Dimension abschließend erörtern, werden wir die jüngste Weiterentwicklung des St. Galler Management-Ansatzes durch Knut Bleicher behandeln.

---

1 H. Ulrich 1984, aus dem Vorwort von Dyllick und Probst, S. 12.

2 „Als ‚ganzheitlich' kann demnach letztlich nur ein Wissenschaftsverständnis bezeichnet werden, das in selbstkritischer Selektivität der gewählten Perspektive und im spielerischen Perspektivenwechsel seine eigenen Begrenzungen immer wieder aufhebt" (P. Ulrich 1984, S. 306).

5.4 Das Konzept Integriertes Management als Vorschlag zur Fortführung des systemorientierten Ansatzes

Knut Bleicher hat der genaueren Ausgestaltung des St. Galler Management-Konzeptes inzwischen einen weiteren wichtigen Baustein zugefügt (Bleicher 1991).

Er „knüpft dabei an grundsätzliche Überlegungen an, wie sie von Hans Ulrich und seinen Mitarbeitern in seinem Lebenswerk der systemorientierten Managementlehre erarbeitet und kürzlich in einer ‚Anleitung zum ganzheitlichen Denken' weiterentwickelt wurden." (Bleicher 1991, S. 2)

Auch Bleicher will den Managern Handreichungen geben, die sein Handeln verändern können.[1]

Ausdrücklich wird die Frage nach einem Paradigmenwechsel im Management gestellt (Bleicher 1991, S. 5ff.) und diese eindeutig positiv beantwortet. (Bleicher 1991, S. 44)

Dieser Wechsel wird in 6 „Megatrends des Managements" zusammengefaßt:

1. Vom technokratischen Verständnis eines Managements mit Machbarkeitsansprüchen zu einer evolutorischen Unternehmungsphilosophie des Kultivierens einer ‚spontanen' sozialen Ordnung.
2. Vom Investment in harte, materiell-physische Aktiva zur zunehmenden Foskussierung auf weiche, immaterielle und humane Aktiva als kritische Erfolgsfaktoren für Unternehmungen.
3. Vom Gleichgewichtsstreben rationaler Optimierung eines strukturellen und systemischen Managements zum visionären Entdecken und Produzieren von Ungleichgewichten im Unternehmerischen.
4. Von tiefgreifener Arbeitsteilung und Spezialisierung zur Generalisierung von Aufgaben und Verantwortung.

---

1 „Diese Einsicht in die ganzheitlichen Auswirkungen auch isolierter Entscheidungen möge den Manager zu Korrekturen bei seinem Vorgehen veranlassen, um damit einen konkreten Beitrag zur Entwicklung eines integrierten Managements leisten zu können, das letztlich als der eigentliche, Stoßkraft verleihende Wettbewerbsfaktor gelten kann. ... Ein zukunftsweisendes Managementkonzept wäre unvollständig, würde es nicht Hinweise für ein erfolgversprechendes ‚Management of Change' vermitteln" (Bleicher 1991, S. 3).

5. Rahmenbedingungen richten sich auf die Handhabung von Informationen aus.
6. Von asymmetrischer Einflußgestaltung durch Führung zur symmetrischen (lateralen) Kooperation (Bleicher 1991, S. 39ff.).

Die von Bleicher verfolgte Adressierung des Konzeptes nicht an die wissenschaftliche Disziplin, sondern an die Führungspraktiker (s.u.a. S. 2, S. 50) hat vermutlich begünstigt, daß der konstruktive und gestaltungsorientierte Teil des Buches stark überwiegt gegenüber Bedingungsanalysen und Theorieanschlüssen. Damit kommen wir auf unser in 5.1 vorgetragenes Argument zurück, daß die Nachhaltigkeit der Gestaltungsfunktion auf der Substanz beruht, die durch die Erklärungsfunktion von Betriebswirtschaftslehre geliefert wird. Wir wollen das dahingehend präzisieren, daß mit der Bereitschaft, alle Elemente der Wirklichkeit in ihrer systemischen Vernetztheit zu erfassen und auch die dabei obwaltende Dynamik zu beachten, erst die *Bedingung* der Möglichkeit für eine konkrete Analyse der konkreten Situation gegeben ist.[1] Anders gesagt werden Gestaltungsempfehlungen formal und blutleer, wenn die Analyse der Bedingungen als einvernehmlich geklärt vorausgesetzt wird.

Dieses Problem stellt sich in verstärktem Maße für eine anwendungsorientierte Wissenschaft, die den sozialen, d.h. nicht bloß technischen Charakter von Managementproblemen anerkennt.[2]

Zur Ganzheitlichkeit wollen wir uns an dieser Stelle nicht wiederholen. Was „sinnvoll" ist, soll nach Bleicher über einen „strukturierten Dialog, der auf der Selbstreflexion der Beteiligten beruht" (ebd.) geklärt werden.

Es wäre allerdings der Umstand einer genaueren Untersuchung wert, daß die Herstellung von Sinnvollem in einem sozialen System ein nicht nur komplizierter, sondern möglicherweise auch höchst widerspruchsvoller Prozeß ist. Was hier vermittelt werden muß, sind typologisch drei verschiedene Sinngebungen; die Sinngebung der Organisation, soweit sie sich zunächst unmittelbar aus Zweck und Zielen der

1 Dazu würde Bleichers Begriff des „problembezogenen Ordnungsrahmens" (S. 52) durchaus passen.

2 Gerade in diesem Punkt bekennt sich Bleicher eindeutig zu der vorgängigen Tradition des St. Galler Ansatzes. Das belegen nicht nur seine einleitenden Ausführungen über Paradigmawechsel im Management, sondern etwa auch der programmatische Begriff „Management-Konzept für Sinnvolles und Ganzheitliches" (S. 51).

Organisation ableitet; die Sinngebungen der Organisationsmitglieder, die diese als Eigensinn in die Organisation einbringen; und die Sinngebungen, die die verschiedenen externen Anspruchsgruppen[1] an das Unternehmen herantragen.

Diese Sinngebungen sind, wenn man für das soziale System Unternehmung im ersten gedanklichen Anlauf, d.h. vor Brechung mit den internen und externen Anspruchgruppen, eine konsistente Sinngebung voraussetzen möchte, in den Fällen 2 und 3 grundsätzlich inkonsistent: die Mitarbeiterinnen und Mitarbeiter bringen sehr verschiedenen Eigensinn in die Organisation ein, und der hinter den verschiedenen externen Ansprüchen stehende Sinn ist ein sehr verschiedener. Diese heterogenen Sinngebungen zu erfassen, ist wiederum erst die *Bedingung* der Möglichkeit, in diesem Fall eines Management-Konzeptes, das vernünftigerweise als sinnvoll auszuzeichnen wäre. Denn ein Management, was um die verschiedenen Sinngebungen, mit denen es umzugehen hat, weiß, kann diesen Umgang auf höchst verschiedene Weise betreiben: es kann versuchen, im Maße seiner Möglichkeiten allen weitestgehend nachzukommen bzw. gerecht zu werden (was man vernünftig nennen könnte); es kann aber auch versuchen, sein Wissen dazu einzusetzen, zu eigenen Gunsten die Intentionen der anderen zu unterlaufen (jedenfalls soweit dies keine nachteiligen Rückwirkungen für die Organisation hat). So macht es eben einen fundamentalen Unterschied, ob ich Arbeitskräfte und Natur einseitig als Ressourcen für den Aufbau strategischer Erfolgspotentiale einer Unternehmung definiere oder aber die Kriterien unternehmenspolitischer Erfolge reformuliere und gerade bei den Effekten ansiedle, die das Unternehmen in der sozialen bzw. ökologischen Dimension produziert.[2]

Vor diesem Hintergrund ist sicher nicht von Vorteil, daß die ökologische Dimension der Unternehmenspolitik in dem Konzeptvorschlag von Bleicher nur eine so marginale Rolle spielt.[3] Dies wird der vielfältigen Bedeutung, die die ökologische Herausforderung für die Unternehmen heute bereits praktisch hat, keineswegs gerecht und vergibt

---

1 Da wir unsererseits den Begriff „Unternehmenspolitik“ erst im (6.) nächsten Kapitel entfalten, werden wir auch dort erst systematisch zu den unternehmenspolitischen Anspruchsgruppen Stellung nehmen.

2 Bei Bleicher wird dieser Gegensatz in den Begriffen Verpflichtungspolitik und Opportunitätspolitik gefaßt.

3 Siehe S. 106f.; im Inhaltsverzeichnis sucht man vergeblich nach einem (Unter-)Punkt Ökologie.

damit u.a. die Möglichkeit, sich mit den unterschiedlichen und widersprüchlichen Reaktionsweisen von Unternehmen in einem Feld exemplarisch näher zu beschäftigen, das gegenwärig besonders in Bewegung gekommen ist.

Und die ökologischen Probleme bzw. deren Bearbeitung liefern heute außerdem ja auch *einen* entscheidenden Maßstab zur Beurteilung der Frage, wie sinnvoll konkretes Managementhandeln ist. Weil Managementhandeln ständig unter Legitimationsdruck steht, ist es nach Verlautbarungen von Managern mindestens *fast* ständig sinnvoll; das ökologische Problem müßte also inhaltlich entfaltet werden (wie wir das in den Kapiteln des ersten Teils versucht haben), um darüber dann tatsächlich einen problembezogenen Ordnungsrahmen herstellen zu können.

Wie in den bisherigen Ausführungen schon deutlich geworden sein dürfte und in den nachfolgenden Kapiteln noch weiter vertieft wird, verlangt das Ökologieproblem theoretisch nach einer Öffnung all jener wirtschafts- und sozialwissenschaftlichen Diskussionen, die sich auf die Erörterung der Mensch-Mensch-Beziehungen beschränken. Die Mensch-Natur-Beziehung ist in ihrer Eigenständigkeit zu analysieren und für eine moderne Management-Konzeption angemessen zu berücksichtigen. Hierfür scheint es uns nötig, theoretische Anschlüsse herzustellen, die sich bei Bleicher angesichts der Kürze seiner Bemerkungen zum Ökologieproblem nicht finden lassen.

Nun ist Staehles Behauptung, für diese Fassung des St. Galler Management-Konzeptes brauche man keine Systemtheorie und Bleicher speise sein Denken eher aus kontingenz- und konsistenztheoretischen Ansätzen (Staehle 1991 a,S. 389), nicht unbedingt plausibel: die ausnahmslos positiven Bezugnahmen Bleichers auf die einschlägigen früheren Arbeiten von H. Ulrich u.a. belegen zumindest, daß er sich selbst eindeutig in der entsprechenden St. Galler Tradition verortet.

Jedoch belegt der Text u.E. auch, daß theoretische Bezüge nicht etwas einmal Hergestelltes sind, auf das man sich dann nur noch indirekt zu berufen braucht. Insofern hätte eine ausdrücklichere theoretische Fundierung dem Vorschlag sicher gut getan. Unter anderem wäre die *technokratische* Falle eines systemorientierten Managements, zwar aufgeklärter, aber wie ehedem einseitig von oben zu steuern, dann differenzierter bearbeitet worden. Und es wäre der Leserschaft deutlicher geworden, worin die Weiterentwicklungen des St. Galler Management-ansatzes nach dem schon vorher Geleisteten bestehen bzw. bestehen müßten.[1]

Wenn Staehle bei Bleicher mangelnde Differenzierung von Betriebswirtschafts-, Organisations- und Managementlehre beklagt (Staehle 1991a, S. 387), scheint uns dies zuzutreffen. Das gilt allerdings (vgl. a. 5.1) auf breiter Front auch für Staehles umfassendes Managementlehrbuch (6. Aufl. 1991).

Dieser Differenzierungsmangel geht vermutlich darauf zurück, daß die Frage für gar nicht so wesentlich befunden wird, mit anderen Worten: im Rahmen einer solchen Betrachtung ist das recht stillschweigend vollzogene Abrücken von der Erklärungsfunktion von Betriebswirtschaftslehre gar kein Problem.

Man kann aber nicht beides haben: eine nicht weiter erörterte Systemorientierung als theoretische Beruhigung im Hintergrund *und* gleichzeitig eine pragmatisch erfolgreiche Gestaltungslehre. Daß auf der Theorieebene differenzierende Klärung vonnöten ist, um in der Praxis erfolgreich gestalten zu können, wollen wir mit dem nächsten Abschnitt dieses Kapitels weiter verdeutlichen.

5.5 Die Systemtheorie als (nebenbei ökologische) Einheitswissenschaft?

Einen der theoretischen Bezüge des systemorientierten Managementkonzeptes stellt der u.a. von Vester entwickelte biokybernetische Ansatz dar (vgl. H. Ulrich/Probst, S. 20; Bleicher, S. 27). Vester kritisiert verschiedene Prognose- und Erklärungsmodelle als defizitär, weil sie keine Bewertung im Hinblick auf das Ziel der Erhaltung der Lebensfähigkeit liefern würden: „Denn für eine Bewertung benötigen wir eine höhere Instanz, an der wir alle jene Interpretationen messen können" (Vester 1988, S. 47).

Diese Bewertungsinstanz sei das Leben, seien die Spielregeln der Biosphäre, wobei Vester großen Wert darauf legt, seinen Ansatz als nicht-konservativ und technologisch-zuversichtlich vorzustellen (Vester 1988, S. 48). Daraus resultiert eine spezifische „Erkenntnistheorie",

1 Vgl. als einen Beitrag dazu auch Dyllick 1989.

die mit den im 2. Kapitel genannten fundamentalökologischen Ansätzen keineswegs unverwandt ist: „Mit dieser Berufung auf die biologische Welt bringen wir ein weiteres Erkenntniskriterium ins Spiel: das der Analogie. Eine Analogie jedoch, die sich nicht an den äußeren Erscheinungsformen orientiert, sondern möglichst versucht, zu gemeinsamen Grundprinzipien vorzudringen. Bei der Suche nach solchen brauchbaren Analogieregeln wie auch nach den in Frage kommenden thermodynamischen und systemtheoretischen Grundgesetzen werden wir uns daher im *biologischen* (Hervorhebung F.V.) Bereich auf dem sichersten Boden befinden" (ebd.). In diesem Sinne vertreten auch H. Ulrich und Probst „die Natur als Vorbild für absichtsvolles menschliches Gestalten von Systemen" (1988, S. 100).

Vester hat seinen Grundgedanken häufig mit dem Bild popularisiert, die Natur sei eine Firma, die in Millionen und Abermillionen von Jahren nicht Pleite gemacht habe.

Im ökologischen Diskurs sind solche u.ä. Annahmen von Konstanz und Gleichgewicht in der Natur bereits des längeren kritisch erörtert worden (vgl. Trepl 1983).

Faßt man das heutige Wissen um die Evolutionsgeschichte zusammen, so sind solche Annahmen schon von daher nicht überzeugend: in der Paläontologie kennt man 5 Faunenschnitte, d.h. Perioden des massenhaften Aussterbens von Arten (vgl. Bayertz 1986, S. 11). Der Natur abgeschaute Analogien können von daher nicht mit einem allgemeinen Überlegenheitsbeweis ausgestaltet werden, den die Natur geführt hat; trotzdem können sie pragmatisch vielleicht Erfolg versprechen.

Vester möchte sein Analogieprinzip über 8 biokybernetische Grundregeln realisieren:

„1. Negative Rückkoppelung dominiert über positive in verschachtelten Regelkreisen.
2. Funktion ist unabhängig vom Mengenwachstum.
3. Funktionsorientierung statt Produktorientierung durch Produktvielfalt und -wechsel.
4. Jiu-Jitsu-Prinzip. Steuerung und Nutzung vorhandener Kräfte. Energiekaskaden, -ketten und -koppelungen.
5. Mehrfachnutzung von Produkten, Verfahren und Organisationseinheiten.
6. Recycling unter Kombination von Einwegprozessen zu Kreisprozessen.

7. Symbiose unter Nutzung kleinräumiger Diversität.
8. Biologisches Grunddesign. Vereinbarkeit technischer mit biologischen Strukturen. Feedback-Planung und -Entwicklung.“ (Vester 1988, S. 86)

Die Einhaltung dieser 8 Grundregeln garantiert nach Vester „weitgehend die so notwendige Selbstregulation eines Systems bei minimalem Energiedurchfluß und Materialverbrauch“ (ebd.).

Der Funktionsbegriff scheint mir in dieser biokybernetischen Variante von Systemtheorie besonders wichtig zu sein.[1]

Die Funktionsfähigkeit eines Systems betrifft nämlich dessen *Stabilität*, nicht dessen *Qualität*. Bezogen auf unsere im Kapitel 2 gelieferte Unterscheidung zwischen einer umwelttechnischen und einer sozialökologischen Sichtweise können wir also die Vermutung aufstellen, daß ein biokybernetischer Ansatz einer sozialökologischen Sichtweise nicht gerecht wird, weil er kulturwissenschaftliche und soziologische Fragen ausblendet. Mit dem Analogieprinzip wird eine solche Ausblendung bei Vester in geradezu klassischer Weise vollzogen.

Kultursoziologische Fragen wie: warum werden so viele vernünftige Konzepte nicht umgesetzt? Wie werden sich die menschlichen Einstellungen in der Zukunft verändern? tauchen im Rahmen solcher Konzeptionen denn doch immer wieder auf, freilich durch die Hintertür willkürlicher, d.h. nicht begründeter Annahmen. Vester gehört hier zu den Zuversichtlichen.[2] Die Vernachlässigung sozialwissenschaftlicher, i.e.S. auch kultursoziologischer Überlegungen[3] läßt sich als komplementär zu dem Ausmaß des Technokratierisikos beschreiben, mit dem eine konkrete Variante von Systemansatz daherkommt. Das Techno-

---

1 Mit den öffnenden Charakterzügen einer funktionsorientierten Unternehmenspolitik, an denen sich auch Vester konkret beteiligt hat, beschäftigen wir uns im 9. Kapitel. Hier muß zunächst noch einmal das technokratische Risiko verdeutlicht werden.

2 Charakteristisch ist Vesters verdienstvolle Studie zur Automobilindustrie, wo der Systemansatz eingangs sehr technokratisch vorgestellt, in der ganzen Studie das Automobil kaum von seiner kulturellen Seite beleuchtet und erst in der Schlußbetrachtung konstatiert wird: „Dennoch ist anzunehmen, daß gegen Ende des zweiten Jahrtausends immer mehr Menschen auf eine neue, vernetzte Denkweise übergegangen sein werden“ (Vester 1990, S. 472).

3 Mit dem Begriff „kultursoziologisch“ soll eine besondere Akzentsetzung auf die Wertvorstellungen und (individuellen wie gesellschaftlichen) Leitbilder der an einem Problem beteiligten Menschen vorgenommen werden.

kratierisiko ist selbstverständlich dort besonders groß, wo die Systemtheorie oder die Ökologie dazu eingesetzt wird, für den Bereich der Sozialwissenschaften in einer Art metabiologischer Perspektive naturalistische Erklärungsstrategien zu verfolgen.[1]

Ein solcher Typus funktionsorientierten Denkens läuft mit einem Bild von Wolfgang Sachs Gefahr, die Verwandlung der Natur von Dotterblumen, Fröschen und Regenwäldern in einen Tummelplatz von CO_2, NO_x usw. zu betreiben (Sachs 1991, S. 94ff.).

Darin besteht freilich gerade der technisch-moderne Umgang mit Natur, der die sinnliche und ästhetische Erfahrung zurückgedrängt hat und mit der dadurch vorangebrachten Entfremdung der Menschen von der Natur mindestens teilverantwortlich ist für das heutige Ausmaß der Naturzerstörung.

Der ökologisch sinnvollere Naturumgang ist also nur mit Blick auf deren Vielfalt zu haben, nicht als Effizienzoptimierung beim Bündeln von Funktionselementen.[2] Vielfalt bedeutet Vielfalt von Individualität[3] und damit auch der Individualität menschlicher Naturbetrachtung und Naturerfahrung. Damit befindet man sich zwangsläufig in einem Aussagenbereich, der neben der Reproduktionsfähigkeit von Systemen auch von deren *Qualität* handelt.

5.6 Neuere systemtheoretische Entwicklungen

Mit dem folgenden Abschnitt soll selbstverständlich nicht der Versuch unternommen werden, die neueren Entwicklungen in der Systemtheorie systematisch zu beleuchten.[4]

Wir wollen vielmehr einige Elemente dieser Diskussion, die bisher vor allem *außerhalb* der Betriebswirtschaftslehre geführt wird, aufgrei-

1 Vgl. zu dieser Sorge Habermas 1992, S. 30.

2 Vgl. auch die historisch-theoretische Rekonstruktion von Trepl 1987, zur Systemtheorie insbesondere S. 194ff.

3 Worüber man sich verständigen können müßte *vor* Diskussionen darüber, ob die Natur einen Eigenwert hat oder nicht.

4 Schon deshalb nicht, weil es *die* Systemtheorie nicht gibt und bis auf weiteres kaum eine Darstellung, die wiederum den Anspruch erheben könnte, die wesentlichen Strömungen innerhalb dessen, was man unter das Dach Systemtheorie bringen kann, angemessen zusammenzufassen — dazu ist auch zu viel im Fluß der Debatte.

fen, um unsere eigenen Überlegungen auf dem Weg zu einer empirisch hinreichend gehaltvollen kritischen Theorie der Unternehmung zu ordnen.

Der grundlegende Gedanke, mit dem dieses Kapitel eine Weiterführung der Kritik der Grundannahmen des ökonomischen Verhaltensmodells aus dem Vorherigen darstellen will, ist das Pochen auf die Eigenständigkeit sozialer Systeme als vernünftiger Gegenstände kritischer Analyse. Soziale Systeme (darunter Unternehmungen) können nur verstanden werden, wenn man sie in ihrer eigenen Entität ernst nimmt und sich vor der Reduktion hütet, sie bloß als Addition von Individuen zu betrachten. Soziale Systeme sind emergente Phänomene: „Emergenz bezeichnet das plötzliche Auftreten einer neuen Qualität, die jeweils nicht erklärt werden kann durch die Eigenschaften oder Relationen der beteiligten Elemente, sondern durch eine jeweils besondere selbstorganisierende Prozeßdynamik" (Krohn/Küppers 1992, S. 7f.). Eine solche Definition geht hinaus über den Vorschlag von Hejl, „Sozialsysteme zu bestimmen als eine Menge von Individuen, die zwei Bedingungen erfüllen. Sie müssen (a) die gleiche Wirklichkeitskonstruktion ausgebildet haben sowie mit Bezug auf sie in einer spezifischen und ihr zugeordneten Weise handeln können und sie müssen (b) mit Bezug auf diese Wirklichkeitskonstruktion tatsächlich handeln und interagieren" (Hejl 1992, S. 270). So sehr wir mit Hejl skeptisch sind gegenüber Versuchen, durch die Auszeichnung sozialer und psychischer Systeme handelnde Menschen als zentrales Element einer vernünftigen Sozialtheorie zu eliminieren[1], so sehr wir also auch seiner These zustimmen, gerade in dem handelnden Menschen das entscheidende *Aktivitätspotential* sozialer Systeme zu sehen[2], für so unplausibel halten wir seine angestrengten Bemühungen um methodologischen Individualismus (s. Hejl 1992, S. 275), zumal weit jenseits von Hejls Überlegungen unter

1 So aber Hutter 1992, S. 357; es soll nicht verschwiegen werden, daß dies — und manches andere von anderen — nur eine apodiktische Reproduktion der entsprechenden Argumentationsweise des Meisters selbst darstellt. Zur kritischen Auseinandersetzung mit Luhmann sehr anregend Schulte 1993, vor allem S. 199ff.

2 Siehe Hejl 1992, S. 271; mit ihrer über begriffliche Eliminierung vorgetragenen Skepsis in bezug auf die Handlungskapazitäten der Menschen tendiert die Luhmannsche Sozialtheorie übrigens genauso zur Einseitigkeit wie *umgekehrt* die frühbürgerliche Aufklärung von Kant u.a.

diesem Begriff in den Wirtschafts- und Sozialwissenschaften v.a. der Reduktionismus des ökonomischen Verhaltensmodells betrieben wird.

Probleme von Unternehmungen *als Organisationen* waren für die frühe Betriebswirtschaftslehre keineswegs wesentlich. So ging es Gutenberg mit seiner Definition „betriebswirtschaftlicher Grundvorgänge“ noch explizit darum, „die Unternehmung als Gegenstand betriebswirtschaftlicher Theorie in eine Ebene zu projizieren, in der zwar Organisation vorhanden ist, aber nur eine solche, die der eigenen Problematik entbehrt“ (Gutenberg 1929, S. 25f.). Mit der sozialwissenschaftlichen Öffnung der Betriebswirtschaftslehre durch Heinen und Schanz wurde die Organisationsfrage für wesentlich erklärt, aber mit Unterschieden zwischen beiden Ansätzen gerade in einem Sinne, der die „Unternehmung als Gegenstand betriebswirtschaftlicher Theorie“ verließ: im entscheidungsorientierten Ansatz Heinens richtete sich der Blick verstärkt auf Koalitionen und Zielbildungsprozesse in der Unternehmung, im verhaltensorientierten Ansatz von Schanz wurde die Anreiz-Beitrags-Thematik zentral. Beides begünstigte die theoretische Entwicklungstendenz, Betriebswirtschaftslehre vor allem auf Fragen der Mikropolitik und auf intraorganisatorische Probleme zu orientieren. Die Anerkennung von Unternehmen als emergenten Phänomenen vermag demgegenüber den Blick freizumachen auf die externe Unternehmenspolitik, d.h. die Kommunikation/Beziehung zwischen dem Unternehmen als sozialem System und seinen externen Umwelten.

Der theoretisch weiterführende Gedanke in diesem Zusammenhang ist der der Selbstorganisation: „Selbstorganisation ist die Einrichtung von Wechselwirkungen zwischen Ordnungen oder Mustern, die aus einer Mikrowelt entstehen“ (Krohn/Küppers 1992, S. 14). „Ein selbstorganisierendes System wird intuitiv durch folgende Eigenschaften charakterisiert: komplex, redundant, dynamisch, nicht-deterministisch, prozeßorientiert, interaktiv, selbstreferetiell, autonom ... Ein selbstorganisierendes System schließt eine Ordnungsidee ein, indem entweder ein vorher nicht organisiertes System organisiert oder die Organisation ‚verbessert‘ wird und damit Ordnung entsteht oder sich verändert. Diese ist ein emergentes Produkt der Systemaktivitäten selbst“ (Probst 1987, S. 11).

Betrachten wir die dem selbstorganisierenden System zugeschriebenen Eigenschaften genauer:

- *Komplexität*. Soziale Systeme „sind in dem Sinne komplex, daß trotz enormen Experimentieraufwands mit verschiedenen In- und Outputgrößen nicht eindeutig auf die internen Transformationsprozesse geschlossen werden kann“ (Bardmann 1994, S. 371). Wie wir im 4. Kapitel gesehen haben, kommt im ökonomischen Verhaltensmodell den Restriktionen gegenüber den Präferenzen eine dominierende Bedeutung zu. Die verschieden begründete Weigerung, sich analytisch-wissenschaftlich mit den Präferenzen näher zu befassen, wird von den Vertretern des ökonomischen Verhaltensmodells zwangsläufig auf die Ebene sozialer Systeme transponiert, da sie als Verfechter des methodologischen Individualismus diesen keine Emergenz zugestehen. Damit wird die im Wortsinne beschränkte Ansicht begünstigt, soziale Systeme (u.a. Unternehmen) könnten als Trivialmaschinen verstanden und ihr Funktionsverhalten wesentlich über Input-Output-Modelle erklärt werden.
  Soziale Systeme operieren freilich nicht trivial, sondern „organisieren die unbewältigbare Kontingenz vollkommmener Entropie einerseits und die unbewältigbare Komplexität vollkommener Ordnung andererseits durch die systemspezifische Selektion bestimmter herausgehobener Relationen zwischen ihren Elementen, d.h. zwischen den Kommunikationen, die im jeweiligen System operationsfähig sind. Kriterien der Selektion sind die besonderen Operationsbedingungen des jeweiligen Systems, vor allem seine leitenden Differenzen, Erwartungsstrukturen oder ‚Spielregeln‘ — insgesamt also die Tiefenstruktur seiner Selbststeuerung.“[1]
- *Selbstreferenz*. Soziale Systeme „sind in dem Sinne selbstreferentiell, daß jedes Ereignis ausschließlich durch interne, von außen uneinsichtige Transformationsprozesse als Ereignis bestimmt wird“ (Bardmann 1994, S. 371). Wenn Komplexität eher ex negativo verhindert, daß soziale Systeme grundsätzlich lenk- und steuerbar sind, verweist die Selbstreferentialität direkt auf das emergente Phänomen. Es gibt selbstgesetzte Regulierungsweisen, in strengerer Formulierung einen Code, nach dem ein soziales System seine Selektionen vollzieht. Damit ist noch nicht geklärt, wie eng oder gar eindimensional dieser Code angelegt ist (darauf kommen wir gleich

1 Willke 1993, S. 97. Diese Beschreibung wird uns im nächsten Kapitel helfen, dem Phänomen Unternehmenskultur eine vom gängigen betriebswirtschaftlichen Diskurs abweichende theoretische Fundierung zu geben.

noch zu sprechen), und vor allem ist damit keineswegs die Unveränderbarkeit dieser Selektionsmodi festgelegt. Selbstreferenz bedeutet operationale Geschlossenheit bei informationaler Offenheit. Willke betont von daher, daß soziale Systeme analog zu Personen Empathie (Einfühlungsvermögen in andere) entwickeln können (s. Willke 1993, S. 48). Allgemein können wir feststellen, daß Selbstreferentialität eben nicht Starrheit zur Folge hat, sondern Lernfähigkeit einschließt.

- *Redundanz.* Umgangssprachlich wird Redundanz häufig gleichgesetzt mit dem, was überflüssig im Sinne von nicht erforderlich, in sprachlichen Formulierungen eher unelegant ist. Überfluß bedeutet aber nicht unbedingt Unnützes, sondern ebenso Überschuß — an aktivierbaren Potentialen, an strategischen Optionen etc.[1]
  Redundanz bedeutet über die Lernfähigkeit eines sozialen Systems hinaus ein wichtiges Element für dessen Entwicklungsfähigkeit. Entwicklung als nicht bloß linear gerichtetes Phänomen auf der Zeitachse oder gar als wesentlich extern determinierter Prozeß ist hinsichtlich ihrer Qualität abhängig von der Vielfalt der Entwicklungs*möglichkeiten.* Betriebswirtschaftslehre hat, u.a. durch den Schritt vom Erfolg zum Erfolgspotential als wesentlicher Zielgröße von Unternehmensentwicklung, angefangen in dieser Richtung zu lernen[2] und sich damit von dem eindimensionalen Erfolgsverständnis zu emanzipieren, das sie seit Taylor beherrschte.[3]
- *Autonomie.* Soziale Systeme „sind in dem Sinne autonom, daß die Beziehungen und Interaktionen, die das System als Einheit definieren, nur das System selbst involvieren und keine anderen Systeme" (Bardmann 1994, S. 371). Mit dem Autonomiebegriff wird der Schwerpunkt bei der Betrachtung von Selbstorganisationsprozessen sozialer Systeme auf die Eigenständigkeit und Unabhängigkeit gelegt, mit der soziale Systeme ihre Operationen vollziehen. Damit

1 Grabher, der jüngst einen hilfreichen Beitrag zur überfälligen Aufwertung des Phänomens Redundanz vorgelegt hat, spricht in Abgrenzung zur Informationsredundanz von Strukturredundanz, der er auf betrieblicher wie auf regionaler Ebene nachgeht (Grabher 1994, v.a. S. 51ff. und S. 105ff.). Auf betrieblicher Ebene betrifft Redundanz genau den „Slack", den wir zu Ende des vorigen Kapitels bereits vorgestellt haben.

2 Siehe dazu näher das 10. Kapitel dieser Arbeit.

3 Dazu, daß es Taylor um Beseitigung von Redundanz ging, siehe auch Bardmann 1994, S 267f.

wird nun nicht, wie man im ersten Zugriff denken könnte, die (leicht widerlegbare) Behauptung aufgestellt, ein System operiere prinzipiell ohne Rücksicht auf seine Umwelt. Sondern die Umweltunabhängigkeit der Tiefenstruktur, nach der sich ein soziales System selbst steuert, schließt natürlich ein, daß das System Umweltbeziehungen unterhält. Selbstreferenz und Fremdreferenz kommen also zusammen (s. dazu Willke 1993, S. 48). Autonomie negiert mithin nicht die Einflußmöglichkeiten von Systemumwelten auf Systeme, sondern streicht „nur" die Eigenständigkeit heraus, in der Systeme mit ihren Umwelten umgehen.

Die Pflege der eigenen Umweltbeziehungen ist eine elementare Konstitutionsbedingung jedes sozialen Systems.[1] Die Abgrenzung des Systems von seinen Umwelten schafft gerade die Voraussetzungen dafür, als System Informationen von außen beziehen, dadurch selbst Informationen erzeugen und darüber lernen zu können, d.h. Grundlagen zu bilden für die eigenen Entwicklungsfähigkeit. Dieser Zusammenhang wird eher verstellt durch eine Ganzheitlichkeitssemantik, die häufig in systemtheoretischen Diskursen anzutreffen ist.[2] Nach Churchman, der sich früh darum bemüht hat, eine unkritische Entwicklung des Systemansatzes zu vermeiden, soll mit dem Begriff der Ganzheitlichkeit gerade nicht nahegelegt werden, „das Ganze" erfassen, in den Griff bekommen zu können oder gar schon im Griff zu haben, sondern Ganzheitlichkeit läßt sich in dem Sinne als kritische Norm gegenüber dem Systemansatz verwenden, *daß* dieser immer wieder und auf Dauer *zu Selektionen und Ausgrenzungen gezwungen* ist, die der selbstkritischen Reflektion bedürfen. Politik, Moral, Religion und Ästhetik sind für Churchman „Feinde" des Systemansatzes, auf deren Herausforderungen dieser für seine Entwicklung dringend angewiesen ist.[3] Bei der Auseinandersetzung mit diesen „Feinden" wird deutlich: „Reflektion ist eines der stärksten Instrumente der Rationalität, aber auch ihr Feind."[4]

---

1 „Die Interaktion mit der Umwelt eines Systems wird zum Teil des Systems selbst, indem es mit der Umwelt interagiert, um seine Selbstproduktion zu ermöglichen und zu erleichtern." (Probst 1987, S. 22)

2 Wie im ökologischen Diskurs sehen wir wieder, daß gut gemeint längst nicht mit gut identisch ist.

3 Churchman 1981, S. 203ff.

4 Churchman 1981, S. 199. Churchman geht es in diesem Zusammenhang darum, auf die Grenzen der Zuständigkeit von Rationalität hinzuweisen — ein Hinweis, der uns in dieser Arbeit laufend weiter po-

Systemische Rationalisierungsbemühungen bekommen damit von Churchman gleichsam ein duales System[1] verordnet: Systeme haben sich selbst zu rationalisieren sowie vernünftig mit dem umzugehen, was sie nicht integrieren und rationalisieren können.[2]

Differenzbildungen zwischen System und Umwelt und damit die jeweilige Systemdefinition ergeben sich nicht aus einem An-sich-Sein des Systems, sondern aus *Unterscheidungen*, die theoretische und praktische *Beobachter* einführen. Die Konstitution von Systemen findet über subjektive Wahrnehmungsprozesse und Deutungsleistungen statt (vgl. a. Probst 1987, S. 27f.). Einen Blick hinzuwenden auf das, was ein System mehr oder weniger vermeintlich positiv zusammenhält, bedeutet immer auch: den Blick abzuwenden von vielem, was auch da ist, möglicherweise jetzt schon in einer vernünftigeren Deutungsleistung dazugehört oder sich später als fundamentaler Bestandteil herausstellen kann.[3]

Solche Deutungsleistungen, mit denen die Abgrenzung eines Systems vorgenommen wird, sind zugleich Sinnstiftungsleistungen, mit denen dominierende Rationalitäten oder Zweckhaftigkeiten von Systemen aufgemacht werden. Auch diese sind ja nicht in der Tiefe der Sache „an sich" da. Und jede Sinngebung führt zu weiteren Fragen: was ist der Gewinn des Gewinns? Wirtschaftspolitische und -theoretische Debatten beweisen seit jeher, daß die mehr oder minder vorgegebene Handlungslogik einer Unternehmung von verschiedenen Beobachtern höchst unterschiedlich beobachtet wird.[4] So sehr diese Beobachter in ihrer Willkür theoretisch frei sind, so sehr sind sie praktisch begrenzt. Als Konstrukteure von Realität fallen sie nämlich schnell auf die Nase, wenn sie ihre eigenen Möglichkeiten der Gestaltung, Lenkung, Steue-

---

sitiv beschäftigen wird, gerade auch dort, wo „rationale Theorien" auszuschöpfen sind.

1 Das sich von dem der deutschen Abfallwirtschaft an Vernünftigkeit allerdings positiv zu unterscheiden weiß.

2 Das „systematische" Beharren auf letzterem scheint uns forschungsstrategisch und praktisch erfolgversprechender zu sein als der Versuch, „Harmonisation" zum Schlüsselbegriff integrierten Managements zu machen; so aber Bleicher 1991, v.a. S. 276ff.

3 Bardmann (1994) erörtert diese Problematik ausführlich über die Abfallmetapher, pointiert zusammengefaßt S. 212ff.

4 Zum Beobachter und seiner herausragenden Rolle s. die Beiträge in v. Foerster 1993, auch Churchman 1981, S. 99ff. Für Bardmann (1994, S. 14) ist der Teufel der Prototyp des Beobachters, weil er durch Differenzbildung die Einheit verletzt, die er meint.

rung überschätzen. Soweit diese Termini auf ganze soziale Systeme bezogen werden, halten wir es für vernünftiger, sie zu vermeiden, um Irreführungen anderer ebenso vorzubeugen wie praktischer Selbstüberschätzung. Probst (1987) hat da weit weniger Probleme, erst recht nicht in dem mit H. Ulrich veröffentlichten Praktikerbuch, das wir weiter oben schon behandelt haben. Das bedeutet mangelnde Selbstvergewisserung gegenüber der technokratischen Falle des Systemansatzes, der dann leicht wieder in Machbarkeitswahn und Beherrschbarkeitseuphorien zurückfallen kann. Uns scheint dabei Bardmann richtig zu liegen mit seiner Feststellung, Probst würde mit seiner Trennung der beiden Gestaltungsebenen in substantielles (materielles) sowie symbolisches (geistig-sinnhaftes) Organisieren (Probst 1987, S. 91ff.) auf der wichtigen ersten Ebene ein überholtes Organisationsverständnis (das die Rationalität des in-den-Griff-Bekommens wieder zurückholt) weiter fortführen.[1] Selbstorganisation gilt eben sehr grundsätzlich und ist mehr als ein Warnschild für Macher, die meinen, jederzeit alles machen zu können. Fremdreferenz ist, wie wir gesehen haben, deshalb auch keine Antithese zur Selbstreferenz, sondern in diese über Unterscheidungen inkorporiert.[2]

Die dargelegten Merkmale eines emergenten sozialen Systems haben nicht weniger als die prinzipielle Offenheit seiner Entwicklungsoptionen zur Folge. Es ist zwar richtig, Selbsterhaltung als allgemeine Eigenschaft selbstorganisierender Systeme zu kennzeichnen (so Hutter 1992, S. 347), aber diese prinzipielle Offenheit zielt auf Lebensfähigkeit des Systems nicht nur als Überlebensfähigkeit, sondern als Entwicklungsfähigkeit schlechthin.[3] Entwicklungsfähigkeit sozialer

---

1 Bardmann 1994, S. 370 (Fußnote 13). Diese Interpretation würde Probsts Aufgeschlossenheit für Manager-Anleitungen, in denen die kritische Selbstreflektion des Systemansatzes ausgeblendet wird, tatsächlich eher verständlich machen.

2 Vgl. zu dieser Thematik aus betriebswirtschaftlicher Sicht jüngst Kieser (1994), dem allerdings schon die Probstsche Selbstorganisation zu weit geht.

3 Probst ist hier umstandslos zuzustimmen, wenn er formuliert: „Der Zweck sozialer Systeme kann in der Entwicklung der eigenen Möglichkeiten gesehen werden. Darin kommt der freie Wille zum Ausdruck, der für menschliche Systeme typisch ist." (Probst 1987, S. 50) Die Reduktion von handelnden Menschen auf psychische Systeme, wie sie neben Luhmann (s. Luhmann 1987, S. 15ff.) von einigen systemtheoretischen inspirierten Autoren vorgenommen wird (so Hutter 1992, S. 339), führt zur erneuten Verobjektivierung von

Systeme ist Entwicklungsfähigkeit für sich und zugleich in bezug auf etwas. Die Selbstreferenz sozialer Systeme vermag unseres Erachtens weder die Möglickeit noch die Notwendigkeit der Weltvergewisserung zu ersetzen. Welt geht in der je spezifischen Systemumwelt nicht auf und ist bei aller Subjektivität von Umwelterfahrung *und* Welterkenntnis als Erkenntnisgegenstand zu verteidigen. Das lehrt übrigens hervorragend das ökologische Problem: der Globalität der ökologischen Krise ist mit Kirchturmspolitik nicht beizukommen, sondern nur über das Gelingen praktisch folgenreicher Verständigungsprozesse.

Unter Bezugnahme auf „den interpretativen Aspekt des Weltbezuges, auf den sich die hermeneutische Tradition berufen hat, um die Differenz zwischen Welt und Umwelt sowie die Bedeutung dieser Unterscheidung für das spezifisch menschliche Weltverhältnis ins rechte Licht zu stellen", warnt Arnason vor einer Reduktion von Welt auf Umwelt und definiert Kultur als den sinnhaften Bezugsrahmen sozialen Handelns, welcher in diesem nicht aufgeht (Arnason 1989, S. 66f.).

In diesem Sinn von Sinn kann von individuellen Lebensmodellen, von gesellschaftlichen Leitbildern und — wie in der historischen Schule der Nationalökonomie — von Wirtschaftsstilen gesprochen werden, denen Menschen in ihrem Handeln folgen, u.a. auch Entscheidungsträger von und in Unternehmen.

Wenn wir Kultur als den sinnhaften Bezugsrahmen sozialen Handelns definieren, stellt sich in ökologischer Hinsicht natürlich insbesondere die Frage, welche Rolle die Natur dabei spielt. Was wir mit der Natur anstellen, wie wir sie umformen, verwandeln, zerstören, hängt offenkundig (deswegen sind die Metaphern dafür auch austauschbar, präziser: kulturell begründet) mit den von uns realisierten Sinngebungen zusammen.

Wir werden uns daher im 6. Kapitel mit verschiedenen Ausprägungen einer Entwicklung befassen, die sich als die gestiegene und weiter steigende Bedeutung von normativen Orientierungen und gesellschaftlichen Leitbildern in der Unternehmenspolitik beschreiben läßt. Dazu ist es unerläßlich, eingangs unser Verständnis von Unternehmenspolitik und dem Wirken der internen und externen Anspruchsgruppen systematischer als bisher darzulegen.

Sozialtheorie und macht handelnde Menschen für sich selbst unnötigerweise zum blinden Fleck.

6. Kapitel

Die steigende Bedeutung normativen Managements angesichts der ökologischen Herausforderung

„Werte sind das einzige Fundament, von dem aus eine Kultur sich dem Verständnis erschließt, denn alle Kulturen organisieren sich vorwiegend nach ihren jeweiligen Wertvorstellungen."
(Robert M. Pirsig, Lila oder ein Versuch über Moral)

„Die Schwierigkeit mit Menschen ist, daß sie zur Menschlichkeit neigen."
(C. West Churchman)

6.1 Unternehmenspolitik

Für ein Verständnis, das zwischen dem ökonomischen und politischen System einer Gesellschaft eindeutig zu trennen weiß, mutet es nach wie vor merkwürdig an, den *Politikbegriff* auf die Tätigkeit von Unternehmen zu beziehen. Nach dem *alten* Grundmodell war die Unternehmung als privater Zweckverband von Kapitaleigentümern gefaßt und von daher der Politikbegriff in der Tat nicht angemessen.

Die wesentlichen Bestimmungsmerkmale dieses Modells sind nach P. Ulrich/Fluri[1] außerdem:

- freie marktwirtschaftliche Konkurrenz;
- Harmonie zwischen individuellen und volkswirtschaftlichen Zielen;
- politische Freiheit durch ökonomische Freiheit im Rahmen des Rechtsstaates.

Davon unterschieden wird das *neue* Unternehmensmodell, das wie folgt ausgezeichnet wird:

---

1 P. Ulrich/Fluri 1992, S. 58ff. Wir geben die beiden Modelle hier zunächst so wieder, wie dort beschrieben.

- Grundmerkmal der Unternehmung ist ihr soziologischer Status, nicht die Rolle als Zweckverband;
- die Unternehmung ist primär ein Subsystem der Gesellschaft;
- zwischen individuellen und gesamtgesellschaftlichen Zielen kann Konflikt bestehen;
- statt ungeregelter Marktdynamik braucht es ordnungspolitische Gestaltung.

Zusammenfassend wird die Unternehmung nach dem neuen Modell „als multifunktionale und dementsprechend pluralistisch legitimierte Wertschöpfungseinheit gesehen" (P. Ulrich/Fluri 1992, S. 60). P. Ulrich hatte schon recht früh die „Großunternehmung als quasi-öffentliche Institution" (P. Ulrich 1977) gekennzeichnet.

Betrachtet man die Beschreibungselemente des neuen Modells, so dürften die beiden letzten weitgehend unumstritten sein: mit dem Problem mangelnder Harmonie zwischen individuellen und gesellschaftlichen Zielen schlägt sich die ökonomische Theorie unter Begriffen wie „externe Effekte" (Pigou 1937) und „soziale Kosten" (Kapp 1979) seit Jahrzehnten herum; und für die ordnungspolitische Gestaltung stehen Theorie und Praxis der sozialen Marktwirtschaft.

Die Verstärkung marktradikaler Einreden gegen staatliche Regulierungen des ökonomischen Systems (Frankfurter Institut 1986) macht allerdings seit einiger Zeit deutlich, daß das Befürworten der ordnungspolitischen Aufgaben des Staates eine parteiliche politische Analyse darstellt und sich nicht zwangsläufig aus dem Bemühen um politische Vernunft ergibt. In diesem Sinne sind natürlich auch die beiden ersten Beschreibungsmerkmale des neuen Unternehmensmodells streitbar. Uns scheint allerdings, womöglich pointierter als bei P. Ulrich/Fluri selbst, eine bestimmte Charakterisierung des Modells fundamental wichtig zu sein: es mag in der Folge *auch* von Belang sein, daß die Unternehmung es verschiedenen gesellschaftlichen Ansprüchen gegenüber recht machen *soll* und ihre Rolle als Subsystem der Gesellschaft begreifen *soll*. Vor diesem ethisch-normativem Gehalt (und bei Bedarf unabhängig davon) steht freilich die *analytische* Feststellung, daß Unternehmen heutzutage aus *erfolgsstrategischen* Gründen diesen definitorischen Zuschreibungen gerecht werden sollten.

Die *Beziehung zwischen Unternehmung und Gesellschaft* hat sich also seit der Entstehung der klassisch-wirtschaftsliberalen Annahmen weitreichend geändert. Von dem Zweiklassenmodell des Gegensatzes zwischen Kapital und Arbeit, der über die Gutenbergsche Unterscheidung in dispositiven Faktor und objektbezogene menschliche Arbeitsleistungen (vgl. Gutenberg 1983, S. 1ff.) auch in der Betriebswirtschaftslehre Platz gegriffen hatte, führte die Entwicklung zum *Koalitionsmodell* der Unternehmung. Nach diesem Koalitionsmodell sind die in einem Unternehmen Tätigen als Akteure anzusehen, die bestimmte Leistungen in das Unternehmen einbringen und dafür materielle und immaterielle Vergütungen erhalten.

Dieses Koalitionsmodell paßte präzise zu den sozialpsychologischen Annahmen der verhaltenswissenschaftlichen Öffnung der Betriebswirtschaftslehre (vgl. Schanz 1977) und ließ sich ebenso mit der Grundidee vereinbaren, wonach das betriebliche Handeln vor allem unter entscheidungstheoretischen Gesichtspunkten zu analysieren sei (vgl. dazu Heinen 1976).

Grundlage solcher theoretischer Konzeptionen war eine *gesellschaftliche Entwicklung*, die in der Bundesrepublik Deutschland 1972 zu einer Novellierung des Betriebsverfassungsgesetzes führte: Demokratie war nicht länger ein Prinzip, das für die Politik außerhalb der Betriebe gelten sollte, für diese selbst aber nicht; sondern bei allen Unterschieden in der unternehmensinternen Rollenverteilung ist nun die Unternehmung als Subsystem einer dem Anspruch nach offenen und demokratischen Gesellschaft in der Weise anerkannt, so daß für sie dieselben Prinzipien Gültigkeit haben.

Durch die technischen und organisatorischen Veränderungen in den Unternehmen war die Abkehr vom alten dualistischen Modell gleich *doppelt* überfällig geworden: der Hierarchie nach von *unten* her hatte sich eine vielfältige Ausdifferenzierung von Arbeitern und Angestellten gegenüber vorher ergeben, von *oben* her war zumal in den Großunternehmungen die Person des Eigentümer-Unternehmers durch ein der Form nach angestelltes Management weitgehend abgelöst worden, wobei das Management als Institution sich selbst wieder stark unterscheidet und in der Regel auf drei Managementebenen verteilt wird (s. dazu Staehle 1991, S. 82ff.).

Damit ist also (1) geklärt, daß es im Rahmen eines heute angemessenen Unternehmensmodells gegenüber der Organisation Unternehmung verschiedene interne Ansprüche gibt, neben denen von Mitarbeitern und von Managern natürlich auch jene der Kapitaleigner.

Nach der Terminologie einiger Vertreter der Hochschule St. Gallen[1] können die Genannten als *interne Anspruchsgruppen* gekennzeichnet werden, denen (2) *externe Anspruchsgruppen* der Unternehmung gegenüberstehen (grundlegend zu der neuen Konzeption von Unternehmung als quasi-öffentlicher Institution s. P. Ulrich 1977). Als solche externen Anspruchsgruppen werden häufig Fremdkapitalgeber, Lieferanten, Kunden, Konkurrenten sowie Staat und Gesellschaft genannt (vgl. P. Ulrich/Fluri 1992, S. 79).

Wenn intern und extern vielfältige Ansprüche an die Unternehmung gestellt werden, so läßt sich dies nicht länger mit einer Konzeption in Übereinstimmung bringen, wonach ein Unternehmen ein im strikten Rahmen enger ökonomischer Kalküle operierendes Akteurssystem darstellt. Unternehmen agieren eminent *politisch*, insofern im gegenseitigen Handlungsgefüge zwischen der Unternehmung und den internen sowie externen Anspruchsgruppen Fragen von Einflußnahme, Machtausübung und Konfliktaustragung eine bedeutende Rolle spielen. Vor diesem Hintergrund sind auch die Zielsetzungen des Unternehmens nicht länger mehr angemessen über bloße kalkulatorisch-ökonomische Rationalität zu definieren; auch sie bekommen unverkennbar politische Züge.

In diesem Sinne unterscheidet Dlugos zwei Hauptrichtungen der Unternehmenspolitik: die durch den aristotelischen Politikbegriff gekennzeichnete Politik als *policy* und die am machiavellistischen Bedeutungsgehalt von Politik orientierte Politik als *politics* (Dlugos 1989, Sp. 1985ff. sowie Dlugos 1984). Unternehmenspolitik als policy kann danach als Grundziele setzende Führungsaufgabe, Unternehmenspolitik im Sinne von politics als Umgang mit den Ansprüchen anderer (unternehmensinterner wie -externer) charakterisiert werden (vgl. a. Bleicher 1991, S. 79ff.). Dlugos möchte diese Unterscheidung verknüpfen mit der „Trennung von Grundzielsetzung und Sicherungszielsetzung".[2] Diese Verknüpfung vermag nicht zu überzeugen, weil die Grundzielsetzung selbst keine Größe darstellt, die einseitig vom Unternehmen

1 Vgl. aus dem angelsächsischen Raum auch die grundlegenden Ausführungen von Freeman 1984.

2 Danach „wird auf der Ebene der Unternehmungsführung der Strategischen Planung (als Grundziele setzende Führungsaufgabe) das Erkennen und Handhaben von unternehmungsexternen und -internen Konflikten als unternehmungspolitische Führungsaufgabe gegenübergestellt" (Dlugos 1989, Sp. 1991).

geschöpft würde und dann gegenüber den verschiedenen Anspruchsgruppen zu verteidigen wäre. Vielmehr ist diese Grundzielsetzung bereits aus erfolgsstrategischen Gründen so zu definieren und zu präzisieren, daß die Reaktionsweisen der verschiedenen Anspruchsgruppen möglichst einbezogen werden. Die Grundzielsetzung ist zudem ja nicht etwas Statisches, das einmal in das Umfeld gesetzt wird, sondern ständigen Ausfächerungen und Veränderungen unterworfen, zumindest der prinzipiellen Möglichkeit nach.[1] Die Qualität dieser Ausfächerungen und Veränderungen lebt von der Bereitschaft und Fähigkeit beider Seiten zum Dialog, der führenden Gruppe der Unternehmung wie der internen und externen Anspruchsgruppen.[2] Damit wird dann auch ersichtlich, daß die Normen und Werte der Anspruchsgruppen nicht allein auf deren Seite stehen bleiben, sondern insbesondere unter den Bedingungen vernünftigen Dialogs in das Zweck- und Zielsystem der Unternehmung eingehen. Diesen iterativen Prozeß (s. Abb. 17) sollte man konzeptionell nicht zerschneiden.

Auf diese Weise haben wir erst einmal ein völlig *formales* Raster für die Beziehungen zwischen Unternehmen und Umwelt gewonnen. Es kann durchaus in der Form noch voluntaristisch mißverstanden werden, so als ob eine Unternehmung durch umsichtigen Willensentscheid dazu kommen könnte, möglichst gleichbereichtigt und vollständig alle an sie herangetragenen Ansprüche zu berücksichtigen. Das geht natürlich *nicht*; ein *analytisches* Umgehen mit der Frage, wie denn das „strategische Anspruchsgruppenmanagement“[3] funktioniert, bringt uns nähere Aufschlüsse.

---

1 Wir werden im 9. Kapitel noch sehen, daß der Gedanke der funktionsorientierten Unternehmenspolitik die Flexibilitätsanforderungen an die Unternehmung auch auf der Zielebene auf eine neue Stufe stellt.

2 „Unternehmungspolitik ist somit die Auseinandersetzung mit den Wertvorstellungen und Interessen aller an der Unternehmung beteiligten oder von ihren Handlungen betroffenen Gruppen und die permanente Pflege tragfähiger Beziehungen zu diesen Gruppen. Es geht dabei um den schrittweisen Aufbau von kommunikativen Verständigungspotentialen, das heißt um die systematische Entwicklung der Voraussetzungen für die argumentative Konsensfindung über konfligierende Wertvorstellungen und Interessen mit allen Gruppen, auf deren Zusammenarbeit oder Unterstützung die Unternehmung direkt oder indirekt angewiesen ist, zur vorausblickenden Sicherung ihrer Kooperationsbereitschaft“ (P. Ulrich/Fluri 1992, S. 77).

3 So der Titelbegriff einer einschlägigen Arbeit von Janisch (1993).

Abb. 17: Allgemeines Strukturmodell zur Erfassung der Beziehungen zwischen Unternehmung und Gesellschaft

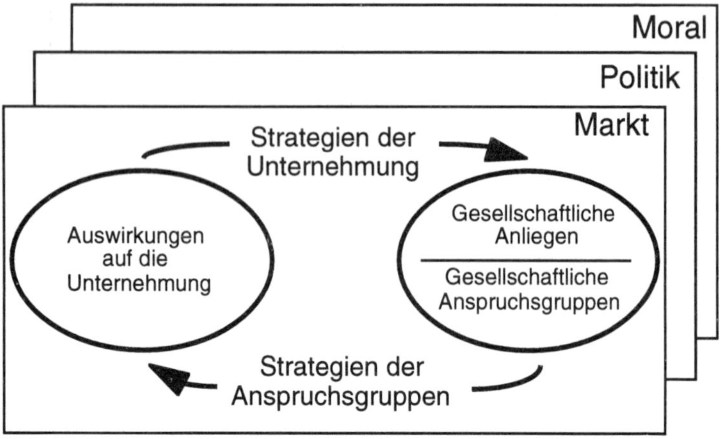

Quelle: Dyllick 1989, S. 462

Hilfreich ist dabei die Beachtung zweier Prinzipien, die Freeman und Gilbert definiert haben, des *Werte-* und des *Interdependenz*prinzips: „Das Handeln von Individuen und Organisationen ist teilweise durch die Werte dieser Individuen und Organisationen bestimmt." Und: „Der Erfolg einer Organisation beruht teilweise auf den Entscheidungen und Handlungen der mit der Organisation verbundenen Interessengruppen" (Freeman/Gilbert 1991, S. 23). Nachdem wir im 4. Kapitel bereits der ökonomischen Rationalität nicht nur ex negativo Grenzen gesetzt haben (weil nie alle relevanten Informationen beschafft werden können etc.), sondern auch ex positivo (wegen der Subjektabhängigkeit von Realitätskonstruktionen), und nachdem wir mit dem 5. Kapitel soziale Systeme (u.a. Unternehmen) als emergente Phänomene kennengelernt haben, geht die Analyse nun einen Schritt weiter: die von Individuen wie Unternehmen vorgenommenen Selektionen, als die sich Entscheidungen charakterisieren lassen, werden wesentlich geprägt durch die *Werte* der Entscheidenden. Unternehmen können also gegenüber ihren Anspruchsgruppen gar nicht als großer Trichter operieren nach dem Motto „Wer vieles bringt, wird vielen etwas bringen", sondern richten sich wesentlich nach der Anschlußfähigkeit an eigene Werte.

Sehr unterschiedliche Antworten durchaus ähnlicher bzw. vergleichbarer Unternehmen auf die ökologische Herausforderung haben in den vergangenen Jahren diesen Befund unterstrichen. Das *ökologi-*

sche Problem zwingt ferner dazu, die externen Anspruchsgruppen stärker zu differenzieren, als dies bei P. Ulrich/Fluri bis zur letzten Auflage ihres Management-Buches geschehen ist.[1] Die Verfechter ökologischer Ziele müssen in einer angemessenen stakeholder-Systematik unbedingt auftauchen.

Abb. 18: Die Unternehmung und ihre Anspruchsgruppen

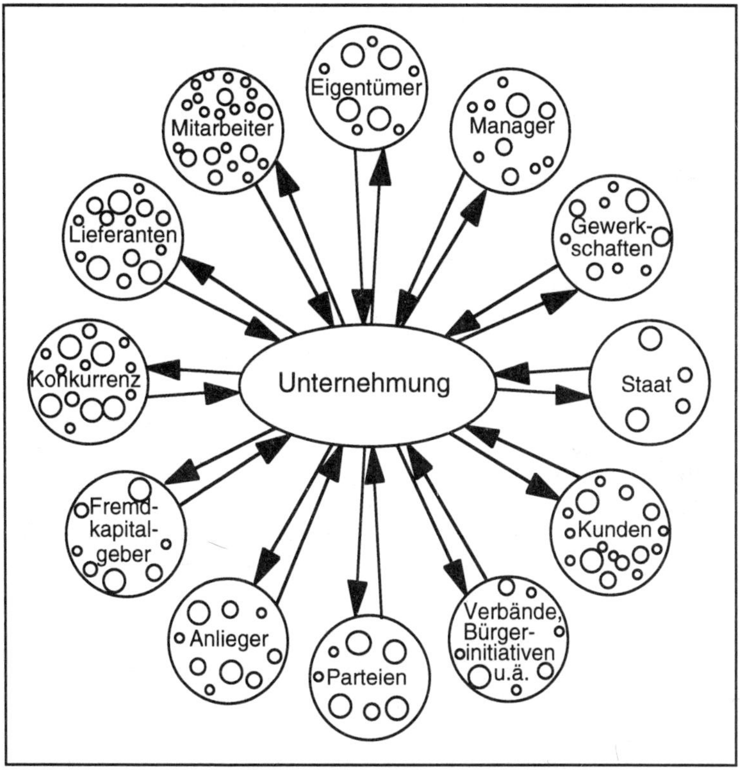

Quelle: in Anlehnung an Freeman 1984, S. 55

Daß Selektionen stattfinden und nicht etwa alle stakeholder-Anliegen gleichartig und umfassend berücksichtigt werden können, wird dadurch verstärkt, daß *zwischen verschiedenen* wie auch *innerhalb der-*

1 Es enttäuscht und zeigt abermals auf, wieviel analytisches Potential betriebswirtschaftliche Arbeiten vergeben, die sich nicht um das ökologische Problem kümmern, wenn auch Janisch in ihrer über 400 Seiten starken Arbeit nur Staat und Öffentlichkeit/Gesellschaft zu identifizieren vermag, s. Janisch 1993, v.a. S. 130.

selben Anspruchsgruppen wir nichts anderes vorfinden als in der Beziehung zwischen einzelwirtschaftlichen Akteuren und Gesellschaft: Harmonie ist nicht zwingend, Konflikt ist vorprogrammiert.[1] Brechungen in der Kommunikation zwischen Unternehmung und stakeholders sind also zwangsläufig, ändern aber nichts an der Beziehungsintensität als strategischem Erfordernis für die Unternehmung, sondern untermauern nur noch deren Notwendigkeit (s. Abb. 18).

Wenn nun allgemein die Funktionsfähigkeit dieses kreisförmig zu illustrierenden Prozesses auf der Bereitschaft und Fähigkeit jeweils beider Seiten (Unternehmung wie Anspruchsgruppe) zum Dialog beruht, so setzen wir die Sprachhandlungsfähigkeit der Beteiligten voraus.

Im Rahmen unserer ökologischen Fragestellung stoßen wir dabei aber nun auf ein elementares Problem: die Natur kann nicht sprechen (sich allenfalls durch entsprechende Reaktionsweisen dafür rächen, wie zerstörerisch wir mit ihr umgegangen sind).

D.h. wir haben (1) sowieso das Problem der sachlichen *Heterogenität* der Ansprüche, die unter verschiedenen Anspruchsgruppen rubriziert sind, insbesondere unter „Staat und Gesellschaft".[2] Wir haben aber (2) bei der Natur das *spezielle* Problem der Unmöglichkeit eigener Artikulation. Und es gibt niemanden, der gewissermaßen objektiv und authentisch die Belange der Natur vertreten würde:

- in *Umweltschutzverbänden* sind natürlich eher diejenigen aktiv, die sich für ökologische Belange einsetzen, doch gehen die Standpunkte häufig weit auseinander, was darauf beruht, daß verschiedene Menschen verschiedene Sichtweisen haben (die selbstverständlich auf spezifisch menschliche Interessenkonstellationen zurückgehen und nicht auf eigentlich ökologische);

---

1 Auch die regulative Idee des *Konsensus-Managements* scheint eine normative Überfrachtung tatsächlicher Interaktionsprozesse zwischen Unternehmen und stakeholders zu sein: realistischer läßt sich eine solche Kommunikation als *Verständigungsmanagement* beschreiben, mit dessen Hilfe im Einzelfall zwar auch Konsense möglich sind, wonach vor allem aber mit Differenzen reflektierter umgegangen werden kann. Siehe dazu auch weitere Überlegungen in den restlichen Kapiteln dieser Arbeit.

2 Beim Konflikt um eine Industrieansiedlung stehen sich beispielsweise das kommunale Interesse an Gewerbesteuereinnahmen und die Lebensqualitätsinteressen betroffener Anlieger direkt gegenüber.

- bei unmittelbar *Betroffenen* belegen sämtliche konflikthaften Auseinandersetzungen, daß das Kriterium der direkten Betroffenheit nicht die Positionen eint, sondern sich hier wiederum die unterschiedlichsten Standpunkte auffinden lassen;
- bei der *Umweltpolitik* der Verwaltungen wie der Parteien sind diese Erscheinungen ebenso ausgeprägt; in bezug auf verschiedene spezielle Probleme haben die Parteien unterschiedliche Standpunkte, und diese differenzieren sich noch einmal weiter über Regierungs- oder Oppositionsrolle, über Konfliktnähe oder -ferne etc.

Es gibt also niemanden, der mit guten Gründen für sich behaupten könnte, authentischer Vertreter ökologischer Interessen zu sein.[1] Da die Natur keine klassische Anspruchsgruppe sein kann, kann sie auch keine *authentische* Vertretung haben. Für eine Unternehmenspolitik in sozialökologischen Perspektiven stellt sich von daher die Verpflichtung, nicht nur die Ergebnisse eines möglichst offen geführten Dialogs mit den internen und externen Anspruchsgruppen zu bündeln, sondern ökologische Probleme und Zielsetzungen darüber hinaus zu bedenken. Es sei denn, es bestünde die Möglichkeit einer entsprechend weitergehenden Reform der Unternehmensverfassung. Dieser Frage soll daher im nächsten Abschnitt nachgegangen werden.

6.2 Wertewandel und ökologische Unternehmensverfassung

Wir haben policy und politics als zwei zu verknüpfende, wenngleich unterscheidbare Typen unternehmenspolitischen Handelns kennengelernt. Daneben können wir polity auszeichnen als das institutionelle Systemgefüge, über das sich Politik abspielt (vgl. von Prittwitz 1990, S. 50). Für ein Unternehmen handelt es sich dabei zum einen um die Rahmenbedingungen des eigenen Handelns, die u.a. durch (politische etc.) Institutionen vorgegeben werden; zum anderen ist das Unternehmen selbst als Institution zu begreifen, das eine spezifische institutionelle Ausprägung hat, d.h. eine Unternehmensverfassung.

---

1 Das dient keineswegs dazu, das Engagement von Umweltschutzverbänden u.ä. zu schmälern, relativiert und präzisiert allerdings ihre politische Rolle.

Angefangen bei den rechtlichen Festlegungen kommt in der Unternehmensverfassung das allgemeine Verständnis zum Ausdruck, was denn ein Unternehmen ist und welche Aufgaben es hat. Vor dem Hintergrund der Entwicklung vom alten zum neuen Unternehmensmodell (dem der Unternehmung als quasi-öffentlicher Institution) kann der Befund nicht überraschen, daß die Frage der angemessenen Unternehmensverfassung zunächst als eine der innerbetrieblichen und unternehmensinternen Macht- und Herrschaftsverhältnisse behandelt wurde.[1]

Das galt auch für diejenigen, die eine grundsätzlichere Kritik am kapitalistischen Wirtschaftssystem vortrugen, bis hin zu Ota Sik, der mit einer ordnungspolitischen Grundkonzeption des Dritten Wegs sowohl das marktwirtschaftlich-kapitalistische wie das kommunistisch-planwirtschaftliche System überwinden wollte.[2] Durchgängig alle selbstverwaltungsorientierten Konzeptionen (s.a. Vanek 1975 und Osers 1980) blieben der Idee der (tendenziell herrschaftsfreien) Regulierung der unternehmensinternen Widersprüche zwischen Kapital und Arbeit verhaftet und schenkten den externen Beziehungen der Unternehmung keine weitere Aufmerksamkeit, unterstellten hier implizit höchstens die harmonische Auffassung, selbstverwaltete Unternehmen würden quasi zwangsläufig für die Gesellschaft positive externe Effekte produzieren.[3]

Weitestgehende Beteiligung der Arbeitnehmer an den Entscheidungen einer Unternehmung hat keine zwangsläufigen linear vorstellbaren Folgen für die *Qualität* der Produktion. Insbesondere gibt es keine Gründe für die Annahme, Arbeitnehmerbeteiligung oder Selbstverwaltung eines Betriebes garantiere die aktive Annahme der ökologischen Herausforderung durch das jeweilige Unternehmen. Die Öffnung der überkommenen ökonomischen Rationalität für die lebenspraktische

---

1 Bei den Gutenbergschen Grundlagen der Betriebswirtschaftslehre ist der Widerwille gegen weitergehende Mitbestimmungsrechte der Arbeitnehmer dabei noch bis in die letzten Auflagen hinein zu spüren, s. Gutenberg 1983, S. 502ff.

2 Vgl. dazu Sik 1979 und die diesbezügliche Kritik von P. Ulrich, daß Siks Konzeption einer „laboristischen Fehlschaltung“ (P. Ulrich 1986, S. 414ff.) unterliegt.

3 Ebenso war auch das Selbstverständnis der zahlreichen Selbstverwaltungs- und Alternativbetriebe, die u.a in den 80er Jahren gegründet wurden, was freilich bemerkenswerte Parallelen zu dem klassisch-wirtschaftsliberalen Verständnis hat; durch die Hintertür kommt bei einer solchen Konzeption übrigens wieder der starke Staat herein, wie P. Ulrich (1986, S. 419) festgestellt hat.

Vernunft (s. P. Ulrich 1981) muß also nach innen *und* außen vorgenommen werden, die zweite wird keineswegs durch die erste mitgeliefert.

Zunächst einmal ist diese Öffnung für die Werte und Ziele aller Anspruchsgruppen eine *regulative Idee*, die der Unternehmung Aufgeschlossenheit bei policy und politics abfordert. Es ergeben sich jedoch damit noch keine Folgerungen für die konkrete Ausgestaltung einer Unternehmensverfassung.

U.a. seit die Gewerkschaften sich den ökologischen Problemen stärker zugewandt haben, ist immer wieder die Forderung erhoben worden, der natürlichen Umwelt in den höchsten Entscheidungsgremien von Unternehmen Platz zu verschaffen (vgl. Hogrebe 1991). Wir haben im vorigen Abschnitt festgestellt, daß es im Anspruchsgruppengefüge keine authentische Vertretung der Natur geben kann. Dieses Argument gilt natürlich auch hier: Vertreter von Umweltverbänden u.a. wären nicht authentisch im Unterschied zu denjenigen, die als Kapital- oder Arbeitnehmervertreter bzw. direkt im Auftrag ihrer Anspruchsgruppe agieren.

Schon generell ist die offene Unternehmensverfassung, die sich aus der Öffnung der Unternehmensführung gegenüber ihren internen und externen Anspruchsgruppen ergibt, eine regulative Idee und kann nicht durch ein konkretes Unternehmensverfassungsmodell verrechtlicht, d.h. geschlossen werden.[1] Diese Öffnung kann *konkret* in dem Maße hergestellt werden, wie unternehmenspolitische Entscheidungen über Willensbildungsprozesse in den durch die Unternehmensverfassung gegebenen Gremien hinaus offen und kommunikativ vorbereitet werden; bezüglich der ökologischen Belange gilt, daß diese eigenständig thematisiert werden müssen, weil es keine authentischen Vertreter der Natur als Anspruchsgruppe gibt und von daher keine Sicherheit, daß diese Belange hinreichend stark vertreten werden.

Es gibt aber offensichtlich etwas, was von zahlreichen Wissenschaftlern als säkularer Trend diagnostiziert und womit behauptet wird, daß veränderte gesellschaftliche Bedürfnisse, Bedarfe und Nachfragen[2] keine Übergangsphänomene sind: *Wertewandel*.[3] Wertewandel ist Stu-

1 Siehe P. Ulrich 1986, S. 420ff.; vgl. auch Bleicher zur pluralistischen Unternehmensverfassung 1991, S. 120ff.
2 Die Differenz dieser Termini werden wir im 9. Kapitel entschlüsseln.
3 Siehe dazu Inglehart 1977 und 1989 sowie Klipstein/Strümpel 1985 und Strümpel 1992.

dierenden der Betriebswirtschaftslehre mindestens durch Schichtungen einer Pyramide bekannt: der Maslowschen Bedürfnispyramide (s. Maslow 1973).

„Die Theorie des Wertewandels basiert auf zwei Schlüsselhypothesen: 1. Die Mangelhypothese. Die Prioritäten eines Menschens reflektieren sein sozio-ökonomisches Umfeld: Den größten subjektiven Wert mißt man den Dingen zu, die relativ knapp sind. 2. die Sozialisationshypothese. Wertprioritäten ergeben sich nicht unmittelbar aus dem sozio-ökonomischen Umfeld. Vielmehr kommt es zu einer erheblichen Zeitverschiebung, denn die grundlegenden Wertvorstellungen eines Menschen spiegeln weithin die Bedingungen wider, die in seiner Jugendzeit vorherrschend waren" (Inglehart 1989, S. 92). Offenkundig sind diese beiden Hypothesen keineswegs vollig kompatibel. Maslows Bedürfnispyramide war eben deshalb eine Pyramide (d.h. Richtung Selbstverwirklichung nahm die Menge an Menschen ab, denen diese Option zugerechnet wurde), weil das gesellschaftliche Menschenbild von Taylor und Gutenberg, d.h. das dualistische Modell von dispositiver und ausführender Arbeit, nur modifiziert, nicht aber überwunden wurde. Würde Knappheit im Sinne der Mangelhypothese Präferenzen konstituieren, hätte der Drang nach Selbstverwirklichung in früheren kapitalistischen Zeiten erst recht stark sein müssen (was so offenkundig nicht stimmt).

Umgekehrt scheint es eine fragwürdige, weil nicht nur subjektive, sondern auch einseitige Sichtweise zu sein, wenn Inglehart für die gegenwärtig jüngere Generation formuliert: „Doch gerade hier verbreitet sich eine postmaterialistische Weltsicht, in der die Frage nach dem Sinn des Lebens eine große Rolle spielt und die dem Bereich des Geistlichen eine neue Bedeutung zumißt, auch wenn das Geistliche eher in der Natur als in den Kirchen gesucht wird" (Inglehart 1989, S. 500). Wenn man die Situation zu der Zeit betrachtet, zu der die vorliegende Arbeit abgeschlossen wurde, scheint diese Einschätzung empirisch kaum haltbar zu sein; und wenn man den u.a. im 2. Kapitel vorgetragenen Überlegungen gegen ökologischen Fundamentalismus folgt[1], dann macht dies auch theoretisch keinen besonders plausiblen Eindruck. Gleichwohl bleibt Wertewandel als säkularer Trend und offene Unternehmensverfassung als angemessene Reaktionsweise.

---

1 Wir kommen darauf im 7. Kapitel noch einmal zu sprechen.

6.3 Das normative Management im Geflecht der Managementebenen

Normatives Management entsteht nicht, weil akademische Betriebswirte wollen, daß Unternehmensführungen (auch) normativ vorgehen. Wie wir bereits im 4. Kapitel gesehen haben, führt die zwangsläufige Subjektivität der Informationsverarbeitung bei den unternehmenspolitischen Entscheidungsträgern dazu, daß deren individuelle Normen und Werte (woher sie auch immer kommen mögen) in die Entscheidungen eingehen. Wie weitgehend sich die Entscheidungsträger dies bei ihren Entscheidungen überhaupt bewußt machen, spielt hier zunächst keine Rolle.[1]

Neben den Wertvorstellungen der Entscheidungsträger selbst gehen ferner jene der internen und externen Anspruchsgruppen in die Entscheidung ein, insofern diese gegenüber der Unternehmung ja nicht nur preisbezogene ökonomische Interessen haben.[2]

Die Betriebswirtschaftslehre hat also doppelt gute Gründe, die Beschränkung auf sekundäre Werturteile und deren mittelhaften Bezug auf das abstrakte Wirtschaftlichkeitsziel[3] aufzugeben, einschließlich entsprechender Postulate über die Wertfreiheit von Wissenschaft.

Anders läßt sich formulieren: der Glaube an die Möglichkeit einer *eng* ökonomischen, d.h. nach bloß kalkulatorischen Wirtschaftlichkeitskriterien gefällten Entscheidung ist in doppelter Weise eine ökonomistische Fiktion. Moral (im Sinne der leitenden Wertvorstellungen von Individuen, Gruppen, Gesellschaften) und Ökonomie sind aufs engste miteinander verzahnt, völlig *jenseits* der Frage, ob jemand moralische Vorstellungen innerhalb ökonomischer Entscheidungen zur Geltung gebracht haben möchte oder nicht.

Wenn die Geltung von Moral bei ökonomischen Entscheidungen also unabhängig vom Bewußtsein davon und vom Willen dazu besteht, dann hat normatives Management eben denselben *Doppelcharakter*: es existiert immer, unabhängig von der Erkenntnisfähigkeit und den Ab-

---

1 Natürlich nur dann, wenn es darum geht, die Bedingungen des eigenen Entscheidens zu reflektieren, vgl. dazu die Typenbildung bei P. Ulrich/Thielemann 1992.

2 So spielt bei den endverbrauchsnahen Unternehmen etwa eine Rolle, daß von Verbraucherseite inzwischen wesentlich stärker auf die ökologische Qualität der Produkte geachtet wird.

3 So aber nach wie vor Wöhe 1990, S. 53f.

sichten derer, die in einem Unternehmen Verantwortung tragen. Auch die (illusorische) Annahme, in Unternehmen und in den Beziehungen zwischen Unternehmen und etwa Kunden ginge alles nach im engen Sinn wirtschaftlichen Dingen zu, läßt sich als eine spezifische Moral kennzeichnen, die praktisch möglicherweise zu einer Überschätzung des Preises als Entscheidungskriterium führt, weil andere Dinge nicht zur Kenntnis genommen werden.

Abb. 19: Stufen des Management

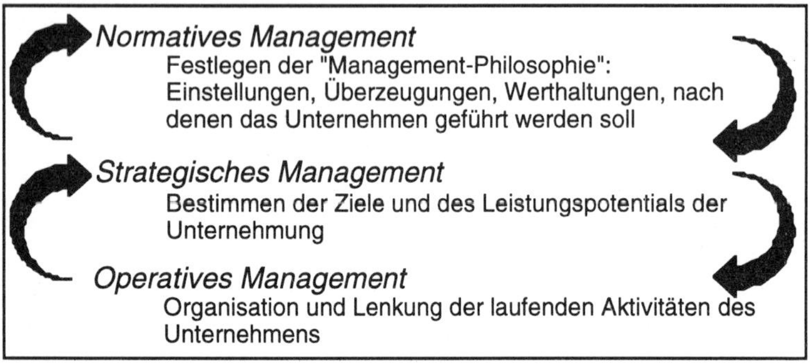

Quelle: in Anlehnung an H. Ulrich 1981

Wo Normen und Werte nun nicht nur unbewußt in Entscheidungen eingehen, sondern von den Entscheidungsträgern bewußt nicht verdrängt und für die Zielerreichung eingesetzt werden, läßt sich von einem Orientierungswissen[1] sprechen, dessen Anspruch es ist, sinnvolle und legitime, d.h. verantwortliche Handlungsorientierungen aufzuzeigen (vgl. P. Ulrich/Thielemann 1992, S. 13). Ein solches Orientierungswissen hat dann Auswirkungen auf alle unternehmenspolitischen Aktivitäten des Managements, wobei hier auf die von H. Ulrich (1981) vorgenommene Dreiteilung der Managementebenen[2] hingewiesen werden soll (s. Abb. 19).

1 Wir argumentieren hier zunächst beschränkt auf die Ebene der Unternehmens*führung*; wir werden im folgenden sehen, daß der Entwicklungsweg des normativen Managements von Unternehmensphilosophien über Unternehmenskultur hin zur Unternehmensethik sich als Prozeß zunehmender Partizipation und Außenorientierung beschreiben läßt — jedenfalls im Rahmen der von uns vorgetragenen Sichtweise.

2 Dabei siedeln wir den Begriff Unternehmenspolitik auf allen drei Managementebenen an, weil policy wie politics auf allen drei Ebenen eine Rolle spielen. Den Begriff Unternehmenspolitik ziehen wir

Die in entgegengesetzter Richtung verlaufenden Pfeile, die der ursprünglichen Abbildung von H. Ulrich ergänzend beigefügt sind, sollen nun folgenden Zusammenhang verdeutlichen:

Historisch läßt sich die Herausbildung dieser drei Managementebenen so beschreiben: am Anfang stand das operative Geschäft, bei dem sich die Unternehmen als relativ konfliktfreie Ausführungsorgane der Marktanforderungen begriffen („vikarische Funktion").

Strategische Unternehmensplanung ist ein relativ junges Gebiet (vgl. Kreikebaum 1991). Strategische Planung wurde in dem Maße notwendig, in dem die Notwendigkeit permanenter Umweltanpassungen für die Unternehmen stieg sowie auf der anderen Seite mit zunehmender Größe die Vielfalt und mögliche Widersprüchlichkeit der Subsysteme eines Unternehmens. Weniger denn je ließ sich aus Tradition und Vergangenheit des Unternehmens zehren („das haben wir immer so gemacht"); die Bedeutung von *Zukunftserwartungen* in und gegenüber Unternehmen wuchs. Probleme bei der Operationalisierung strategischer Ziele machten und machen weiter immer ausgefeiltere Planungs-, Steuerungs- und Kontrollsysteme erforderlich.

Nach Bleicher stehen im Mittelpunkt strategischen Managements „vier Prinzipien, welche das Denken und Handeln von Führungskräften ... leiten:

- die Suche nach zweckgerichteten Strategien,
- die relative Positionierung der eigenen Aktivitäten gegenüber dem Wettbewerb und der Umwelt,
- die Konzentration der Kräfte
  und
- die Entwicklung zukunftsweisender Erfolgspotentiale"
  (Bleicher 1991, S. 193).

Diese Entwicklung zukunftsweisender Erfolgspotentiale, so stellte sich angesichts der wachsenden und sich differenzierenden internen und externen Ansprüche und damit der steigenden Umweltkomplexität heraus, bedurfte nun einer normativen Fundierung über Unternehmensphi-

---

jenem der Unternehmensführung übrigens systematisch vor, weil letzterer schon sprachlich stärker auf die Beziehungen zwischen Vorgesetzten (Führenden) und Mitarbeitern konzentriert, auch wenn es natürlich Sinn macht, eine Unternehmung nach innen und außen zu „führen".

losophien, Leitbilder und daraus folgende Grundorientierungen (vgl. zu einer solchen Genese auch Ansoff 1981, S. 62).

Die *Qualität* einer solchen normativen Fundierung kann in der unternehmenspolitischen Praxis sehr unterschiedlich ausfallen:

- das betrifft zum einen die inhaltliche Reichweite und Substanz (das werden wir im nächsten Abschnitt über Unternehmensphilosophien verdeutlichen),
- das betrifft zum anderen die Frage, inwiefern die normativen Orientierungen tatsächlich auf die strategische und die operative Ebene hin umgesetzt werden[1] oder aber ideologischer Überbau über einer anders gearteten strategischen Unternehmenspolitik bleiben und damit ohne praktische Folgen.

Wir können diese Alternative auch mit folgendem Gedankengang beschreiben: *Chronologisch* haben wir eine Kette Operatives → Strategisches → Normatives Management zu konstatieren. Nachdenken über strategisches Management beginnt als Verlängerung operativen Managements auf der Zeitachse. Nach und nach verbreitet sich die Einsicht, daß es (bei allen Überschneidungen zwischen beiden) dabei weniger um die langfristigen als um die *grundsätzlichen* Entscheidungen einer Unternehmung geht. Und das Proklamieren normativen Managements resultiert z.T. daraus, daß Werte und Unternehmensphilosophien nachgefragt werden. Die Aufstellung von unternehmenspolitischen Normen passiert dann als bloße Reaktion auf externe Anforderungen[2], nicht aufgrund eigenständiger Wertsetzungen und Visionen von seiten des Unternehmens.

Sachlich-zukunftsorientiert verläuft die Sache genau umgekehrt. Die Unternehmung hat sich (natürlich unter erfolgsstrategischen Bezügen) Visionen zu erarbeiten, die sich in kraftvolle Strategien umsetzen lassen, aus denen konkrete Konsequenzen abgeleitet werden können für das operative Geschäft.

Fundamental ist dabei, ob solche normativen Orientierungen einseitig von der Unternehmung her aufgestellt, über Verständigung immerhin mit den internen oder über Verständigung mit den internen und ex-

---

1 Dies soll durch die rechten Pfeile in Abbildung 19 deutlich gemacht werden.

2 So lesen wir hauptsächlich die Funktionsbestimmung normativen Managements bei Bleicher (1991).

ternen Anspruchsgruppen gewonnen werden. Diese Frage führt uns zu einer dreifachen Unterscheidung von normativem Management. Wir halten es nämlich für zweckmäßig, die verschiedenen Ausprägungen normativen Managements auf realgeschichtliche Entstehungsgründe zurückzuführen. Einen darauf gerichteten Erklärungsversuch legen wir im folgenden vor. Er unterscheidet in zeitlicher und sachlicher Abfolge in Unternehmensphilosophie, Unternehmenskultur und Unternehmensethik.[1]

Abb. 20: Drei Wellen normativen Managements

Bezeichnung	Zeit	auslösendes Problem	Charakterisierung
1) Unternehmens-philosophien	70er Jahre	Mangelnde Partizipation bei der Führung	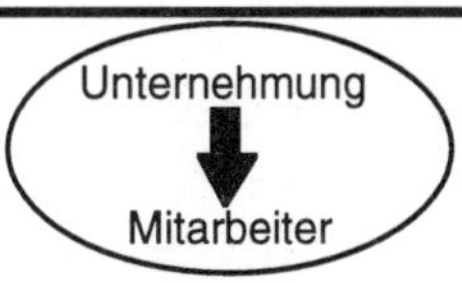
2) Unternehmens-kultur	80er Jahre	Geistig-kulturelle Orientierung innerhalb der Unternehmen	
3) Unternehmens-ethik	90er Jahre	Externe gesellschaftliche, v.a. ökologische Herausforderung	

Quelle: eigene

Unternehmensphilosophien, -kulturen und -ethiken entstammen alle drei derselben unternehmenspolitischen Wurzel: dem gestiegenen Erfordernis, die strategische und operative Unternehmenspolitik normativ zu fundieren.

1 Wir zählen die Unternehmensverfassung nicht direkt zum normativen Management. Sie ist ein juristischer Ausdruck für normatives Management, verwiesen auf den Rahmen gesetzlicher Vorgaben. Und zudem ist die (rechtliche) Unternehmensverfassung nur die hardware der praktischen Unternehmensverfassung, die wie eine Organisationskultur nur vermittels subjektiver Wahrnehmungen beschrieben, aber nicht intersubjektiv eindeutig gebildet werden kann.

Differenzieren lassen sie sich als drei nacheinanderfolgende Wellen normativen Managements, die sich nicht ablösen, sondern ergänzen. Zu verschiedenen Zeiten eine gewisse Breite entwickelnd, reagieren sie auf unterschiedliche Problemlagen und unterscheiden sich von daher auch sachlich. Zusammengefaßt kann man dies an obigem Schema darstellen (s. Abb. 20).

6.4 Unternehmensphilosophien

Wie aus Abbildung 20 hervorgeht, soll hier unter Unternehmensphilosophie ein eher einseitig von seiten der Unternehmensführung gegenüber den Mitarbeitern sowie Außenstehenden gerichteter Prozeß verstanden werden. Unternehmensphilosophien entstammen zunächst einem sozialtechnologischen Ansatz, der zurückgeht auf die ersten Korrekturen des Taylorschen Menschenbildes.[1]

Unter den Bedingungen relativer Vollbeschäftigung und verschärfter Konkurrenz v.a. um qualifizierte Arbeitskräfte, aber natürlich auch motiviert durch einen in den vergangenen Jahrzehnten veränderten Blick auf die arbeitenden Menschen, deren Arbeitsbedingungen, Menschenwürde etc.[2] wurde auf der sachlich-technischen wie insbesondere auf der psychologisch-motivatorischen Ebene ein neuer Führungsstil erforderlich. Angesichts der unseligen Tradition, die autoritäre und zentralistische Führungspraktiken speziell im gerade vom Nationalsozialismus befreiten Deutschland hatten, kam es darauf an, neue Orientierungen zu vermitteln. Zumal als sich nach dem ersten Konjunkturrückgang in der Nachkriegszeit in der Bundesrepublik Deutschland 1966/67 die relative Stellung der Arbeiter und Angestellten gegenüber den Unternehmen verbesserte, und gerade bei deutschen Unternehmen, die zu US-amerikanisch geführten Konzernen gehörten, wurden Unternehmensphilosophien als Führungskonzepte entwickelt und schrift-

1 Wie etwa Dale Carnegies „How to win and influence people" von 1926; Frederic W. Taylor hat seine über unternehmenspraktische Erfahrungen gewonnenen Grundauffassungen v.a. niedergelegt in: Taylor 1917.

2 Dieser Entwicklungsprozeß ist in schier zahllosen Managementpublikationen hinreichend aufgearbeitet, hier sei nur auf drei verwiesen: Staehle 1991, Kieser/Kubicek 1978, Braverman 1977.

lich fixiert. In ihnen drücken sich die grundlegenden Einstellungen und Wertvorstellungen der Führungskräfte aus — über Führung. Probleme externer Unternehmenspolitik spielen in diesen Unternehmensphilosophien noch eine ganz untergeordnete Rolle. Für die Werthaltungen der Führungskräfte lassen sich verschiedene Quellen angeben: kulturell-gesellschaftliche, ausbildungs- und rollenbedingte, individuelle Erfahrungen.[1]

In solchen Unternehmensphilosophien hieß es dann etwa bei Daimler-Benz: „Die unserem Unternehmen gestellten Aufgaben sind nur durch die gemeinsame Leistung aller Mitarbeiter zu lösen; erst sie ermöglicht den Erfolg unseres Hauses ... Kooperatives Führen ist zum einen gekennzeichnet durch das Bestreben, die Mitarbeiter aktiv in das Unternehmensgeschehen einzubeziehen, ihre berufliche Entwicklung zu fördern und ihnen auch im Berufsleben eine Möglichkeit zur Entfaltung ihrer Persönlichkeit zu geben“.[2]

Bei der Ruhrkohle AG: „Es ist unsere Aufgabe, die gesetzten Ziele gemeinsam zu verwirklichen. Dazu ist eine gute, erfolgsorientierte Zusammenarbeit zwischen allen Mitarbeitern unseres Konzerns notwendig“.

Bei Henkel: „Führungspositionen in unserem Unternehmen sollen mit Mitarbeitern aus den eigenen Reihen besetzt werden, wo immer das möglich ist. Deshalb ist der Vorgesetzte darauf bedacht, die besonderen Fähigkeiten und Begabungen seiner Mitarbeiter zu erkennen und deren Entwicklung zu fördern“.

Bei der Dresdner Bank: „Der Vorgesetzte bemüht sich um eine ständige Verbesserung des Arbeitsablaufes. Er regt seine Mitarbeiter an, geeignete Vorschläge zu erarbeiten, und setzt sich für deren Verwirklichung ein. Eine weitere Aufgabe des Vorgesetzten ist die Förderung seiner Mitarbeiter“.

---

1 Vgl. auch den diesbezüglichen Beitrag von H. Ulrich, 1981, der allerdings nicht, wie wir, die schriftliche Fixierung zum Merkmal einer Unternehmensphilosophie macht.

2 Diese und die unmittelbar nachfolgenden zitiert nach: Management Wissen 9/86, S. 20ff.

Aus solchen Formulierungen wird zweierlei deutlich:

(1) handelt es sich um einseitige Ansprüche und Absichtserklärungen, die zu wenig operationalisiert sind, um als innerbetriebliche Regulierungsmuster eingefordert werden zu können,

(2) bleibt die in der Taylorschen Philosophie wissenschaftlicher Betriebsführung befangene Sichtweise einzig vom Top-Management her unhinterfragt; weder wird die Unternehmung schon ernsthaft als Interessengefüge gesehen, noch gar auf ihre Mittelfunktion gegenüber internen und externen Ansprüchen hin orientiert.

Solche unternehmensphilosophischen Führungsgrundsätze waren auf Delegation von Verantwortung nur im zentralistischen Sinn aus, analog dem in deutscher Führungspraxis und -lehre bis in die 70er Jahre hinein bedeutenden Harzburger Modell von Höhn u.a. (vgl. Höhn 1979). Gerade weil unterschiedliche Interessen in solchen Dokumenten im Regelfall nicht thematisiert werden, sind sie einerseits als Ausdruck des Bemühens um Veränderung zu kennzeichnen, fallen aber andererseits unter den im vorigen Abschnitt genannten Ideologieverdacht.

6.5 Unternehmenskultur

Kultur ist Setzung eigener Normen und Absetzung von dem Schlechteren, an dem man nicht prägend beteiligt ist — das gilt auch für „uns, die Firma".[1]

Genauer betrachtet, erscheint der *Kulturbegriff* als keineswegs eindeutig definiertes Gebilde, weder im Hinblick auf die Gesellschaft als Ganzes noch bezüglich deren einzelner Subsysteme. Es ist auch die Frage, ob die Engführung auf eine Definition sinnvoll wäre, weil durchaus unterschiedliche Begriffsbeschreibungen für den Umgang mit Kultur, speziell auch in Unternehmen, ihren heuristischen Wert haben. Nach einem mittlerweile schon alten Klassifikationsschema lassen sich sechs Konzepte von Kultur unterscheiden:

- *deskriptive* Konzepte: hier werden Charakteristika einer Kultur nur beschrieben;

1 „Wir, die Firma" ist der Titel des Buches von Neuberger/Kompa 1987.

- *historische* Konzepte: dabei steht der Aspekt der Tradierung von Kultur im Vordergrund;
- *normative* Konzepte: bei diesen richtet sich der Blick schwerpunktmäßig auf die handlungsleitenden Elemente von Kultur;
- *psychologische* Konzepte: hier werden unter Kultur erlernbare Problemlösungsmuster im nicht-technischen Sinne verstanden;
- *strukturalistische* Konzepte: Kultur ist dort das Produkt einer universalen, freilich unbewußten Infrastruktur;
- *genetische* Konzepte: dabei liegt der Schwerpunkt auf der Entwicklung von Kulturen.[1]

Schon die Entwicklung und Verbreitung der schriftlich fixierten Unternehmensphilosophien (i.w. Führungsgrundsätze) hatte belegt, welche Bedeutung der geistig-kulturellen Dimension der Unternehmung zukommt.[2]

Solche Unternehmensphilosophien stießen allerdings zunehmend auf die Kritik, daß es sich dabei um einseitig vom Management geleitete Prozesse der normativen Grundorientierung der Unternehmung handele und der Dialog und die Kommunikation mit eben jenen unterbleibe, an die sich die Normen überzeugend richten sollen (vgl. dazu Steinmann 1973, S. 467-473).

Demgegenüber richtet die Debatte über Organisationskultur (in den USA unter den Begriffen „corporate culture" oder „corporate identity") den Blick auf die gesamte Unternehmung als Sozialkörper. „Die Organisationskultur ist sowohl Bedingung als auch Folge von Führungsprozessen" (Ebers 1987, Sp. 1619). *Bedingung* insofern, als jenseits des Organigramms jede Unternehmung eine informelle Organisation hat, auch wenn von Kultur gar nicht gesprochen wird. *Folge* von Führungsprozessen ist Organisationskultur deshalb, weil sich eine Unternehmensführung diese weichen Faktoren gezielt zunutze machen und zur Effizienzsteigerung einsetzen kann.[3]

---

1 Siehe Kroeber/Kluckhorn 1952, S. 43ff.; vgl. a. Drepper 1992, S. 23ff.

2 Unser systematischer Unternehmensbegriff wird im 8. Kapitel dargelegt.

3 Dies betrifft das Phänomen Unternehmenskultur zunächst undifferenziert. Im weiteren geht es uns in diesem Abschnitt *vor allem* um die Herausarbeitung von zwei Linien in der Unternehmenskulturdiskussion.

Bei diesen weichen Faktoren handelt es sich um Denk- und Verhaltensmuster (Werte und Einstellungen) in der Gesamtunternehmung, die historisch entstanden sind.

Abb. 21: Differenzierende Eigenschaften von Organisationsstruktur und Organisationskultur

Organisationskultur	*Organisationsstruktur*
subjektiv	objektiv
weich	hart
informal	formal
nicht-rational, affektiv	rational
nicht problembezogen	problembezogen
den Bewertungen zuzuordnen, evaluativ	den Auffassungen zuzuordnen, kognitiv
entstammt einer organischen Vorstellungswelt	gehört in eine mechanistische Vorstellungswelt
management-psychologisch	management-technisch
qualitativ	quantitativ
nebulös	klar
schwer faßbar	meßbar
Ergebnis von Interaktionen	Ergebnis von Verfügungen
schwer bzw. nur unkontrolliert veränderbar	leicht bzw. kontrolliert veränderbar
wächst, emergiert	wird bewußt gestaltet
langfristig angelegt	mittelfristig angelegt

Quelle: Wollnik 1988, S. 53

Solche informellen Orientierungsmuster sind durchaus schwer zu identifizieren, im Gegensatz zur formellen Organisation (wenn man das Organigramm der Unternehmung gesehen hat, kennt man diese). „Viele Organisationskulturforscher würden sich wohl darauf verständigen können, mit Organisationskultur die Denk- und Verhaltensmuster, Werte und Normen zu bezeichnen, die im Laufe der Zeit in einer Organisation entstanden sind und in ihr gelten. ... Die Gehalte einer Organisationskultur sind nicht immer eindeutig zu identifizieren“ (Ebers 1987, Sp. 1619f., s.a. Abb. 21).

In einer Unternehmung sind verschiedene Subkulturen nicht nur möglich, sondern wahrscheinlich: in dem Maße, in dem Unternehmensführungen diese Subkulturen unterdrücken und versuchen, ihnen einseitig ihre eigene Kulturorientierung aufzudrücken, fallen sie auf das Defizit der unternehmensphilosophischen Bemühungen zurück, gehen an den real existierenden Strömungen und Denkweisen in der Unternehmung vorbei und werden die möglichen *Chancen einer Organisationskulturentwicklung* nicht nutzen können. Bis zu einem gewissen Grade werden solche Verhältnisse jedoch in den allermeisten Unternehmungen noch anzutreffen sein, da diesen eine hierarchische Tradition in der Regel aufgeprägt ist. Macht ist damit objektiv gegeben und will subjektiv genutzt werden: „Oft können im Prozeß der Gruppenbildung einige Gruppenmitglieder — sei es formal oder informal — größeren Einfluß geltend machen als andere. In Organisationen wird dies der Regelfall sein. Organisationskultur wird daher auch in Führungsprozessen geprägt“ (Ebers 1979, Sp. 1621). Die Beachtung von Gruppenprozessen gehört zum ABC der *Unternehmenskulturentwicklung*: ein personaler Ansatz, der die Organisationsmitglieder einseitig nur als Individuen erfaßt, wird als realitätsfern und rückständig angesehen.

Organisationskultur als geplanter Prozeß, dessen Erfolg von der Bereitschaft zur partizipativen Unternehmensführung und der praktischen Anerkennung der Subkulturen im Unternehmen abhängt, läßt sich auf der Ebene der Unternehmensführung als Ergebnis sozialen Lernens sowohl beschreiben als auch bewerten. Dieses Lernen findet statt über persönliche Erfahrungen, Beobachtungen anderer sowie abstrakte Überlegungen.

Dabei sind die Überlegungen in Erinnerung zu rufen, die oben über das heute erforderliche Verhältnis von interner und externer Unternehmenspolitik angestellt wurden: angesichts der gewachsenen Bedeutung eines Verständigungsmanagements gegenüber den externen Anspruchsgruppen, erst recht durch die ökologische Herausforderung der Unternehmenspolitik läßt sich Organisationskulturentwicklung weniger denn je nur als interner Integrationsprozeß verstehen. Auch mit dem Begriff „interner Anpassungsprozeß“ muß vorsichtig umgegangen werden: er entstammt der überkommenen betriebswirtschaftlichen Denkweise, die Unternehmen als bloße Anpasser an externe Rahmenbedingungen, Datenkränze etc. zu interpretieren, statt daß die aktive Rolle von Unternehmungen gegenüber ihren Umwelten bedacht würde.[1]

Abb. 22: Orientierungen zur Kulturänderung

Quelle: eigene, nach Neuberger/Kompa 1987, S. 237

Die Entwicklung der Unternehmenskultur ist einem ständigen Wandel unterworfen. Dies gilt im günstigeren Fall auf beiden Ebenen: nicht nur entwickelt sich unabhängig von Planungen und Strategien des Managements die informelle Organisation des Unternehmens ständig weiter,

1 Ebenso bemerkenswerter- wie auch betrüblicherweise findet sich diese Denkweise, die den externen Wandel, an den sich angepaßt werden soll, folgerichtig nicht thematisiert, auch bei denjenigen, die den Ansatz der Organisationsentwicklung (OE) ausgearbeitet haben und vertreten, vgl. dazu Kap. 12.

auch eine kluge Organisationskulturentwicklung von seiten des Managements wird nicht einen einmal eingeschlagenen Pfad unbeirrt weiterverfolgen, sondern Möglichkeiten der Modifikation und Korrektur zu entwickeln versuchen.

Nun werden unter dem begrifflichen Dach von Unternehmenskultur *zwei sehr unterschiedliche Linien* von Unternehmensführung vorgetragen: eine, die mit modernisierten Führungstechniken erst recht Herrschaftsverhältnisse in der Unternehmung zu stabilisieren trachtet, und eine andere, bei der der Begriff besetzt ist mit dem Bemühen, dichotomische Weltbilder, wie sie Gutenberg der Betriebswirtschaftslehre mit der antagonistischen Beziehung zwischen dem Produktionsfaktor objektbezogene menschliche Arbeitsleistungen und dem dispositiven Faktor (Betriebs- und Geschäftsleitung) auf den Weg gab, hinter sich zu lassen. Mit Neuberger/Kompa (1993) läßt sich auch noch weiter differenzieren im Spektrum zwischen starker Steuerbarkeitsvermutung und starker Vermutung von Nichtsteuerbarkeit von Unternehmenskulturen (s. Abb. 22).

Das hier vorgetragene Grundverständnis von Unternehmenskultur unterscheidet sich jedenfalls stark von manchem, was in einschlägiger Managementliteratur dazu vorgetragen wird. Für die McKinsey-Berater Peters und Waterman, deren „In Search of Excellence" für die 80er Jahre wohl an der Verkaufszahlenspitze deutscher Übersetzungen US-amerikanischer Bücher über modernes Management steht (Peters/Waterman 1984), ist Unternehmenskultur ein einseitig managementgeleiteter Prozeß. Positiv beziehen sie sich auf Praktikerdefinitionen wie: „Der Unternehmensleiter schafft nicht nur die rationalen und greifbaren Aspekte seiner Organisation, wie die Struktur und die Technologie, sondern er ist auch der Schöpfer von Symbolen, Ideologien, Idiomen, Überzeugungen, Gebräuchen und Mythen" (S. 133).

Zugleich liefern sie konkrete Unternehmensbeispiele, die nachhaltig dafür sprechen, den Begriff Unternehmenskultur nicht vorschnell positiv zu besetzen, wenn sie selbst etwa als positives Beispiel bei Mac Donalds anführen, daß angebräunte Pommes frites weltweit grundsätzlich weggeworfen werden.[1]

Die *Diskrepanz von Individual- und Organisationszielen* anzuerkennen, ist Ausgangspunkt weitergehender Bemühungen um Unterneh-

1 S. 207. Kulinarisch mögen Röstkartoffeln oder ein Gratin doch höher zu bewerten sein als milchig-weiße Pommes frites.

menskultur; dazu gehört elementar die Anerkennung unterschiedlicher Zielsetzungen zwischen verschiedenen Beschäftigtengruppen einerseits und dem Management als berufsmäßigem Vertreter der Unternehmensinteressen andererseits (außerdem haben die dem Management Zugehörigen ja selbst noch ihre Individualziele, die mit den Unternehmenszielen nicht einfach übereingehen).

Eine starke Unternehmenskultur in dem Sinne, daß der Gedanke „my firm is my life" die Beschäftigten bzw. Teile davon sehr stark ergreift, wäre sogar als mögliche Einschränkung individueller Freiheitsrechte zu rekonstruieren. Auch wenn die Idee der Unternehmenskultur im Unterschied zur Organisationsstruktur eher einer organischen Vorstellungswelt entspricht, ist doch entscheidend, Kultur im Unternehmen als ein widersprüchliches Gefüge zu begreifen. Auch im menschlichen Organismus können ja einzelne Elemente gegeneinander rebellieren, und es handelt sich dabei keineswegs um ein harmonisches Ganzes.

Wenn wir die Unternehmenskultur als Gemengelage der weichen Faktoren definieren, die der Struktur als hardware der Organisation gegenüberzustellen ist, so kann man natürlich schon versuchen, die Orientierung eines Unternehmens in den Bereichen Kunden, Mitarbeiter, Leistung, Innovation, Kosten, Technologie etc. zu beschreiben.[1]

Bei Daimler-Benz gehört die Politik einer stetigen Beschäftigung ausdrücklich zur Firmenkultur.[2]

Bestimmte Kulturbestandteile können also sehr wohl konkret überprüfbar sein. Gegen die Norm der stetigen Beschäftigung wird wohl auch kaum jemand ernsthafte Einwände erheben wollen; dennoch müssen wir festhalten, daß nicht die Kohärenz einer Unternehmenskultur als solche das Erfolgsmerkmal darstellt, sondern wie stark sie gegründet ist auf die zwangsläufig heterogene Konstellation von Denk- und Verhaltensmustern im Unternehmen.

Unternehmenskultur setzt also bei dem *faktischen Wertesystem* in der Unternehmung an und ist dies andererseits auch schon; beides ist in ständigem Wechsel begriffen, sowohl das Subkulturengefüge des Unternehmens als auch die Kulturentwicklungspolitik seitens der Unternehmensführung.

---

1 Siehe dazu ein zwischen schwacher und starker Ausprägung durchgeführtes Schema bei Pümpin 1985.

2 Siehe Deal/Kennedy 1987, S. 34 (aus dem Vorwort des Herausgebers Albert Bruer).

Weil es unter Managementgesichtspunkten darum geht, welche Identifikation der Beschäftigten mit dem Unternehmen vorhanden ist, sind kluge Unternehmensführungen an die Einsicht gehalten, daß die (externe) *gesellschaftliche Verortung des jeweiligen Unternehmens* dafür eine ständig steigende Bedeutung hat, gerade auch angesichts der ökologischen Herausforderung. Der Facharbeiter, der am Abendbrottisch von seinen Kindern gefragt wird: „Papa, in was für einer Dreckschleuder arbeitest Du eigentlich?“, wird am nächsten Tag kaum umso motivierter in die Firma zurückgehen. Aber auch höchste Motivation für die Firma kann zum Problem werden, wenn nämlich die Mitarbeiterziele für die Organisation die individuellen Ziele jenseits der Organisation zu zerschlagen drohen.[1]

Zu starke Unternehmenskulturen können Effekte produzieren, die zumindest auf längere Sicht kontraproduktiv sind, indem sie der Bereitschaft zum Mitmachen bei diesem Unternehmen Grenzen setzen.

Flexibilität bei der Kulturentwicklungspolitik eines Unternehmens würde bedeuten, solche Folgeeffekte starker Unternehmenskultur zu reflektieren und daraus Konsequenzen der Veränderung zu ziehen, d.h. zum langfristigen Wohle des Unternehmens Mitarbeiterinnen und Mitarbeitern genügend Möglichkeiten zu geben, ihr alltägliches Leben auch unabhängig von der Firma zu organisieren.

Vor allem ist Kopflastigkeit im Sinne einer starken Unternehmenskultur, die die jenseits des Unternehmens liegenden Ziele der Organisationsmitglieder gefährdet, natürlich unter Demokratie- und Auto-

1 Wir möchten hier ein Beispiel anführen, das wir selbst erfahren haben: anläßlich eines Vortrags bei einer Veranstaltung, die von einem bekannten und führenden Unternehmen der EDV-Industrie durchgeführt wurde, unterhielt ich mich mit dessen Marketing-Verantwortlichem für einen größeren regionalen Raum und einer Frau, die (noch) in der zentralen PR-Abteilung des Unternehmens arbeitete. Beide erklärten sich ohne Zögern zu dem Standpunkt, daß Mitarbeiterinnen und Mitarbeiter in kaum einem Unternehmen in Deutschland solche Spielräume und Entfaltungsmöglichkeiten hätten wie in dem ihren. Bei beiden resultierte daraus offensichtlich nicht nur unfreiwillig ein workaholic-Syndrom. Der Marketing-Manager wollte damit so umgehen, daß er in einem möglichst frühen Lebensalter aus dem Beruf aussteigen und sich der Familie widmen wollte. Die PR-Managerin (ohne Familie) berichtete von einer schweren Krankheit im letzten Jahr, die Ergebnis ihrer zu starken Orientierung „my firm is my life“ gewesen sei, und erklärte, daß sie bereits den Kündigungsbeschluß gefaßt habe, um künftig als freie Beraterin an der Peripherie dieser wunderbaren Firma zu wirken, ohne wie bisher dem täglichen Überdruck ausgesetzt zu sein.

nomiegesichtspunkten kritisch zu hinterfragen. Auch hier gilt, daß gut gemeint das Gegenteil von gut ist und insofern kann Wertedrill auch in ernsthaft partizipatorischer Absicht stattfinden (vgl. zu diesem Problem auch P. Ulrich 1984).

Wir haben hier einem in der Unternehmenspraxis verbreiteten Verständnis von Unternehmenskultur, bei dem diese immer noch genauso einseitig von der Unternehmensführung her gesehen wird wie bei den vorher skizzierten Unternehmensphilosophien, ein anderes gegenübergestellt, das auf die *dialektische Beziehung* zwischen Unternehmensführung und den übrigen im Unternehmen Beschäftigten abhebt und den Erfolg der unternehmenskulturellen Anstrengungen der ersteren von der Beachtung der Unternehmenskulturen der letzteren abhängig macht. Dies ist der wichtige Unterschied zu den vorher schon bestehenden Unternehmensphilosophien, wobei die Beziehung zwischen Führenden und Geführten der Sache nach immer noch im Zentrum dieser Form des normativen Managements steht, selbst wenn dabei indirekt die externe Unternehmenspolitik eine zunehmend größere Rolle spielt.

Der hier zugrundegelegte wechselseitige Begriff von Unternehmenskultur läßt sich auch so präzisieren, daß die kulturelle Identität einer Unternehmung nur für diejenigen besteht, die prinzipiell die Möglichkeit der Einflußnahme auf die Ausgestaltung dieser Kultur haben.[1]

Unter Berücksichtigung des angeführten stakeholder-Ansatzes bzw. Anspruchsgruppenkonzeptes heißt dies, daß sich die kulturelle Identität einer Unternehmung noch nicht über die Gesamtheit der Organisationsmitglieder ergibt, sondern erst über die *Einbeziehung auch der extern Beteiligten.*

Beteiligte gegenüber der Unternehmung wollen wir in beiden Richtungen dieser Beziehung definieren:

- als *Betroffene* von Unternehmensentscheidungen, sowie
- als *Träger* von (zielorientierten) Ansprüchen in bezug auf die Unternehmung.

---

1 Im strengen Sinne ist die Unternehmung erst dann als soziales *System* beschreibbar: „Eine Firma kann ein soziales System sein, wenn die in ihr Interagierenden die Möglichkeit haben, an der Realitätskonstruktion teilzuhaben, die zur Grundlage von Firmenentscheidungen gemacht wird. Haben sie diese Möglichkeit nicht, so bilden sie kein soziales System, sondern arbeiten lediglich für ein solches“ (Hejl 1992, S. 128).

Geistig-kulturelle Werte *von innen und außen* prägen daher die spezifische Unternehmenskultur.[1] Wir sprechen hier absichtsvoll von Werten, weil die von den internen und externen Anspruchsgruppen vertretenen Inhalte nicht verstanden werden könnten, wenn wir sie allein über die soziale Rolle der jeweiligen Anspruchsgruppe bzw. die Ziele damit verbundener Institutionen oder Verbände zu erfassen suchten. Was z.B. Arbeitnehmer als interne oder Gewerkschaften als externe Anspruchsgruppe im konkreten Fall vertreten, ergibt sich allenfalls bedingt aus ihrer Rolle: verschiedene Arbeitnehmer ein und desselben Betriebes verhalten sich in einzelnen Fragen sehr unterschiedlich, und die Strategien der IG Metall und der IG Chemie-Papier-Keramik gegenüber der Unternehmerseite unterscheiden sich in wichtigen Punkten erheblich.[2]

Diesen auch schon weiter oben gegebenen Hinweis auf die *Heterogenität* innerhalb der verschiedenen Anspruchsgruppen können wir dahingehend verarbeiten, daß wir zu einem präziseren Begriff von Unternehmenskultur gelangen, vor allem zu einer genaueren Vorstellung, inwiefern der Begriff Unternehmenskultur vor allem auf die *Spezifik* eines Unternehmens im Unterschied zu ansonsten sehr vergleichbaren Unternehmen zielt. Bei den im engeren Sinne systemorientierten Darlegungen des Anspruchsgruppenkonzepts[3] gewinnt man teilweise den Eindruck, die Unternehmung sei ein offenes soziales System, das durch die Verarbeitung der vielfältigen Ansprüche von innen und außen seine Qualität unter Beweis stelle.

Nun haben wir gesehen, daß diese Ansprüche in doppelter Weise heterogen sind/sein können:

(1) Selbst wenn man inhaltliche Homogenität jeder einzelnen Anspruchsgruppe für sich unterstellen würde, würden schon von den verschiedenen Anspruchsgruppen möglicherweise konfligierende Ansprüche/Forderungen an das Unternehmen herangetragen: z.B.

---

1 Freeman/Gilbert (1991) bringen dies durch das jeweilige „teilweise“ in ihren Definitionen des Werte-Prinzips und des Interdependenz-Prinzips zum Ausdruck (s.o.).

2 Dieser Gesichtspunkt taucht bei Freeman/Gilbert (1991, S. 52ff.) in modifizierter Form auf, wenn sie ihr Verständnis des Zusammenhangs von Werten und Strategie (daß nämlich strategische Entscheidungen werthaltige Entscheidungen sind) gegen relativistische Argumente verteidigen, speziell das des Rollenrelativismus, wonach die Menschen i.w. nur das tun, was ihre Rolle von ihnen verlangt.

3 Vgl. etwa H. Ulrich 1984, H. Ulrich/Probst 1988, Dyllick 1989.

seien Anlieger und Umweltschützer gegen eine Industrieansiedlung, für die die zuständige Gewerkschaft aus beschäftigungspolitischen Gründen eintritt;

(2) wie wir bereits gesehen haben, ist die Annahme der internen Homogenität einer Anspruchsgruppe nicht haltbar.

Bei näherem Hinsehen stellt sich also die Beschreibung der Unternehmung als offenem, sozialen System, das die verschiedenen Ansprüche erfolgreich bearbeitet, als ungenügend heraus. Eine solche Beschreibung klärt nämlich überhaupt nicht, *warum* eine konkrete Unternehmung sich hinsichtlich inkompatibler oder gar diametral entgegengesetzter Ansprüche *wie* entscheidet. Eben in *diesem* Wie verbirgt sich für uns der Kern von Unternehmenskultur.[1]

Wenn wir gesagt haben, daß den Ansprüchen der stakeholders Werte zugrundeliegen, so müssen wir gleichzeitig ein möglichst präzises Bild davon gewinnen, daß diese Werte nicht als bloße Einstellungsmuster an die Unternehmen herangetragen werden, sondern nach ihrer *Übersetzung in Ziele*. Vermutlich, weil der von uns als zentralistisch gekennzeichneten Linie von Unternehmenskultur eine funktionalistische Auffassung zugrunde liegt, wonach sowieso klar ist, daß der Sinn und Zweck von Unternehmenskultur darin liegt, eine möglichst enge Bindung der Mitarbeiter an die Unternehmensführung herzustellen, spielt der Zielbezug in der Debatte über Organisationskultur eine so geringe Rolle. Obwohl es zu einem wichtigen Teil bei Unternehmenskultur auch um das Betriebsklima geht, stellt es doch ein großes Mißverständnis dar, die Frage nach der Unternehmenskultur mit jener nach dem Betriebsklima kurzzuschließen. Zu diesem Kurzschluß kommt es allerdings fast zwangsläufig, wenn man den *Zielbezug und die externen Verknüpfungen von Unternehmenskultur* vernachlässigt.

Spezifische Unternehmenskulturen vergleichbarer Unternehmen unterscheiden sich im ökologischen Handlungsfeld etwa als unterschiedliche Antworten auf die Frage, wie stark die vorgängigen ökonomischen Handlungsmuster zugunsten der Ökologie ausgereizt oder gar in Frage gestellt werden sollten (d.h. z.B. auch, welche konkreten Umweltqualitätsziele vom Unternehmen aufgestellt werden); wie wir bereits im 4. Kapitel gesehen haben, ist die Frage der betriebswirt-

1 Wir werden diesen Gedanken im 8. Kapitel aufgreifen und weiterführen, wo es um die Möglichkeiten einer Theorie der Unternehmung geht.

schaftlichen Vertretbarkeit in vielen strategischen Entscheidungsfällen ex ante ja keineswegs vorentschieden. Spezifische Unternehmenskulturen vergleichbarer Unternehmen entscheiden sich allgemein vor allem dadurch, welche strategischen Gewichtungen sie in bezug auf die verschiedenen Anspruchsgruppen vornehmen. Solche Gewichtungen werden natürlich in vielerlei Hinsicht auch von Fall zu Fall getroffen werden; trotzdem gibt es hier einzelentscheidungsübergreifende strategische Orientierungen, die wir nach der hier vorgetragenen Auffassung von Unternehmenskultur als *Kulturtypen* bezeichnen können.[1]

Solche Typenbildung verweist nochmals darauf, daß die grundlegende Orientierung eines Unternehmens nicht vor allem extern vorbestimmt wird. Durch ihre spezifischen Selektionen legt eine Unternehmung in erster Linie selbst fest, wie ihre stakeholders bei ihr zum Tragen kommen. Ganz prinzipell sind Unternehmungen für ihren Eigensinn selber verantwortlich, denn: „Aus kulturanalytisch-konstruktivistischer Sicht muß die ‚letzte Realität' — was immer das sei — ‚sinnlos gedacht werden' (Luhmann), so auch im Falle von Organisationen, deren ‚letzten Sinn' klassische Beobachter noch mit Begriffen wie Zweckrationalität, Funktionalität, Effizienz oder Herrschaft und Ausbeutung zu fixieren versucht haben." [2] Insofern fallen alle solchen Konzeptionen theoretisch zurück, die im Sinne etablierter gesellschaftlicher Selbstbeschreibungen (d.h. Ideologien als falschem Bewußtsein) doch wieder versuchen, Unternehmen als Exekutionsorgane eines politischen Willens zu betrachten, der durch die repräsentativ-parlametarische Demokratie angeblich vorgegeben wird.[3] Wir legen in unserer

1 Freeman/Gilbert führen (1991, S. 100f.) sieben verschiedene Typen auf, von der aktionärsorientierten Strategie bis zur Strategie der persönlichen Projekte. Ähnlich läßt sich die Ausdifferenzierung verschiedener Unternehmertypen bei P. Ulrich/Thielemann (1992) lesen.

2 Bardmann 1994, S. 366. Wenn Bardmann weiter formuliert: „Wirtschaftsorganisationen etwa erzeugen in sich die These, sie existierten in einem kapitalisisch strukturierten Ausschnitt der Gesellschaft (!), der ihnen ökonomische Rationalität abverlange" (S. 367, Fußnote 10), dann bekräftigt das die Offenheit unternehmenspolitischer Selbstbeschreibungen.

3 So heißt es nämlich bei Dyllick (1989, S. 112): „Die grundlegenden Richtungsentscheidungen der Gesellschaft müssen den politisch hierzu legitimierten Instanzen vorbehalten bleiben." Gleiches behauptet Steger (1993). Ernst genommen läuft das auf eine Selbstentmannung der aktiven betrieblichen Umweltpolitik hinaus, für die beide ihrem Anspruch nach stehen.

Konzeption den Schwerpunkt auf die strategischen Optionen, die ein Unternehmen tatsächlich hat. So ergibt sich das Konzept einer bewußt pluralistischen Unternehmenskultur: Pflege der Vielfalt, von Experimenten, des Irrenkönnens und gerade dadurch Kultivieren der Lernfähigkeit. Es lohnt sich, der Hypothese nachzugehen, daß die strategische Überlebensfähigkeit und erst recht die *Lern- und Forschrittsfähigkeit* einer Unternehmung (s. dazu ausführlich Kirsch 1990) abhängig ist von der selbsterzeugten Pluralität. (Der Vorstand eines Automobilkonzerns, der führende Mitarbeiter entläßt, die über das Auto hinausdenken, schränkt seine strategischen Optionen unnötig ein.)

Bedingungen für die Möglichkeit einer pluralistischen Unternehmenskultur zu analysieren, sprengt selbstverständlich den gedanklichen Rahmen einer rein monetären Kodierung von Unternehmenspolitik. Während sich eine wachsende Zahl von Betriebswirtschafts- und Managementwissenschaftlern vor dem dazu zwingenden empirischen Hintergrund mit weichen Daten und strategischen Erfolgspotentialen beschäftigt, verharren anscheinend einige systemtheoretisch sehr aufgeklärte Soziologen zu sehr im Banne ihres großen Meisters. Infolgedessen wird übersehen, daß die Selbstbeobachtung und Selbstbeschreibung von Unternehmen dazu führen kann, den eigenen *Code zu erweitern.* (Eben dies ist in einem tiefer verstandenen Sinn Entwicklung von Unternehmenskultur.) Organisationsziele werden von Menschen gemacht, von Organisationsmitgliedern geprägt bzw. beeinflußt. Dieser Befund wird durch die Einsicht, daß Unternehmen als soziale Systeme agieren, nicht vom Tisch gewischt und legt der kritischen Unternehmensforschung auf, ihre Handlungs- und Akteursorientierung nicht zu vergessen. Praxisforschung achtet auf ihren empirischen Gehalt und versucht, sich gegen allzu selbstbezügliches Theoretisieren zu wappnen.

Unsere Betonung der eigenständigen Rolle des Unternehmens heißt übrigens im Unterschied zu manchen Vorschlägen systemorientierten bzw. integrierten Managements keineswegs, den Manager zur gottähnlichen Gestalt zu machen, die tendenziell alles kann. Eher sympathisieren wir wie Bardmann mit der Gestalt des Teufels, d.h. des Beobachters, der Differenzen sät. Er scheint uns näher dran am Menschlich-Allzumenschlichen, d.h. dem Tatbestand, daß soziale Systeme von handelnden Menschen getragen werden. Die Werte von handelnden und entscheidenden Menschen sind nicht nur Risiko, sondern auch

Möglichkeit: Möglichkeit für und von Ethik. Hauptquelle der Frage nach der *ethischen Verantwortung* von Unternehmen, d.h. Entscheidungsträgern in Unternehmen, ist deren gesellschaftspolitische Rolle und ihr diesbezügliches Selbstverständnis. Insofern ist es kein Zufall, daß der unternehmensethische Diskurs parallel intensiver wird zu jenem über ökologische Unternehmenspolitik; verwunderlich ist allenfalls, in welchem Maße der unternehmens- und wirtschaftsethische Diskurs meint, ohne die Inhalte des anderen auskommen zu können.[1]

Mit dem von uns vertretenen Begriff von Unternehmenskultur haben wir diese bereits auf beiden Ebenen — bei der Gesamtheit der Beschäftigten des Unternehmens wie bei der Unternehmensführung — auf die je spezifischen Arbeits- und Lebensmodelle, Leitbilder und Wertvorstellungen zurückgeführt, also auf die je spezifische Moral.

Solche Leitbilder und Wertvorstellungen realisieren sich nicht im restriktionsfreien Raum, sondern verknüpft mit *Handlungslogiken*, denen Organisationen wie Individuen unterliegen. Wenn Freeman und Gilbert ihre sehr demokratisch intendierte und ausgelegte „Unternehmensstrategie der persönlichen Projekte" (1991, S. 148ff.) auf ein außerordentlich kooperationsorientiertes Bild des Kapitalismus beziehen,[2] dann ist daran Einseitigkeit zu bemängeln. (Unternehmens-)Ethik dient nicht dazu, Möglichkeiten restriktionsfreien Handelns vorzutäuschen; vielmehr ist es ihr darum zu tun, wie mit den vorhandenen Restriktionen und gleichwohl gegebenen Entscheidungsfreiräumen verantwortungsvoll umgegangen werden kann.[3]

Wenn wir nun Unternehmensethik neben der eben vorgenommenen inhaltlich-gegenständlichen Differenzierung vernünftig abgrenzen wollen, kommen wir um eine brauchbare *Abgrenzung von Moral und Ethik* nicht herum.[4]

---

1 Siehe als kritische Reaktion darauf den Band der IÖW-Jahrestagung 1987 (Hg.) Seifert/Pfriem 1989, speziell das Vorwort S. 9.

2 „Die übliche Vorstellung, der Kapitalismus sei ein System der Konkurrenz, in dem nur die Stärksten überleben, ist eine radikale Verdrehung dessen, was auf dem Markt tatsächlich geschieht. ... Der Kapitalismus befaßt sich grundsätzlich mit den Bedingungen der Zusammenarbeit" (Freeman/Gilbert 1991, S. 163).

3 „Auf beides, auf die Funktionsrationalität eines modernen Wirtschaftssystems wie auf die praktischen Vernunftsideen moderner Ethik, hat sich eine zeitgemäße Wirtschaftsethik, die methodisch ansetzen will, erst einmal gründlich einzulassen" (P. Ulrich 1990, S. 9).

4 Steinvorth unterscheidet so: „Moral ist die Gesamtheit der Regeln, nach denen Menschen oder andere urteilsfähige Wesen ihre Hand-

Unternehmensethik ist nach dieser Abgrenzung von Moral und Ethik nicht jenseits theoretischer Überlegungen zu konzipieren. Nicht aus Gründen von l'art pour l'art, sondern vielmehr zur seriösen, d.h. hier eben unbedingt theoretischen Fundierung vernünftiger Unternehmenspraxis ist es daher erforderlich, im folgenden Kapitel einen genaueren Blick auf den eben erst in Entwicklung begriffenen wirtschafts- und unternehmensethischen Diskurs zu werfen.

lungen und möglichen Wollensobjekte auch außerhalb und unabhängig von Theorie und Reflexion als gut oder böse, richtig oder falsch bewerten und in eine mehr oder weniger konsistente Präferenzskala bringen. Ethik ist eine Theorie der Moral, die die Regeln der Moral zu formulieren, allgemeinverbindliche von nicht allgemeinverbindlichen Regeln zu unterscheiden und die allgemeinverbindlichen Regeln zu rechtfertigen oder begründen sucht. Natürlich kann eine Ethik eine Moral beeinflussen. Aber die Menschen beginnen damit, ihre Handlungen und Wollensobjekte unreflektiert zu bewerten. In diesem Sinn geht Moral der Ethik voraus und kann es keine Ethik ohne Moral, wohl aber Moral ohne Ethik geben" (Steinvorth 1990, S. 207).

7. Kapitel

Möglichkeiten einer sozialökologischen Ethik für Unternehmen

7.1 Ethik zwischen Krisenerfahrung und verbaler Runderneuerung

„Der Bundesbürger kennt im Durchschnitt zwar 19 Automarken, aber nur fünf Pflanzenarten. Der durchschnittliche Kenianer kann dagegen zwar weniger Automarken, dafür aber zwischen 300 und 400 Pflanzenarten aufsagen."
(aus einer Presseinformation der Kölner Universität)

Daß Ethik en vogue ist, kommt nicht von ungefähr. Offensichtlich gehen gegenwärtig mehr Orientierungen verloren als in früheren Jahrzehnten, und ebenso offensichtlich existiert ein verbreitetes Bedürfnis, dem ökonomischen und politischen Handeln neue Rechtfertigungsgründe zu verschaffen. Neben nach wie vor ungeklärten sozialen Fragen in den entwickelten Industrieländern und weiterer Verschärfung der Verteilungsungerechtigkeiten zwischen den entwickelten Industrieländern und den meisten Ländern Afrikas und Lateinamerikas steht dabei das Spannungsverhältnis von Ökonomie und Ökologie im sachlichen Zentrum aktueller (wirtschafts-)ethischer Fragestellungen. Wohl nicht zufällig steht speziell der Beginn eines mittlerweile recht intensiven wirtschaftsethischen Diskurses (insbesondere auch in der Betriebswirtschaftslehre) in zeitlichem Zusammenhang mit den ersten öffentlichkeitswirksamen Aktivitäten ökologischer Unternehmenspolitik seit Mitte der 80er Jahre.[1]

---

1 Vgl. als Start in der bundesdeutschen Betriebswirtschaftslehre den Beitrag von Steinmann/Oppenrieder (1985) sowie die Gründung der Forschungsstelle für Wirtschaftsethik an der Hochschule St. Gallen 1983, des Vorläufers des heutigen Instituts für Wirtschaftsethik (IWE).

Die zunehmende Intensität des wirtschafts- und unternehmensethischen Diskurses ist nicht zu klären ohne tieferliegende geistige und kulturelle Entwicklungen.

Drei säkulare Tendenzen scheinen mir dabei besonders bedeutend zu sein[1]:

1. Nachdem über Jahrhunderte gerade in Deutschland die *christliche Weltanschauung* in weiten Teilen der Bevölkerung dominierte, setzt sich nun doch der Abschied von einem Gottesglauben durch, der sehr lange eine Hilfs- und Entlastungsfunktion gegenüber menschlichem Elend und Unrecht auf Erden gehabt hatte. Christliche, speziell auch protestantische Rechtfertigungen von Unternehmerhandeln haben damit an Bedeutung verloren.
2. Mit der Zuversicht in die Moderne eng verbundene *wirtschaftliche, technische und wissenschaftliche Zukunftsoptimismen* haben sich als brüchig herausgestellt bzw. sind für viele Menschen bereits widerlegt worden. Der Fortschrittsbegriff ist ins Wanken gekommen und die Gleichung Wirtschaftswachstum = höherer Wohlstand gilt nicht mehr unhinterfragt; damit sind allerdings auch die industrialistischen Sekundärtugenden von Arbeitsdisziplin und Pflichtbewußtsein brüchig geworden.
3. Weiterreichende Kritik an der Entwicklung der Industriegesellschaften konnte sich seit dem vergangenen Jahrhundert immer aufgehoben fühlen in gesellschaftspolitischen Alternativkonzepten und -entwürfen verschiedener Provenienz. Die *sozialistische Perspektive* scheint jedoch spätestens nach dem Niedergang der realsozialistischen Gesellschaften Osteuropas endgültig diskreditiert, und um staatswirtschaftliche statt privatwirtschaftlicher Strategien in den westeuropäischen Gesellschaften steht es nicht besser.Konnte man zunächst und vordergründig meinen, nun sei das „Ende der Geschichte“ (Fukuyama) durch den weltweiten Sieg des Kapitalismus erreicht, macht sich mangels Existenz eines allgegenwärtigen gesellschaftspolitischen Hauptfeindes inzwischen eher Orientierungslosigkeit breit und die teils schon mit Einsicht und Wissen verknüpfte Ahnung, bei keinem der brennenden Probleme von Gegenwart und Zukunft bald durchschlagende Lösungsfortschritte erreichen zu können.

---

1 Vgl. zu diesen drei Aspekten auch die Gedankenführung bei Pfriem 1989, S. 111-128, hier S. 112.

Wenn ethisches Bemühen also aus einer tiefen *Sinn- und Orientierungskrise* in industriell entwickelten modernen Gesellschaften resultiert, dann ist die Tauglichkeit ethischer, speziell wirtschaftsethischer Konzeptionen daran zu untersuchen und zu messen, inwiefern sie auf diese Krise angemessen reagieren.

Angemessenheit ist dabei u.a. eine Frage der hinreichenden Konkretheit und eine der hinreichenden Reichweite von Kritik. Beides ist untrennbar mit gesellschaftspolitischen Selbstverortungen verbunden, so daß sich bei denjenigen, die sich im wirtschafts- und unternehmensethischen Diskurs äußern, ihr wissenschaftlich-theoretischer Standpunkt von der gesellschaftspolitischen Gesamtanalyse kaum abkoppeln läßt.

Untersuchen wir unter diesem Blickwinkel die Konzeption von *Steinmann* und seinen Mitarbeitern an der Universität Erlangen-Nürnberg, die in der deutschen Betriebswirtschaftslehre besonders früh und häufig in die unternehmensethische Debatte eingegriffen haben. Mit Oppenrieder hatte Steinmann bereits 1985 die Frage gestellt: „Brauchen wir eine Unternehmensethik?“ (Steinmann/Oppenrieder 1985, S. 170) Inzwischen liegen v.a. gemeinsam mit Löhr einige Aufsätze vor, seit 1989 auch ein Reader (Steinmann/Löhr 1989). Der Reader ist ein bemerkenswerter methodischer Versuch: er möchte die Beiträge auf eine Unternehmensethik-Definition beziehen, die von den beiden Herausgebern vorgegeben wird. Die Definition lautet: „Unternehmensethik umfaßt alle durch dialogische Verständigung mit den Betroffenen begründeten bzw. begründbaren materialen und prozessualen Normen, die von einer Unternehmung zum Zwecke der Selbstbindung verbindlich in Kraft gesetzt werden, um die konfliktrelevanten Auswirkungen des Gewinnprinzips bei der Steuerung der konkreten Unternehmensaktivitäten zu begrenzen“ (Steinmann/Löhr 1989, S. 10).

In der programmatisch gedachten Einleitung erläutern Steinmann und Löhr diesen terminologischen Vorschlag in sechs zentralen Begriffsmerkmalen: (1) Kriterien der gelungenen Lebensführung (Normen), (2) Begründungspflicht (Vernunftethik), (3) Begründung durch argumentative Verständigung im Dialog (kommunikative Ethik), (4) Situative Beschränkung des Gewinnziels (Konfliktethik), (5) Verhältnis zum Recht (Ethik als Selbstverpflichtung), (6) Sachzielorientierung der Unternehmensethik. Wie schon in früheren Publikationen stellen Steinmann und Löhr ein „zweistufiges Rechtfertigungsproblem“

vor. Die erste Stufe ist die Ebene der Wirtschaftsordnung, die durch das Gewinnprinzip mit seinen Konnex-Institutionen zu beschreiben sei; dieses auf seine Legitimation hin zu befragen, sei eine Aufgabe der Wirtschaftsethik im allgemeinen (wobei Steinmann/Löhr aus ihrer Auffassung, daß diese Legitimation allgemein gegeben sei, kein Hehl machen). Für die zweite Stufe, die Ebene des Unternehmens, ergebe sich daraus eine Richtigkeitsvermutung, die allerdings in jedem konkreten Einzelfall widerlegt werden könne, „nämlich dann, wenn die besonderen Mittel, die zur Gewinnerzielung gewählt werden sollen, auf ethische Bedenken stoßen“ (Steinmann/Löhr 1989, S. 8).

Mit anderen Worten: unsere Wirtschaftsordnung funktioniert in ethischer Perspektive in aller Regel befriedigend, der größte Teil der unternehmenspolitischen Maßnahmen wird daher auch nicht zum ethischen Problem. Ethisch problematisch sind nur Ausnahmefälle unternehmenspolitischer Maßnahmen, und nur allein in diesen Ausnahmefällen ist Unternehmensethik gefordert. Wann freilich ist dieser Ausnahmefall gegeben, und wie ist er typologisch zu verorten? *Ob* der Ausnahmefall gegeben ist, daß das allgemein gerechtfertigte Gewinnprinzip ungerechtfertigte Folgen zeitigt, also für Unternehmensethik der Einsatzfall als „situatives Korrektiv“ (Steinmann/Löhr 1989, S. 13) gegeben ist, ließe sich nur angemessen prüfen, wenn die Unternehmensführung *prinzipiell alle* ihre Entscheidungen der ethischen Reflektion aussetzt.[1]

Dies als praktische Forderung in einen theoretischen Reflektionsrahmen zu geben, hieße von den Theoretikern zu verlangen, prinzipielle Erörterungen über das Verhältnis von Ethik und Ökonomie anzustellen; eben das freilich wollen Steinmann/Löhr aus Gründen ihrer allzu strikten disziplinären Trennung der zwei Ebenen vermeiden, zumindest auf der unternehmenspolitischen Ebene. Damit geraten sie allerdings in ein Wahrnehmungsdilemma, einen *Selbstwiderspruch* für theoretische Betriebswirte: der Eintrittsfall des situativen Korrektivs kann auf diese Weise nicht in theoretische Begriffe gefaßt werden (vgl. a. P. Ulrich 1989, S. 179ff.). Die Ausschließlichkeit, mit der Steinmann u.a. als praktisches Beispiel von Beginn an bis heute auf die Erfahrungen zugreifen, „die die Firma Nestlé im Zuge der Beilegung des weltweiten Konfliktes um die Vermarktung von Muttermilch-Ersatzprodukten gemacht hat“ (Steinmann/Löhr 1989, S. 263), belegt dies. Ob nämlich von gelungener Unternehmensethik überhaupt gesprochen werden darf,

1 Vgl. zur Kritik an Steinmann und Löhr auch P. Ulrich 1989.

wenn ein Unternehmen ins Sperrfeuer internationaler Kritik gerät und diesen starken Druck von außen schrittweise verarbeitet, daran seien doch bei allem Respekt vor Lernfortschritten in diesem Unternehmen Zweifel erlaubt.[1] Präziser: der situative Ansatz und das reaktive Beispiel passen zu gut zusammen. Eine unternehmensethische Konzeption, die legitimerweise das Nestlé-Beispiel auch noch anführen, sich vor allem aber auf Beispiele beziehen würde, wo aktiv und präventiv ethisch verantwortungsvollem Handeln die Bahn bereitet wird, würde auch auf der theoretischen und ordnungspolitischen Ebene einen situativen Ansatz unmöglich machen: damit wäre nämlich nicht weniger verbunden als die Forderung, die gesamte Unternehmenspolitik *systematischer ethischer Reflektion* zuzuführen.

Wenn es stimmt, daß Ethik als Krisenerfahrung daherkommt, dann wird sie als wissenschaftlich begründbare nur in dem Maße möglich, in dem die Grundelemente der Krise(n) offen analysiert und diskutiert werden. Defizite an Konkretheit und an mangelnder Reichweite der Kritik hängen natürlich eng zusammen. So folgt der Unternehmensethik-Reader von Steinmann und Löhr in weiten Teilen einer verbreiteten Neigung im wirtschaftswissenschaftlichen Räsonnement über ethische Fragen, das Ökologieproblem seiner inhaltlichen Grundfigur nach gar nicht zu thematisieren.[2] Solche für Unternehmensethik im ökologischen Feld elementaren Fragen wie die, ob das Unternehmen sich der Verantwortung in bezug auf den gesamten ökologischen Produktlebenszyklus stellt oder sich auf die Optimierung von Verfahren beschränkt, haben in Konzeptionen dieser Art gar keinen oder zumindest keinen systematischen Platz. Theorien, die inhaltlich zu beliebig sind, öffnen ihrer mißbräuchlichen Anwendung freilich Tür und Tor.

Die von Steinmann und Mitarbeitern vertretene *periphere ethische Einzäunung* des unternehmenspolitischen Handelns stellt eine Art Drohung für den homo oeconomicus dar, daß im Fall extremen Verhaltens eingegriffen wird, er für den Normalfall freilich seiner engen kalkulatorischen Sichtweise folgen kann. Die gesellschaftliche Veranstaltung

---

1 Massiv bestätigt werden solche Zweifel durch den Nestlé-Chef Maucher selbst, wenn dieser „rechten Kampfgeist" gegen „dieses ethische und soziale Gesäusel" setzen will. Siehe das Interview mit ihm in manager magazin Nr. 4/90, S. 36f.

2 Ein bedauerlich „systematischer" Fall dieses Phänomens unter den „wissenschaftlichen Wirtschaftsethikern" ist Homann/Blome-Drees 1992.

Ökonomie wird auf diese Weise weiterhin *wertfrei* gehalten.[1] Der Wertediskurs (als Streit um konkurrierende Umweltqualitätsziele) läßt sich dann *als prinzipieller* lediglich hinsichtlich der Festlegung der Rahmenbedingungen führen.

Wir möchten eine solche Argumentationsweise deswegen als im Kern *klassisch-liberal* kennzeichnen, weil die constraints, die Rahmenbedingungen dabei einseitig im Vordergrund stehen. Mit der auf Ausnahmefälle beschränkten ethischen Selbstreflektion wird die zwangsläufige optionale Vielfalt in *grundsätzlich allen* strategischen Entscheidungssituationen unbegründet eingeschränkt. Umgekehrt wird der klassisch-liberalen Idee, gerade die maximale Entfaltung individuellen Nutzenstrebens garantiere in möglichst hohem Maße gesamtgesellschaftliche Wohlfahrt, in einer Weise praktische Triftigkeit unterstellt, wie es angesichts der zahllosen negativen externen Effekte von Unternehmenspolitik in sozialer wie ökologischer Hinsicht heute nicht mehr vernünftig gerechtfertigt werden kann.

Den Versuch, Unternehmensethik wesentlich über die constraints und nicht über die choices von Unternehmenspolitik zu definieren, finden wir auch in der Konzeption von Homann und Mitarbeitern (s. Homann/Suchanek 1987, Homann 1993 sowie Homann/Blome-Drees 1992). Programmatisch heißt es hier: „Der institutionelle Zusammenhang ist also der entscheidende Bezugspunkt, an dem die Unternehmensethik Handlungsempfehlungen für unternehmerische Spielzüge zur Stabilisierung moralischer Anliegen orientiert“ (Homann/Blome-Drees 1992, S. 122). Nun spricht alles dafür, Unternehmen ordnungspolitische Mitverantwortung zuzuweisen in dem Sinne, daß Unternehmen bzw. deren Entscheidungsträger auf die Veränderung der Rahmenbedingungen solchen Einfluß ausüben, daß die sozialen und politischen Effekte unternehmenspolitischen Handelns damit möglichst positiv begünstigt werden. Wo Homann/Blome-Drees „das politische Engagement der Unternehmen in seinen vielfältigen Formen“ und „Versuche, die Spielregeln im politischen Prozeß zu ändern,“ ansprechen

1 „Zur Idee des homo oeconomicus unter ökonomistischen Vorzeichen gehört die strikte Trennung zwischen (ökonomischer) Rationalität und Normativität. ... Die strikte Trennung zwischen (ökonomischer) Rationalität und Normativität markiert aus der Perspektive der modernen ökonomischen Theorie eine Fortschrittsgeschichte, aus der Perspektive der Ethik weit eher eine Verlustgeschichte“ (Mittelstraß 1990, S. 27f.).

(1992, S. 122), geht es allerdings nicht darum, sondern um die Hauptzielsetzung allseits bekannter Lobbypolitik, die politischen Voraussetzungen für den individuellen ökonomischen Erfolg der Unternehmung zu verbessern.[1] Vor allem aber möchten wir Einwände erheben gegen die spezifische Argumentationsweise, mit der Homann/Blome-Drees — mit gewisser Ähnlichkeit zunächst zu Steinmann/Löhr — das unternehmenspolitische Legitimationsproblem zwischen den Rahmenbedingungen einerseits, dem Handeln innerhalb von Rahmenbedingungen andererseits verteilen. Zwar wird der Zusammenhang von originärer Unternehmensverantwortung und Defiziten in den Rahmenbedingungen grundsätzlich zugestanden,[2] aber nur im Sinne eines situativen Ansatzes (S. 141), der die Unternehmen von kontinuierlicher ethischer Reflektion befreien will (S. 126). So pragmatisch-vernünftig das auf den ersten Blick daherkommen mag, läßt das jenseits rein normativer Begründungen, die dann aus ökonomischen Gründen abgelehnt werden müssen,[3] für eigenständige Unternehmensethik nur noch den Bereich von Akzeptanzsicherung zu, also genau jenen reaktiven und situativen, den ihr Steinmann/Löhr auch zuschreiben.[4]

---

1 Siehe Homann/Blome-Drees 1992, S. 122. Solches heißt praktisch, sich nicht für effizientere und anreizorientierte Umweltpolitik stark zu machen, sondern eben diese nach Kräften abzublocken.

2 „Die in der klassischen Konzeption an die Rahmenordnung delegierte Legitimationsverantwortung wirtschaftlichen Handelns fällt bei Defiziten in der Rahmenordnung an die Unternehmen zurück" (Homann/Blome-Drees 1992, S. 126).

3 Genau hier ist der Einspruch von Homann/Blome-Drees gegen Steinmann/Löhr angesiedelt: deren Forderung, im ökonomischen Konfliktfall einen Primat der Moral gegenüber dem Gewinn zur Geltung zu bringen, weisen sie als ignorant gegenüber der aus ethischen Gründen etablierten Wettbewerbssituation zurück (Homann/Blome-Drees 1992, S. 145). Dabei können wir der weiter unten von ihnen (S. 174ff.) vorgetragenen Kritik, Steinmann u.a. würden einer schematischen Gegensatzbildung von Moral und Ökonomie zuarbeiten, durchaus folgen; nur, daß diese Kritik auch die funktionalistische Argumentation von Homann/Blome-Drees selbst trifft.

4 Siehe Homann/Blome-Drees 1992, S. 129. Die schwerpunktmäßige Verlagerung des unternehmensethischen Problems in die Rahmenbedingungen versuchte Homann übrigens in einer Fernsehsendung einmal unter Hinweis auf das Fußballspiel zu erläutern: die Fairness sei in den Regeln inkorporiert. Wer sich mit dem Fußball ein wenig auskennt, der weiß, daß gerade hier ordnungspolitischer Überschwang fehl am Platze ist. Auch wenn man dem Vorschlag des ehemaligen argentinischen Cheftrainers Menotti, zwischen rechtem und linkem Fußball zu unterscheiden, nicht folgen mag, so ist doch offenbar, wie groß die Differenzen zwischen Fair-play und Unfair-play auf der

Unter *Unternehmens*ethik möchten wir freilich insbesondere im ökologischen Handlungsfeld eine solche Konzeption verstehen, die sich *systematisch* den unternehmenspolitischen Möglichkeiten zu ethisch verantwortungsvollem Handeln zuwendet und damit der prinzipiellen *Verschränkung* von wirtschaftlichem Handeln und Werten der Handelnden Rechnung trägt. Wir können darin keine ständige ethische Überlastung der Unternehmen entdecken, die die Grenzen betriebswirtschaftlicher Vernunft sprengen würde. Natürlich liegt es uns fern, für eine Unternehmensethik der roten Zahlen zu plädieren; aber das zunehmende Erlernen der Fähigkeit, die Dinge ökonomisch wie ethisch betrachten zu können, verhindert doch gerade, selber schematisch zwei getrennte Welten zu konstruieren und dadurch in *erfolgsstrategische* Sackgassen zu kommen. Die von uns angepeilte Orientierung läßt sich in Abgrenzung zur *klassisch-liberalen* als *zukunftsbezogen-liberale* kennzeichnen, insofern in ihr die Akteure (auch Unternehmen) mit ihren choices ein wesentlich stärkeres Gewicht und weit mehr Verantwortung zugewiesen bekommen. Das führt uns im folgenden zu der Frage: Verantwortung wofür?

7.2 Das Problem der Anthropozentrik

„Der Mensch ist selbst ein Lebewesen in der Natur; er muß lernen, sich in seiner Endlichkeit zu verstehen.“
(Georg Picht, Der Begriff der Natur und seine Geschichte)

Im 2. Kapitel dieser Arbeit haben wir herausgearbeitet, daß die ökologischen (praktischen) Probleme und (theoretischen) Fragestellungen nur angemessen verstanden werden können über ihren jeweiligen soziokulturellen Zusammenhang. *Deswegen* haben wir für eine *sozial*ökologische Sichtweise plädiert. Die Vorstellung, wir könnten der Natur gleichsam abschauen, wie wir es denn richtig machen sollten, ist eine *Metaerzählung* (vgl. dazu Lyotard 1982, auch 1984 und 1990), die uns theoretisch erneut zu einem Typus metaphysischen Denkens führen und praktisch nahelegen würde, Freiheit sei Einsicht in die Notwendigkeit.

Basis derselben Regeln sein können, und darüberhinaus Unterschiede in der fußballerischen Spielkultur überhaupt (s. dazu Seitz 1987).

Dies widerspräche allerdings sämtlichen modernen Einsichten, daß es keinen geheimnisvollen *vorgegebenen* Gang der Geschichte gibt, den es nur zu entschlüsseln gälte.

Angesichts des heutigen Ausmaßes industrieller Naturzerstörung sehen wir uns auf der anderen Seite gezwungen, alle über die Tiefe der ökologischen Krise hinwegsehenden ethischen Konzeptionen als *frühmodern* und für die Gegenwart und Zukunft *unangemessen* zu kennzeichnen. Da die Beziehung zwischen Menschen und nichtmenschlicher Natur in keinem zwingend linearen Verhältnis steht zur Entwicklung der sozialen (zwischenmenschlichen) Beziehungen, muß sie in eine wirklich moderne Ethik-Konzeption einbezogen werden. Auch wenn wir keine ökologische Ethik werden konzipieren können, bei der wir irgendwoher ein positives Programm für den menschlichen Naturumgang abholen können, ist es auf der anderen Seite *erforderlich*, uns gleichsam ex negativo von Konzeptionen abzugrenzen, bei denen die Natur keine eigenständige Rolle spielt.[1] Daß wir mit solchen Überlegungen keine überflüssigen Spekulationen anstellen, sondern ein handfestes Problem des bisherigen ökologisch-ethischen Diskurses reflektieren, zeigt sich am Streit um den Begriff der Anthropozentrik. In diesem Streit artikulieren sich Positionen, die ein grundsätzliches Überdenken der in der Moderne entwickelten Mensch-Natur-Beziehung verweigern.

Bei Reiche und Füllgraff heißt es apodiktisch: „Für den heutigen Menschen gibt es kein Zurück in einen Zustand der voranthropozentrischen Unschuld" (Reiche/Füllgraff 1987, S. 231).

Wenn das ethische Vermittlungserfordernis allein zwischen den Menschen angesiedelt wird,[2] dann hat man die Frage nach der Mensch-Natur-Beziehung schon hinter sich gelassen, bevor man sie gestellt hat. Ökologische Probleme können dann (nur!) als zwischenmenschliche

1 Dies führt uns theoretisch möglicherweise in eine *dilemmatische* Situation; aber wir halten es für vernünftiger, dieses wirkliche Dilemma zu explizieren, als den Glauben zu nähren, die Menschen würden im Maße wachsender Freiheit und Autonomie die Probleme ihres Naturumgangs quasi-automatisch gleich miterledigen.

2 Theoretisch etwa in Gestalt des ja auch für die Ökonomie schon zur Anwendung gebrachten Gesellschaftsvertrages, in jüngerer Zeit besonders nachhaltig bei J.M. Buchanan, vgl. dazu Darlegung und Auseinandersetzung bei P. Ulrich 1986, S. 253ff.

Interessenkonflikte gedeutet und ökologische Zerstörungen als Verletzungen ökologischer Bürgerrechte beschrieben werden.[1]

Außerhalb der ökonomischen Wissenschaften, wie auch dort, wo das Ökologieproblem zum Gegenstand des *wirtschafts*ethischen Diskurses gemacht wurde, wird häufig die Infragestellung der Anthropozentrik mit dem Rückfall in vormoderne Weltbilder gleichgesetzt. In dieser Debatte wurde und wird zum Teil insofern aneinander vorbeigeredet und wenig geklärt, als Erkenntnisstandort und Erkenntnisgegenstand nicht deutlich voneinander geschieden werden: natürlich „können die Menschen sich erkenntnistheoretisch nicht hintergehen, d.h. sich nicht unter Absehen eigener Interessen, Befindlichkeiten usw. ein Bild von der Natur machen" (Pfriem 1989, S. 126).

Die praktische Ehrfurcht vor dem einzelnen, besonderen Geschöpf und der einzelnen Spezies ist freilich mit keinem vernünftigen Argument auf Menschen zu beschränken. *Mehr noch*: aus der Tatsache, daß die den Menschen gegebenen sprachlichen Verständigungsmöglichkeiten keinem nichtmenschlichen Lebewesen zur Verfügung stehen, läßt sich mit keinem vernünftigen Argument schlußfolgern, daß nichtmenschliche Lebewesen nur für die Menschen da wären. Nichtmenschliche Lebewesen haben einen *Eigenwert* im Sinne eines Rechtes auf individuelle und kollektive Existenz — wegen ihrer Existenz, und zwar *unabhängig* davon, welchen Wert ihnen Menschen beimessen bzw. ob überhaupt.[2] Natürlich ist auch dies eine Setzung — freilich eine, die das Existenzrecht nichtmenschlicher Lebewesen nur ex negativo zu begründen *braucht*.

Hier stoßen wir nun auf ein Problem, das die moderne Philosophiegeschichte bereitet und dessen Darlegung wir vor Mißverständnissen schützen müssen. Die linguistische Wende der Philosophie (vgl. dazu Schnädelbach 1991) hat zweifellos das philosophische Denken auf den festen Boden der Anerkennung der *Sozialität* menschlichen Handelns gebracht. Die immanent zwangsläufige Koppelung an die *Sprachhandlungsfähigkeit* hat allerdings ebenso zweifellos den Graben zwischen Menschen und nichtmenschlichen Lebewesen tiefergezogen und auf diese Weise zumindest keine konzeptionellen Barrieren aufgebaut dage-

---

1 So z.B. die Position von Thielemann 1990.

2 Es ist kein Gegenargument dazu, daß die Menschen den heute kulturell errungenen Verzicht auf Menschenfresserei nur bedingt auf Tiere anwenden, in Deutschland etwa auf Hunde, Katzen und Singvögel.

gen, die nichtmenschliche Natur, angefangen bei den höchstentwickelten Tieren, bloß als Objekte und Mittel der Menschen zu begreifen.[1] Wenn wir die nichtmenschliche Natur nur schützen und bewahren, soweit wir sie brauchen (das heißt ja auch: zu brauchen meinen), kommt dabei „natürlich" ein ganz anderes Ergebnis heraus als bei Berücksichtigung ihres Eigenwertes. *Sozialökologische* Ethik verkehrt demgemäß nicht die fundamentalistische Unterordnung der Menschen unter die Natur in das Gegenteil, sondern plädiert für ein abwägendes menschliches Handeln, das dem Eigenwert der nichtmenschlichen Natur gerecht wird. Bereits diese Position steht unter dem Risiko, die Natur in metaphysischer Weise aufzuwerten. Dabei tut sie nicht mehr, als daß sie die *alteuropäische* Metaphysik, den Menschen als extravagantes Lebewesen auszuzeichnen und ihm teleologisch Zwecke, Aufgaben, Richtungen zu unterstellen, mit der gebotenen Nüchternheit in die Schranken weist.[2]

Trotz unserer Kritik am fundamentalökologischen Zugang ist nicht von der Hand zu weisen, daß dies — in Maurers Worten — eine Änderung in den Tiefenschichten unseres Weltverhältnisses erfordert, die nicht einfach beschlossen und gemacht werden kann. Maurer weist dabei auf Heideggers Begriff der Kehre hin (Maurer 1986, S. 280).

Werden die Menschen ihre Präferenzen so verändern können, daß sie in systematischer Absicht über ihr bloßes Eigeninteresse hinausgehen? Nach unseren kritischen Darlegungen zu fundamentalökologischen Positionen verschiedener Ausprägung dürfte bereits klar geworden sein, daß wir es nicht für möglich halten, eine ökozentrische Ethik vernünftig zu konzipieren. Der programmatisch überzogene Widerspruch gegen anthropozentrische Ethik hilft allerdings sympathischerweise, dann „falsch" rufen zu können, wenn eine Ethik nur die Interaktion der Menschen im Blick hat: ein noch so herrschaftsfreier Diskurs von Menschen könnte immer noch die Zerstörung der Natur fortschreiben oder gar verstärken wollen, und es wäre immer noch „richtig" (wahr?), dieses zu kritisieren.[3]

---

1 Im nächsten Abschnitt zur Diskursethik kommen wir darauf noch einmal zurück.

2 Ähnlich argumentiert Bardmann (1994, S. 81), der sich auf Maturanas Feststellung bezieht, lebende Systeme seien als physikalische autopoietische Maschinen zweckfreie Systeme.

3 Es sei denn, wir würden einen Diskurs nur dann als herrschaftsfrei auszeichnen, wenn dessen *materielles* Ergebnis ein ökologisch wünschenswerter Naturumgang wäre; dies hielten wir jedoch für eine idealistische Setzung.

Die notwendige Kritik an der Übertragung fundamentalökologischer Positionen auf den ethischen Diskurs muß daher deren richtigen Ausgangspunkt im Hegelschen Sinne in sich aufheben, die moderne Mensch-Natur-Beziehung grundsätzlich zu kritisieren und sie daher ethisch-konstruktiv auch erneut zu thematisieren.

Hier hilft der vorher schon angeführte Hinweis Arnasons auf den „interpretativen Aspekt des Weltbezuges, auf den sich die hermeneutische Tradition berufen hat, um die Differenz zwischen Welt und Umwelt sowie die Bedeutung dieser Unterscheidung für das spezifisch menschliche Weltverhältnis ins rechte Licht zu stellen" (Arnason 1989, S. 66). Im Grunde erinnert Arnason damit „an die offenkundige Tatsache ..., daß fast alle großen philosophischen Systeme unserer eigenen Vergangenheit — diejenigen von Platon und Aristoteles, von Thomas und den Scholastikern, von Hegel und den Idealisten — auf der Anschauung gründeten, höchster Zweck der menschlichen Vernunft sei es, ein umfassendes Verständnis der Stellung des Menschen im Kosmos zu entwickeln und nicht lediglich Folgerichtigkeiten und Kausalitäten aufzudecken und damit als Werkzeug eines moralisch blinden Willens zu fungieren" (Tribe 1980, S. 35). Wesentlich, aber eben keineswegs ausschließlich vermögen die Menschen den Sinn ihres Lebens über ihre intersubjektiven Beziehungen zu definieren. Für diese Aufgabe der Weltauslegung sind drei Begriffsmomente von Bedeutung: „... die Welt als permanentes Problem, als wandelbarer Sinnzusammenhang und als übergreifendes Ganzes ..." (Arnason 1989, S. 81). Alle drei verweisen auf den Begriff Kultur.[1]

Die menschliche Weltauslegung[2] erfolgt nicht interessenlos. Allgemein ist sie mindestens durch den Drang gekennzeichnet, mit dieser Welt ins Reine zu kommen, d.h. vom Standpunkt des zeitlich und räumlich begrenzten individuellen menschlichen Daseins: Glück zu realisieren. Die Glückseligkeit verstand schon Aristoteles „als ein Vollendetes und sich selbst Genügendes".[3]

---

1 Die Problematik der modernen Unterscheidung zwischen Natur und sozialer Welt deutet Arnason allerdings nur an. S. Arnason 1989, S. 86.

2 Unter Zuhilfenahme der neueren systemtheoretischen Terminologie könnten wir hier auch Weltbeobachtung sagen. Weltbeobachtung ist — wohlgemerkt — mehr als Umweltbeobachtung.

3 Hier zitiert nach Vossenkuhl 1985, S. 218.

Bei Kant ist die Glückseligkeit der Inbegriff des naturwüchsig Begehrten, die sich mit der Tugend als Inbegriff von Moralität, des Gegenstandes der reinen praktischen Vernunft, vereinigt.[1]

Bekanntlich brauchte Kant noch Gott als Hilfskonstruktion für diese Vereinigung. Nur ein Jahr später brachte Bentham die Glückseligkeit mit seiner heute noch vielzitierten Formel vom größten Glück der größten Zahl der gesellschaftlichen (und ökonomischen) Wirklichkeit näher und legte die Grundlagen für die utilitaristische Gleichung: das Gute = Glück = Lust = Nutzen.[2] Bescheinigt werden muß dieser Übersetzung die gute Paßform angesichts der in den nachfolgenden Jahrzehnten beschleunigt stattfindenden Herausbildung industriekapitalistischer Verhältnisse: Glück kann nach dieser geistigen Engführung nur noch im Bannkreis materieller Güter und ihrer Kommerzialisierungen gedacht werden. Glück wird damit vor allem auf äußerliche Vorgänge projiziert, was für ethische Fragestellungen und die heutigen Bedingungen der Möglichkeiten von (ökologischer) Ethik weitreichende Folgen hat. Sloterdijk kritisiert an der gegenwärtigen Epoche „... ihre heimliche Neigung, die moralischen Motive nur in ihrer Eigenschaft als Motoren von äußeren Bewegungen ernst zu nehmen" (Sloterdijk 1989, S. 33). Er plädiert daher für eine „... Theorie, in der die lebensentscheidende Differenz zwischen Beweglichkeit und Mobilmachung sich als Kriterium einer alternativen ‚Ethik' anbietet" (Sloterdijk 1989, S. 12). Weil Philosphie als Anstrengungsphänomen von der Subjektivität nie loskommen könne, sieht Sloterdijk ihre „einzige Chance ... im Aufstieg zur Gelassenheit" (Sloterdijk 1989, S. 95). *Betriebswirtschaftlich* pointiert könnte man bekräftigen: Glück durch *Unterlassensethik.*

Die Mobilmachung stellt *eine* praktische Form der Weltauslegung dar, nämlich die der hektischen Unterwerfung. Die Gelassenheit könnte möglicherweise eine andere Form der Weltauslegung hervorbringen, nämlich eine solche, in der die (nichtmenschliche) Natur für menschliche Selbstbesinnung eine neue Rolle spielt. Insofern ist in der Tat die Frage aufzuwerfen, inwiefern moderne Glücksauffassungen (und dazu kompatible Ethikkonzepte) nicht u.a. dadurch gekennzeichnet sind, daß sie sich *fälschlicherweise* von der Natur „emanzipiert" haben.

---

1 Vgl. die Erörterung von Kants Kritik der praktischen Vernunft bei Pieper 1985, S. 282.

2 Vgl. dazu Steinvorth 1985, S. 313 und Pieper 1985, S. 295.

Diese Frage ist auch zu stellen an das philosphische System Kants als jenes des wohl prägendsten und nicht zufällig gerade in jüngster Zeit verstärkt positiv zitierten philosophischen Wegbereiters der Moderne. Für die Begründungsfähigkeit einer ökologischen (Wirtschafts- und Unternehmens-)Ethik kommen wir damit zu einem entscheidenden Punkt: wenn die nichtmenschliche Natur aufgrund der Aktivitäten des Naturwesens Mensch in einer neuen Weise zur Schranke menschlichen (auch ökonomischen) Handelns geworden ist, dann werden damit die Handlungsbedingungen der Menschen und die Kriterien für sowohl (sachlich) richtiges wie (ethisch) gutes Handeln einschneidend verändert: „... selbst wenn die Naturschranke in ihrer aktuellen Gestalt nur unter dem Gesichtspunkt einer technischen Überlebensbedingung definiert wird, gibt es gleichsam eine zusätzliche Prüfinstanz für angemessenes Handeln“ (Freimann/Pfriem 1991, S. 119). Und dies gewinnt noch ganz anderes Gewicht, wenn wir verstanden haben, daß die ökologische Frage keineswegs nur die nach den technischen Überlebensbedingungen der Gattung ist, sondern eine moderne Fassung der alten Frage nach dem guten Leben. Damit werden die überkommenen Begriffe von Freiheit und Humanität fragwürdig: „Aus der zweipoligen Vermittlung, welche die Kantsche Formulierung leistet, indem sie das für sein Handeln Orientierung suchende Individuum an die Allgemeinheit eines alle Menschen betreffenden Gesetzes verweist, wird eine dreipolige, die Individuum, Menschheit und außermenschliche Natur zusammenspannt“ (Maurer 1982, S. 24).

Kant stellte in der „Metaphysik der Sitten“ fest: „Nach der bloßen Vernunft zu urteilen hat der Mensch sonst keine Pflicht, als bloß gegen den Menschen (sich selbst oder einen anderen); denn seine Pflicht gegen irgend ein Subjekt ist die moralische Nötigung durch diesen seinen Willen“ (Kant 1989, S. 577). Damit begründete Kant im Rahmen seiner Tugendlehre die Notwendigkeit moralischen Handelns gegenüber anderen Menschen. Diese Tugendlehre war *Produkt ihrer Zeit*: es ging darum, die Menschen aus dem vormodernen Dunkel prinzipiell gerechtfertigter Unterdrückung von Frauen, von bestimmten Rassen und Nationalitäten etc. zu führen, hin zu der prinzipiellen Gleichberechtigung aller Menschen — ein Programm, das bekanntlich auch heute noch nicht kulturell realisiert ist, jedoch in weiten Teilen der Erde Verfassungsrang erhalten hat.

„In Ansehung des lebenden, obgleich vernunftlosen Teils der Geschöpfe“ kennt Kant zwar eine „Pflicht der Enthaltung von gewaltsamer und zugleich grausamer Behandlung der Tiere“ (Kant 1989, S. 578f.). Diese ist seiner Ansicht nach „direkt, aber betrachtet immer nur Pflicht des Menschen gegen sich selbst“, „weil dadurch das Mitgefühl an ihrem Leiden im Menschen abgestumpft und dadurch eine der Moralität, im Verhältnisse zu anderen Menschen, sehr diensame natürliche Anlage geschwächt und nach und nach ausgetilgt wird“ (Kant 1989, S. 579). Das Plädoyer für Tierschutz ist also rein instrumentell. Nicht wegen des Leidens, das die Tiere dabei empfinden, sollen wir es unterlassen sie zu quälen, sondern nur deshalb, weil damit unsere moralischen Fähigkeiten gegenüber anderen Menschen geschwächt werden können.

Das Kantsche Programm, das in seiner transzendentalphilosophischen Begründung „sich nicht so wohl mit Gegenständen, sondern mit unserer Erkenntnisart von Gegenständen, sofern diese a priori möglich ist, überhaupt beschäftigt“ (Kant 1956, S. 55), führt im Einklang mit anderen geistigen Wegbereitern unserer Moderne zur grundsätzlichen *Gegenüberstellung von Mensch und Natur*.

Auf dem heutigen Stand der ökologischen Krise ist die Frage nach unserem künftigen Leben erneut im Kontext der Weltauslegung zu stellen, als Frage nach unserem Leben in und mit der Natur, was sich von einem Standpunkt „in Ansehung von Natur“ unterscheidet. Menschliche Zukunfts- und Glücksvorstellungen können nicht länger nur zweipolig zwischen dem einzelnen handelnden und entscheidenden Individuum und der Menschheit gedacht werden, sondern müssen auf die *Dreipoligkeit Individuum - Menschheit - Natur* bezogen werden (s. Abb. 23).

Mehr als je zuvor in diesem Jahrhundert werden die Menschen, jedenfalls in Europa, gegenwärtig von der Hoffnung bewegt, ein nach vielen Jahrhunderten kriegerischer Auseinandersetzungen friedliches Zeitalter breche an, und dies auf einer Stufe von Lebensqualität, wie sie der Menschheit zuvor fremd war. Solche Perspektiven scheinen imstande, die gewachsene Einsicht zurückdrängen zu können, daß Wohlstandsmehrung nicht zwangsläufig mehr Gerechtigkeit schafft (wie das abgedroschene Bild vom Kuchen, der erst gebacken werden muß und dann verteilt werden kann, immer noch suggeriert). Vor allem kann diese Entwicklung ein anderes Problem möglicherweise sowohl verschärfen als auch bemänteln: die empirisch in diesem Jahrhundert und gerade jüngst offenkundige Pazifizierung der Mensch-Mensch-Beziehungen ist sicher eine Chance von weltgeschichtlicher Bedeutung; man darf jedoch dabei nicht übersehen, daß menschliche *Destruktionsenergie* in das Mensch-Natur-Verhältnis abgeführt wurde. Maurer nennt dies „Entschärfung der subjektiven und intersubjektiven Widersprüche oder Gegensätze durch progressive, technische und sozialtechnische Naturbeherrschung" (Maurer 1986, S. 281).

Abb. 23: Historische Erweiterung moderner Ethik

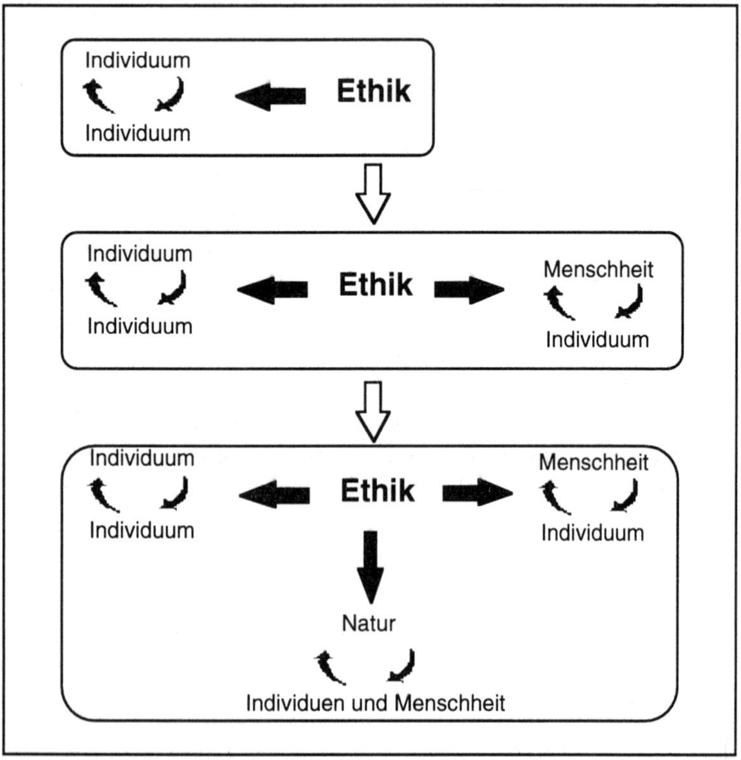

Quelle: eigene

Natürlich ist es dasselbe agressive menschliche Weltverhältnis, was weiße Männer andere überfallen und zu Kolonialvölkern machen, gegeneinander in den Krieg ziehen, die Natur ausplündern und ihre Frauen unterdrücken ließ (und gegebenenfalls noch läßt) — aber es ist sehr in Zweifel zu ziehen,[1] ob Besserungen in dem einen Bereich solche im anderen gleich nach sich ziehen: wenn das Urteil stimmen mag, daß die Moderne einen großen Teil der Menschheit ziviler gemacht hat als je, so eben auch jenes, daß in dieser Zeit gegenüber vorher die menschliche Naturausplünderung exponentiell zugenommen hat.

Wenn die praktische Philosophie ihrem Anspruch gerecht werden will, „die mit Ausdrücken wie Humanität, Freiheit, Gerechtigkeit und (praktische) Vernunft angezeigten sittlich-politischen Probleme methodisch" zu analysieren, „damit die Philosophie nicht allein gegenüber den Wissenschaften, sondern auch gegenüber den sozialen Institutionen und Prozessen eine normativ-kritische Kompetenz ausübt" (Höffe 1977, S. 11), dann kommt sie wohl nicht darum herum, die tragenden Begriffe der Aufklärungsphilosophie in ökologischer Hinsicht und Absicht *kritisch zu rekonstruieren.*

Gerade bei dem grundlegenden Vorschlag von Rawls wird deutlich, wie sehr eine rein menschbezogene Gerechtigkeitsidee gekoppelt ist an die maximale *Freisetzung* des Individuums im Sinne der Freiheit von, nicht der Freiheit für. Er räumt selbst ein, daß menschliche Pflichten in bezug auf mögliches tierisches Leiden den Rahmen einer Vertragstheorie sprengen (Rawls 1979, S. 83, 160, 166-168)[2] .

Vermutlich läge in dem genannten Schritt der *dreipoligen Vermittlung* eine weitreichende theoretische Chance, insofern sich der Gerechtigkeitsdiskurs konsequent von der Vorstellung emanzipieren könnte, es ginge bei der Gerechtigkeit in erster Linie um Verteilungsprobleme, und zu der Einsicht vorstoßen: es geht um das gute Leben u.a. in und mit der Natur.

Naturerleben, Tiere sich entfalten lassen etc. ist nur möglich im Maße des Gewährenlassens, des Verzichts auf fortgesetzte imperialistische Unterwerfung der Natur. Sich im Verhältnis zur Natur auf den Gegenstand einlassen, hieße eben nicht, ihn sich vor allem äußerlich

---

1 Die These einer linearen Beziehung (daß nämlich Fortschritte in der Humanisierung und Zivilisierung der Menschen diese zu einem sanfteren und friedlicheren Umgang mit der Natur führen) ließe sich u.E. jedenfalls nicht vernünftig begründen.

2 Tribe stellt fest: „Wenn also Rawls postuliert, daß eine angemessene Konzeption der Beziehung des Menschen zur Natur ‚eine Theorie der natürlichen Ordnung und Stellung in ihr' (Rawls 1979, S. 556) erfordert, fordert er damit eine moralische Konzeption ökologischer Pflichten, die innerhalb seiner eigenen Denktradition nicht formuliert werden kann" (Tribe 1980, S. 47).

und wissensmäßig anzueignen, sondern sich vom Unerwarteten freudig überraschen zu lassen. Leben macht Freude in dem Maße, in dem es *Erleben* bedeutet. Das meint Sloterdijk, wenn er dem modernen Menschen, dem panischen Menschen der blinden Flucht vorwirft, das Wichtigste nicht mehr zu wissen: „daß erträgliches Leben immer eine Insel im nicht Erträglichen ist, und daß die Existenz von Insulanern nur durch die Diskretion des hintergründig gegenwärtigen Ozeans gewährleistet ist" (Sloterdijk 1989, S. 104f.).

Mit anderen Worten: ein neues menschliches Naturverhältnis, das einer ethischen Reflektion desselben auch überhaupt erst offen wäre, braucht den *Ozean*, den wir nicht zu durchschauen vermögen. Nur in bezug auf diesen können Glück und Gerechtigkeit der Menschen angesichts der ökologischen Herausforderung der Gegenwart vernünftig definiert werden.

Der nicht zu durchschauende Ozean verlangt in jedem Fall nach einer Bescheidenheitsethik, was *solchen* anthropozentrischen Ansätzen, die das Risiko hybriden menschlichen Denkens und Handelns nicht berücksichtigen, zusätzlich widerspricht.

Für unsere Einstellung zur nichtmenschlichen Natur ist als ein Vermittlungsversuch zwischen fundamentalökologischen Konzeptionen und einer anthropozentrischen Wertsetzung allein des Menschen der Vorschlag einer *Pathozentrik* von Belang.

Nun könnte ein sturer Anthropozentriker eine solche Mitleidsethik immer noch auf seinen schmalen Leisten schlagen wollen. Auch die Beachtung der regulativen Idee, das Vorgefundene solle eher erhalten und gepflegt als zerstört werden, ließe sich ja durchaus noch anthropozentrisch verorten. Eine solche Vereinnahmungsstrategie möchten wir freilich zurückweisen. Anthoprozentrik im strengen Wortsinn transportiert die menschliche Selbstüberhöhung der Moderne, statt sie kritisch zu reflektieren und zu überwinden. Die Zuschreibung eines intrinsischen oder Eigenwerts der Natur ist eben nicht mit der Zuschreibung moralischer Rechte, für die es sprachhandlungsfähige Subjekte bräuchte, identisch.[1]

Wegen ihrer Unfähigkeit zur Rede nimmt die nichtmenschliche Natur angefangen von den höchstentwickelten Tieren am zwischen den

1 So Birnbacher 1991. Die Plausibilität dieses Arguments wird nicht dadurch eingeschänkt, daß Birnbacher utilitaristischen Kalkülen noch recht verhaftet ist.

Menschen prinzipiell möglichen Betroffenendialog nicht teil. Die Natur kann nicht *sprechen*, sie kann sich „nur“ *rächen*. Für eine dreipolige sozialökologische Ethik heißt das, daß Menschen, sofern sie sich zu Anwälten der nichtmenschlichen Natur unter Anerkennung ihres Eigenwerts machen, eine stellvertretende politische Sittlichkeit zu entwickeln haben. Das läßt sich vielleicht auf den Begriff der *Empathie* bringen, jedenfalls nicht angemessen auf eine rein-anthropozentrische menschliche Interessenvertretung.[1] Nicht nur aus praktischer Anschauung,[2] sondern auch wegen der theoretischen Überlegung, daß apriorische Gattungssolidarität Metaphysik ist, sei ergänzend darauf hingewiesen, daß auch die ernsthafte Sorge für unsere Kindeskinder und deren Nachkommen Empathie braucht.

7.3 Die Diskursethik und ihre Probleme

„Wir wollen doch nicht viel ... Ein wenig Vernunft in die Welt bringen ... Nicht die Vernunft der französischen Aufklärungszeit, eine andere Art Vernunft, die unserer Zeit ... Die Vernunft, die fähig wäre, wie eine Blendlaterne in das dunkle Innere zu zünden und ein wenig Klarheit zu bringen ... Ein wenig die Lüge zu verscheuchen ... Die großen Worte beiseite zu schieben: Pflicht, Wahrheit, Rechtschaffenheit ... Bescheidener zu machen.“

(aus Friedrich Glausers Kriminalroman „Matto regiert“)

Mit unserer Kritik an fundamentalökologischen Ansätzen haben wir aufgezeigt, daß eine zeitgemäße sozialökologische Ethik sich nicht auf

1 Bayertz (1987) unterscheidet präzise und zutreffend zwischen dem Menschen als Subjekt oder Objekt der Moral (S. 154). Weil die ökologische Krise darauf zurückzuführen ist, daß die Menschen nicht nur über besondere positive Verhaltensmöglichkeiten verfügen (zu diesen s. Bayertz 1987, S. 155), sondern ebenso über eine besonders zerstörerische Eingriffstiefe ihrer Handlungen (s. dazu von Gleich 1989), geht es beim Streit um die Anthropozentrik u.E. nicht nur um ein terminologisches Problem: Wenn Bayertz behauptet, wo wir die Interessen der Natur als gleichberechtigt respektieren, könnten wir nur nach Maßgabe *unserer* (Hervorhebung Bayertz) Interessen entscheiden (Bayertz 1987, S. 157), stellt dies wiederum eine anthropozentrische Engführung dar.

2 Weil wir gegenwärtig kräftig dabei sind, den nachfolgenden *menschlichen* Generationen die natürlichen Lebensgrundlagen zu zerstören.

die Natur als gleichsam „metaphysisches Faktum“ (vgl. P. Ulrich 1986, S. 280) stützen kann; im letzten Abschnitt haben wir begründet, inwiefern eine sozialökologische Ethik, die der mitmenschlichen Natur gerecht werden will, die Beziehung Mensch-Natur als besondere auszeichnen muß und nicht nur als Teil der Mensch-Mensch-Beziehungen begreifen darf. Weil die Diskursethik die Verpflichtung zu nachmetaphysischem Denken besonders ernst nimmt und zu einer Reflektion der Verschränkungen von Ethik und Ökonomie offensichtlich besonders geeignet ist (vgl. dazu grundlegend P. Ulrich 1986), wollen wir in diesem Abschnitt der Frage nachgehen, inwieweit unsere Überlegungen zum Problem der Anthropozentrik dabei in der diskursethischen Konzeption berücksichtigt sind.

Als neben K.O. Apel führender Vertreter der Diskursethik hat Jürgen Habermas die Diskursethik immer wieder auf „den deontologischen, kognitivistischen, formalistischen und universalistischen Charakter der Kantischen Ethik“ (Habermas 1991, S. 11) zurückgeführt.

Kants Ethik ist danach deontologisch, weil die Sollgeltung von Geboten oder Handlungsnormen das moraltheoretisch begründungsbedürftige Grundphänomen darstellt. Sie ist kognitivistisch, insofern normative Richtigkeit als wahrheitsanaloger Geltungsanspruch zu begreifen ist. Sie ist formalistisch, weil alle vernünftigen Wesen moralisch gerechtfertigte Handlungen wollen können müssen. Und die Charakterisierung als universalistisch ergibt sich schließlich aus der Behauptung, „daß dieses (oder ein ähnliches) Moralprinzip nicht nur die Intuitionen einer bestimmten Kultur oder einer bestimmten Epoche ausdrückt, sondern allgemein gilt.“[1]

„Weil sich Kant auf die Menge begründbarer normativer Urteile beschränken will, muß er einen engen Moralbegriff zugrundelegen. Die klassischen Ethiken hatten sich auf *alle* (Hervorhebung im Original) Fragen des ‚guten Lebens‘ bezogen; Kants Ethik bezieht sich nur noch auf Probleme richtigen oder gerechten Handelns“ (Habermas 1991, S. 11).

Das Verfahren des praktischen Diskurses bedeutet, an Argumentationen Teilnehmenden zu unterstellen, „daß im Prinzip alle Betroffenen als Freie und Gleiche an einer kooperativen Wahrheitssuche teilnehmen, bei der einzig der Zwang des besseren Arguments zum Zuge

---

1 Vgl. Habermas 1991, S. 1f. (Die Definitionen hier sind in wörtlicher Anlehnung an Habermas' Text vorgenommen).

kommen darf" (Habermas 1991, S. 13f.). Die Richtigkeit oder Gerechtigkeit eines normativen Einverständnisses ergibt sich dabei aus den allgemeinen Kommunikationsvoraussetzungen bzw. den idealisierenden Unterstellungen, die die Argumentationsteilnehmer hierfür machen. Als philosophische Richtung, die sich positiv auf die linguistische Wende der Philosophie bezieht und dies explizit mit Ansprüchen kritischer Gesellschaftstheorie verknüpft, hat die Diskursethik mittlerweile verbreitete Anerkennung gefunden. Sie präsentiert sich angesichts der Gefahr „der totalen Vergleichgültigung aller Werte und damit des hoffnungslosen Sinn- und Orientierungsverlusts" als Angebot „einer möglichst metaphysikfreien, humanistischen Ethik, und das heißt: einer Ethik, die den Menschen als ethisches Subjekt wieder einsetzt" (P. Ulrich 1986, S. 274f.).

Der in dem sprachpragmatischen Ansatz zum Ausdruck kommende positive Bezug der Diskursethik auf die linguistische Wende der Philosophie transportiert neben der von uns selbstverständlich geteilten prinzipiellen Hervorhebung der Sozialität des Menschen[1] in *ökologischer* Hinsicht u.E. das Dilemma, das wir bereits mit dem vorigen Abschnitt thematisiert haben. Vormoderne Philosophien sahen sich fundamental mit der Natur als Problem konfrontiert, und eine um das ökologische Problem aufgeklärte Moderne[2] hätte in einer Philosophie auf der Höhe der Zeit die Mensch-Natur-Beziehung als *konstitutiv* mitzudenken. Gerade wegen des universalistischen Anspruchs, den die Diskursethik von Kant übernommen hat, ist daher die Frage angebracht, ob es in einer zeitgemäßen ethischen Konzeption ausreichen kann, die Mensch-Natur-Beziehung nur im Huckepack-Verfahren über die Entfaltung der zwischenmenschlichen Kommunikation mitzuführen und damit implizit eine lineare Verbindung zwischen der Mensch-Mensch-Beziehung und der Mensch-Natur-Beziehung zu unterstellen, wie wir dies eben schon in Zweifel gezogen haben.

In Habermas' Erläuterungen zur Diskursethik (1991) scheint dieses Problem auf. Kant hat hier (nicht mangels Anerkennung der Sozialität

---

1 „Die Bedingungen der Möglichkeit praktischer Vernunft ... können als (sprach-)*pragmatisch* (Hervorhebung im Original) gelten, indem sie keine metaphysisch-idealistische Unterstellung einer reinen, absoluten Vernunft erfordern, sondern allein von der empirisch und normativ zugleich notwendigen sprachlichen Verständigung unter den Menschen ausgehen" (P. Ulrich 1986, S. 280).

2 Zur nicht terminologisch zu verengenden Beziehung von Moderne und Postmoderne s. den nächsten Abschnitt.

des Menschen, sondern bezüglich der Mensch-Natur-Beziehung) nach Habermas eine Sackgasse beschritten.[1] Habermas leitet daraus eine „intersubjektivitätstheoretische Begründung von Interaktionspflichten gegenüber Tieren" ab: „Wie moralische Verpflichtungen überhaupt, so hat auch unsere moralanaloge Verantwortung gegenüber Tieren ihren Bezug und ihren Grund in jenem, allen sozialen Interaktionen innewohnenden Gefährdungspotential ... Soweit Tiere an unseren Interaktionen teilnehmen, treten wir miteinander in Kontakt, der, weil er von der Art einer intersubjektiven Beziehung ist, über einseitige und wechselseitige Beobachtung hinausreicht" (Habermas 1991, S. 224). Tiere bringen nach Habermas in dieser Beziehung Eigensinn zur Geltung, umgekehrt sehen wir ihnen in die Augen *wie* (Hervorhebung im Original) einem alter ego. Konsequent weitergeführt und unter Berücksichtigung der Habermasschen Kritik an Kants Blick auf die Tierwelt weicht diese Argumentation die starre Trennung zwischen den sprachhandlungsfähigen Kosubjekten möglicher Verständigung einerseits und dem Rest der Welt auf, zu der die Sprachpragmatik zwingt. Wenn wir Tiere *um ihrer selbst willen* schonen müssen, dann haben wir hier genau den im vorigen Abschnitt von uns betonten Eigenwert und einen wichtigen Schritt zur *Überwindung* der Auffassung, die Schonung von Tieren könnte im kantischen oder ähnlichen Sinne allein aus spezifisch menschbezogenen Interessen begründet werden.

Das Risiko einer Eliminierung der ökologischen Dimension sozialen Handelns konnte in der *Habermas*schen Konzeption u.E. deshalb so groß werden, weil die mit der Diskursethik verknüpfte Theorie des kommunikativen Handelns (s. Habermas 1981) über eine schematische Trennung zwischen dem Paradigma verständigungsorientierten Handelns und dem von Marx her kommenden Produktionsparadigma herausgebildet wurde. Habermas' Ablehnung des Produktionsparadigmas stützte sich[2] neben dem angeblich absehbaren Ende der Arbeitsgesellschaft[3] auf die Behauptungen, (a) schaffe das Produktionsparadigma

---

1 „Wir können uns die Sache auch nicht mit Kant so zurechtlegen, daß wir zwar Pflichten in bezug auf, aber nicht *gegenüber* Tieren haben. Die Tiere treten uns als versehrbare Kreaturen entgegen, die wir in ihrer physischen Integrität *um ihrer selbst willen* (Hervorhebungen im Original) schonen müssen" (Habermas 1991, S. 220).

2 Mit der Vergangenheitsform wollen wir die genetische Rolle dieser Argumente für die weitere Theoriebildung unterstreichen.

3 Was außer Habermas auch viele andere zu Beginn der achtziger Jahre fälschlich prognostizierten.

das Problem, wie sich die Arbeit bzw. Herstellung von Produkten zu den übrigen kulturellen Äußerungsformen der Menschen verhalte, und (b) ließen sich aus einem naturalistisch bestimmten Stoffwechselprozeß Mensch-Natur keine normativen Gehalte mehr ziehen (s. Habermas 1985, S. 95ff.).

Diese beiden Argumente betreffen eben das gesellschaftstheoretische Elementarproblem der Verschränktheit physischer und soziokultureller Faktoren, das auch für den ökologischen Diskurs von fundamentalem Belang ist. Habermas' Argument gegenüber der praxisphilosophischen Position der Budapester Schule, Praxis im Sinne normengeleiteter Interaktion ließe sich nicht nach dem Muster der produktiven Verausgabung von Arbeitskräften und der Produktion von Gebrauchswerten analysieren (Habermas 1985, S. 101), trifft im ersten Teil (Faktoreinsatz) zu, im zweiten (Produktionsergebnisse) jedoch nicht. Im ersten Teil ist die Habermassche Kritik nebenbei und an dieser Stelle sicher unbewußt übrigens eine Kritik der Betriebswirtschaftslehre Gutenbergschen Typus, die in eben diesem Sinne *inputborniert* ist, daß es ihr im weiteren nur um die Produktivität bei der quantitativen Beziehung von Faktoreinsatz und Faktorertrag zu tun ist, nicht jedoch um die *Qualität* der Faktorerträge, d.h. der produzierten Gebrauchswerte. Diese Kritik von Habermas trifft außerdem einen Großteil der kulturfreien Wissenschaftlichkeit, die der nachmarxsche Marxismus bezüglich der Organisation der Produktionsprozesse aufzurichten bemüht war, im Kern.

In die Produktion von Gebrauchswerten geht bei näherem Hinsehen hingegen all das ein, was schon in ursprünglich Marxschen Kategorien jeden Gebrauchswert erst zu einem solchen, d.h. zu einem konkretnützlichen machte: die soziokulturell spezifischen gesellschaftlichen Bedürfnisstrukturen, Arbeits- und Lebensweisen, Konsummuster etc., die gewissermaßen das materielle Substrat der sozialen Kommunikation und Interaktion bilden.

Insofern scheint es uns gerade in ökologischer Hinsicht unklug, Verständigungsparadigma und Produktionsparadigma in ein antagonistisches Verhältnis zu bringen; gerade über die Verknüpfung dieser beiden *Sichtweisen* läßt sich der Diskurs über die Frage, wie wir in Zukunft in und mit der Natur leben wollen, angemessen thematisieren.[1] Jedes mehr oder weniger bewußt denkende und praktisch handelnde

1 Vgl. zur Erörterung dieses Entwicklungsweges der Habermasschen Theorie auch Pfriem 1990b, S. 57ff.

Individuum folgt einer spezifischen Weltauslegung, ob es sich und anderen diese nun expliziert oder nicht. Verständigung und Weltauslegung sind daher in jedem Individuum (und in jeder Theorie, die ein oder mehrere Individuen vertreten) untrennbar miteinander verknüpft. Auf die Diskursethik hin präzisiert: Theorien über Verständigung bewegen sich stets im Kontext spezifischer Weltauslegungen.

Apel hat die diskursethische Fortführung des linguistischen Paradigmas zweifellos konsequenter als Habermas vorangetrieben. Mit dem von ihm so genannten Selbsteinholungsprinzip der rekonstruktiven Wissenschaften (daß nämlich der argumentative Diskurs prinzipiell nicht hintergangen werden kann) beansprucht er für die Fundierung seines Diskursprinzips nicht geschichtlich-kontingente, sondern unbestreitbar universale Voraussetzungen der Verständigung, (transzendentale) „Gründe im Sinne der philosophischen Letztbegründung von Geltungsansprüchen“ (Apel 1989, S. 17).

Apel kritisiert Habermas, dieser rekurriere auf die *faktisch* funktionierende Sittlichkeit des kommunikativen Handelns als Plausibilisierung des Prinzips der Diskursethik.

Als an Marx geschulter Philosoph und Gesellschaftstheoretiker hat Habermas nämlich den „Kontakt mit der lebensweltlichen Praxis als der materiellen Basis der Philosophie“ (Apel 1989, S. 52) nicht verlieren wollen; so interpretiert jedenfalls Apel das Problem, daß die Lebenswelt bei Habermas teils empirisch definiert wird, teils aber auch normativ beansprucht, insofern sich auf dieselben Hintergrundressourcen der Verständigung verlassen wird, die schon in jeder lebensweltlichen Verständigung in Anspruch genommen werden (Apel 1989, S. 45ff.).

In der Tat wirft der Rekurs auf die Sittlichkeit der Lebenswelt als Begründungselement des Diskursprinzips die Frage auf, ob damit nicht der tranzendentale Charakter des transzendentalpragmatischen Ansatzes verlassen wird.[1]

In dem Maße nämlich, in dem zur Vermeidung einer idealistischen Position die Lebenswelt in Anspruch genommen wird, wird Philosophie plausibel mit Gesellschaftstheorie verknüpft und *damit* auf einen

---

1 „Die Bedingungen der Möglichkeit praktischer Vernunft, die sie als denknotwendige ‚Aprioris‘ einsichtig macht, können als *transzendental* (Hervorhebung im Original) charakterisiert werden, insofern sie weder durch empirische Erfahrung noch durch logische Reduktion aus irgend etwas Vorgegebenem begründet noch ohne Selbstwiderspruch des Argumentierenden bestritten werden können“ (P. Ulrich 1986, S. 280).

Platz gerückt, wo sie gesellschaftstheoretischen Einwänden ausgesetzt werden kann. Dann läßt sich das Kantische Erbe in der Habermasschen Theorie *gesellschaftstheoretisch* hinterfragen, was auch deshalb vernünftig erscheint, weil bei Kant selbst Philosophie und Gesellschaftstheorie eng miteinander verbunden waren.

Kants ethisches Konzept kann nicht abgelöst werden von seinem prinzipiellen geschichtsphilosophischen Optimismus. Die Grundorientierung auf den weltbürgerlichen Frieden ist eine spezifische Weltauslegung, die heute im Angesicht der ökologischen Krise heftig bezweifelbar ist. Zur Kantschen Weltauslegung gehörte (wie auch später zur Marxschen) der optimistische Glaube daran, daß trotz aktuell gegebener Widrigkeiten das Gute im Menschen und die guten Menschen sich durchsetzen würden. Kant hatte mit seiner „Idee zu einer allgemeinen Geschichte in weltbürgerlicher Absicht" eine eindeutig optimistische Geschichtsphilosophie. „Trotz aller Rückfälle, dunklen Perioden und Umwege ist es nach Kant der Weltgeschichte geheimer Sinn, zum Sieg der Vernunft zu führen."[1]

Zweihundert Jahre nach Kant stecken wir in einem Dilemma: über die praktischen Umsetzungsversuche der Marxschen Theorie haben wir lernen können, zu welchen menschenfeindlichen Auswüchsen Aktivitäten von Minderheiten im Namen der Mehrheit und deren Emanzipation führen; gleichzeitig wissen wir heute auch mehr darüber, daß das freie, allgemeine und gleiche Wahlrecht noch keineswegs eine Garantie sozialer und ökologischer Wohlfahrt darstellt. Setzte sich — ohne Verständigungsbereitschaft mit prinzipiell allen[2] — eine bestimmte Minderheit in der Gesellschaft durch, würde möglicherweise (a) für das gute Leben und (b) für die Natur mehr getan werden können — aber gleichzeitig dürfen wir diesen Weg (im ökologischen Diskurs seit Anbeginn mit dem Begriff Öko-Diktatur verhandelt) nicht gehen.

---

1 Horkheimer 1992, S. 271. In der Marxschen Denktradition pocht Horkheimer darauf, daß die Vernunft sich selbst nicht durchsichtig werden könne, solange die Menschen als Glieder eines vernunftlosen Organismus handeln. Kants mangelnden Blick darauf nennt Horkheimer „die Dunkelheit der Kantischen Vernunftkritik" (Horkheimer 1992, S. 225).

2 Wenn wir die Verknüpfung von Philosophie mit Gesellschaftstheorie einmal akzeptiert haben, dürfen wir ohne gesellschaftstheoretischen Rekurs auf das *Menschenbild*-Problem keine Transzendentalpragmatik mehr über das bloße Selbstwiderspruchsargument konstruieren.

Wir halten die von Apel kritisierte Rückbindung der Habermasschen Konzeption an die wirkliche gesellschaftliche Erfahrungswelt für vernünftig, weil es der Diskursethik ja *auch* um praktische Philosophie zu tun ist und diese sinnvoll und ergiebig nur entwickelt werden kann, wenn sie mit *empirisch gehaltvoller* Gesellschaftstheorie verknüpft wird. Damit wird dann aber auch einer transzendentalen Reinheit von *Vernunft* der Boden entzogen. „Mit dem Zeitalter der großen Geschichten gehen auch die Jahrhunderte, in denen Kategorien wie Richtigkeit, Wahrheit und Gerechtigkeit als Maßstäbe galten, zu Ende“ (van Reijen 1987, S. 10). Wenden wir uns daher im nächsten Abschnitt der Dialektik der Aufklärung zu, die heute in Verbindung mit dem Begriff Postmoderne thematisiert wird.

7.4 Die Dialektik der Aufklärung als Hintergrund zeitgemäßer Unternehmensethik

„Seit je hat Aufklärung im umfassendsten Sinn fortschreitenden Denkens das Ziel verfolgt, von den Menschen die Furcht zu nehmen und sie als Herren einzusetzen. Aber die vollends aufgeklärte Erde strahlt im Zeichen triumphalen Unheils.“
(Max Horkheimer, Theodor W. Adorno)

Mit diesen Worten begannen Horkheimer und Adorno ihre Schrift zur „Dialektik der Aufklärung“ (1947), und die erst *nach* ihrem Tod auf ein gesteigertes Maß verschärfte (bzw. dann erst so wahrgenommene) *ökologische* Krise scheint sie erst recht zu bestätigen.

Der heutige Diskurs zur Dialektik der Aufklärung wird seit einiger Zeit vermittels der begrifflichen Gegenüberstellung von *Moderne und Postmoderne*[1] geführt. Dabei wird zum Teil das, was die einen als postmodern bezeichnen, von anderen als Vollendung der Moderne charakterisiert; zum anderen finden wir aber auch ein starkes Bemühen um klare Frontstellungen und hier eine solche Verteidigung der Moderne, die unter Postmoderne die Preisgabe der Vernunft fassen will.[2]

1 Siehe zu dieser Debatte Engelmann 1990, Kamper/van Reijen 1987, Huyssen/Scherpe 1986, Schmidt 1986.
2 So haben wir Habermas (1985) gelesen.

Schon bei der Behandlung der ethischen Konzeption von Steinmann u.a. ist deutlich geworden, daß deren konkrete Ausprägung nur zu verstehen ist in Verknüpfung mit ihren besonderen (explizit oder implizit vorhandenen) gesellschaftstheoretischen Grundannahmen, d.h. ihrer *spezifischen Weltauslegung*. Diese Aussage gilt *allgemein*.

Diejenigen, die nun ihre Position selbst als postmodern kennzeichnen oder sich zumindest zur Wehr setzen gegen die Ausgrenzung bzw. Denunziation von Postmoderne durch (nach eigenem Anspruch und Bekunden) Verteidiger der Moderne, zeichnen sich in der Regel durch eine relativ starke *Skepsis* bezüglich der historisch-gesellschaftlichen Entwicklung aus, bisweilen unter ausdrücklicher Einbeziehung der ökologischen Frage.

Diese Skepsis resultiert aus nichts anderem als der *vernunftbedingten* Reflektion des modernen Aufklärungsprozesses. Die Menschheit hat mit dem Prozeß der Moderne fundamentale narzißtische Kränkungen hinnehmen müssen, die bei heutiger Betrachtung den Gedanken der Möglichkeit menschlicher *Autonomie*, die eine Zeitlang das erfreuliche Ergebnis der Überwindung der Vormoderne zu sein schien, ebenso fundamental infragestellen:

(1) die *kopernikanische* Wende hat gelehrt, daß die Erde nicht der Mittelpunkt der Welt ist,
(2) die von *Darwin* herrührende Wende hat gelehrt, daß der Mensch nicht der Mittelpunkt der Erde ist,
(3) die von *Freud* ausgehende Wende hat gelehrt, daß das intelligible Bewußtsein nicht der Mittelpunkt des Menschen ist.

Kamper richtet den Blick auf eine mögliche „Thanakrotie der Vernunft“[1], um einen solchen Typus von Verteidigung der Moderne zu kritisieren, der die selbstreflexive Einsicht in diese Kränkungen eher behindert.

Philosophische Grundkonzeption und auf den historischen Prozeß bezogene *Weltauslegung* sind nicht zu trennen. Die Kantsche Philosophie ist ihrem Wesen nach nur zu verstehen in ihrer soziokulturellen Einbindung, d.h. in ihrer Verknüpfung mit dem zuversichtlichen Blick auf die künftige Geschichte der Menschheit. Angesichts der ökologi-

1 Siehe Kamper 1987, S. 40; Kamper übergeht bei seinen Hinweisen auf die narzißtischen Kränkungen der Menschheit freilich die von Darwin herrührende, die gerade für unser ökologisches Problem wesentlich ist.

schen Krise sind für unser Bemühen um eine *sozialökologische Unternehmensethik* daher gerade solche philosophischen Überlegungen von Gewicht, in die die skeptische Selbstreflexion des Prozesses der Moderne in genügender Tiefe eingeht.

Das grundlegende Problem, die ökologische Krise erfolgreich zu bearbeiten (manche sagen immer noch: in den Griff zu bekommen), entbirgt sich *im Maße solcher Bemühungen* als *Dilemma*: in den industriell entwickelten Ländern und global betrachtet von ihnen aus wird die Natur anhaltend zerstört nicht[1] von denen, die mit der Natur nichts im Sinn haben, sondern von Menschen, die guten Willens sind.[2]

Insbesondere im ökologischen Kontext ergibt sich aus dem selbstreflexiven Ernstnehmen der angeführten narzißtischen Kränkungen der Menschheit als Konsequenz, den nicht im engen Sinn rationalen Wahrnehmungs- und Verarbeitungsmöglichkeiten der Menschen ein größeres Gewicht beizumessen. Das betrifft sehr direkt die Wirtschaftswissenschaften, nämlich das Selbstverständnis von Umwelt- und Ressourcenökonomie: die Natur als *ästhetische* Kategorie zu fassen, steht in deutlichem Widerstreit zum Verständnis von Natur als Ressource. Viele Menschen leiden inzwischen an ihrem eigenen Umgang mit der Natur und bräuchten für ein gutes Leben einen anderen Naturumgang. Eine dafür relevante *Naturästhetik*[3] geht über die verstandesmäßigen Wahrnehmungsformen zwangsläufig hinaus. Als sinnliches Selbstbewußtsein des Menschen ist sie eine Infragestellung der Tendenz zur Leibfeindlichkeit in der modernen Philosophie (vgl. Böhme 1989, S. 32ff.).

Wenn Wissenschaft beginnt, sich um die Befindlichkeit von Menschen in ökologischen Gefügen zu kümmern, dann wird die *romantische* Wissenschaftsauffassung, daß Kunst und Wissenschaft eine Einheit bilden sollten, erneut aktuell. Die strenge Scheidung zwischen den drei Diskursen um das Wahre, das Gute und das Schöne, die die Moderne vollzogen hat, kann natürlich keineswegs durch Dekret rückgängig gemacht werden. Es scheint aber zum Kern des tiefer verstandenen ökologischen Diskurses zu gehören, hier zumindest wieder erste Brük-

---

1 Beziehungsweise nicht nur, wenn diese Akzentuierung präziser sein sollte.

2 Vgl. zu einer solchen Argumentation (ohne ausdrücklichen Bezug auf das Ökologieproblem) Kamper 1987, S. 37f.

3 Böhme spricht in diesem Zusammenhang von einer Theorie der Befindlichkeiten oder der Atmosphären, s. Böhme 1989, S. 11.

ken zu schlagen. *Postmodern* ist dabei das Wissen darum, daß es unmöglich sein wird, diese Wiedervereinigung in einer funktional ausdifferenzierten modernen Gesellschaft zu vollenden. Die *authentische* Bearbeitung der (u.a. ökologischen) Probleme auf dem heutigen Stand verlangt allerdings danach, trotz ständiger Brechungen beim Bemühen um diese Wiedervereinigung und obwohl es vermutlich eine unvollendete bleiben wird, Querverbindungen und Spiegelungen herzustellen.[1]

Will man den Begriff affirmativ benutzen, läßt sich als *postmodern* die Einsicht kennzeichnen, daß die Vollendung des Projekts der Aufklärung vermutlich unmöglich ist. Das hängt nicht zuletzt damit zusammen, daß mit den schon stattgefundenen und noch zu befürchtenden Katastrophen dieses und des nächsten Jahrhunderts die emphatischen Hoffnungen auf die Entfaltung der menschlichen Vermögen zusammengebrochen sind, von denen viele Denker des 18. und 19. Jahrhunderts durchdrungen waren. Insofern heißt Postmoderne die *„Ortschaft einer Niederlage"* (vgl. dazu Kamper 1987, S. 44).

Mit Nietzsche (vgl. dazu van Reijen 1987, S. 19ff.) ist Leben nicht nur Erkenntnis, sondern auch *Kampf* und *Rausch*. Die Workaholics des modernen Managements bestätigen diese Einsicht mehr als viele andere; und es hat den Eindruck, daß angesichts der nationalen und internationalen Verschärfung des ökonomischen Wettbewerbs Kampf und Kampfrhetorik[2] sowie Rausch[3] zunehmen.

Relativierung von Erkenntnis ist Relativierung von Rationalität, *ohne* daß deswegen die Vernunft preisgegeben wird. Postmoderne wendet sich insofern nicht an sich gegen die potentielle Kraft des besseren Arguments, sondern weist „nur" ebenso deutlich wie illusionslos darauf hin, daß die *praktische Geltung* potentiell besserer Argumente beschränkt ist und gesellschaftliche Willensbildungsprozesse neben rational-argumentativen Formen auch eine Reihe anderer haben, deren ei-

1 Diese sind selbst dann aufklärerisch, wenn sie gar keine synergetischen Effekte mehr produzieren: „Das Kunstwerk kann nur negativ zum Ausdruck bringen, was der Gedanke an das Richtige, Humane, das mit sich Identische sein kann" (van Reijen 1987, S. 26).

2 Das unter 7.1 angeführte Interview mit dem Nestlé-Chef Maucher könnte um viele ähnliche ergänzt werden.

3 Verdrängung wirklicher Zukunftsprobleme wie etwa bei der Automobilindustrie die Verdrängung der Notwendigkeit einer grundlegenden verkehrspolitischen Umsteuerung läßt sich auch als Manager-Rausch beschreiben.

genständiger Bedeutung Rechnung getragen werden muß.[1] Bohrende Verweise auf die *Dialektik* der Aufklärung[2] halten wir im Hinblick auf unsere Konzeption einer sozialökologischen Unternehmensethik auch deshalb für so wichtig, weil uns die mit dem Begriff *Sozial*ökologie beabsichtigte Akzentuierung der kulturellen Vielfalt und Besonderheiten weiterführt zur Hervorhebung der Individuen und (zumindest potentiellen) Minderheiten in gesellschaftlichen Willensbildungsprozessen. Anders: Die Einsicht in die geringe praktische Geltungskraft des jeweils besseren Arguments bei vorfindbaren menschlichen und gesellschaftlichen Willensbildungsprozessen läßt um so mehr Energie investieren in die Verteidigung von Individuen und Gruppen, denen nicht mehrheitlich „recht" gegeben wird.

Wenn diese Individuen und Gruppen restlos integriert werden könnten in die Ordnung des Diskurses, wäre jener immer noch der Idee der objektiven Wahrheit verhaftet, die wir hinsichtlich des Ökologieproblems, d.h. der uns wesentlich interessierenden Mensch-Natur-Beziehung, bereits im 2. Kapitel kritisiert haben.

Insofern haben wir allen „universalistischen Aspirationen einer Konsensus-Theorie mit Skepsis zu begegnen", sofern ein solcher Konsensus die Rechte derer zu mißachten drohte, „die er zur allgemeinen Geltung zu bringen versprach: nämlich die Rechte der Individuen" (Frank 1987, S. 115).

Die Geschichte ist zu einem wichtigen Teil die Geschichte von Niederlagen derer, die sie nicht verdient haben. Kulturhistorisch besteht hinsichtlich der *kulturellen* Überlegenheit der (militärisch) unterlegenen Etrusker gegenüber den Römern heute breiter Konsens. In der je aktuellen Geschichtsperiode sind solche konsensualen Einsichten logischerweise unmöglich. Ethik ist daher *geboten*, um Widerstand zu rechtfertigen oder das Handeln derer, die — etwa bei unternehmenspolitischen Innovationsprozessen — *zu früh* kommen und dafür vom Le-

1 Bei Kant wurde die Kritik der Vernunft auf sich selbst angewendet um den Preis, daß alle Leistungen der analytischen Vernunft einem obersten synthetischen Akt entspringen, dem Selbstbewußtsein. Ein nicht selbst Rationales ist der Grund der Rationalität. Die Romantik kritisierte bereits das Risiko, aus der Rationalität einen neuen Kult zu machen; und darauf aufbauend kritisierte Max Weber den vollendeten wissenschaftlichen Rationalismus als gegen sich selbst unkritisches Verfahren. S. diese Argumentation bei Frank 1987, S. 110f.

2 Ob ausdrücklich als postmodern vorgetragen oder nicht, ist dabei relativ gleichgültig.

ben bestraft werden. Es wäre eine grobe Fehldeutung der Geschichte, Widerständlern zu prognostizieren (und sie dadurch zu stärken), daß sie mit hoher Wahrscheinlichkeit die späteren Avantgarden und Innovatoren sein werden. Auch für die Aktionen von Unternehmen lassen sich solche Prozesse nur als Hoffnungen beschreiben, keineswegs als Erwartungen mit hohem Wahrscheinlichkeitswert.

Und wir *brauchen* Ethik, weil das Widerstand leistende Individuum und die sich nicht durchsetzen könnende Gruppe gegen das System *verteidigt* werden müssen. Weil diese Verteidigung auch gegen einen enggeführten Rationalismus notwendig ist, ergibt sich auf der Ebene der Individualethik wie der Institutionenethik[1] als Folgerung, gegenüber einer einseitig wissenschaftlichen oder einer allzu universalistischen Ethik vorsichtig zu sein. Benhabib hat in diesem Sinne „Gründe für eine ... eher am Gespräch als am Konsens orientierte kommunikative Ethik" (S. 173) angeführt.[2]

Der Begriff des *Verständigungsmanagements* ist dem des Konsensus-Managements deshalb auch vorzuziehen. Er trägt dem Umstand Rechnung, daß Auseinandersetzungen zwischen verschiedenen Akteuren (etwa zwischen Unternehmen und betroffenen Anliegern um eine konkrete Industrieansiedlung) nicht nur deshalb zu keinem Konsens gelangen müssen, weil argumentative Ungleichheiten, mangelnde Einsichtsfähigkeiten u.ä. im Spiele sind, sondern etwa auch wegen *unterschiedlicher Interessenlagen* oder wegen *legitim verweigerter Rationalität* nach übergeordneten Gesichtspunkten: so kann die Verteidigung eines subjektiv für einzigartig gehaltenen Landschaftsbildes in der Nachbarschaft für legitim gehalten werden, selbst wenn von viel mehr Menschen „rationale Gründe" für eine alternative Nutzung dieser Fläche angeführt werden. Insofern sind die Brechungen des (potentiellen) Konsenses nicht nur subjektive unterhalb der eigentlich überzeugenden regulativen Idee, sondern quasi-objektive auf der Ebene der regulativen Idee selbst. Reflektiert man dieses nicht, schadet man eher dem Bemühen um Konsens, weil man mit einem Ideal operiert, das gegen die empirisch erfahrbare Realität imprägniert ist.[3] Handelt man dagegen nach der Idee des *Verständigungsmanagements*, so ist darin einge-

1 Denn auch eine Institution, etwa das System Unternehmen, kann gegenüber dem Ganzen (der Gesellschaft etc.) in der Rolle von Widerstand oder mangelnder Durchsetzungsfähigkeit sein.
2 Benhabib 1992, s.v.a. das 5. und 6. Kapitel.
3 So zutreffend Bardmann 1994, S. 90.

schlossen, mit bleibenden Dissensen reflektiert und vielleicht sogar verständnisvoll umzugehen.[1] Verständigungsmanagement entlastet übrigens nicht nur vom Konsensusgebot, sondern ferner von übermäßigen Rationalitätszwängen: die Diskursethik, die als argumentationsbezogene sehr rational, letztlich wissenschaftsorientiert ist, ließe sich damit auch für höheren Respekt vor dem Irrational-Individuellen öffnen.

7.5 Elemente einer sozialökologischen Unternehmensethik

„Die kritische Theorie hat bei aller Einsichtigkeit der einzelnen Schritte und der Übereinstimmung ihrer Elemente mit den fortgeschrittensten Theorien keine spezifische Instanz für sich als das mit ihr selbst verknüpfte Interesse an der Aufhebung des gesellschaftlichen Unrechts. Diese negative Formulierung ist, auf einen abstrakten Begriff gebracht, der materialistische Inhalt des idealistischen Begriffs der Vernunft.
In einer geschichtlichen Periode wie dieser ist die wahre Theorie nicht so sehr affirmativ als kritisch, wie auch das ihr gemäße Handeln nicht ‚produktiv' sein kann.
An der Existenz des kritischen Verhaltens, das freilich Elemente der traditionellen Theorien und dieser vergehenden Kultur überhaupt in sich birgt, hängt heute die Zukunft der Humanität.
Eine Wissenschaft, die in eingebildeter Selbständigkeit die Gestaltung der Praxis, der sie dient und angehört, bloß als ihr Jenseits betrachtet und sich bei der Trennung von Denken und Handeln bescheidet, hat auf die Humanität schon verzichtet."
(Max Horkheimer, Traditionelle und kritische Theorie)

Ökologiebezogene gesellschaftliche Auseinandersetzungen können als Streit verschiedener menschlicher Weltauslegungen beschrieben werden. Soziale Gruppen ringen um die Art und Weise der Fortentwicklung und Gestaltung der Mensch-Natur-Beziehung, des dominierenden Arbeits- und Lebensmodells, der gesellschaftlichen Institutionen etc.[2]

---

1 Zum Konzept konsensentlasteter Diskurse s.a. Willke 1993, S. 138f.
2 Vgl. Honneth 1989, S. 314, der darauf hinweist, daß mit einer solchen Argumentation — Honneth wendet sie selbst nicht auf das Ökologieproblem an — gruppenspezifischen Handlungsorientierun-

Eine moderne sozialökologische Ethik muß in diesem Sinne[1] auf das real existierende Akteurssystem der Gesellschaft Bezug nehmen. Jenseits der *Handlungs- und Entscheidungsfreiräume* von Individuen und Institutionen ist die Rede von Ethik praktisch irrelevant; diese (s. Kap. 4) konstituieren erst den Bereich möglichen ethisch verantwortungsvollen Handelns.

Soziale Organisationen, darunter Unternehmen, sind schon deshalb keine totalitär funktionierenden Machtkomplexe, sondern fragile Gebilde, weil sie in ihrer Existenz vom moralischen Konsens aller Beteiligten abhängig bleiben (s. Honneth 1989, S. 334). Weil Willens- und Entscheidungsbildungsprozesse in und von Unternehmen auf den normativen Orientierungen der Organisationsmitglieder beruhen (natürlich gebrochen durch die formelle und informelle *Hierarchie* des jeweiligen Unternehmens), kann auch den Unternehmensentscheidungen als solchen ein *moralischer Status* zugewiesen werden. Dieser moralische Status bezieht sich nun nicht nur auf das Zustandekommen, sondern, wie wir unter dem Begriff des normativen Managements bereits im 6. Kapitel gesehen haben, ebenso auf die *Zielgerichtetheit* von Unternehmensentscheidungen. Wenn sich das Problem der Sinnhaftigkeit menschlichen Handelns allgemein stellt in der Frage, wie wir Menschen in und mit der Natur leben wollen, dann leiten sich für die Unternehmen als gesellschaftliche Subsysteme daraus *spezifische Sinnstiftungsaufgaben* ab. Ein Unternehmen leistet — bewußt oder unbewußt, willentlich oder nicht willentlich — spezifische Beiträge zum strukturellen *und* kulturellen Wandel der Gesellschaft, u.a. in der ökologischen Dimension.

Strukturen lassen sich dabei beschreiben als *Verfestigung* von Kulturen, sind deshalb nicht als Sachzwänge im Sinne von Invarianzen zu verstehen, sondern prinzipiell der Veränderung unterworfen.[2] Nach

---

gen und Wertvorstellungen eine praktisch entscheidende Rolle im Reproduktionsprozeß von Gesellschaft zugewiesen wird.

1 D.h. wegen der Bedeutung sozialer Gruppen auch: unter Verzicht auf das Hilfskonstrukt des methodologischen Individualismus.

2 Bei Castoriadis (1984, S. 559ff.) gibt es eine spannungsvolle Einheit zwischen instituierender und instituierter Geschichte — ein theoretisches Konstrukt, das unseren Überlegungen besonders nahe kommt. Castoriadis unterstreicht den Primat der interpretativen und institutionellen Voraussetzungen des sozialen Lebens vor den individuellen und intersubjektiven Vollzugsformen in einer Weise, daß die Verdinglichung des Gesellschaftlich-Geschichtlichen vermieden wird. Zentral sind die *imaginären Bedeutungen*, d.h. die Sinngehalte, auf

Arnason sind „die Konstellationen des sozialen Feldes mit einem Eigensinn und einer Selbstveränderungsfähigkeit ausgestaltet ..., die weder auf Imperative der Anpassung an eine Umwelt[1] noch auf interne Systemzwänge[2] reduziert werden können" (Arnason 1989, S. 334).

Bei aller Skepsis, die wir selbst im vorigen Abschnitt zum Moderne-Postmoderne-Diskurs vorgetragen haben, ist der Weltprozeß prinzipiell nach vorn fundamental offen, in der Einheit von Gesellschaft und Geschichte als permanente Schöpfung, als Poiesis in radikalem und ontologischem Sinn, als autonome Praxis und kreative Imagination.[3]

Angemessene Weltauslegung in diesem Sinne erfordert historische *Kontingenz* und Berücksichtigung kultureller und struktureller Besonderheiten. Erst ab *diesem* Jahrhundert etwa kann die menschliche Selbstvergewisserung in der Welt *denken*, daß die Gattung Mensch die technischen Möglichkeiten hat, sich selbst und wesentliche andere Teilsysteme dieser Erde zu zerstören, weil die Menschen es erst in diesem Jahrhundert *machen* können.[4]

Wenn es nun zutrifft, daß die industrialistisch-ökonomische Durchdringung der Welt einen wesentlichen Verursachungsfaktor der gegen-

---

die sich eine Gesellschaft (oder eine Unternehmung, R.P.) bezieht, um sich selbst, die Welt und ihren Platz im Rahmen der letzten zu bestimmen. Bei Walzer finden wir den Begriff der gesellschaftlich geschaffenen Bedeutungen; s. Walzer 1990, S. 35.

1 Bei bloßer Anpassung bleibt eine Kennzeichnung der Unternehmung als offenes soziales System gegenüber internen und externen Anspruchsgruppen stecken, wenn keine Bestimmungen *darüber hinaus* geliefert werden.

2 Bei fast metaphysischen Zwängen bleibt eine Kennzeichnung von Unternehmung stecken, nach der Unternehmen und das System Wirtschaft insgesamt nur nach einem präzise definierbaren Code agieren und ein weites Feld von Lernmöglichkeiten für Unternehmen als soziale Systeme damit *prinzipiell* ausgeschlossen wird.

3 Wir bleiben bei unserer eigenen Weltauslegung also etwa in bezug auf den theoretischen Entwicklungsweg Adornos bei der Dialektik der Aufklärung und gehen nicht weiter mit bis zur totalitären Verdinglichung und negativen Dialektik. „Die Selbstverwandlung der Gesellschaft hängt von dem gesellschaftlichen und also im ursprünglichen Wortsinne politischen Tun der Menschen in der Gesellschaft ab — und von nichts sonst. Ein wesentlicher Bestandteil davon ist das denkende Tun und das politische Denken: das Denken der sich selbst schöpfenden Gesellschaft" (Castoriadis 1984, S. 609).

4 Die apokalyptische *Furcht* des Menschen *vor sich selbst*, die aus der Verarbeitung der ökologischen Krise der Gegenwart resultiert, unterscheidet sich grundsätzlich von vormodernen apokalyptischen Ängsten: bei jenen half nur der Glaube an den gütigen Gott, bei dieser jedoch die eigene Wahrnehmung ethisch-moralischer Verantwortung.

wärtigen ökologischen Krise darstellt (vgl. Kap. 2.1), dann braucht eine sozialökologische Unternehmensethik eine *gesellschaftstheoretische Analyse*, die diese Funktionsrationalität[1] gegenwärtiger Verhältnisse einbezieht.[2]

Mit unserer sozialökologischen Konzeption grenzen wir uns ab

a) von der fundamentalökologischen Variante des ganz Anderen[3] sowie
b) von der nur scheinbar rationalen Variante (= umwelttechnischen Sichtweise), daß die ökologischen Probleme mit *noch mehr* Technik, *noch mehr* Ökonomie, *noch mehr* Fortschritt etc. gelöst werden sollen (also dem metaphysischen Glauben, daß die Krise eben durch jene Faktoren überwunden wird, die sie produziert haben).

Weil die ökologische Kehre weder als kultureller noch als technischer Durchbruch vorstellbar ist, sind die gesellschaftstheoretischen Begleitelemente einer sozialökologischen Ethik vergleichsweise bescheiden. Wenn Welsch als postmoderne Selbstaufklärung der Moderne formuliert, es gehe nicht mehr um Anpassung an eine Welt, sondern um die Wahl der passenden Welt, dann gilt dies natürlich *nur erkenntnistheoretisch, nicht praktisch.*[4] Wir gehen nie mit der Wirklichkeit an sich um, sondern stets mit unseren Erfahrungswirklichkeiten. In diesem Sinne will der *radikale Konstruktivismus*[5] eine empirisch begründete Alternative zum neuzeitlichen Wissenschaftspositivismus liefern, *ohne* den modischen Trends irrationalistischer Wissenschaftskritik zu erliegen; eine Alternative, die „nachweist, daß gerade die Subjektabhängigkeit unserer Wirklichkeitskonstruktion unser erfolgreiches Handeln in

1 Handlungslogiken auf der Ebene agierender Systeme, u.a. Unternehmen.

2 Sloterdijk hat in dieser Richtung Vorschläge zu einer Theorie der zivilisatorischen Bewegung gemacht — einer Theorie, in der die lebensentscheidende Differenz zwischen Beweglichkeit und Mobilmachung sich als Kriterium einer alternativen Ethik anbietet. Auch für die Philosophie gelte es, die Langsamkeit wieder zu entdecken (s. Sloterdijk 1989, S. 17).

3 Wobei sich zwischen einer Metaphysik des Sprungs zurück in die Vormoderne und einer Wendezeitmetaphysik bedingt unterscheiden läßt.

4 Dasselbe gilt für den Satz von Maturana: „Wir erzeugen daher buchstäblich die Welt, in der wir leben, indem wir sie leben" (Maturana 1982, S. 269). Damit wird keineswegs menschliche Allmacht behauptet.

5 Vgl. ausführlicher dazu Pfriem 1990a und Pfriem 1993.

einer sozial akzeptierten und scheinbar objektiven physikalischen Welt erklären kann" (Schmidt 1987, S. 18). Diese prinzipielle erkenntnistheoretische Offenheit des radikalen Konstruktivismus[1] eignet sich hervorragend dazu, das ganze Ausmaß ethischer *Verantwortung* bei der menschlichen Selbstvergewisserung in der Welt offenzulegen.[2]

Die Subjektabhängigkeit der Wahrnehmung und der Konstruktion von Wirklichkeit bedeutet dabei keineswegs, beliebig konstruieren und alles machen zu können. Die Wirklichkeitskonstruktionen müssen variabel sein, sonst zerschellen sie an einer Realität, zu der die konstruierte Wirklichkeit in zu großem Widerspruch steht.[3] Die Ökologie bzw. der genaue Blick auf die Mensch-Natur-Beziehung als Mensch-Welt-Beziehung (und nicht nur Mensch-Mensch-Beziehung) lehrt uns: Welt kann auch an uns zerschellen; d.h. die Erkenntnistheorie des radikalen Konstruktivismus[4] ändert nichts daran, daß Menschen materielle Welt verändern, schädigen, zerstören und daß wir die Folgen davon nicht einfach durch andere Einbildungen wegkonstruieren können.

Was heißt das für unser Verständnis individuellen und systemischen Handelns? Es heißt, daß Handeln (und damit eine Vielfalt alternativer Handlungsmöglichkeiten) weder durch ökonomische Rationalität (und deren Konditionierung von Handeln zu Verhalten) noch durch Selbstorganisation von Systemen (hinter der menschliche Individuen verschwinden) über theoretische Entwürfe abgeschafft werden kann. Ferner heißt das, daß Handeln in der Welt passiert, d.h. einerseits im Rahmen jeweils spezifischer Normierungen (inklusive der Möglichkeit zu deren Veränderung), andererseits als Veränderung von physischer (Um- bzw. Mit-)Welt.[5]

---

1 Von Glasersfeld unterscheidet hierzu die Realität als ontologische Kategorie von der Wirklichkeit als Erlebenswelt, s. von Glasersfeld 1991, S. 163.

2 „In diesem Sinne" heißt es bei Jantsch: „Unsere Suche gilt letzten Endes nicht der genauen Kenntnis des Universums, sondern der Kenntnis der Rolle, die wir in ihm spielen — dem Sinn unseres Lebens" (Jantsch 1978, S. 127).

3 Siehe dazu von Glasersfeld 1991, S. 163.

4 „Erfahrung ist die Ursache. Die Welt ist die Folge. Die Epistemologie ist die Transformationsregel" (vgl. von Foerster 1993, S. 369).

5 Vgl. dazu — in Auseinandersetzung mit dem Radikalen Konstruktivismus wie auch der Luhmannschen Theorie — Bender 1994. Wenn wir sagen, daß Handeln für uns auf Erfahrung und Gestaltung von Welt bezogen ist, grenzen wir uns selbstverständlich eindeutig ab von jenem zeitgeistigen Verständnis, dem es nur (noch) um die *Selbstinszenierung* von Menschen in der Welt zu tun ist.

Bezogen auf die *Tiefe der Probleme*, wie sie uns in der ökologischen Krise vorscheint, und die ökonomische Bedingtheit und Vermitteltheit dieser Krise lassen sich *vier Ethikmodelle* unterscheiden (s. Abb. 24):

Abb. 24: Vier Ethikmodelle

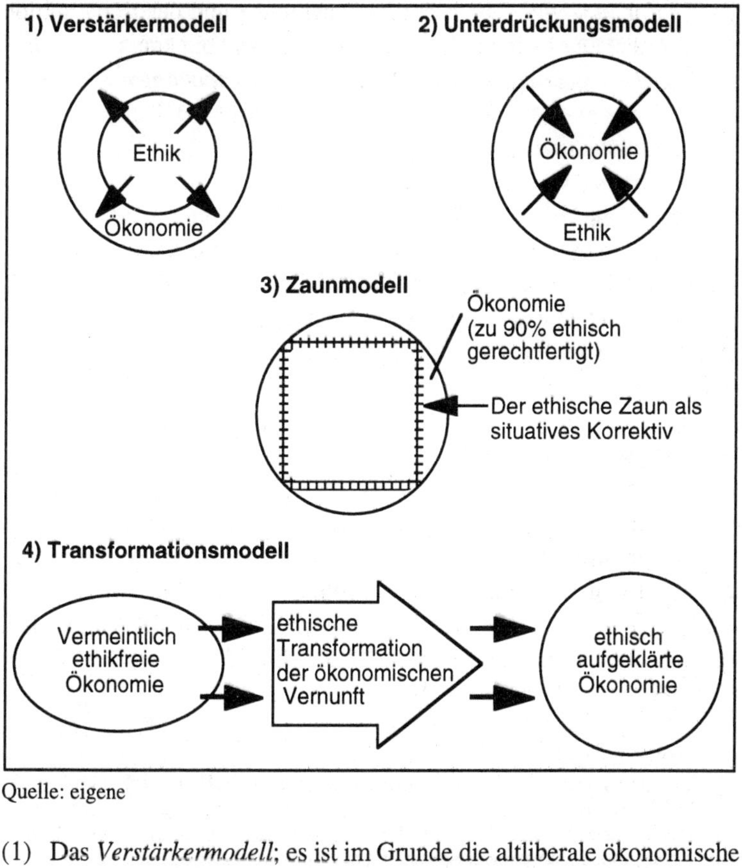

Quelle: eigene

(1) Das *Verstärkermodell*; es ist im Grunde die altliberale ökonomische Position, die Freisetzung des wirtschaftlichen Handelns von moralischer und religiöser Bevormundung ethisch zu rechtfertigen.[1]

1 Gegenüber Merans Terminus „Ermunterungsmodell" (vgl. Meran 1990, S. 54ff.) ziehen wir den Begriff „Verstärkermodell" vor, weil ja die Auffassung zugrunde liegt, jede noch stärkere Freisetzung von Marktkräften zu Lasten politischer, staatlicher und bürokratischer Eingriffe verstärke zwangsläufig die (auch ethische) Qualität von Wirtschaft und Gesellschaft.

(2) Das *Unterdrückungsmodell*; hier sind Auffassungen gemeint, wo sich das wirtschaftliche Handeln und die Wirtschaftsordnung grundsätzlich moralischen Auflagen zu beugen haben. Gemeint ist also die fundamentalökologische Position in unternehmensethischer Betrachtung.

(3) Das *Zaunmodell*[1]; wir verstehen darunter solche wirtschafts- und unternehmensethischen Ansätze, wie sie von Steinmann und Mitarbeitern vorgetragen werden: Ethik zäunt peripher eine Ökonomie ein, die zu +/- 90 Prozent heil ist; innerhalb des Zauns ist Ethik nicht nötig und hat dort nichts zu suchen.[2]

(4) Das *Transformationsmodell*, mit dem wir uns ausdrücklich auf das Programm der Transformation der ökonomischen Vernunft beziehen (P. Ulrich 1986); ein solches Programm konstatiert elementare ethische Defizite unserer Wirtschaftsordnung und plädiert daher für entsprechend weitreichende Veränderungen der Ökonomie.

Diese vier Ethikmodelle sind im ökologischen Kontext zu bedenken im Hinblick auf die *dreipolige* Vermittlungsaufgabe einer zeitgemäßen Unternehmensethik, wie wir das in Kap. 7.2 dargelegt haben.

Wohlverstandenes ökologisches Denken ist *bescheidenes* Denken zum Zwecke bescheidenen Handelns. Die mit der industriellen Naturbearbeitung durch die Menschen verbundene zu starke *Eingriffstiefe*[3] soll nicht inhaltlich umgebogen, sondern als solche eingeschränkt werden, nötigenfalls bis zur ökonomisch-technischen Nullösung.[4] Zwischen ökologischen und (explizit oder implizit) postmodernem Denken lassen sich theoretisch fruchtbare Verbindungen herstellen.[5] Die ge-

---

1 Unter Verwendung eines von P. Ulrich gewählten Bildes, s. P. Ulrich 1990a, S. 120.

2 Die Modelle 2 und 3 differenzieren den von P. Ulrich (1990a, S. 117ff.) vorgeschlagenen Typus der korrektiven Wirtschaftsethik weiter aus; wegen der unterschiedlichen Korrektur*reichweite* halten wir das gerade im ökologischen Feld für sinnvoll.

3 Vgl. dazu von Gleich 1989, S. 67-83, speziell S. 71ff.

4 Im konkreten Fall kann also sozialökologische Unternehmensethik eine *Unterlassensethik* erfordern: die Rolle des ökologischen Unternehmers ergibt sich dann darüber, daß der Unternehmer zum Unterlasser wird.

5 Schönherr weist darauf hin, „daß bestimmte Konsequenzen in beiden Denkweisen zueinander führen könnten, daß das ökologische sich vom postmodernen (Denken, R.P.) befruchten lassen könnte. Und das ist neben dem Zweifel gegenüber der Vernunft vor allem die Bemühung um eine Rückkehr zur Wirklichkeit, die das ökologische Denken bisher vielfach als einfache, dilettantische Rückkehr zur Na-

wonnenen ökologischen und philosophischen Einsichten sind auf das real existierende *Akteurs- und Handlungssystem* der Gesellschaft zu beziehen.[1]

Wenn es in diesem Sinne einer sozialökologischen Ethik nicht um die Verkündung höherer Weisheiten gehen kann, sondern „nur“ um die Entbergung *endogener* moralischer Potentiale von Gesellschaften, Organisationen, Individuen,[2] dann schlagen wir damit eine breite Brücke zu den praktisch-konzeptionellen Vorschlägen von Teil III dieser Arbeit.[3]

Methodisch stellt sich für die Betriebs- und Managementlehre gerade auf ethischer Grundlage die Aufgabe der *Praxisforschung*. Es reicht nicht länger die Synthesis, die sich zu ihrem Gegenstand auf vermeintlich eindeutige Distanz hält; wirkliches Erkennen bedarf der Teilnahme, der *Beteiligung* an praktischen Prozessen, vor denen keine theoretischen Schließungen sinnvoll sind gegenüber dem, was *praktisch* möglich ist.[4]

Das bezieht sich *insbesondere* auf den betriebswirtschaftlichen, ökonomischen und menschlichen Umgang mit Natur. Wie *verständigen* wir uns noch über Natur? Es *reicht nicht*, diesen Diskurs in Grenzwerte und Rahmenbedingungen zu verlegen, und auch nicht in betriebswirtschaftliche Diskurse dergestalt einzuzwängen, daß deren Legitimationen

---

tur betrieben hat; denn hier ist ökologische Theorie aus sich heraus gefordert und muß sich mit dem postmodernen Denken auseinandersetzen. Umgekehrt könnte das postmoderne vom ökologischen Denken lernen, daß die Kehre zur Sprache nicht die Natur selbst zu ersetzen vermag. Zumindest als Mahnung bleibt uns die Natur an sich im Bewußtsein. Es geht ökologisch und postmodern um die Natur als sinnlichen Bezug des Menschen“ (Schönherr 1989, S. 103f.).

1 Schönherrs Programm der „Verwindung der Vernunft“ (1989, S. 209) bleibt insofern inkonsequent. Das dämmert ihm selbst: „Allerdings ist die interessante Frage zu stellen, ob und wie Passivität verstanden werden müßte, um sie nicht im Dulden von Herrschaft oder in Weltflucht aufgehen zu lassen“ (Schönherr 1989, S. 202). Die Verknüpfung von ökologischem Diskurs und postmodernem Denken kann nicht jenseits der *praktischen* Vernunft(-verwindung) gelingen.

2 So als Ansatz auch Walzer 1990.

3 Wie sich dort noch im einzelnen zeigen wird, liegt einem konsequenten Konzept der ökologischen Kommunikation sowie damit verknüpft Organisations- und Pesonalentwicklung ethisch nämlich der Gedanke der *Entbergung* endogener moralischer Potentiale zugrunde.

4 Vgl. die diesbezügliche Auseinandersetzung mit Kant bei Böhme/ Böhme 1987, S. 280.

über die direkte ökonomische *Verwertung* des Ökologieproblems zu erfolgen haben. Von der spezifisch *ökologischen Problemlösungskapazität* her haben Unternehmen *Umweltqualitätsziele zu entwickeln, zu kommunizieren und zu verändern.*

Trotz mehrfacher Verweise auf die Funktionsrationalität des gegenwärtigen Wirtschaftssystems haben wir mit der in diesem Kapitel gelieferten Programmatik einer sozialökologischen Unternehmensethik vor allem *Potentiale* beschrieben. Im folgenden 8. Kapitel geht es um die Realisierungsbedingungen solcher Potentiale im Rahmen ökonomischer *Handlungslogiken*, damit um eine kritische Theorie der Unternehmung (nicht nur, aber insbesondere) im ökologischen Handlungsfeld.

8. Kapitel

Auf dem Weg zu einer kritischen Theorie der Unternehmung

„Gesellschaftskritik ist weniger ein praktischer Abkömmling wissenschaftlichen Wissens als vielmehr der gebildete Vetter der gemeinen Beschwerde. Wir werden gewissermaßen auf natürliche Weise zum Sozialkritiker, indem wir auf der Grundlage der bestehenden Moral(auffassungen) aufbauen und Geschichten von einer Gesellschaft erzählen, die gerechter ist als die unsere, aber niemals eine völlig andere Gesellschaft".
(Michael Walzer)

Unsere Reise durch den ökologischen, den systemtheoretischen, den ethischen und den radikal-konstruktivistischen Diskurs hatte das Ziel, voreiligen technischen wie normativen Lösungsansätzen für die unternehmenspolitische Herausforderung durch das Ökologieproblem zu entgehen und stattdessen ein möglichst solides theoretisches Fundament zu schaffen. Dabei haben wir bereits einen Blick getan in die beiden wirtschaftswissenschaftlichen Disziplinen, mit denen wir es zu tun haben, die Betriebswirtschaftslehre (v.a. unter dem Gesichtspunkt ihrer Rezeptionsweisen des Ökologieproblems) und die Volkswirtschaftslehre (v.a. unter dem Gesichtspunkt des ökonomischen Verhaltensmodells und dessen starker Rationalitätsannahme). Dieser Blick soll im folgenden erweitert werden, gerade auch in konstruktiver Absicht, um den Möglichkeiten einer kritischen Theorie der Unternehmung beizuhelfen.[1] Eine solche Theorie kann weder allein in der Volkswirtschafts- noch in der Betriebswirtschaftslehre aufgehoben werden. Volkswirtschaftslehre (sofern sie über reine Sandkastenspiele hinausgelangt) und Betriebswirtschaftslehre (sofern sie nicht nur reproduziert, was ein-

---

1 Als *kritisch* wollen wir nach dem Vorherigen in unserem thematischen Zusammenhang einstweilen eine Theorie verstehen, die (a) dem permanenten Risiko verkürzter Natur- und Menschenbilder immer wieder durch Selbstbeobachtungen und -reflektionen entgegenarbeitet und (b) sich nicht in falsch verstandener Pragmatik auf ihren Gegenstand (Unternehmen bzw. Volkswirtschaft) so stürzt, wie er gegenwärtig im wesentlichen funktioniert, sondern die praktisch-moralische (nicht theoretisch-deduktive!) Aufgabe wahrnimmt, auf die Michael Walzer mit dem Eingangsmotto zu diesem Kapitel hinweist.

schlägige Praxis eh schon weiß) scheinen eher darauf programmiert zu sein, technisches Verfügungswissen bereitzustellen für bestehende Institutionen, die so funktionieren, wie sie funktionieren, statt *Orientierungswissen*, das sowohl für die Entscheidungsträger dieser Institutionen als auch für die übrigen gesellschaftlichen Akteure taugt. Kritische Theorie der Unternehmung kann deshalb nicht durch additive Interdisziplinärität von Volks- und Betriebswirtschaftslehre hergestellt, sondern bloß *transdisziplinär* angenähert werden.[1] Aus diesem Grunde betiteln wir die beiden Abschnitte dieses Kapitels „Volks- und betriebswirtschaftliche Aspekte".

8.1 Volkswirtschaftliche Aspekte

Der ökonomischen Theoriebildung wird im ökologischen Diskurs immer wieder die Verkürzung eines hinreichenden Menschenbildes auf die Kunstfigur des homo oeconomicus vorgehalten. Wo es darum geht, diese Figur besonders schrecklich darzustellen, besteht ihre Rationalität in einem Höchstmaß an Rücksichtslosigkeit und Egoismus (gegenüber anderen Menschen wie der nichtmenschlichen Natur).

Nun verweisen uns die bisherigen Erörterungen bereits darauf, daß das menschliche Handeln stets eingebettet bleibt in kulturelle und normative Vollzüge und demnach der im genannten Sinne „rein ökonomisch" Handelnde eine Abstraktion darstellt, bei der vermutlich das Wesentliche verloren gegangen ist.[2]

---

1 Vgl. dazu Mittelstraß 1992. Ein in diesem Sinne erneutes Nachdenken über den transdisziplinären Status der ökonomischen Theorie (die ja vor der Moderne Teil der praktischen Philosophie war), hätte sicher auch der Orientierung ökonomischen Denkens an den Naturwissenschaften kritisch nachzugehen, sowohl angesichts deren Weiterentwicklung (vom mechanistischen Verständnis, an dem sich viele Wirtschaftswissenschaftler heute noch orientieren, über Relativitäts- und Quantentheorie bis zur heutigen Chaostheorie) als auch prinzipiell (insofern dem Bemühen um Orientierung an den Naturwissenschaften intentional die Idee zugrundelag, eine Wissenschaft objektiver ökonomischer Gesetzmäßigkeiten zu schaffen).

2 Dazu, daß diese Abstraktion schon theoretisch nicht plausibel ist und man sich zur vernünftigen Bearbeitung des Problems stärker auf die empirische Forschung verlegen sollte, vgl. Hampicke 1991, S. 70.

Daß die Figur des homo oeconomicus bisweilen Züge einer Schrekkensgestalt zugesprochen bekommt, wo man diesen Zuspruch ohne größere Schwierigkeiten als Bestandteil eines zu einfachen antiökonomischen Weltbildes analysieren kann, ändert allerdings nichts daran, daß damit Annahmen der ökonomischen Theorie transportiert werden, die sich mit guten Gründen hinterfragen lassen.

Da ist einmal auf das theoretische Risiko der Vereinseitigung des Individuums und seines Entscheidungsverhaltens zu verweisen. Ein Risiko stellt diese Vereinseitigung nicht nur dar wegen analytischer Defizite, deretwegen kulturelle und gesellschaftliche Prägungen individueller Wahl zu kurz kommen, sondern insbesondere auch unter dem Gesichtspunkt, daß Veränderungen von gegebenen Strukturen bzw. Kulturen in aller Regel kollektiver Anstrengungen bedürfen.[1]

Gerade für die Öffnung einer unternehmenspolitischen und betriebswirtschaftlichen Handlungsperspektive scheint es erforderlich, die ökonomietheoretische Fokussierung des Blicks auf entweder das isolierte Individuum in seinem Entscheiden und Verhalten oder die Reproduktion des Makrosystems[2] zu überwinden. Denn ein Unternehmen ist vor diesem Hintergrund per definitionem eine auf der *Meso*-Ebene angesiedelte Institution. In diese Mesoebene spielen zwangsläufig sowohl Reproduktionsbedingungen des ökonomischen Systems wie auch individuelle Erwartungen und Kalküle hinein; und es wäre höchst unvernünftig, sich aus Gründen modelltheoretischer Reinheit einseitig auf die eine oder die andere Betrachtungsebene zu verlegen.

Ein weiteres Problem in der Orientierung auf die Kunstfigur des homo oeconomicus besteht in der unangemessenen Präferierung eines spezifischen Handlungstypus. Wenn Maier-Rigaud die Frage stellt, was uns hindere, eine Ökonomie zu untersuchen, in der die Präferenzen in der Liebe zur Natur und dem Haß auf materiellen Wohlstand bestehen, und weiter argumentiert, ein ökologisch orientierter homo oeconomicus würde auch seinen Nutzen maximieren und sich vom Wirt-

1 „Die einfache Modellierung des Entscheidungsindividuums ... läßt Raum für Interaktionen zwischen den Einzelentscheidern nur, soweit es mit dem ‚methodologischen Individualismus‘ vereinbar ist und klammert eine dynamische Interdependenz zwischen Daten- und Wahlbereich aus. Diese Elemente sind aber von zentraler Bedeutung für den ökologisch-ökonomischen Lernprozeß“; Beckenbach 1991, S. 78.

2 Beckenbach (1991) kleidet diese Alternative in die Bilder von Frosch- und Vogelperspektive.

schaftlichkeitsprinzip leiten lassen (Maier-Rigaud 1991, S. 30), so sehen wir hier einen prinzipiellen Fehler in der Argumentation.

Jeder Betriebswirt kennt aus den Einführungslehrbüchern die Übersetzung des allgemeinmenschlichen Rationalprinzips in das ökonomische Prinzip, das mit seinen zwei Varianten[1] im weiteren dazu dient, möglichst streng quantitative Beziehungen zwischen Input und Output zugrunde legen zu können und damit auch eine eindeutige Zweck-Mittel-Rationalität zu unterstellen.

Seine volkswirtschaftstheoretische Unterstützung erfährt solches Denken durch die Behauptung, die *Knappheit* sei das elementare ökonomische Ausgangsproblem und als solches für alle ökonomiebezogenen Bereiche von Relevanz.

Diese mit dem ökonomischen Prinzip verbundene Behauptung ist falsch.[2] Wesentliche kulturelle Handlungen und Lebensvollzüge der Menschen, darunter so elementare wie Essen und Trinken, Liebe und Sexualität, folgen gerade bei höherer kultureller Entwicklung eher dem Prinzip der *Verausgabung* (Bataille o.J.) als dem ökonomischen Prinzip.

Kulturelle und materielle Entwicklung sind dabei ineinander verwoben: unter den Bedingungen von zunehmendem Überfluß und Verschwendung sowie einem steigenden Anteil fragwürdiger gesellschaftlicher Arbeit[3] — insbesondere in den industriell entwickelten Ländern der Erde — kann das Knappheitstheorem als theoretisches Schlüsselproblem ökonomischen Denkens in seiner bisherigen Form nicht länger aufrechterhalten werden, weil es die Frage nach der Input-Output-*Effizienz* zu Lasten der Frage nach der Output-*Qualität* vereinseitigt hat.

Der zu enge Blick auf den Typus *ökonomisch-zweckrationalen* Handelns und die Verabsolutierung des Knappheitsproblems hängen offensichtlich mit einer weiteren fragwürdigen Grenzziehung ökonomi-

---

1 Den Faktoreinsatz für gegebenen Ertrag zu *mini*mieren oder den Ertrag bei gegebenem Faktoreinsatz zu *maxi*mieren, vgl. Wöhe 1991, S. 1f.

2 Sonst wäre die Prostitution die der ökonomischen Gesellschaft angemessenste Form des Austausches von Liebesbeziehungen, was wiederum keinen Sinn machen würde, weil die Festlegung der Frauen als Objekte der Männer eine vor-ökonomische, „kulturelle“ Annahme darstellt. Daß ein solcher Hinweis nicht zu weit geht, dazu vgl. als eine der Blüten des ökonomischen Imperialismus Beckers Darlegungen zu den Opportunitätskosten des Heiratens, s. Becker 1982.

3 Wir werden das Problem destruktiver Arbeit im 9. Kapitel konkretisieren.

scher Theorien zusammen, nämlich die Präferenzen sowohl vorauszusetzen als auch für unantastbar zu erklären. Leitend für diese Grenzziehung ist das theoretische Konstrukt der Konsumentensouveränität. Dabei hat sich die volkswirtschaftliche Theorie in der Vergangenheit in erstaunlichem Ausmaß der Frage nach der *Bildung und Veränderung von Präferenzen* verweigert.[1]

„Da Veränderungen von Vorlieben und Präferenzen gerade in westlichen Gesellschaften ein unbestreitbarer Tatbestand von erheblicher Tragweite sind, sollte man annehmen, daß sich zu dieser Frage eine umfangreiche Literatur angesammelt habe. Diese Erwartung wird jedoch zumindest im Felde der Wirtschaftswissenschaften weitgehend enttäuscht. Der Grund dafür ist, daß ökonomische Analysen von Präferenzen ausgehen, die (auch wenn sie sich gelegentlich ändern können) als Resultat physischer Bedürfnisse oder psychologischer und kultureller Neigungen bereits als gegeben vorausgesetzt werden".[2]

Das neoklassische Gebot „De gustibus non est disputandum!"[3] hat seine Berechtigung nur insofern, als die moderne Idee der freien Gesellschaft mündiger Bürger mit Vorstellungen einer Bedürfnisdiktatur prinzipiell unvereinbar ist und der bedauernswerte Umstand, daß die frühe Moderne in ihrem euphorischen Vertrauen auf diese Mündigkeit mittlerweile drastisch widerlegt wurde, an dieser Unvereinbarkeit nichts ändern *darf*. Das entbindet Wissenschaftler freilich nicht von der Verpflichtung, Zusammenhänge zwischen spezifischen Präferenzen bzw. Bedürfnisbefriedigungsweisen und sozialen und/oder ökologischen Folgen analytisch aufzuklären und darüber auch konstruktiv Vorschläge

---

1 Vgl. zur Kritik der Konsumentensouveränität a. Hampicke 1991, S. 58f. Hampicke weist dabei — für unseren thematischen Zusammenhang von außerordentlicher Bedeutung — darauf hin, daß bei ökologisch relevanten Konsumentscheidungen häufig schon deshalb keine Konsumentensouveränität gegeben ist, weil auch andere davon betroffen sind. Dies gilt (R.P.) neben den aktuell lebenden Menschen, die von den negativen ökologischen Effekten einer individuellen Konsumentscheidung betroffen sein können, auch für zukünftige Generationen (worauf Hampicke aufmerksam macht), aber ebenso direkt für Tiere, Pflanzen und die gesamte nichtmenschliche Natur. Die Gültigkeit dieser analytischen Feststellung ist wohlgemerkt *unabhängig* von einer eher anthropozentrischen oder biozentrischen Betrachtungsweise (zu einer weitgehenden Sicht der Erde als Organismus s. Lovelock 1991).

2 Hirschman 1988, S. 17; als eine der Ausnahmen unter den deutschen Ökonomen s. Strümpel 1989.

3 So der Titel von Becker/Stigler 1977.

für vernünftigere Lebensformen beizusteuern. Verweigern ist hier nur scheinbar ehrenhaft.

Die Kalamitäten einer solchen *analytischen* Verweigerung setzen sich fort. Für eine theoretisch derart sozialisierte Umweltökonomie darf dann nämlich auch keine echte — d.h. von der sozialen und kulturellen Geprägtheit des Ökologieproblems her zwangsläufig kontroverse — Diskussion über Umweltqualitätsziele und ökologische Standards geführt werden. Entweder verweist man auf die Setzung solcher Standards durch die parlamentarisch-demokratische Willensbildung oder die ökologischen Ziele werden hinreichend enggeführt, so daß sie nicht mehr umstritten scheinen (daß es etwa sinnvoll ist, Energieeinsätze oder Schadstoffmengen zu reduzieren).

In *beiden* Fällen ist man von Maßstäben ökologischer Effizienz völlig entfernt, womit sich zwangsläufigerweise eine Verökonomisierung des Ökologieproblems ergibt.[1]

Wir sehen also, daß uns ein zu enger volkswirtschaftlicher Zugriff auf das Ökologieproblem den Weg zu Analysen versperrt, die für eine angemessene Bearbeitung dringend erforderlich sind.[2] Bemerkenswerterweise wird in Wissenschaften jenseits der Ökonomie die Frage nach den Verknüpfungselementen von Produktionsmodell und Konsumtionsmodell als *analytische* durchaus gestellt, etwa in der Industriesoziologie, wo diskutiert wird, ob postfordistische Entwicklungen sowohl Ergebnis wie Verstärker der Abkehr von standardisiertem Massenkonsum sein könnten (vgl. Piore/Sabel 1987).

Eine *ökonomische* Theoriebildung, die sich der analytischen Verknüpfung von Produktionsmodellen und Konsumtionsmodellen stellt, ginge zweifellos über den wichtigen, theoretisch jedoch mittlerweile unfruchtbaren Streit über mehr oder weniger Marktwirtschaft im Umweltschutz, über Markterweiterungen oder -korrekturen (häufig dann noch

1 Vgl. unser Schema in 4.1. Maier-Rigaud gelangt hinsichtlich der eigentumsrechtlichen Vertreter von Umweltökonomie zu der Feststellung, die Frage der umweltpolitischen Zielfindung stelle sich in der Coaseschen Welt nicht, und charakterisiert die heute dominierende Umweltpolitik zusammenfassend so, daß sie „lediglich zeigt, wie man mit der Natur umgehen muß, um einen optimalen privatökonomischen Nutzen aus ihr zu ziehen"; Maier-Rigaud 1991, S. 40.

2 Insofern ist die häufig anzutreffende Einstellung, ein so enge Grenzen ziehender Ökonom sei der bessere Demokrat, weil er die Bedürfnisse der Menschen achtet und nicht in Frage stellt, wissenschaftlicher Selbstbetrug.

geführt als „Instrumentendiskussion") hinaus.[1] Vermutlich müßte gerade im Kontext der ökologischen Herausforderung Dynamik dann qualitativ beschrieben werden, mit Sicherheit nicht als Oszillierung um wie auch immer geartete Gleichgewichte. Volkswirtschaftliche Gedanken zu einer solchen Richtung finden sich in dem, was seit einiger Zeit als *evolutorische Ökonomik* verhandelt wird: „Eine *intellektuell offene* Evolutionsökonomik könnte einen wesentlichen Beitrag zur *Reformulierung des endogenen Kerns der Wirtschaftstheorie* leisten. All jene Erklärungsvariablen, die in der neoklassischen Theorie in den exogenen Bereich relegiert wurden, und ihr theoretisches Dasein als ceteris-paribus-Annahmen fristen, könnten selbst zum ‚ökonomischen Thema' werden, indem sie beispielsweise als endogene Variablen in dem skizzierten Kontext selbstorganisierender Prozesse eingeführt werden. Die *Formation von Präferenzen* oder die *Evolution von Institutionen* können beispielsweise auf der Grundlage der skizzierten analytischen Struktur diskutiert werden" (Dopfer 1990, S. 22).

Damit haben wir genau die (a) *kulturelle* und (b) *institutionelle bzw. strukturelle Öffnung* ökonomischen Denkens, die wir nach dem bisherigen Erörterungsstand für eine angemessene Bearbeitung des Ökologieproblems brauchen.

Es sei nochmals hervorgehoben, daß es in unserem Kontext um eine angemessene *ökonomische* Bearbeitung geht, die jedoch nicht gleichzusetzen ist mit einer Verökonomisierung (d.h. ökonomischen Engführung) des Ökologieproblems.

Wie sich schon bei unseren Erörterungen in Kap. 2 zeigte, kann die Beziehung zwischen Ökonomie und Ökologie weder nach der einen noch nach der anderen Seite geschlossen werden. Die Annahme der ökologischen Herausforderung führt nicht zu einer harmonischen Einbettung in die vorgängigen (mit einer engen Ökonomie befriedigend bearbeitbaren) Ziele der Steigerung materiellen Wohlstands, sondern zu dessen Infragestellung.[2]

1 Vgl. dazu Maier-Rigaud 1991, S. 34.ff. Als diesen unfruchtbaren Rahmen überwindenden Beitrag s. Minsch 1992.

2 Insofern sei mit aller Eindeutigkeit der Behauptung von Maier-Rigaud widersprochen, die (ökologisch gemeinte) Sicherung der Lebensbedingungen könne „logischerweise niemals im Widerspruch" zur Verbesserung materieller Lebensbedingungen stehen (Maier-Rigaud 1991, S. 43). Maier-Rigaud geht damit geradezu am Kern des ökologischen Problems vorbei.

Auf der anderen Seite bringen uns auch noch so gründliche und von daher verdienstvolle Versuche, eine physische Ökonomie zu konzeptualisieren (s. Immler 1989, S. 261ff.), dann in die Sackgasse, wenn sich darüber alles in Natur auflöst. Wenn der *Ökonom* formuliert: „Die Antwort auf die Frage, wieviel Qualität die Natur braucht, können wir nur aus dieser selbst ableiten" (Immler 1989, S. 278), oder: „Eine zentrale Aufgabe dieser ‚neuen Gesellschaft' ist ihre qualitative und physische Reproduktion" (Immler 1989, S. 279), dann fallen wir nicht nur in die ökologische Metaphysik zurück, mit der wir uns in dieser Arbeit in Kap. 2 und teils auch in Kap.7 auseinandergesetzt haben,[1] sondern wir würden auch die *ökonomische* Bearbeitbarkeit des Ökologieproblems leugnen.

Wenn wir uns um ökonomische Bearbeitung bemühen, kommen wir allerdings um die Frage nicht herum, was denn *das Ökonomische* sei. Mag (1988) hat das zu systematisieren versucht und ist dabei auf die Unterscheidung von vier Denkweisen gekommen: (1) Denken in Alternativen, (2) Denken in Restriktionen, (3) Denken in extremen Input-Output-Relationen, (4) Denken in Änderungen. Zu diesen Denkweisen stellt er fest: „Nicht jeder der Denkansätze ist bei jedem Problem gefragt; in Mischungen können mehrere oder alle zusammen aufgerufen sein. Insgesamt umschreiben sie jedoch die geistige Fähigkeit, die theoretisierende und praktizierende Ökonomen betreiben" (Mag 1988, S. 773). Leider ist Mag für viel zu viele Fälle recht zu geben. Mangel (Knappheit, R.P.) oder Bedarf als black box vorauszusetzen und vor diesem unbeleuchteten Hintergrund (der andererseits immer wieder als Fundament und Ausgangspunkt ökonomischen Denkens behauptet wird) das Geschäft des theoretisierenden Ökonomen zu betreiben, ist die sachliche Voraussetzung dafür, methodisch dann so formalisieren und abstrahieren zu können, wie es in der Regel geschieht.

Wenn dieser Schritt vollzogen ist, braucht sich der theoretische Ökonom mit vielen Schlüsselfragen von Ökonomie nicht mehr auseinanderzusetzen, u.a. nicht mit der, wie sie medial eigentlich funktioniert. Insbesondere systemtheoretisch aufgeklärte Soziologen neigen dazu, den Marktradikalismus zahlreicher Ökonomen noch zu bekräftigen und

---

1 Insofern treten alle dortigen Argumente in Kraft, die deshalb hier nicht wiederholt zu werden brauchen.

ökonomisches Handeln als solches absolut an das Steuerungsmedium Geld zu binden.[1]

Wir haben zu Beginn des 2. Kapitels die Tiefe des ökologischen Problems in der Moderne über die *Verselbständigung der Ökonomie* gegenüber der Gesellschaft rekonstruiert. Das konnte eigentlich und darf jedenfalls nicht mißverstanden werden als Wille und Vorstellung, die Differenzierungen der modernen Gesellschaften wieder rückgängig zu machen. Ein „Reembedding“, eine Entdifferenzierung im klassischen Sinne einer Ein- und Unterordnung von Ökonomie unter Politik und Philosophie ist weder vorstellbar noch wünschenswert — die Frage ist bloß, wo man die Differenzbildungen ansetzt. Die Ausdifferenzierung nach gesellschaftlichen Teilsystemen wie Ökonomie, Politik, Recht etc. geht bis zu einem *gewissen* Grad in Ordnung, insofern tatsächlich Geld, Wählerstimmen, rechtliche Normen etc. einen Teil der Kodierung dieser Systeme prägen, aber — in Differenz zu der Auffassung einer Reihe von systemtheoretisch orientierten Soziologen — eben nur einen *Teil*. Zu einem anderen bedeutenden Teil verläuft die Ausdifferenzierung über Akteure und Akteurssysteme einer Gesellschaft, die durchaus quer zu diesen Teilsystemen stehen.[2] Wenn wir dies berücksichtigen, braucht uns nicht zu verwundern, daß ökonomische Systeme auch politisch und weltanschaulich bzw. religiös agieren, daß politische wie religiöse Systeme auch ökonomisch agieren usw. In Differenz zu Bardmann (vgl. Bardmann 1994, S. 82) geht es heute und in Zukunft

---

1 Bei Willke heißt es: „So läßt sich zum Beispiel begründen, daß das gesellschaftliche Teilsystem Ökonomie mit dem abstrakten Geld eine Spezialsemantik ausgebildet hat, innerhalb derer die elementare Operation der Zahlung einen Verweisungszusammenhang erzeugt, in dem trennscharf ökonomisches Handeln von anderem sozialen Handeln unterschieden werden kann“ (Willke 1993, S. 46). Willke ist dieser Gedanke gar so wichtig, daß er nicht nur mit diesem Satz, sondern dem ganzen zugehörigen Absatz in die mittlerweile bekannte EDV-Falle tappt: auf S. 91 kann man wortgleich dasselbe nachlesen.

2 Hier wäre die seit einiger Zeit unter dem Stichwort „Individualisierung“ geführte sozialwissenschaftliche Diskussion anzuschließen, die die Aufsplitterung früherer Realitäten (teils auch nur Vorstellungen) von Klassen, sozialen Gruppen, kollektiven Akteuren thematisiert. Diese Debatte halten wir für durchaus relevant und widersprechen insofern Bardmann knapp und eindeutig, wenn er behauptet, das seien nur vorübergehend brauchbare Rettungsanker für solche, die sich nicht trauen würden, das Subjekt aus der Soziologie zu entlassen. (Bardmann 1994, S. 127 (Fußnote 67)) Gegen den Pseudocharakter einer solchen theoretischen Emanzipation argumentieren wir an hinlänglich vielen Stellen der Arbeit.

keineswegs nur noch autopoietisch um möglich oder nicht möglich, sondern weiterhin auch um besser oder schlechter. Unter anderem in Teilen der systemorientierten Soziologie treffen wir gegenwärtig eine intellektuelle Selbstbescheidung an, der wir kein Lob zu zollen vermögen.[1]

„Humane soziale Systeme sind sinnhaft aufgebaut. Sie sind als Sinnsysteme aufzufassen, die durch sinnhaft aufeinander bezogene Handlungen, durch Kognitionen, Werte und Normen zusammengehalten werden" (Probst 1987, S. 75). Sinnhaftigkeit „funktioniert" nicht bloß über möglich und unmöglich, sondern *insbesondere* über besser und schlechter. Da bei Kognitionen, Werten und Normen Menschen als deren Träger theoretisch nicht vernünftig ausgeschaltet werden können (praktisch sowieso nicht), ist Lernfähigkeit möglich, individuell wie auf der Systemebene (vgl. Abschnitt 5.6). *Selbstbeobachtung*, *Selbstbeschreibung*, *Selbstverstehen* vermögen eine zu enge Kodierung immer wieder zu hinterfragen und zu erweitern. Die Ausdifferenzierung der Menschen geht in der Ausdifferenzierung gesellschaftlicher Teilsysteme nicht auf. Wenn wir mit dem 7. Kapitel der Unternehmens- und Wirtschaftsethik einen so wichtigen Platz eingeräumt haben, dann auch hier nicht mit der Vorstellung einer umfassenden Remoralisierung der Ökonomie, sondern zur Verteidigung von Moral als gegenüber der Ökonomie ständig Sperrigem, Wehrhaftem, Beeinflussendem und auch für

1 Jedenfalls für diejenigen darunter, deren Biographie einmal auf andere Ziele orientiert war, pflichten wir Werckmeister bei, wenn er schreibt: „In derselben Zeitspanne (im Laufe der siebziger und zu Beginn der achtziger Jahre, R.P.) revidierten linke Intellektuelle, die in den akademischen Institutionen und in der öffentlichen Kultur jener Industriegesellschaften Einfluß gewonnen hatten, die Ziele ihrer Arbeit. Sie nahmen ihre immer wieder enttäuschten Ansprüche auf politische Wirksamkeit, sei es durch Kulturrevolution, sei es durch radikaldemokratische Veränderungen der Institutionen, zurück und rechtfertigten ihre resignierte Anpassung an die politischen Verhältnisse als Differenzierung des Denkens, zumal sie dieses in ihren akademischen Reservaten voll entfalten konnten. So entwickelten sie ihre immer abstrakteren, immer globaleren Theorien, ihre Neomarxismen, Semiotiken und Strukturalismen, die schließlich in der systematisierten Dekonstruktion des Denkens gipfelten. Ihre Tendenz, Denken nicht mehr als Auseinandersetzung mit wirklicher Erfahrung zu bestimmen, sondern als Fortentwicklung von Literatur, schlug sich in einer hermetisch komplizierten Sprache nieder, die alle intellektuelle Tätigkeit als eine Selbstpotenzierung von Lesen und Schreiben, Drucken und Rezensieren, Kommentieren und Kritisieren bestimmt. Der ‚Text' wurde zum Ersatz für die Wirklichkeit" (Werckmeister 1989, S. 30).

sie Nötigem.[1] Ohne an dieser Stelle schon weiter auf fachdisziplinär betriebswirtschaftliche Überlegungen einzugehen, sei zur Kritik einer zu engen und praxisfernen Idee der Kodierung von Ökonomie noch darauf hingewiesen, daß die ganze neuere Diskussion über strategische Unternehmensführung einer solchen Idee deutlich zuwiderläuft: die Wende vom (primär ex post definierten) Erfolg zum (primär ex ante definierten) *Erfolgspotential*[2] führt zur prinzipiellen Aufwertung weicher Daten (monetär nicht kodierbarer Faktoren) im Unternehmen.

Wie wir schon weiter oben (v.a. im 5. Kapitel) gesehen haben, kommen zahlreiche Anregungen für eine kritische Theorie der Unternehmung aus organisationstheoretischen Überlegungen, die sich nicht ohne weiteres der Volks- oder Betriebswirtschaftslehre zuordnen lassen. Als *ökonomische* Organisationstheorie i.e.S. können wir jene Bemühungen um eine „theory of the firm" verorten, die unter dem Begriff *„Transaktionskostenansatz"* diskutiert werden.[3] Denn die mit diesem Firmenschild verbundenen theoretischen Untersuchungen[4] vermögen einmal ausgehend von der Markttheorie (die ja zunächst individuelle ökonomische Akteure vorsieht) das Zustandekommen von Unternehmen zu begründen und darauf aufbauend „organisatorische Vielfalt" erklären zu können, weil diese „in erster Linie im Dienst der Einsparung von Transaktionskosten entsteht" (Williamson 1990, S. 324). Transaktionskosten als von den Produktionskosten zu unterscheidende „Betriebskosten des Wirtschaftssystems"[5] sind übrigens gerade in unserem ökologischen Bezugsrahmen von hohem Interesse: im Sinne unserer in Abschnitt 3.4 geführten Kritik an dem Versuch, betriebliche Umweltökonomie im Rahmen der vorgängigen betriebswirtschaftlichen Produktionstheorie zu entwickeln, überwiegt — zunehmend nicht nur als ökologische Folgeschäden, sondern auch als ökonomische Folge*kosten* (s. dazu Leipert 1989) — die ökologische Relevanz des Was der Produktion gegenüber dem Wie. Ökonomische Folgekosten im ökologischen Bereich lassen sich entsprechend durchaus als Betriebskosten

1 Zur Rekonstruktion der Beziehung zwischen Moral und Ökonomie vgl. auch jüngst Priddat 1994.

2 Siehe dazu Gälweiler 1990; insbesondere S. 26f.

3 Picot/Kaulmann (1988) verbuchen ihn in ihrer lexikalischen Übersicht zur Theorie der Unternehmung analog als organisationstheoretischen Ansatz.

4 Grundlegend, obwohl lange nicht intensiv diskutiert Coase 1937; weiterführend insbesondere Williamson 1990.

5 Arrow 1969, S. 48; hier zitiert nach Williamson 1990, S. 21.

des Wirtschaftssystems aufgrund von dessen spezifischer Organisation verstehen, sodaß präventive Umweltpolitik ökonomisch auch als Vermeidung bzw. Verringerung von Transaktionskosten interpretiert werden kann. Informationskosten beispielsweise sind ein wichtiges Element der Transaktionskosten, und es ist offenkundig, daß diese durch die Errichtung ökologisch brisanter und hochkomplexer Technologien wesentlich steigen. Ähnliches gilt für die Konfliktbearbeitungskosten in allen Fällen ökologisch-ökonomischer Auseinandersetzungen.[1] So viel die Transaktionskostenanalyse freilich der Produktionstheorie alten Stils an Realitätsverarbeitung voraus hat,[2] so wenig führt uns der erweiterte Kostenbegriff schon zu den Inhalten und Zielen des Wirtschaftens. (Auch die Berechnung ökologisch-ökonomischer Folgekosten ist ja erst allenfalls der Einstieg in ökologisch angemessenes ökonomisches Denken.)

Für *alle* primär kostenorientierten ökonomischen Theorien gilt nämlich, daß sie sich zwar verpflichtet sehen, Bedürfnisse bzw. Präferenzen als fundamentalen Ausgangspunkt ökonomischen Denkens anzusehen, eben diese jedoch systematisch verschütten. Hinreichend offene Verhaltensannahmen, insbesondere bezüglich menschlichen Verhaltens, würden nahelegen: man tut etwas vor allem nicht wegen der *Probleme*, die man damit hat, sondern wegen der *Möglichkeiten*, die man darin sieht.

Für eine zu entwickelnde kritische Theorie der Unternehmung (bzw. anschlußfähige Bausteine davon) reichen

- weder Theorien, die die Rahmenbedingungen dominant setzen,
- noch Theorien, die auf Input und Effizienz bzw. Kosten engführen,
- noch funktionalistische Theorien, die handlungs- und lernfähige Menschen (sowie soziale Systeme) qua Theorie zum Verschwinden bringen.

Ohne Scheu vor Vorbehalten des Normativismusverdachts sollte Unternehmenstheorie schon von der volkswirtschaftlichen Betrachtungs-

---

1 Es wäre zweifellos spannend, das Ökologieproblem mit der Transaktionskostenanalyse systematisch zu verknüpfen — woran die Transaktionskostenanalytiker bislang kein Interesse zu zeigen scheinen; dies kann allerdings im Rahmen dieser Arbeit auch nicht angegangen werden.

2 Für Williamson gehört zu ihren wichtigen Vorteilen, daß sie „sich ihrer Verhaltensannahmen deutlicher bewußt" ist (Williamson 1990, S. 324).

ebene her über die *Analyse und kritische Rekonstruktion* von Zielen, positiven Intentionen und dafür dienlichen Erfolgspotentialen aufgebaut werden.

Diese ökonomische Bearbeitbarkeit wird ermöglicht, wenn wir die ökonomische Theorie so weit entabstraktifizieren, daß ein empirisch gehaltvoller Blick auf das Verhalten und Handeln der ökonomischen *Akteure* geworfen werden kann. Von daher interessieren uns in 8.2 die eher betriebswirtschaftlichen Aspekte und im Kern die Frage nach den Bedingungen der Möglichkeit einer *kritischen Theorie der Unternehmung*, speziell im ökologischen Handlungsfeld.

8.2 Betriebswirtschaftliche Aspekte

Mit der Forderung, die Betriebswirtschaftslehre solle sich als (kritische) Theorie der Unternehmung verstehen, wird man in der Disziplin selbst gewiß nicht auf ungeteilte Zustimmung stoßen. Ob denn die Betriebswirtschaftslehre überhaupt eine Wissenschaft im engeren Sinne sei bzw. sein solle, ist seit Schmalenbachs Begriff von der *Kunstlehre der Kapitalverwertung* immer wieder heftig diskutiert worden und umstritten geblieben.[1]

Hill definiert Betriebswirtschaftslehre als „mixtum compositum von wissenschaftlichen Aussagen systematisierender, erklärender und gestaltender Natur über betriebliche Phänomene in funktionaler oder institutionaler Sicht. Den Zusammenhalt findet die Disziplin im Betrachtungsobjekt Betrieb. Betriebe, Betriebswirtschaften oder produktive soziale Systeme werden dabei als Wirtschaftseinheiten verstanden, und zwar im Sinne von Institutionen, die Leistungen zur Bedarfsdeckung erbringen".[2]

Betriebswirtschaftslehre ist nach diesem Verständnis „primär ... eine anwendungsorientierte Disziplin, die zur Lösung von Managementproblemen beitragen soll" (Hill 1988, S. 140).

Probleme sind danach „Handlungszwänge oder Handlungsmöglichkeiten ..., gekennzeichnet durch einen Anfangszustand (Istzustand oder

1 Vgl. zur Diskussion Koubek/Küller/Scheibe-Lange 1978 sowie Hundt 1977.

2 Hill 1988, S. 135. Zur Bedarfsdeckung vgl. in dieser Arbeit Kap. 9.

absehbare Entwicklung in Richtung auf einen Zustand), die Vorstellung eines Sollzustandes und Rahmenbedingungen (constraints) im Sinne von nicht beeinflußbaren Gegebenheiten, die bei der Lösung zu berücksichtigen sind, und/oder Beschränkungen oder Auflagen (z.B. begrenzte Ressourcen), denen die Problemlösung genügen muß“ (Hill 1988, S. 140). In Anknüpfung an die unter 5.1 gemachten Darlegungen können wir hier noch einmal deutlich die unterschiedliche Theoriekonzeption der moderneren Betriebswirtschafts- und Managementlehre im Vergleich zu Gutenberg erkennen. Der hatte die Unternehmung als Gegenstand betriebswirtschaftlicher Theorie[1] noch vor allem im Rahmen der Erklärungsfunktion von Betriebswirtschaftslehre analysieren wollen und derart als ökonomisches, technisches und soziales Gebilde verstanden.[2]

Um die Voraussetzungen für eine empirisch gehaltvolle *betriebswirtschaftliche* Theorie der Firma zu schaffen, wäre auf Gutenberg durchaus zurückzugreifen. Bemerkenswerterweise hatte Gutenberg ja der Kostentheorie eine produktionstheoretische Analyse vorangestellt, durch die es prinzipiell möglich war, die Unternehmenstätigkeit in ihrer *stofflichen* Logik zu erfassen.

Gutenbergs Theoriekonstrukt der Kombination von Elementarfaktoren (objektbezogene menschliche Arbeitsleistungen, Betriebsmittel und Werkstoffe) durch den dispositiven Faktor (= Betriebs- und Geschäftsleitung) für den betrieblichen Leistungserstellungsprozeß (vgl. Gutenberg 1951, S. 1ff.) hatte allerdings *unabhängig* von dem damit verbundenen Zwei-Klassen-Schema ein schwerwiegendes Manko. Man könnte es als Input-Borniertheit seines Ansatzes kennzeichnen: gerade weil er von seinem Verständnis her um eine gegenüber der Volkswirtschaftslehre anschlußfähige betriebswirtschaftliche *Theorie* bemüht war, meinte er die inhaltlichen und qualitativen Aspekte des Outputs aus der betriebswirtschaftlichen Betrachtung fernhalten zu können. Ins Blickzentrum rückte die zu quantifizierende Beziehung zwischen Faktoreinsätzen und Faktorerträgen, und zwar dergestalt, daß die wesentliche betriebswirtschaftliche Fragestellung sich *auf die Effizienz dieser Relation* richten sollte, *nicht etwa auf die Qualität des Outputs.*

Thematisierbare mögliche soziale und ökologische Produktionsziele wurden also einerseits aus der Theorie verbannt, dafür spielten Mensch

1 So der Titel seiner Habilitation 1929.
2 Gutenberg 1951 passim; vgl. a. Gutenberg 1957.

und Natur als *Mittel* zum Zweck des betrieblichen Leistungserstellungsprozesses eine um so größere Rolle. Wenn man mögliche Zwecke nicht als solche, sondern nur als Mittel behandelt, hat das Folgen. Für die soziale Dimension ist dies in der Betriebswirtschaftslehre in Zusammenhang mit neuen Formen der Arbeitsgestaltung und sozialwissenschaftlichen Öffnungen intensiv diskutiert worden (vgl. u.a. Koubek/Küller/Scheibe-Lange 1978). Für die ökologische Dimension läßt sich das nicht sagen, weil auch die Minderheit der kritischeren und theoretisch orientierten Beiträge (vgl. Kap. 3) auf eine explizite Auseinandersetzung in ökologischer Absicht mit der Gutenbergschen Produktionstheorie verzichtet.

Deren Schwächen lassen sich aber gerade mit Blick auf das ökologische Problemfeld beschreiben. So arbeitet Gutenbergs Produktionsfunktion vom Typ B, die er dem Typ A genannten Ertragsgesetz gegenüberstellt, einerseits die sowohl potentialorientierten als auch limitationalen Besonderheiten der industriellen gegenüber der landwirtschaftschaftlichen Produktionsweise heraus (vgl. Gutenberg 1951, S. 303ff.). Auf der anderen Seite gibt es bei der Produktionsfunktion B jedoch prinzipiell *keine Grenzen der Substituierbarkeit* und keinerlei Schranken für ein unendliches industrielles Wachstum. Natürlich können im Rahmen einer Analyse, die die ökologische Problemdimension noch völlig ausblendet, auch Irreversibilitäten industrieller Eingriffe in die Natur keine Rolle spielen. Dazu kommt der Umstand, wie reibungslos die zunächst stoffliche, mengenmäßige Betrachtung in die finanzökonomische (Kostentheorie) umgesetzt wird. Gutenberg entsprach damit natürlich dem kurzfristigen Rentabilitätskalkül von Unternehmen: Naturverbrauch, der nichts kostet, hat keine Folgen für betriebswirtschaftliche Entscheidungen.

In längerfristiger Perspektive ist die Schlichtheit dieser Übersetzung von Produktions- in Kostentheorie eher zweifelhaft. Dem Rentabilitätskalkül hätte es nur nutzen können, wenn etwa frühzeitiger Riebels Erkenntnisse zur Kuppelproduktion (Riebel 1955) systematisch aufgegriffen und verarbeitet worden wären: daß die Versorgungsgesellschaft auch eine *Entsorgungsgesellschaft* darstellt, bedeutet mittlerweile einen zunehmenden Kostenfaktor für Unternehmen.

Der hauptsächliche (nicht nur ökologische) Einwand gegen die Gutenbergsche Konzeptualisierung von Produktionstheorie richtet sich freilich gegen die Entthematisierung des Outputs und seiner Qualität.[1] Die Theorie der Produktion als *Produktionstheorie* wird unversehens über die Theorie der *Produktionsfaktoren* hergestellt, obwohl deren Genese doch eher unter Gesichtspunkten der Verteilung des Volkseinkommens zu sehen ist. Es ist sehr wichtig, diesen Einwand als *analytischen* und nicht als normativen zu verstehen: es geht keineswegs darum, daß der betriebswirtschaftliche Theoretiker dem Unternehmen irgendwelche materiellen Ziele aufnötigt; vielmehr müssen Unternehmen angesichts der gestiegenen Umweltkomplexität und der gewachsenen externen gesellschaftlichen Ansprüche heute mehr denn je aus erfolgsstrategischen Gründen die *Qualität* ihrer Outputs thematisieren. Eine solche Thematisierung setzt bei dem Unternehmen die Bereitschaft und die Fähigkeit voraus, intern die externen Ansprüche und die Frage eigener angemessener Reaktionsweisen zu kommunizieren.[2]

Damit lösen wir uns erst einmal von dem Gutenbergschen Unternehmensmodell und müssen die Beschreibungsmerkmale erweitern. Neben der ökonomischen, der technischen und der sozialen Dimension gilt es ja sowieso schon, die Unternehmung zu analysieren als unter spezifischen Bedingungen handelnde Institution, die sich *ökologisch* zu öffnen vermag. Ferner kommen nun noch die Dimensionen der Information und Kommunikation hinzu. Diese wollen wir sowohl unter dem eher technischen Übertragungsaspekt als auch in geistig-kultureller Hinsicht betrachten, so daß wir zu folgendem Bild gelangen:

---

1 Dabei soll nicht verschwiegen werden, daß Gutenberg dabei das analoge Verfahren der volkswirtschaftlichen ökonomischen Theorie — dort mit den Produktionsfaktoren Arbeit, Boden und Kapital — nur reproduzierte.

2 Das richtet sich natürlich auch gegen alle betriebswirtschaftlichen Versuche *nach* Gutenberg, den Produktionsprozeß markttheoretisch von den Produktionsergebnissen isolieren zu wollen. Besonders deutlich wird dies bei Schneider, wenn er sein „Verständnis von Wirtschaften = Verringerung von Einkommensunsicherheiten“ definiert (Schneider 1993, S. 53); vermutlich gerade deshalb, weil Schneider in der betriebswirtschaftlichen Zunft in dem Bemühen, direkte Anschlußfähigkeit an die ökonomische Theoriebildung zu gewinnen, mittlerweile fast eine Ausnahmeerscheinung darstellt. Dieses verdienstvolle Bemühen setzt allerdings nicht außer kraft, daß die Feststellung, Backen und Essen des Kuchens gehörten zusammen, zu den wesentlichen latent theoretischen Einsichten ökologischer Bewegungen von Beginn an gehört.

Abb. 25: Die Dimensionen des Unternehmens und ihre Bearbeitung in der Betriebswirtschafts- und Managementlehre

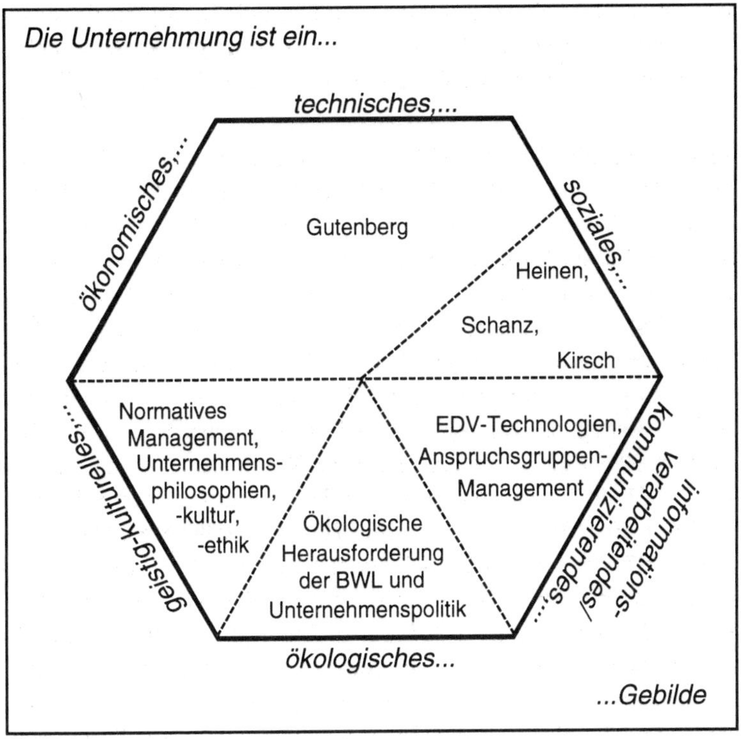

Quelle: eigene

In schwerpunktmäßig ökologischer Hinsicht geht es bei den übrigen Dimensionen dabei um

(a) die aktive Bearbeitung von Widersprüchen zwischen ökologischen und einzelwirtschaftlichen Zielen,
(b) den Einsatz ökologisch fortgeschrittener Technologien,
(c) die Vermittlung sozialer Befriedigungsziele mit ökologischen Schonungszielen,[1]

1 Wir bemühen uns damit, auf die fragwürdig gewordene (weil bloß auf Akzeptanz und Abfedern bedachte) Rede von der Umwelt- und Sozialverträglichkeit zu verzichten.

(d) die bisher nicht vorhandenen angemessenen Informationsinstrumente,[1]
(e) die Einsicht, daß die ökologische Sensibilisierung der Entscheidungsträger wie der übrigen Organisationsmitglieder die grundlegende Voraussetzung für aktive betriebliche Umweltpolitik darstellt.

Bezogen auf die Vielfalt und Heterogenität der internen und externen Anspruchsgruppen (vgl. a. Kap. 6.1) wird die Unternehmung als pluralistische Wertschöpfungseinheit charakterisiert: „Aus dem Blickwinkel der Lebenswelt ist die Unternehmung eine gesellschaftliche Wertschöpfungsveranstaltung, die mitten im Brennpunkt ethisch-politischer Wert- und Interessenkonflikte steht" (P. Ulrich 1990, unveröff. Ms.). Für diese Auseinandersetzung braucht die Unternehmung zum einen einen Vorrat an Themen[2] und die Fähigkeit, in diesen thematischen Feldern Standpunkte zu beziehen und Entscheidungen zu fällen. Zum anderen steht das Unternehmen vor der Wahl, den Umgang mit den verschiedenen Ansprüchen eher nach der sozialtechnischen Seite oder im Sinne eines Verständigungs-Managements aufzulösen: als *sozialtechnisch* lassen sich alle Reaktionsweisen kennzeichnen, deren primäres Ziel die Beschwichtigung der Anspruchsteller und nicht die Befriedigung der Ansprüche ist; Konsensus-Management (vgl. P. Ulrich/Fluri 1992, S. 21) oder *Verständigungsmanagement* soll demgegenüber das Bemühen genannt werden, im Wissen um die Heterogenität und Widersprüchlichkeit verschiedener Ansprüche doch ein allseits möglichst befriedigendes Optimum der Anspruchserfüllung zu erreichen. Wie wir oben schon angeführt haben, kann dieses Optimum prinzipiell und in der Regel *nicht* mit inhaltlichem Konsens gleichgesetzt werden, weshalb wir es vorziehen, von Verständigungsmanagement zu sprechen. Wir folgen hier Willke, wenn er feststellt, „daß Kommunikationen auch und gerade dann anschließbar und fortsetzbar sind, wenn sie Dissens kommunizieren. Denn Dissens heißt ja in der Regel nicht Abbruch der Kommunikation, sondern Aufforderung zur Auseinandersetzung, also Aufforderung zu weiterer Kommunikation" (Willke 1993,

---

1 Siehe dazu unsere Darlegungen zum Öko-Controlling im 11. Kapitel. Zwar produzierten Unternehmen immer schon ökologische Effekte; für *ökologische Optimierungen* fehlen den meisten allerdings noch die geeigneten Instrumente.

2 Vgl. Drepper 1992, S. 117, der dies auf die Unternehmens*kultur* bezieht.

S. 105f.). Wie Willke an anderer Stelle beschreibt, können Kommunikationen sowohl zu Konflikt wie zu Kooperation führen, „je nachdem, welche der vielen virtuellen oder latenten Erwartungen aktualisiert und mithin zur Definition einer bestimmten Situation verknüpft werden" (Willke 1993, S. 100).

Nun hat die Betriebswirtschaftslehre von früh an mit dem Theoriekonstrukt zu kämpfen, das Unternehmen sei quasi ein Vollzugsorgan für externe Vorgaben; gleichgültig, ob dabei mehr die Rahmenbedingungen oder die Konsumentensouveränität ins Feld geführt werden. Bemerkenswerterweise setzt sich dieses eigentlich alte Theoriekonstrukt auch in den modernsten managementtheoretischen Ansätzen fort, wenn hier auch eher unter dem Gesichtspunkt, was ein Unternehmen alles vermag, nicht unter jenem, was es alles nicht kann: „In der Unternehmenstheorie wird dieser theoretische Standpunkt im Kontingenzparadigma wirksam, das davon ausgeht, daß die Umwelt die Einflüsse produziert und diejenigen Bedingungen setzt, an denen sich Unternehmen orientieren müssen und auf die sie sich einzustellen haben, wenn sie erfolgreich sein wollen. Eine der zentralen Thesen dieses Paradigmas umweltoffener und anpassungsfähiger Systeme ist folglich, daß Unternehmen über Umwelteinflüsse unmittelbar verändert, determiniert und gesteuert werden können".[1]

Gleichgültig, ob sich eine Unternehmung eher sozialtechnisch oder im Sinne eines Konsensus-Management verhält: es sind *ihre eigenen* Selektionen und Entscheidungen, die das konkrete Handeln produzieren. Auch auf diese Weise können wir theoretisch noch einmal dem Bild von der vikarischen Funktion einer Unternehmung entsagen und sie stattdessen als ein solches Subsystem des sozialen, ökologischen und kulturellen Wandels beschreiben, bei dem Prozesse der dynamischen Selbstorganisation ablaufen, indem das Unternehmen kognitive Verarbeitungsprozesse durchführt und intern wie extern kommuniziert (vgl. Drepper 1992, S. 150). Insofern ist es schlüssig, auf die Selbstreferentialität einer Unternehmung als wesentliches Element eines unternehmenstheoretischen Betrachtung zu verweisen, um dem Risiko eines Typus einseitig gestaltungsorientierter Managementlehre zu entgehen (vgl. Drepper 1992, S. 69).

---

1 Drepper 1992, S. 85; zum kontingenztheoretischen Ansatz vgl. a. Staehle 1991, S. 437ff.

Wenn in der verdienstvollen Arbeit von Drepper (1992) im Anschluß an Luhmann allerdings die Selbstreferentialität schematisch der Fremdreferentialität entgegengesetzt wird, wird das Kind mit dem Bade ausgeschüttet und geht die mögliche Fruchtbarkeit eines solchen Vorgehens wieder verloren. Denn (a) ändert die eigenständige kognitive Rolle der Unternehmung nichts daran, daß ihre Entscheidungen wesentlich mitbeeinflußt werden von denjenigen, die als Anspruchsgruppen auftreten: aus erfolgsstrategischen Gründen verhält sich das Unternehmen hier nicht selbstwillkürlich und insofern nicht nur selbst-, sondern auch fremdreferentiell. Und (b) ist die von Drepper mit Luhmann vertretene Engführung der Wirtschaft auf ein System, „dessen Operationen über Geldzahlungen abgewickelt werden",[1] ein erheblicher *Rückfall* hinter alle jene betriebswirtschaftlichen Diskussionen, die von der Einsicht getragen sind, daß Unternehmen in immer stärkerem Umfang mit weichen Daten umgehen müssen.[2] Wir können demgegenüber formulieren, daß selbstverständlich Rentabilitätskalkül und Geldsteuerung fundamental sind für das Funktionieren einer Firma; der elementare Fehler der Allgemeinen Betriebswirtschaftslehre mit dem Konstrukt des ökonomischen Prinzips besteht freilich darin, einen starken Glauben dahingehend zu schüren, als ob damit die wesentlichen Funktionsbedingungen geklärt wären und darauf aufbauend gar sinnvolle Gestaltungsempfehlungen gegeben werden könnten.

Wenn wir aus betriebswirtschaftlicher Perspektive nun die Theorie der Firma entsprechend erweitern wollen, so interessieren uns weniger die Transaktionskosteneinsparungen, die im theoretischen Modell vom vereinzelten ökonomischen Akteur zur Unternehmung führen (vgl. dazu Coase 1952; zur Auseinandersetzung mit der neoklassischen Theorie der Firma vgl. a. Beckenbach 1990). Das ökologische Problem besteht nicht in den Bedingungen der Gründung von Unternehmen, sondern in den weitreichenden Folgen ihrer Existenz. Wie kann ein Unternehmen, so lautet die uns interessierende Frage, im Spannungsfeld von Selbstreferentialität und Fremdreferentialität seine Selbststeuerung so organisieren, daß es seiner Rolle als *ökologischer Akteur* in befriedigender Weise Rechnung zu tragen vermag? Dabei drückt die Terminologie „Organisation von Selbststeuerung" bereits ein Dilemma

---

1 Drepper 1992, S. 125; zur Kritik daran s. Beckenbach 1989.

2 Vgl. dazu Kap. 12; es scheint fast kein Zufall, daß Drepper den Preismonismus nicht über eine Unternehmensführung, sondern über einen Geldautomaten veranschaulicht: Drepper 1992, S. 126.

aus: einerseits handelt es sich (wie oben bereits angesprochen) ja um Prozesse der Selbstorganisation des Systems Unternehmung, deren Funktionieren aber andererseits darauf angewiesen ist, daß einzelne Akteure (i.w. die Unternehmensführung, manchmal auch außerdem eine externe Unternehmensberatung) zu diesem System auf die Distanz des Beobachters gehen.

Es kann nach dem bisherigen Gang der Arbeit nicht überraschen, daß als die wichtigste Grundlage einer unternehmensspezifischen Selbstthematisierung die Erkenntnis der externen und internen Handlungs- und Entscheidungsfreiräume angesehen wird, wobei dieser Erkenntnis natürlich bereits Selektionen darüber vorausgehen, in welchen Feldern solche Freiräume gewonnen werden sollen. Diese Selbstthematisierung kann, soll sie praktische Folgen haben und erfolgreich sein, nur verstanden werden als *iterativer Prozeß*; wir sehen also, wie überholt solche Vorstellungen vom normativen Management sind, die sich auf die deklarative Fixierung unternehmenspolitischer Grundüberzeugungen beschränken.

Um diese Komplexität handhabbar zu machen, müssen Routinestrukturen ausgebildet werden, über die ein Unternehmen in je spezifischer Weise Komplexität reduziert; damit entstehen wiederum Bindungen, die handlungsfreiraumeinschränkend wirken.[1] Die Selbststeuerung mittels Selbstbeobachtung hat insbesondere dieses Spannungsfeld zwischen Komplexität und Bindungen ständig im Auge zu behalten — hier steckt der Kern der *Innovationsfähigkeit* einer Unternehmung (vgl. a. Kap. 10).

Wenn Selbststeuerung mittels Selbstbeobachtung sowie speziell das Spannungsfeld zwischen Komplexität und Bindungen zu Gegenständen der Unternehmenstheorie werden, dann muß Betriebswirtschaftslehre als *ökonomische* Theorie erneuert werden, *ohne* hinter die sozialwissenschaftliche Öffnung zurückzufallen. Denn: „Das ökonomische System ist eben nicht ... verselbständigt und entkoppelt von den industriellen Subjekten und ihren sozialen Lebenswelten, sondern auf das „Mitmachen“ der realen Individuen angewiesen; es wird erst von diesen jeweils in den Handlungen reproduziert“ (Türk 1988, S. 87). Das Ziel der *Neugewinnung* der Einheit des Faches Betriebswirtschafts- und

---

1 Vgl. Nelson/Winter 1982, S. 72ff. und S. 96ff.; vgl. a. Beckenbach 1990, S. 89f.

Managementlehre[1] könnte auf der Basis erfolgen, daß es *sowohl* die ökonomische Rückbesinnung *als auch* die sozialwissenschaftliche Öffnung braucht.

Dies würde (unter Bezug auf unsere bisherigen Ausführungen) wohl nur geleistet werden können, wenn so etwas stattfände wie eine zweite sozialwissenschaftliche Öffnung der Betriebswirtschafts- und Managementlehre: bezogen auf ökonomische Verhältnisse und Rahmenbedingungen (u.a. deswegen in Verknüpfung mit ökonomischer Theorie) ginge es darum, Unternehmen als *lernfähige und lernende soziale Systeme* zu begreifen und zu analysieren. Gerade indem dadurch auf Handlungsoptionen eines spezifischen Akteurssystems orientiert wird, läßt sich Betriebswirtschaftslehre als Element gesellschaftlicher Theoriebildung entwickeln.[2] Weder auf die constraints noch auf die choices soll einseitig, d.h. unter Geringschätzung oder gar Außerachtlassung der anderen Seite zugegriffen werden. Kritische Betriebswirtschafts- und Managementlehre ist demgemäß zu entwickeln als kritische Theorie der Unternehmung in gesellschaftlichen Umfeldern (u.a. dem ökologischen).

Wesentlich für unsere Methode hier ist, daß neben dem „To do the things right" möglichst viel von dem Problemfeld *„To do the right things"* in die unternehmenspolitische Selbstthematisierung hineingeholt wird. Sowohl aus der Selbstbeobachterperspektive des Managements als auch aus der externen Beobachtungsperspektive der Betriebswirtschafts- und Managementlehre haben wir dabei eine *prinzipiell unauflösbare Verknüpfung von Erklärungs- und Gestaltungsfunktion* zu beachten. Auch der theoretisch uninteressierte akademische Betriebswirt operiert ja im Rahmen bestimmter erklärender Interpretationen und praktischer Unternehmensmoralen, d.h. inhaltlich geprägter Kulturmodelle von Thematisierung und Selbstthematisierung. Seine „Besonder-

1 Vgl. Bleicher 1988, S. 128ff.; ich denke allerdings, von „Erhaltung" — wie Bleicher hier formuliert — kann man längst nicht mehr reden.

2 Diese zweite sozialwissenschaftliche Öffnung stellt keineswegs nur eine Ergänzung der ersten dar, sondern bedeutet auch direkte Kritik: sie bemängelt außer der Verabschiedung von ökonomischen Theorieentwicklungen die mangelnde Reflektion der sozialtechnologischen Risiken solchen Theorietyps, der seit Heinens Stichwort „praktisch-normativ" (s. Heinen 1978, S. 221) die Gestaltungsfunktion von Betriebswirtschaftslehre einseitig privilegiert und damit ihren analytisch-theoretischen Charakter aufgegeben hat.

heit“ besteht nicht darin, dieses nicht zu tun, sondern nur darin, dieses nicht zu reflektieren.

Und die kritische Distanz ist ebensowenig einseitig auf die vor allem erklären wollenden Theoretiker zu schieben: die pragmatischsten nur gestalten wollenden akademischen Betriebswirte setzen sich, wo sie einen nützlichen Beitrag leisten, in *kritische Distanz* zur aktuellen Praxis. Aus dieser zwangsläufigen Distanz kann dann mehr gelingen, als

Abb. 26: Zur Überwindung der Gegenüberstellung von Erklärungs- und Gestaltungsfunktion.

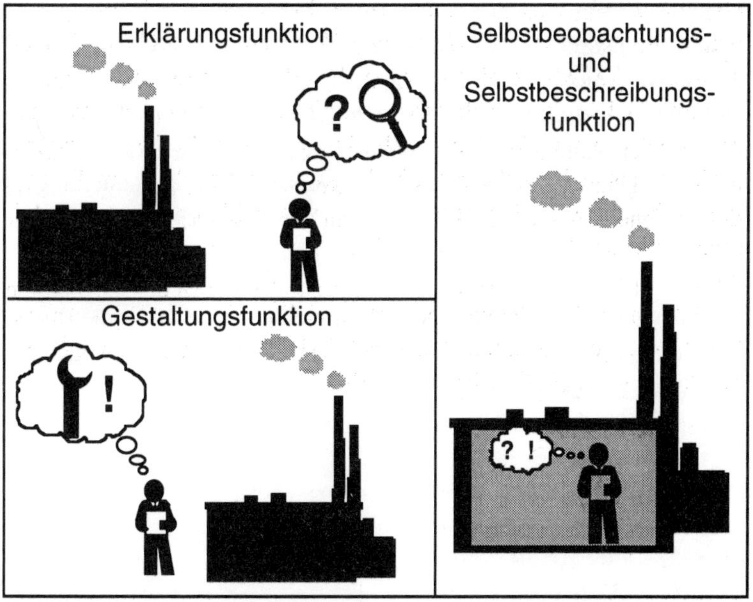

Quelle: eigene

die unternehmenspolitische Selbstthematisierung bloß beifällig zu flankieren. Der ersten sozialwissenschaftlichen Öffnung der Betriebswirtschaftslehre ist kritisch vorzuhalten, sich vom theoretischen Leitbild der Optimierung vorher isolierter betrieblicher Leistungserstellungsprozesse (to do the things right) nicht hinreichend emanzipiert zu haben. Unternehmenstheorie hat auf der Suche nach angemessener Bearbeitung ihres Gegenstandes jedenfalls die *Resultate* unternehmenspolitischen Handelns gründlich zu analysieren.

Wir finden hinsichtlich des Verhältnisses der betriebswirtschaftlichen Theorie zu den Zielen von Unternehmen dasselbe Problem vor wie bei der Volkswirtschaftslehre in bezug auf die Präferenzen: nur *scheinbar* handelt es sich um das Fundamentale. Nur scheinbar ist die Betriebswirtschaftslehre vor allem auf die Unternehmensziele orientiert. *Reale* Zielorientierung wäre über ökologische, soziale, strukturwandelsorientierte Spielräume von Unternehmen und deren Entfaltungsmöglichkeiten zu entwickeln. Das erfordert einen paradigmatischen Wechsel der Betriebswirtschaftslehre hinsichtlich ihres Hauptkriteriums: von der Effizienz (Konzentration auf Input-Output-Relationen) über die Effektivität (erst nur formale Erfassung von Erfolgspotentialen) zu inhaltlicher *Zielorientierung*. Wohlgemerkt: das läuft *nicht* auf normative Amokläufe hinaus; vielmehr geht es um die analytisch gestimmte, reflektiert-selbstbeobachtende Thematisierung verschiedener Zielorientierungen. Die Selbstbeobachtungs- und Selbstbeschreibungsfunktion läßt sich als *theoretische Möglichkeit* verstehen, um die gängige schematische Gegenüberstellung von Erklärungs- und Gestaltungsfunktion der Betriebswirtschaftslehre zu überwinden (s. Abb. 26).

Daß ein solcher Theorietypus sehr ergiebig sein kann für die Operationalisierungen, die unternehmenspolitische *Praxis* braucht, wollen wir mit dem Teil III dieser Arbeit verdeutlichen.

III.

Bausteine für eine Pragmatik sozialökologischer Unternehmenspolitik

9. Kapitel

Funktionsorientierte Unternehmenspolitik

„Wir sind die Gesellschaft, in der wir uns bewegen“.
(Doris Lessing)

9.1 Der Kurzschluß von Bedürfnissen auf materielle Güter

Bevor wir in Teil III hauptsächlich auf den Standort der Unternehmung wechseln, bedarf es noch eines Zwischenspiels: die volkswirtschaftlichen bzw. gesellschaftspolitischen und die betriebswirtschaftlichen Annahmen über Wirtschaft und Gesellschaft sind so weit ineinander verwoben, daß, wie wir gleich noch sehen werden, die Betriebswirtschaftslehre Prämissen zu setzen geneigt ist, die keineswegs aus der Logik des betrieblichen Leistungserstellungsprozesses erwachsen. Beim Übergang auf den Gedanken der funktionsorientierten Unternehmenspolitik ist es daher erforderlich, noch ein kurzes Wegstück auf der eher makroökonomischen Ebene zu bleiben, bevor wir dann den genannten Standortwechsel vollziehen.

Hinsichtlich der stofflichen Resultate und kulturellen Produkte, also der Qualität des Outputs, ist die Betriebswirtschaftslehre *jenseits* ihrer produktionstheoretischen Grundannahmen keineswegs völlig enthaltsam. Nicht nur implizit, sondern bisweilen auch explizit finden wir darin programmatische Verweise auf jenes Lebensmodell, das im ökologischen Diskurs als *spezifisches* Wohlstandsmuster wegen seiner Verantwortung für die ökologischen Schäden und Zerstörungen ins Gerede gekommen ist.

So sind etwa zu Beginn einer der meistbenutzten Einführungen in die Allgemeine Betriebswirtschaftslehre umstandslos und ohne weitere theoretische Erörterung folgende sechs Wohlstandsfaktoren programmiert:

„(1) Das Potential an menschlichen und natürlichen Ressourcen;
(2) Die Nutzung einer produktivitätsfördernden (internationalen, regionalen, nationalen, betrieblichen, personellen) Arbeitsteilung;
(3) Das Niveau der Mechanisierung und Automatisierung in den Produktionsprozessen;
(4) Die Standardisierung von Werkstoffen und Produkten;
(5) Die Entwicklungsrate des technisch-wissenschaftlichen Fortschritts;
(6) Die Effizienz des Wirtschaftssystems, das die unzähligen Gestaltungskräfte der Wirtschaft optimal anreizt und koordiniert" (Schierenbeck 1989, S. 1).

Und der Bezug auf erwerbswirtschaftlich orientierte Unternehmen, d.h. die Produktion marktfähiger Güter hindert die Betriebswirtschaftslehre offensichtlich daran, angemessen zu berücksichtigen, daß die Befriedigung von Bedürfnissen über den Kauf materieller Güter nur *eine* Möglichkeit der Bedürfnisbefriedigung darstellt.

Ein auf diesem Kurzschluß aufbauendes Wohlstandsmodell dominiert freilich die Vorstellungen, die der bisherigen Entwicklung der modernen industriellen Länder zugrundeliegen. Das Wohlstandsmodell hat nach unserer Ansicht drei fundamentale Schwächen, die in bezug auf die Zukunft von Wohlfahrt zu thematisieren sind, und zwar gerade unternehmenspolitisch:

a) *sozial* hält es sein Glücksversprechen nicht ein;
b) *ökologisch* geht mit ihm ein Raubbau an der Natur einher, der auf Dauer schon in den Industrieländern nicht möglich zu sein scheint;
c) in *internationaler* Hinsicht erscheint eine Globalisierung dieses Wohlstandsmodells unmöglich.

Zu a):
Das Schlüsselversprechen der Moderne ist das vor 200 Jahren auf den Begriff gebrachte größtmögliche Glück der größtmöglichen Zahl (Bentham 1987/1789). Diese zuversichtliche Vision geriet unter dem Druck der sozialökonomischen Verhältnisse unter eine Engführung, die für die heute lebenden Menschen selbstverständlich wurde, in der historischen Rekonstruktion aber nichtsdestoweniger eigenartig bleibt: das Glück wurde durch die Übersetzung auf den individuellen Nutzen *egozentriert*, und der Nutzen wurde durch die Übersetzung auf die Befriedigung mittels materieller Güter *kommerzialisiert*.

Diese moderne Verabsolutierung der materiellen Güter als Mittel der Bedürfnisbefriedigung hat für die individuelle wie für die gesellschaftliche Ebene weitreichende Konsequenzen:

- die materiellen Güter befördern eine wachsende Indifferenz gegenüber dem Charakter unserer Wünsche (die nämlich eigentlich in symbolischer wie technischer Hinsicht komplex und multidimensional sind),
- mit der Anhebung der individualisierten Konsumstandards wird die Qualität der gesellschaftlichen Beziehungen vermindert (vgl. Leiss 1979).

Der sozialökonomische Druck, der die Engführung von Glück auf die Versorgung mit materiellen Gütern bewirkt hat, wirkt heute unvermindert fort. In allen Lebensbereichen werden die materiellen Güter sowohl der Menge nach gesteigert als auch nach einzelnen Qualitätsmerkmalen weiter ausdifferenziert, das Innovationstempo steigt weiter.[1] Die verschärfte Konkurrenz von Unternehmen, die in manchen Bereichen vor dem Hintergrund von Sättigungstendenzen auf den entsprechenden Märkten operieren, läßt den Druck sogar noch weiter ansteigen.

Die Frage ist, ob diese Schraube immer weiter angezogen werden kann oder ob es nicht vielmehr *„Grenzen der Bedürfnisbefriedigung“* (Leiss 1979) gibt. Zur Geltung kommen könnten dafür objektive wie subjektive Gründe:

- auf der objektiven Seite könnte es neben dem Umstand, daß eine Person oder ein Haushalt nur eine bestimmte Maximalmenge an Kühlschränken, Autos o.ä. braucht, einen abnehmenden Grenznutzen von Produktverbesserungen geben;[2]
- subjektiv können Konsumhandlungen, die um ihres erwarteten Befriedigungswertes unternommen werden, auch in Enttäuschung und Frustration resultieren.[3]

---

1 Wer auf dem Gebiet der Fernsehtechnik up-to-date bleiben will, wird sich von 1992 bis 2005 vermutlich 5 neue Fernsehgeräte kaufen müssen.

2 Wer einen guten Farbfernseher hat, für den hält sich der Zusatznutzen eines HDTV-Gerätes in engen Grenzen.

3 Vgl. Hirschman 1988, S. 22ff. Hirschman analysiert eine Welt, „in der die Menschen überzeugt sind, sie wollten etwas ganz Bestimmtes, um dann, wenn sie es erreicht haben, zu ihrer Bestürzung festzustellen, daß dieser Wunsch keineswegs so groß war, wie sie angenommen hatten, oder daß sie das Gewünschte gar nicht wirklich haben wollen

Zu b):
Die ökologischen Folgen der vorherrschenden Lebensweise in den industriell entwickelten Ländern sind bereits zu Beginn der Arbeit dargelegt worden.

In den neunziger Jahren scheinen zwei mangelnde Einsichten besonders deutlich zum Ausdruck zu kommen:

- daß eine Versorgungsgesellschaft auf hohem Niveau ihren zwangsläufigen Begleitcharakter als *Entsorgungsgesellschaft* berücksichtigen muß,
- daß eine Gesellschaft der maximalen Überwindung von Zeit und Raum sich der *infrastrukturellen Bedingungen und Effekte* dafür vergewissern muß.

Mit einer Steigerung der Öko-Effizienz (vgl. Schmidheiny 1992, S. 38) oder einer Effizienzrevolution können die dadurch entstehenden Probleme nur vorübergehend eingedämmt werden; es gehört mittlerweile zu den Grunderkenntnissen einer aufgeklärten Umweltpolitik, daß Umweltentlastungseffekte pro emittierende Einheit durch Mengensteigerungen mehr als wettgemacht werden.

In vielen Bereichen schlagen freilich die von uns angerichteten ökologischen Schäden und Zerstörungen bereits unmittelbar auf uns selbst zurück und zeitigen Folgen für die Unternehmenspolitik:

- die *Chemisierung* und Zentralisation *der Landwirtschaft* hat zu einer Qualitätsverschlechterung der Nahrungsmittel geführt — die Chemieindustrie sucht nach Akzeptanz und Perspektiven;
- *Wohngifte* sind die Sammelbezeichnung dafür, daß die Industrialisierung und Chemisierung des Alltags die Gesundheit vieler Menschen angegriffen hat — zahlreiche Unternehmen profilieren sich hier mittlerweile mit gezielt auf Gesundheits- und Umweltverträglichkeit bezogener Sortimentsgestaltung;
- die *Automobildominanz der Verkehrspolitik* hat nicht nur zur Folge, daß ca. die Hälfte der Deutschen im unmittelbaren Wohnumfeld unter Verkehrslärm leidet; die alltäglichen Erfahrungen im Straßenverkehr zeigen, daß die Mobilität mit der herkömmlichen Technologie an ihre Grenzen stößt — die Automobilindustrie steht vor der Frage, auf welche Ökologisierungsstrategie sie setzen soll;

---

und daß sie, ohne es vorher gewußt zu haben, eigentlich etwas völlig anderes wollen“ (Hirschman 1988, S. 29).

- die Unwirtlichkeit der Städte und der unmittelbaren Lebensumwelt wird von Menschen, die angefangen haben zu lernen, Lebensbedingungen nicht als Lebensschicksal mißzuverstehen, durch Erwartungen an Wohnqualität und Reiselust beantwortet — sanfter Tourimus und ökologischer Stadtumbau werden zu Formeln für neue ökonomische Betätigungsfelder.[1]

Diese ökologischen Kritikpunkte erlauben keine rasche Problembewältigung durch Substitution über andere, „ökologische" Produkte; sie verweisen vielmehr auf die strukturellen Merkmale des Ökologieproblems.

Zu c):
Die vermutlich vorübergehende Praktizierbarkeit unseres Wohlstandsmodells ist verbunden mit einer Konstellation auf dem Erdball, bei der mittlerweile über eine Milliarde Menschen nicht in der Lage ist, ihren Grundbedarf zu decken. Soziale Not und ökologische Problemlagen konterkarieren sich dabei: wo in den industriell entwickelten Ländern Umweltstandards definiert und verschärft worden sind, da ist deren Fehlen in Ländern der Dritten Welt häufig willkommener Anlaß, unter Verzicht auf solche ökologischen Restriktionen kostengünstiger zu produzieren oder Produkte zum Einsatz zu bringen, deren Verwendung hierzulande nicht mehr gestattet ist.

Diesen sozialen wie ökologischen internationalen Schieflagen ist durch Plädoyers für den Freihandel[2] vermutlich nicht beizukommen. Für unseren Zusammenhang wesentlich ist vor allem, daß eine Globalisierung des industriellen Wohlstandsmodells unter ökologischen Gesichtspunkten ein katastrophaler Weg wäre (vgl. Simonis 1992). Freilich werden sich ökologische Perspektiven in den Ländern der Dritten Welt vermutlich erst dann auftun, wenn *aus den industriell entwickelten Ländern heraus* die Möglichkeit eines Wohlstandes ohne solch ein hohes Maß an ökologischen Zerstörungen praktisch plausibel gemacht werden kann.

---

1 Solche Beispiele verdeutlichen, wie Unternehmen aktiv zur Gestaltung der Gesellschaft beitragen. Das betrifft nicht nur die Produktpalette, sondern auch kulturelle Trends. Kommunikationspolitik geht heute weit über die Vorteilsbeschreibung der angebotenen Produkte hinaus. Siehe etwa die umstrittene Benetton-Werbung, mit der Realitätsbezug und Modernität des Unternehmens kommuniziert werden soll.

2 So aber Schmidheiny 1992, S. 109 ff.

Dafür ist es erforderlich, die Gleichsetzung von Bedürfnisbefriedigung und Erwerb materieller Güter wieder zu entzerren; hilfreich wirkt hier der Gedanke der *funktionsorientierten* Unternehmenspolitik.

9.2 Der Gedanke der funktionsorientierten Unternehmenspolitik

„Evolutionär zu sein heißt, sich in der Struktur der Gegenwart mit voller Ambition und ohne Reserve zu engagieren, und doch loszulassen und in eine neue Struktur zu fließen, wenn der Zeitpunkt dafür gekommen ist“ (Jantsch 1979, S. 348).

Unternehmen tun aus langfristig erfolgsstrategischen Gründen gut daran, im Rahmen ihrer Selbstthematisierungsbemühungen (s. Kap. 8.2) den Sachzusammenhang von Bedürfnissen, Bedarfen und Nachfragen zu rekonstruieren.[1] Bedürfnisse und selbst Bedarfe zielen nämlich noch keineswegs auf konkrete materielle Güter; die Bedürfnisse sind jedoch im längerfristigen kulturellen Wandel das, was konkreten Nachfragen zugrundeliegt.[2]

Unter ökologischen und sozialen Kriterien beleuchtet, können Bedürfnisse auf sehr verschiedene Weise befriedigt werden; gerade in ökologischer Hinsicht läßt sich ein ganzer Fächer von Alternativmöglichkeiten zu einem solchen materiellen Gut aufführen, das zum größeren ökologischen Problem geworden ist.

Wir systematisieren diese Auffächerung wie folgt:

(1) ökologisch verträglichere materielle Güter,
(2) Dienstleistungen,
(3) soziale Netze bzw. Eigenarbeit,[3]

1 Vgl. zur Unterscheidung von Bedürfnis, Bedarf und Nachfrage auch Kambartel 1975.
2 Zum Konzept der funktionsorientierten Unternehmenspolitik s.a. P. Ulrich/Fluri 1992, S. 68 ff.
3 Vgl. zur Diskussion über formellen und informellen Sektor der Arbeit Huber 1982.

(4) kulturelle Artikulationen, d.h. Verlagerung von ökonomischen auf kulturelle Produkte,[1]
(5) individuelle und gemeinschaftliche Selbstverwirklichung „ohne Produkte".[2]

Eine solche Auffächerung können wir auf geistig-kultureller Ebene in einem dreistufigen Modell komprimieren (s. Abb. 27).

Abb. 27: Drei Dimensionen unternehmenspolitischen Denkens

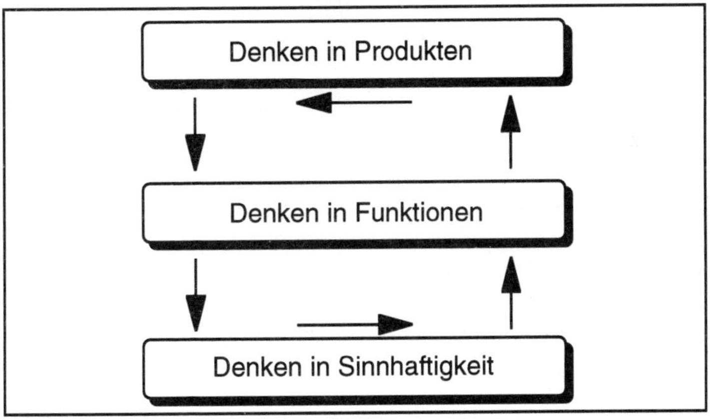

Quelle: eigene

Jantsch hat schon sehr früh den Gedanken der *Funktionsorientierung* dem allzu konservativen Verhaftetsein an eine einmal gegebene Produktpalette entgegengesetzt: „Ein Ziel wandert nicht weg; es kann nicht ein für allemal errungen werden; es ist ein Bereich, auf den sich das Interesse bündelt und zu dem zu verschiedenen Zeiten viele Beiträge möglich sind. Im typischen Fall ist ein solches Ziel etwa eine in der Gesellschaft zu erfüllende Funktion, zum Beispiel Transport, Fernmeldewesen, Erzeugung, Verteilung und Nutzung von Energie, Erzeugung von Lebensmitteln, gesundheitliche Betreuung usw. ... Mit ‚Funktion' meinen wir hier nicht die internen Funktionen in einer Organisation — Fertigung, Marketing, Verkauf, Rechnungswesen usw.—, sondern die

1 Dies wäre quasi die Umkehrung der Tendenz, daß nach verbreiteter Auffassung der Kauf materieller Güter teilweise dazu dient, kulturelle und emotionale Defizite zu kompensieren.

2 Zum Beispiel stehen intensivere zwischenmenschliche Kommunikationen in Widerspruch zu hoher individueller Ausstattung mit audiovisuellen Elektronikgeräten.

externen Funktionen, die in der Gesellschaft durch die Tätigkeiten der Organisation ausgeübt werden ... Bei den Funktionskriterien geht es also darum, wie gut ein gegebenes Produkt eine Funktion erfüllt, verglichen mit zur Wahl stehenden anderen Produkten, die vielleicht ganz andere Technologien verwenden, und wie sich seine Einführung auf das System des menschlichen Lebens auswirkt — zum Beispiel welchen Einfluß die Technologie des Kraftfahrzeuges auf das Leben in Großstädten ausübt, verglichen mit Untergrundbahnen, Einschienenbahnen, Fahrrädern, rollenden Bürgersteigen oder anderen Formen und Kombinationen der städtischen Verkehrstechnologie" (Jantsch 1973, S. 33f.).

Produkte kommen und gehen, Funktionen bleiben. Für den Verkehrsbereich gilt: straßengebundene Räderführung, Verbrennungsmotoren mit der Möglichkeit zu sehr hohen Geschwindigkeiten und die Orientierung auf eher privat-separate als gemeinschaftliche Nutzung sind Komponenten *einer* produktmäßigen Form, die gesellschaftlichen Mobilitätsprobleme zu lösen.

Abb. 28: Die Unterscheidung von Bedürfnis, Bedarf und Nachfrage

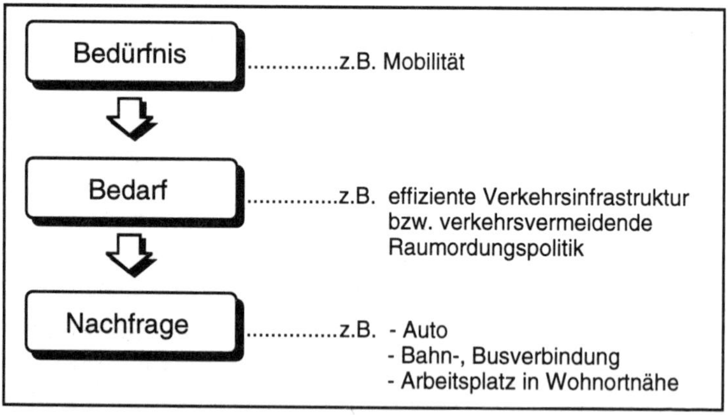

Quelle: eigene

Schon die Mobilitätsanforderungen sind *gesellschaftlich und kulturell* spezifisch bestimmt. So hat etwa die Raumordnungspolitik im Nachkriegsdeutschland die Wege zwischen Wohnen, Arbeiten und Einkaufen drastisch erhöht und damit erhebliche zusätzliche Mobilitätszwänge geschaffen. Und der innere Zwang zu ständig größeren Entfernungen bei Tourismus und „Nah"erholung hat natürlich auch besondere

Gründe, oft genug die Unwirtlichkeit und Tristesse der unmittelbaren Lebensumgebung.

Zwischen dem *Bedürfnis* (an Freiheit und Mobilität allgemein), dem *Bedarf* (an kurzen Wegen oder an Verkehrsträgern zur Überwindung längerer Wege) und dem *Produkt* gilt es also grundsätzlich zu unterscheiden (s. Abb. 28).

Die Bedürfnisse als solche mögen in der historischen Ausprägung zwar variieren, können jedoch als solche nicht geweckt werden — sie sind elementar und gegeben. Anders verhält es sich mit den Bedarfen, die eine schon weit spezifischere Ausformung darstellen[1]. Im Unterschied zu den Bedürfnissen, die in enger Verbindung zur Sinnhaftigkeit stehen, sind die Bedarfe eher auf der Funktionsebene angesiedelt. Und Produkte sind eben Produkte — immer sinnvoll, sie zu hinterfragen.

Dabei ist uns der Hinweis wichtig, daß eine Rekonstruktion von Produkten über Bedarf zu Bedürfnissen keineswegs dazu führt, ein askeseorientiertes Bild von Grundbedürfnissen und ihrer Befriedigung zu zeichnen. Die ökologische Kritik an Verschwendung ist *in allgemeiner Form* (ohne Spezifizierung) ebenso theoretisch sinnlos und praktisch hilflos wie die ökonomische. Jenseits von Luxus als sozialkritischer Kategorie sind Genuß, Müßiggang und Ekstase legitime Lebensentäußerungen: es handelt sich nicht um einen parasitären Teil des ökonomischen und gesellschaftlichen Lebens, der dem eigentlich produktiven und die Geschichte voranbringenden entgegenzustellen wäre, sondern um das (sich im Zuge der Herausbildung von individueller und gesellschaftlicher Wohlfahrt verstärkende) Bedürfnis (individuell wie kollektiv), kulturelle Selbstverortung *jenseits des Existenzkampfes* um die (Über-)Lebenssicherung zu finden. Unternehmen, die dafür produzieren, handeln selbstverständlich ebenso legitim.

Wenn Kreativität nichts anderes als das Ausleben von Evolution (so Jantsch 1979, S. 398) ist, dann beweist sich die Kreativität einer Unternehmung daran, wie vielfältig sie die (bzw. ihre) verschiedenen Möglichkeiten zur Befriedigung bestimmter Bedürfnisse zu thematisie-

1 Kambartel erläutert dies so: „Bedürfnisse und Interessen sind vom Bedarf oder der Nachfrage im heute üblichen ökonomischen Sinne zu unterscheiden. Bedarf kann entstehen, ohne daß Bedürfnisse zugrundeliegen, z.B. wenn industrielle Herstellungsprozesse zirkulär von dem Bemühen um Ausdehnung solcher Herstellungsprozesse gesteuert sind (Verselbständigung von Wachstumsorientierungen). Bedarf kann also lediglich organisationsbedingt sein“ (Kambartel 1975, S. 111).

ren vermag. Vernünftigerweise kann es auch hier keine bloße Zweck-Mittel-Rationalität geben; d.h. die Rekonstruktion der Zusammenhänge von Bedürfnis, Bedarf und Nachfrage führt über die Funktionsorientierung hinaus zur Frage nach der Sinnhaftigkeit von kulturellen Modellen und Lebensstilen. So gerät die *Unternehmung* in eine Dynamik hinein, sich über ihre Selbstthematisierung an der *Sinn*produktion einer Gesellschaft zu beteiligen. Dies entspricht der Einsicht, daß Unternehmenskultur nicht systemtheoretisch erfaßt werden kann, weil es hier *nicht nur um Funktion* geht, *sondern* eben um die *Produktion von Sinn* (vgl. P. Ulrich 1984).

Jantsch ordnet selbst die Funktionsorientierung der Sinnperspektive unter, wobei wir den entsprechenden Zusammenhang unter Modifikation seiner Grafik (Jantsch 1973, S. 32) in Abbildung 29 darstellen. In dieser Darstellung wird deutlich, daß der Gedanke der Funktionsorientierung auf die Fragen nach der *Sinnhaftigkeit* jeweiligen wirtschaftlichen Handelns angewiesen ist. Die Normen des Gesamtsystems Gesellschaft bzw. das Ethos von (sozialen) Gesamtsystemen können in einer offenen (dem Wollen nach demokratischen) Gesellschaft nur pluralistisch gedacht werden.

Im Rahmen eines ökologischen Innovationsmanagements (s.a. Kap. 10) spricht vieles dafür, den unternehmenspolitischen Rahmen der Selbstthematisierung so breit anzulegen: erst ex post erweist sich ja oft die betriebswirtschaftliche Richtigkeit einer Entscheidung, früher als andere bestimmte Wege eingeschlagen zu haben.

Unternehmen sind also nicht nur auf der technisch-funktionalen, sondern auf der Sinnbildungsebene als Akteure von (ökologischer) Strukturpolitik zu beschreiben. Sie können als gesellschaftliche Subsysteme von sozialem, ökologischem und kulturellem Wandel charakterisiert werden, der deshalb als selbsttragender Wandel verstanden werden sollte, weil es kein gesellschaftliches Obersubjekt gibt, das diesen Wandel plant, steuert und mit Abstrichen realisiert.[1]
Um diese Rolle auszufüllen, brauchen die Unternehmen bestimmte Fähigkeiten. Mit Dyllick (1989, S. 477) lassen sich kennzeichnen:

- gesellschaftliche Kommunikations- und Dialogfähigkeit,
- gesellschaftliche Handlungs- und Kooperationsfähigkeit,
- gesellschaftliche Glaubwürdigkeit.

---

1 Zum Beweis auf dem Feld der Umweltpolitik s. Jänicke 1987.

Abb. 29: Unternehmenspolitik, Funktionsorientierung und Sinnperspektiven in der Gesellschaft

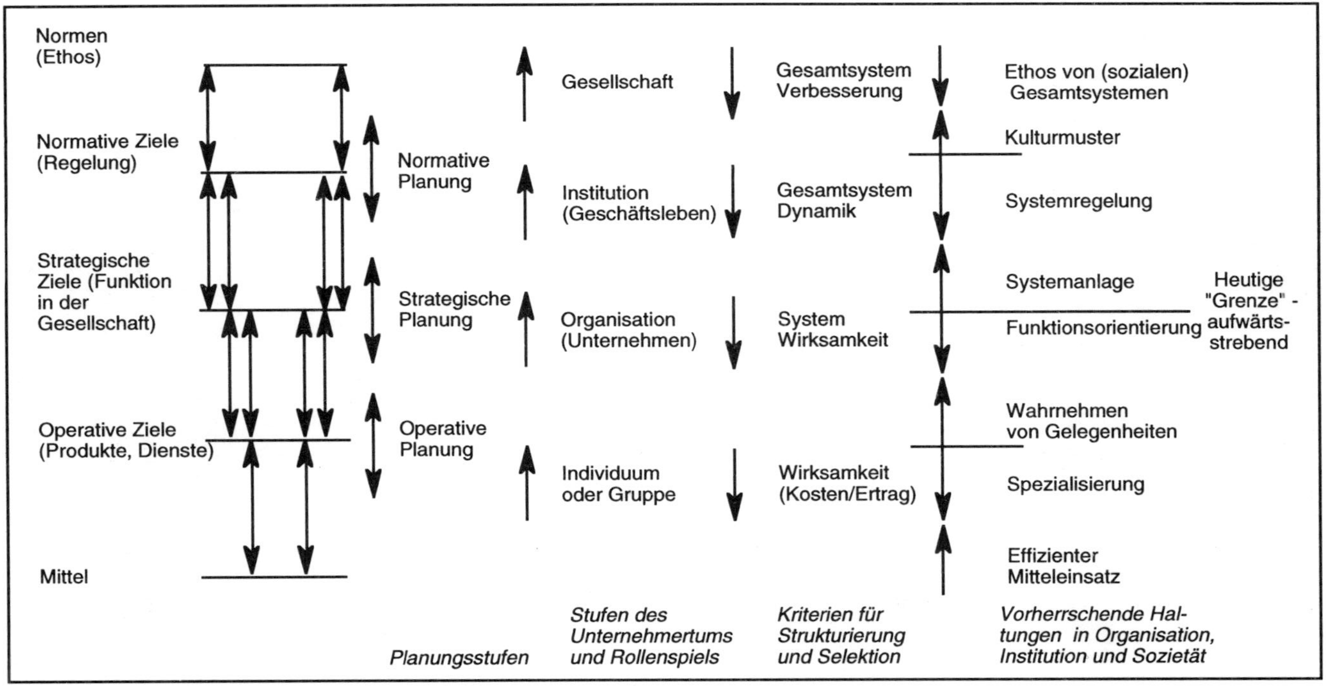

Quelle: unter Verwendung von Jantsch 1973, S. 32

Wann diese Fähigkeiten als Bedingungen eingelöst sind, kann im ökologischen Problem- und Handlungsfeld nur darüber erwiesen werden, welche wirksamen Beiträge ein Unternehmen tatsächlich leistet. Dies ist in zunehmendem Maße nicht so sehr eine Frage von Pragmatismus und Sachkompetenz (so aber Dyllick 1989, S. 488), sondern von ökologischer *Radikalität* und dem *Mut*, möglicherweise „zu früh" zu kommen. Welche Sackgasse nämlich der ökologisch „nächste Schritt" sein kann, das wollen wir im folgenden Abschnitt am Beispiel der Automobilindustrie verdeutlichen.

9.3 Eine exemplarische Illustration: die deutsche Automobilindustrie

Die Tragweite des Gedankens der Funktionsorientierung für eine ökologisch aufgeklärte strategische Unternehmensführung soll an einem ökonomisch und ökologisch besonders relevanten Beispiel verdeutlicht werden: der Automobilindustrie.

Dabei sind wir uns bewußt, daß in den Vorstandsetagen differenzierter diskutiert und erst recht in den Köpfen einzelner Automobilindustriemanager[1] differenzierter gedacht wird, als die gleich folgende Gegenüberstellung nahelegt.

Angesichts der Tatsache, daß es sich bei der Automobilindustrie um eine Branche handelt, die seit jeher sehr intensiv kommuniziert und damit starke kulturelle Einflüsse ausstrahlt, ist der lag zwischen dem eigenen Wissen dieser Manager und der nach außen vertretenen Position, am Massenprodukt Auto ohne Minderung von Motorenstärke, Geschwindigkeit etc. festzuhalten, allerdings nach wie vor dominant.

Ganz im Sinne der in 9.2 gemachten Unterscheidung von Denken in Produkten und Denken in Funktionen finden wir hier den *strategischen Unterschied* zweier Optionen vor: (a) der Option auf die Ökologisierung

---

1 Zum Beispiel hat der Plan des Daimler-Benz-AG-Vorstandsvorsitzenden Edzard Reuter, aus dem Unternehmen einen Technologiekonzern zu machen, u.a. eine Relativierung der Automobilproduktion innerhalb des Gesamtgefüges zur Folge. Allerdings hat Reuter nie den Mut aufgebracht, dies auch *ex negativo* zu thematisieren; und unsere These ist: daß er den Chefsessel der Holding nicht nur erfolgsgekrönt räumt, hängt mindestens *auch* damit zusammen.

des Autos, und (b) der Option auf ökologisch intelligentere Verkehrssysteme.

Zu a): Die Automobilindustrie ist mit zehnjähriger Verspätung gegenüber der Energiewirtschaft in Deutschland in die Situation hineingeraten, grundsätzlich hinterfragt zu werden. Sie hat dazu mittlerweile eine strategische Position aufgebaut, die sich kennzeichnen läßt als das Bemühen um maximale Ökologisierung des Autos, solange das Auto als Massenprodukt nicht selbst infragegestellt wird.[1]

Eine funktionsorientierte Sichtweise wird also nicht eingenommen, vielmehr wird versucht, die ökologische Herausforderung über eine ökologische Optimierung des Autos aufzufangen, bei der dann differenzierte Marktbearbeitung über die Aufteilung in verschiedene Fahrzeugtypen gar noch zu der „Einsicht" führt, daß ökologische Kriterien bei Limousinen der gehobenen Mittel- und Luxusklasse keine Relevanz besitzen.[2]

Zu b): Daß die strategische Option auf die Ökologisierung (und dadurch „trotz alledem"-Weiterproduktion) des Autos als Auto möglicherweise eine Sackgasse darstellt, ist auch unternehmenspolitischen Entscheidungsträgern in der Automobilindustrie nicht völlig fremd.[3]

---

1 Vgl. zu dieser Diskussion die Beiträge von Steger/Prätorius und Pfriem in Hesse 1992. Dabei liefert der Beitrag von Steger und Prätorius einen erneuten Beleg dafür, daß unsere Konzentration auf diese beiden Optionen keineswegs eine allzu vereinfachende schematische Darstellung ist: das Kapitel über produktbezogenen Umweltschutz hat gleichzeitig *nur* im Titel die ökologische Optimierung des Automobils (S. 125), und das Kapitel über „Umweltorientierte Verkehrskonzepte" ist nicht nur analytisch schwach (als ob „die mangelnde Kooperations- und Konkurrenzfähigkeit der existierenden Verkehrsträger" „das zentrale Defizit" wäre; so aber Steger/Prätorius S. 128), es läßt auch jeden Hinweis darauf vermissen, daß es an der Automobilindustrie *selbst* mit zu liegen hat, die verkehrswirtschaftliche Umsteuerung einzuleiten.

2 Vgl. Prätorius 1989, S. 26 ff.; welche rhetorischen Schlenker eine solche Position übrigens produziert, belegte die BMW-Antwort auf eine Frage der Zeitschrift „natur" nach alternativen Verkehrssystemen: „Für unser Haus steht nicht die Frage im Vordergrund, ob mehr oder weniger Automobile auf den Straßen fahren, sondern wir konzentrieren uns auf die Frage, wie umweltschonend diese Automobile insgesamt (sic! R.P.) sind"; natur München 11/1990, S. 103.

3 Siehe etwa die Formulierungen des (inzwischen nicht mehr) VW-Markenvorstandsvorsitzenden Goeudevert auf einem Symposium der IG Metall 1990: „Unser Straßensystem weist Schäden auf wie ein kranker Mensch. Gefäßverengungen verursachen Kreislaufstörungen. Das Versagen des Kreislaufsystems bedeutet den Tod für den menschlichen Organismus. Versagt der Verkehr, kollabiert die Indu-

Im Auftrag der Automobilindustrie[1] entstand eine Studie, die mit implizitem Bezug auf Jantschs Gedanken der funktionsorientierten Unternehmenspolitik für die Umorientierung der Automobilindustrie von der Produktion von Autos auf die Lösung von Verkehrsproblemen plädiert (Vester 1990).

Daraus entwickelt sich eine ganze Reihe weiterer künftiger Handlungsfelder der Automobilindustrie: dezentrale Energieversorgung, Raumplanung und Stadtentwicklung. Damit wird Jantschs Gedanke der funktionsorientierten Unternehmenspolitik freilich überzogen. Seine Zielsetzung war gerade nicht, die Gesellschaft jetzt einseitig durch die Unternehmen prägen zu lassen.

Vesters Konzept hat zwar auf den ersten Blick den wirtschafts- und strukturpolitischen Vorteil, Strukturbrüche und damit verbundene Beschäftigungsprobleme durch eine Konversionsstrategie für die Automobilindustrie als ganze und im Prinzip auf ihrem heutigen Niveau umgehen zu können. Er tappt damit allerdings in eine Falle, die der systemtheoretische Ansatz jedem aufstellt, der ihn zu konsequent verfechten möchte, und die heißt Demokratiedefizit. Wir können dieses Risiko auch mit dem Versuch umschreiben, der Funktionsorientierung zu genügen, ohne sich mit der *Sinnproduktion* auseinanderzusetzen. Eine dezentral orientierte Reorganisation der Stadtentwicklung und Raumplanung, bei der ein Teilergebnis in positiven Effekten der Verkehrsvermeidung bestünde, ließe sich als Produkt großer Automobilkonzerne kaum vorstellen.[2]

Sie wäre nicht nur logischerweise, sondern geradezu tautologischerweise das Resultat eines Prozesses, der einen nicht geringen Teil technischer und ökonomischer Innovationen durch *soziale Innovationen* ersetzt.

---

striegesellschaft ... Aber wir sollten uns doch überlegen, ob nicht alle diese beachtlichen technologischen Entwicklungen letztlich doch nur punktuell entwickelte Einzellösungen sind“ (Goeudevert 1990, S. 111f.).

1 Nämlich von Goeudevert, als er noch Vorstandsvorsitzender von Ford Deutschland war.

2 Vgl. dazu auch Krämer-Badoni 1991.

9.4 Perspektiven und Operationalisierungsmöglichkeiten

Unternehmen *produzieren* Sinn. Sie sind sinnhafte Systeme nicht nur, weil zunehmend deutlicher und wichtiger wird, daß Sinnhaftigkeit unternehmenspolitischen Tuns eine elementare Voraussetzung für die Motivation und Leistungsfähigkeit der Organisationsmitglieder darstellt, sondern gerade auch dadurch, daß sie „im Sinne" Jantschs zum Sinn der Gesellschaft beitragen. Dies tun sie insofern bewußt/unbewußt und quasi-objektiv, als die entwickelten industriellen Gesellschaften entgegen offizieller Doktrin nicht so funktionieren, daß ihre Entwicklung vor allem durch zentrale parlamentarische Entscheidungen geprägt würde; sondern sie sind deswegen tatsächlich recht freiheitlich, weil der Einfluß der Zentralgewalt säkular sinkt und für ihre reale Gestalt immer wichtiger wird, was „von unten" kommt.[1]

Unternehmen produzieren *Sinn*. Das meint auch: die unternehmenspolitische Wirklichkeit mit Produktionsfunktionen einholen zu wollen, ist ungefähr so, als wollte man mit Seifenkistenwagen in die Formel 1 einsteigen. Natürlich widmet sich ein nicht geringer Teil von Unternehmen nach wie vor im Gutenbergschen Sinne vom Betrieb der Umformung und Umwandlung von Stoffen, der Erstellung materieller Güter und Dienstleistungen als Resultat möglichst optimierter betrieblicher Leistungserstellungsprozesse. Aber Unternehmen *funktionieren* mehr denn je von der Zukunft her, über (erfolgreich sein oder scheitern könnende) *Visionen*, sei es die auf technologische Zukunftsvisionen bezogene Schmiedung des Daimler-Benz-Konzerns (wegen deren Scheiterns zur Zeit der Fertigstellung dieser Arbeit Edzard Reuter den Versuch unternimmt, in die Fußstapfen seines Vaters zu treten), sei es eine Firma wie Benetton, die gar nicht mehr selbst produziert und verkauft, sondern auf der Grundlage internationaler Imageproduktion versucht, produzieren und verkaufen zu *lassen*.

---

1 Wobei zwei klärende Bemerkungen nötig sind: (1) „Von unten" ist (mindestens noch) nicht identisch mit der regulativen Idee von Demokratie: was bedeuten schon die Wünsche einer Arbeitslosen gegenüber den Zielen eines expansionskräftigen Unternehmens? (2) „Von unten" kommt keineswegs das Bessere, schon gar nicht das Gute. Es wurde u.E. versäumt, in der leider notwendigen Überwindung geschichtsphilosophischer Utopien des 19. Jahrhunderts, speziell der Marxschen, hinreichend klar mit der Fiktion abzurechnen, daß „die" Menschen gut sind, wenn man sie nur läßt.

Dieser Wandel dessen, was Unternehmen im Kern eigentlich betreiben, wird zwar bislang kaum von einer Betriebswirtschaftslehre aufgearbeitet, die immer noch primär an Produktionsfunktionen knabbert, oder von einer Managementlehre, die jenseits der Frage, was eigentlich los ist, sich darauf beschränkt gute Vorschläge zu machen; außerhalb der betriebswirtschaftlichen Zunft ist man da allerdings schon ein Stück weiter. Marktwirtschaft funktioniert nämlich nur deshalb so gut, weil sie flexibel genug ist, gesellschaftlichen Wandel in sich zu übersetzen. Und an die Stelle der Mangel- und Grundbedürfnisbefriedungsgesellschaft ist inzwischen ein anderer Gesellschaftstypus getreten: die *Erlebnisgesellschaft.*[1]

Die Erlebnisgesellschaft als das, auf das sich eine strategische Unternehmenspolitik z.T. heute schon bezieht, vermutlich zunehmend beziehen wird, läßt sich unter verschiedenen Gesichtspunkten beschreiben (und als theoretisches Konstrukt *auch* hinterfragen):

(a) bedeutet die Steigerung materieller Wohlfahrt für zunehmende Bevölkerungsteile jedenfalls in den industriell entwickelten Ländern, daß eine wachsende Zahl von Menschen über die Befriedigung existentieller Bedürfnisse hinaus nach dem (subjektiven!) Sinn des Lebens fragt (auf die frühkapitalistische Entwicklungsphase bezogen hat die Maslowsche Bedürfnispyramide ihr Recht, aber *nur* auf diese),

(b) trägt die These von der Erlebnisgesellschaft der von uns vorher schon befürworteten und erläuterten erkenntnistheoretischen Position des *radikalen* Konstruktivismus Rechnung: die Subjektabhängigkeit von Wahrnehmung wird in besonderer Weise theoretisiert,[2]

(c) stabilisiert eine Theorie der Erlebnisgesellschaft (jedenfalls in der von Schulze vorgelegten Form) alle Auffassungen, daß gegen die

---

1 Siehe dazu grundlegend Schulze 1993. „Das Erleben des Lebens rückt ins Zentrum" (Schulze 1993, S. 33). Die Betriebswirtschaftslehre ebenso wie darüber hinausgehende ökonomische Untersuchungen laufen diesem Phänomen bislang mit der Terminologie von Verschiebungen vom Produkt- zum Zusatznutzen hinterher.

2 So formuliert Schulze: „Innenorientierung, wie sie hier verstanden wird, hat nichts mit Introversion zu tun. Gemeint ist, daß sich ein Mensch vornimmt, Prozesse auszulösen, die sich in ihm selbst vollziehen. In einem weiter unten zu präzisierenden Sinn läßt sich sagen: Innenorientierung ist Erlebnisorientierung. Das Projekt des schönen Lebens ist das Projekt, etwas zu erleben" (Schulze 1993, S. 38).

völlige/vollendete Manipulation der Individuen eh nichts zu machen ist: „Erlebnisrationalität ist die Systematisierung der Erlebnisorientierung. ... Erlebnisrationalität ist der Versuch, durch Beeinflussung äußerer Bedingungen gewünschte subjektive Prozesse auszulösen. Der Mensch wird zum Manager seiner eigenen Subjektivität, zum Manipulator seinen Innenlebens" (Schulze 1993, S. 40). Management ist Fremdbestimmung, nicht Selbstbestimmung. Und Manipulation des Innenlebens kann *nie* identisch sein mit Selbstbestimmung. Schulzes Erlebnisrationalität kann die *passive* Begeisterung eines traurig vereinsamten Menschen angesichts der RTL-Traumhochzeit analytisch von dem (in so und so vielen Fällen immer noch möglichen) *realem* Glück eines sich liebenden Paares nicht mehr unterscheiden: durch die Brille der Erlebnisrationalität werden *alle Katzen grau.*

Versucht man, die damit vorgetragenen Einwände (vor allem durch den Hinweis c) zusammenzufassen, so muß der These oder Theorie der Erlebnisgesellschaft offensichtlich vorgeworfen werden, daß sie einer *zentralen* Forderung dieser Arbeit nicht Rechnung trägt: zwischen *Selbstinszenierung* und *Selbstverwirklichung* zu unterscheiden.

Der Gedanke, daß Unternehmen Kultur stiften nicht nur als Voraussetzung ihrer Leistungsfähigkeit, sondern gerade als deren Ergebnis, will allerdings noch weiterverfolgt werden: als „Produktkulturen".[1] „Die rationale Produktion, der es um Profit geht, ist gleichzeitig die Produktion von Symbolen" (Sahlins 1981, S. 297). Jede materielle Produktion ist zugleich symbolische Produktion. „Materielle Produktion ist in dieser Perspektive nichts anderes als die Produktion und Reproduktion von Sinnstrukturen" (Eisendle/Miklautz 1992, S. 18). Wir ziehen daraus den Schluß, daß die unternehmenstheoretische Analyse nicht nur ausgeweitet werden muß auf die Sinnproduktionen der Unternehmen, sondern letztere zum Kernbestandteil einer solchen Analyse zu gehören haben. Diese Erweiterung einer ökonomistischen zugunsten einer kulturalistischen Perspektive der Untersuchung[2] ist übrigens sehr hilfreich für unser Bemühen, den Rahmen des ökonomischen Verhaltensmodells zu überschreiten, das nach seiner inneren Logik das

1 So der Titel von Eisendle/Miklautz 1992.
2 Dabei ist wichtig zu betonen, daß eine kulturalistische (oder soziokulturelle) die ökonomistische Sichtweise einschließt, weil sie diese als kontingentes Produkt soziokultureller Entwicklungen zu lesen versteht.

Schwergewicht auf die Rahmenbedingungen (als freies und zukunftsoffenes Handeln teils determinierend, teils behindernd) legen muß.

Wir wollen dies kurz zeigen an der Behandlung von (1) Arbeit, (2) regionaler Wirtschaftspolitik und (3) globaler Weltwirtschaft.

(1) *Arbeit* wird in gängigen betriebs- und volkswirtschaftlichen Theorien als Einsatzfaktor der Produktion gefaßt. Qualitative Aspekte dieser Arbeit werden über Faktoren wie Arbeitsorganisationen, Arbeitszufriedenheit etc. unter Gesichtspunkten der arbeitnehmerseitigen Leistungswilligkeit und -fähigkeit, teils auch im Lichte der Frage nach sozialer Gerechtigkeit behandelt. Selbst in dieser aufgeschlosseneren letzten Perspektive unterbleibt gesellschaftskulturelle Thematisierung von Arbeit, die nach der Funktion und dem Sinn der jeweiligen Arbeit fragen würde. Diese Frage zu stellen heißt weiter, nicht nach ökonomisch engem Verständnis jede Arbeit als produktiv, werteschaffend etc. aufzufassen, sondern (angelehnt an ökonomische Terminologie) zwischen produktiver und destruktiver Arbeit zu unterscheiden.[1]
Mit ihren Produktionsentscheidungen fällen Unternehmen Entscheidungen über den produktiven oder destruktiven Charakter von gesellschaftlicher Arbeit, produzieren produktive und/oder destruktive Arbeit. Dabei kann destruktive Arbeit differenziert werden nach „(1) Naturzerstörung, (2) Mitmenschenzerstörung, (3) Selbstzerstörung" (Clausen 1988, S. 55).

(2) *Regionale Wirtschaftspolitik* findet in Deutschland über defensive, subventionsvermittelte Bestandssicherung und sehr zurückhaltend eingesetzte Instrumente regionaler Wirtschaftsförderung statt. Für Regionalisierung von Wirtschaftspolitik (s. dazu Kruse 1990), die tatsächliche Handlungsspielräume für dezentrale Akteure schaffen möchte, gibt es erst allererste Ansätze, die zeigen, welche Kommunikationsbarrieren eine Vergangenheit aufgetürmt hat, in der einseitige Interessenvertretung das oberste Gebot und Verzicht auf

1 Sehr anregend dazu Clausen 1988. Es ist wichtig daran zu erinnern, daß die Wende von ökologisch inspirierter gegenüber marxistisch geleiteter Gesellschaftskritik nicht unwesentlich darin bestand, sich von der Fetischisierung von Arbeit, Technik und Industrie zu verabschieden und auf den zerstörerischen Charakter spezifischer Arbeiten und Technologien völlig unabhängig von deren Organisation, Verfügung der Produktionsmittel etc. hinzuweisen.

Kooperation die höchste Stufe von Rationalität war.[1] Passend dazu lassen sich (wiederum von eher soziologischer als ökonomischer Seite) Untersuchungen anführen, die das Ende des Zeitalters der Massenproduktion teils diagnostizieren, teils prognostizieren und daraus die Rückkehr der Ökonomie in die Region ableiten (s. Piore/Sabel 1987). Mit viel Skepsis gegenüber der linear gerichteten Zuversicht, mit der postfordistische Optionen zum Teil daherkommen, diskutiert Grabher das Phänomen loser Kopplung in regionalen Netzwerken, bei der die im Netzwerk verbundenen Betriebe über eine relative Autonomie verfügen, die ihnen ein Mindestmaß an funktionaler Eigenständigkeit auferlegt (s. Grabher 1994, S. 70 ff.). Weitere Merkmale neben relativer betrieblicher Autonomie könnten zwischenbetriebliche Puffer, Kopräsenz von Kooperation und Konkurrenz, Varianz an Organisationsformen, Verflechtung durch räumliche Nähe sowie Ambiguitätstolerenz und Durchlässigkeit für schwache Signale sein, vermutet Grabher, der die Vorläufigkeit dieser Entwicklungsaspekte unterstreicht und sie noch keineswegs für empirisch hinreichend belegt ansieht. Für unsere Problemstellung hier wollen wir daraus vor allem positive Schlüsse ziehen in bezug auf die Produktionskapazitäten von Unternehmen hinsichtlich der regionalen Verhältnisse auch unter veränderten Bedingungen (nicht nur in einer Kostellation Leverkusen = Bayer, wo dies unmittelbar plausibel ist).

(3) Spätestens der „Sachzwang *Weltmarkt*"[2] scheint den von uns geforderten Blick auf offene unternehmenspolitische Zukünfte wieder zu vernebeln. Vor der Frage, inwiefern auch hier Unternehmen nicht nur Handlungszwängen unterworfen, sondern gestaltungsfähig sind, steht freilich noch der Hinweis, daß die globalen wirtschaftlichen Verhältnisse eben durch diese Unternehmen (insbesondere der industriell entwickeltsten Länder) wesentlich mitgeprägt sind. Der von Schmidheiny (1992) geforderte Kurswechsel der Unternehmen ist eben deshalb sowohl erforderlich wie möglich. Eine internationale ökonomische Strategie, qualitativ und verteilungsbezogen auf diesem Erdball zu anderen Resultaten zu

---

1 Anschaulich werden die Schwierigkeiten, freilich auch Chancen solcher Versuche gerade in solchen Bereichen, die durch Verkettung verschiedener Branchen hoch komplex und sensibel sind, s. dazu Hesse 1994.

2 So der Titel von Altvater 1987.

kommen, wird spätestens seit der UN-Konferenz für Umwelt und Entwicklung 1992 in Rio als *sustainable development* bezeichnet. Eine Strategie, die *andere* Produktion und *anderen* Konsum will, kann sich nicht darauf beschränken, dasselbe wie bisher zu machen, bloß mit gesteigerter Öko-Effizienz (vgl. freilich Schmidheiny 1992, S. 37f.). Öko-Effizienz ist im Diskurs über sustainable development die Kategorie, mit der wiederum das Problem qualitativer Resultate auf jenes quantitativer Inputfaktoren reduziert wird (wie wir es aus Betriebs- und Volkswirtschaftslehre hinlänglich kennen).[1]

Abb. 30: Leitorientierungen für Unternehmen

	Wirkungsbereich	Kriterien	Leitorientierung
1.	ökologisch	Nachhaltigkeit, Reproduktivität	Ökologische Vielfalt
2.	sozial	Gerechtigkeit, Gesundheit	Kreativität, Solidarität
3.	raumbezogen	Raumbindung, Dezentralität	kleinräumige Vernetzung, sinnlich erfahrbare Rückkopplung
4.	zeitbezogen	Entschleunigung, Regeneration	Zukunftsoffenheit
5.	ökonomisch	Effizienz, Produktivität	Wohlfahrt, Reichtum an Möglichkeiten
6.	ethisch	Verantwortbarkeit	gutes Leben

Quelle: eigene

Wir wollen diese argumentativen Belege rückbeziehen auf die grundlegende Idee einer funktionsorientierten Wirtschaftspolitik. Sinn wird von Unternehmen zunächst unbewußt produziert, diese Produktion

1 Zur Kritik an der Konzentration auf Öko-Effizienz s.a. Pfriem 1992. Harborth weist darauf hin: „Wer eine Strategie der ‚ökologischen Modernisierung‘ ... für zu langsam oder insgesamt für ineffektiv hält, ... muß sich Gedanken machen über einen tatsächlichen Abbau oligarchischer Produktions- und Konsumstandards bei der reichen Minderheit und über eine gleichzeitig einsetzende Strategie der Grundbedürfnisbefriedigung bei der armen Mehrheit der Erde“ (Harborth 1991, S. 104).

kann reflektiert und Sinn dadurch reflektierter (und sinnvoller) produziert werden. Darin liegen die *Bedingungen der Möglichkeit* von Leitorientierungen für Unternehmen, die wir nach verschiedenen Wirkungsbereichen der Unternehmenspolitik differenzieren und wobei wir die Leitorientierungen über verschiedene Kriterien präzisieren können (s. Abb. 30).

10. Kapitel

Strategische Innovationspolitik

„Improvisation als Experiment: das leuchtete mir durchaus ein, nur braucht jedes Experiment einen Sinnzusammenhang, jedes Experiment zielt auf ein Ergebnis, sonst kann man auch die Eskapaden eines Verrückten damit begründen, er experimentiere".
(Ulrich Woelk, Freigang)

„Nicht weil es schwer ist, wagen wir es nicht; sondern weil wir es nicht wagen, ist es schwer".
(Seneca)

10.1 Strategische Selbstthematisierung unternehmenspolitischer Handlungsfreiräume

Die Bedeutung interner Willensbildung im Unternehmen wächst angesichts der Steigerung der externen Komplexität rasch an. Grundlegende Fragen für das Unternehmen richten sich auf die Identität (wer sind wir?), die Willens- und Konsensbildung (was wollen wir?) und das Unternehmensleitbild (wohin soll es gehen?) (vgl. Jäger 1990, S. 44). Ein Weg zur angemessenen Beantwortung dieser Fragen liegt nach unserem Vorschlag in der Orientierung auf eine sozialökologische Ethik, die der Unternehmenspolitik *Sinn, Wert und Identität* verleiht.

Sinn, Wert und Identität sind von großer Relevanz dafür, wie in der Selbstbeschreibung des Unternehmens die Handlungs- und Entscheidungsfreiräume definiert werden. Diese ergeben sich natürlich *auch* über finanzielle Reserven: ein Unternehmen, das über hinreichend umfangreiche finanzielle Reserven verfügt, kann vergleichsweise eher (u.a. risikofreier) solche ökologieorientierten Maßnahmen implementieren, die sich erst nach längerer Zeit rechnen.[1]

---

1 Mit Berufung auf Cyert und March 1963 und Thompson 1969 formuliert Wiesenthal: „Wichtiges Kriterium prozeduraler Rationalität ist die Wahrung von Handlungsspielraum, d.h. ‚slack' i.S. der Organi-

Aber ‚slack' sind eben, wie wir u.a. im letzten Abschnitt des 4. Kapitels deutlich gemacht haben, wesentlich auch die nichtfinanziellen endogenen Entwicklungspotentiale einer Unternehmung, darunter ihre geistig-kulturellen Ressourcen.

Die unternehmenspolitische Selbstbeschreibung ist daher insbesondere zu beziehen auf ihr *Potential* für ein „Management of Change" (vgl. Bleicher 1991, S. 423ff.); in unserem thematischen Zusammenhang betrifft das besonders die Frage: was kann das Unternehmen selbst beitragen zum *ökologischen Strukturwandel*?

Gerade mittels *dieser* Ressourcen wird eine Unternehmung vernünftigerweise versuchen, ein Kommunikations- und Kooperationsnetz im unternehmenspolitischen Dialog nach innen und außen zu schaffen, das die Risiken bei ökologischen Aktivitäten minimiert. Durch Eingehen solcher Bindungen[1] können Unternehmen Unsicherheit reduzieren, worin eine wichtige strategische Aufgabe besteht.

Nun fehlen für den sozialökologischen Diskurs bislang weitgehend gesellschaftlich effiziente Formen und Institutionen.[2] Gegenüber einer Öffentlichkeit, die zwischen Skepsis und Leichtgläubigkeit schwankt, problemorientierte Kommunikation[3] jedenfalls nicht gewohnt ist, steht ein Unternehmen bis auf weiteres vor der Aufgabe, die ökologische Selbstthematisierung nicht nur dem Inhalt nach seriös weiterzukommunizieren, sondern für solche Kommunikationen erst die infrastrukturellen Bedingungen selbst schaffen zu müssen. Die Herstellung solcher Kommunikationen würde die Möglichkeit bedeuten, Selbstbeobachtung und Fremdbeobachtung verknüpfen und diesbezügliche Widersprüche

---

sationstheorie. Der Begriff meint sowohl überschüssige Ressourcen, die zur Motivierung von Arbeitskräften, zur Kompensation von Fehlern, u.a. aber zur Entdeckung neuer Möglichkeiten verwendet werden können, als auch eine nur ‚lose' Kopplung zwischen den Untereinheiten der Organisation. Ein Unternehmen, das genügend ‚slack' zu produzieren versteht, liegt auf alle Fälle richtig — unabhängig davon, ob seine F + E-Aufwendungen rasche Profite abwerfen, ob seine Manager an den Sinn ‚maximaler' Faktorausbeutung oder an den Nutzen hoher (Effizienz-)Löhne glauben" (Wiesenthal 1991, S. 289).

1 Die in der absehbaren Nachfragebereitschaft von Kunden, in der absehbaren Förderungsbereitschaft öffentlicher Stellen, in der absehbaren Profilsteigerung durch die Verarbeitung in den Medien u.ä. bestehen können.

2 Eine bemerkenswerte Neuentwicklung stellt — zunächst projekthaft — der chemiepolitische Dialog dar, vgl. Ueberhorst/de Man 1992.

3 Siehe dazu genauer Kap. 11.

damit austragbar machen zu können. Dies darf man sich nun nicht als eine quasi-technische Umsetzungsaufgabe vorstellen, da das Ökologieproblem bzw. die Frage nach dem richtigen Standpunkt dazu „von der Natur der Sache her“ zwangsläufig unternehmensstrategische Kontroversen hervorrufen muß.

Es kommt daher darauf an, im Unternehmen Lernräume für begrenzte Konflikte zu schaffen, innerhalb derer solche Widersprüche ausgetragen werden können. Struktur- und Kulturentwicklung stehen dabei in einem engen und unauflösbaren Zusammenhang, gilt es doch auch die internen und externen Restriktionen für solche Lernprozesse zu erkennen und gegebenenfalls beiseite zu räumen. Gerade die Orientierung auf eine ökologische Unternehmenskultur hin macht es erforderlich, in Anerkenntnis der Interessenpluralität in bezug auf viele ökologische Probleme möglichst viel Offenheit nach außen und innen herzustellen. Intern muß es dabei *Freiräume für Querdenker* und die *systematische Entwicklung von Alternativen* geben.[1] So hätten Unternehmen die Möglichkeit, sich als lern- und fortschrittsfähige Organisationen zu begreifen (Kirsch/Esser/Gabele 1979), bei denen Umweltschutz kein additives Nebenfeld der Tätigkeit ist, sondern zur täglich praktizierten Kultur untrennbar dazugehört.

Die geistig-kulturelle Dimension der Unternehmung ist denn auch das Feld, in dem sich entscheidet, wie eine Unternehmung mit den konkurrierenden Nutzungsansprüchen der gesellschaftlichen Akteure umgeht.

Das darauf bezogene Können und Wollen muß von den Organisationsmitgliedern in den entsprechenden Positionen kommen. So wie bei der Unternehmensführung generell unterschiedliche Qualifikationen gefordert sind, die man möglichst auf verschiedene Personen aufteilen sollte (s. dazu Adizes 1981), lassen sich für das Feld der Innovationen die Aufgaben der Ideengenerierung, der Akzeptanzgewinnung, der Steuerung, der Informationsverarbeitung sowie der Führung unterscheiden (vgl. Bleicher 1991, S. 436ff.).

---

1 Wir möchten dazu auf das von Witte schon früh in die betriebswirtschaftliche Diskussion eingebrachte *Promotorenmodell* hinweisen (s. Witte 1973), wonach Innovationen sich besonders erfolgversprechend aus dem Zusammenspiel von Fach- und Machtpromotoren ergeben (vgl. a. Bleicher 1991, S. 425). Wir selbst werden in Kap. 12 aufgrund eigener Praxisforschung auf die ergänzende Rolle der Prozeßpromotoren zu sprechen kommen.

Wenn wir hinsichtlich des Ökologieproblems als Gegenstand betriebswirtschaftlicher Forschung die Unternehmung als eine unter spezifischen Bedingungen handelnde Institution definieren, die sich ökologisch zu öffnen vermag, so steckt in diesem „vermag" eben nicht erst ein praktisches Problem (die einen tun es, die anderen nicht), sondern bereits ein theoretisches. Nämlich die *Frage nach den endogenen Potentialen* dieser Institution Unternehmung, die ihre Handlungen und Entscheidungen nicht nur abhängig sein läßt von Nebenbedingungen, Restriktionen, Invarianzen oder schlicht externen Bremsen. Gerade die verbreitete ökologische Redeweise, man müsse gegenüber dem verselbständigten Wirtschaftsprozeß auf die Bremse treten, leugnet ja diese Potentiale im Grunde bzw. schätzt die Beschäftigung mit ihnen als eher nutzlos ein.

Die mögliche *dynamische Qualität* von Innovationen läßt sich prinzipiell nicht definieren. Wir lösen uns von der alten Widerspruchsbeziehung zwischen Determinismus und Freiheit, weil diese nicht theoretisch „gelöst" werden kann, und gelangen zur Unterscheidung zwischen statischen und dynamischen Wertstrukturen.

Die Möglichkeiten einer ökologischen Organisations- und Kulturentwicklung von Unternehmen, die uns einen *Beschreibungsrahmen* liefern für die theoretische Analyse der endogenen Entwicklungspotentiale der Unternehmung, hängen nun natürlich keineswegs nur von der Bereitschaft ab, d.h. vom Willen: es muß auch „gekonnt" werden.

Können[1] läßt sich im Rahmen der unternehmenspolitischen Selbstthematisierung über die Trias Strategie, Struktur und Fähigkeit genauer beschreiben.

Was die *Strategie* betrifft, hat sich in der betriebswirtschaftlichen Literatur die Auffassung von drei Generationen strategischer Planung verbreitet[2]: In der ersten (zurückliegenden) Generation sind die Unternehmensziele mehr oder weniger vorgegeben, die Anpassung der Organisationsstrukturen an jeweilige Strategien wird nicht als relevantes Problem angesehen. Die zweite (heute vorherrschende) Generation beinhaltet eine Zielprozeßplanung und ordnet die Strategien den Zielen, die Strukturen den Strategien unter (gemäß Chandlers vielzitiertem „structure follows strategy", Chandler 1962). Die dritte Generation ist

---

1 Vgl. zur Beziehung von Wollen und Können Seidel 1989.
2 Vgl. hierzu Kirsch/Esser/Gabele 1979, S. 344ff.; analog Hopfenbeck 1991, S. 546ff.

nach diesem Konzept vom Modell der lern- und fortschrittsfähigen Organisation und einer größeren Sensibilität der Führung gegenüber schwachen Signalen einschließlich der Bereitschaft zu grundsätzlicheren Selbstinfragestellungen geprägt.[1]

Die *Struktur* betrifft im wesentlichen das Gesamtdesign der Organisation, die formellen Elemente der Führungssysteme sowie die Infrastruktur von Information und Kommunikation.[2]

Die *Fähigkeit* bezieht sich

- auf die persönlichen Fähigkeiten der Führungskräfte und Mitarbeiter,
- auf Unternehmenskultur und Betriebsklima,
- auf die Sachkompetenz, mit der das Unternehmen seine Aufgaben erfüllt, sowie
- auf die Kapazitäten, die zur definierten Aufgabenerfüllung erforderlich sind.

Die interne und externe Glaubwürdigkeit ist selbst ein Element dieser Fähigkeiten; sie hängt davon ab, wie weit

(a) das Unternehmen Konflikte bejaht und als Chancen nutzt und
(b) notwendigen bzw. wünschenswerten Wandel als *Dauerprozeß* zu organisieren bereit ist.

Bevor wir (10.2) unsere Überlegungen zu einer ökologischen Unternehmensstrategie weiter präzisieren, können wir also folgendes Erfolgsdreieck des strategischen Managements beschreiben (s. Abb. 31):

---

1 Vernachlässigt werden in der Literatur weitgehend strategische Widersprüche *innerhalb* einer Unternehmung. Auch wir sprechen in dieser Arbeit ständig von Unternehmung, als ob es nicht gravierende Widersprüche etwa zwischen den verschiedenen Unternehmen einer Holding geben könnte. Wenn etwa AEG führend ist bei Motoren für E-Loks, dann ergeben sich daraus schon Widersprüche zur Mercedes-Benz AG. Unternehmungen innerhalb eines Konzerns können so durchaus ins Streiten um die richtige Konzernstrategie kommen.

2 Zu letzterem s. Kap. 11. Dabei sei an *dieser* Stelle, nicht dort, darauf hingewiesen, daß dieses bereichsbegrenzte Verständnis von Kommunikation das eine ist, wohingegen wir uns — im Einklang mit Drepper (1992) und dahinterstehenden systemtheoretischen Überlegungen — hier in 10.1 auf jenes Verständnis von Kommunikation beziehen, das die *umfassende* Tätigkeit des sozialen Systems Unternehmung meint.

Abb. 31: Erfolgsdreieck strategischen Managements

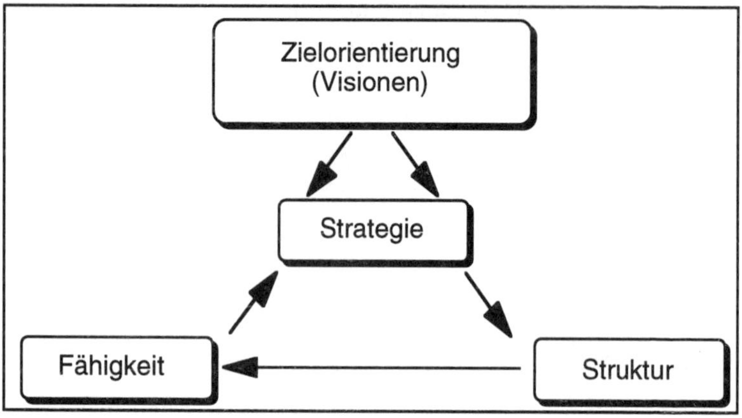

Quelle: eigene

Strategie, die auf Fähigkeiten beruht, die wiederum entfaltet werden können in Abhängigkeit von der Struktur, definiert und rechtfertigt sich über ihre Zielorientierung. Diese betriebswirtschaftliche Definition ist gerade im ökologischen Problemfeld von besonderer Wichtigkeit, wo mittlerweile vielfältige Maßnahmen festgelegt und ergriffen wurden, häufig jedoch ohne konkrete Zielbeiträge festzulegen oder gar zu kontrollieren.[1]

Eine qualitätsorientierte Unternehmenspolitik macht Druck in Richtung mehr *zukunfts*orientierten Handelns. Indikatoren und Erfolgsbeurteilungsinstrumente müssen *antizipativ* eingestellt werden, wenn sie dieser Orientierung genügen sollen. In der Diskussion über strategische Unternehmensführung läßt sich in diesem Sinne der terminologische Wechsel von Erfolg (ex post) zu Erfolgs*potential* (ex ante) als paradig-

---

1 Beispielsweise ist dieser Zielbezug im Abschlußbericht der Enquete-Kommission „Schutz des Menschen und der Umwelt“ erst noch eine Forderung: „Im Hinblick auf ökologische Ziele fordert die EK in Anlehnung an den umweltpolitischen Leitplan der Niederlande die Etablierung eines Bündels von Umweltzielen (Emissionsreduktionsziele) für die wichtigsten Umweltproblembereiche wie Ozonabbau, Photosmog, Gewässerbelastung etc. ... Die Umweltziele sollen unter Beteiligung der gesellschaftlichen Gruppen beziehungsweise in einer Folge-Enquete erarbeitet und normativ festgelegt werden“ (Grießhammer 1994). Präzisionshalber sei angemerkt, daß Zielbezug in unserem Sinne Bezug auf *Qualitäts*ziele meint und demgegenüber Emissionsreduktionsziele natürlich noch abgeleiteten bzw. unvollständigen Charakter haben.

matisch kennzeichnen. Für Gälweiler „besteht die Aufgabe der strategischen Unternehmensführung darin, so früh wie möglich und so früh wie notwendig für die Schaffung und Erhaltung der besten Voraussetzungen für anhaltende und weit in die Zukunft reichende Erfolgsmöglichkeiten, das heißt für ‚Erfolgspotentiale' zu sorgen. Das Erfolgspotential ist die bei der strategischen Unternehmungsführung im Mittelpunkt stehende Führungs- bzw. Steuerungsgröße" (Gälweiler 1990, S. 23f.).

Abb. 32: Vom Erfolgspotential zur Liquidität und die eingeschränkte Sicht der Gutenbergschen Betriebswirtschaftslehre

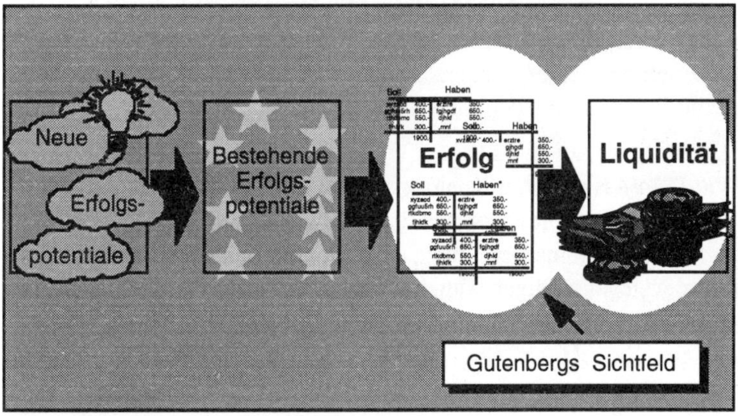

Quelle: eigene

Wenn wir nach den Möglichkeiten der strategischen Selbstthematisierung unternehmenspolitischer Handlungsspielräume fragen, so werden diese durch die Weiterführung vom Erfolg zum Erfolgspotential gleichsam zwangsläufig offensichtlich: Erfolge (i.S. von Gewinnen) sind ex post und *eindeutig*, Erfolgspotentiale sind ex ante und *vielfältig*. Eine erfolgspotentialorientierte Unternehmenspolitik kann überhaupt nur sinnvoll über das Bedenken alternativer strategischer Optionen, d.h. den Umgang mit Handlungs*frei*räumen eröffnet werden.

Der Blick auf die unternehmenspolitischen Erfolgspotentiale läßt sich als strategische und zukunftsorientierte Öffnung der Betriebswirtschaftslehre Gutenbergschen Typus beschreiben (s. Abb. 32).

10.2 Strategische Komponenten ökologischer Unternehmenspolitik

Für die dritte Generation des Denkens über strategische Planungen haben wir uns auf das Modell der Unternehmung als lern- und fortschrittsfähigem System bezogen. Lern- und Fortschrittsfähigkeit bedeutet in unserem Zusammenhang das *Wollen und Können* der Unternehmung,

- das Ökologieproblem für sich hinreichend weit zu thematisieren,
- die ökologischen Handlungs- und Entscheidungsfreiräume zu erkennen, zu nutzen und im Maße des Möglichen zu erweitern,
- die sozialökologische Selbstthematisierung mit den internen und externen Anspruchsgruppen kommunikativ zu verknüpfen, sowie
- die Funktion und den Sinn des eigenen Tuns permanent in Frage zu stellen.[1]

Wie läßt sich dies auf die strategische Unternehmensplanung und die hier entwickelten Instrumente übersetzen? Nach Kreikebaum ist strategische Unternehmensplanung „der Prozeß, in dem eine rationale Analyse der gegenwärtigen Situation und der zukünftigen Möglichkeiten und Gefahren zur Formulierung von Absichten, Strategien, Maßnahmen und Zielen führt. Absichten, Strategien, Maßnahmen und Ziele geben an, wie das Unternehmen unter bestmöglicher Ausnutzung der vorhandenen Ressourcen die durch die Umwelt bedingten Chancen wahrnimmt und die Bedrohungen abwehrt“ (Kreikebaum 1991, S. 26).

Strategische Planung erstreckt sich sowohl auf das gesamte Unternehmen wie auf Teilbereiche; sie fällt in den Aufgaben- und Verantwortungsbereich der Unternehmensleitung.

Aufgrund der Erhöhung von Komplexität und Dynamik der Umweltbedingungen, neuerer Entwicklungen in der Organisation des Unternehmens und von Fortschritten im Bereich der Planungsmethoden ist die Bedeutung strategischer Planung in der Unternehmenspraxis in der jüngeren Vergangenheit stark gestiegen (vgl. Kreikebaum 1991, S. 28ff.).

Die ökologische Herausforderung gibt den Zwecken der strategischen Unternehmensplanung (Vermeidung des Risikos von Fehlent-

---

1 Mit letzterem ist natürlich die *Offenheit dafür* gemeint, nicht etwa ein damit begründeter Attentismus.

scheidungen, Schaffung zukünftiger Handlungsspielräume, Reduzierung von Komplexität und Integration einzelner Entscheidungen — z.B. ökologisch motivierter — in einen Gesamtplan) noch größeres Gewicht.

Diese Tendenz spiegelt sich auch auf der instrumentellen Ebene wider. Hier sind in der jüngeren Entwicklungsphase vor allem Frühwarn- und -erkennungssysteme sowie die Anwendung der Szenarienmethode auf die Unternehmenspolitik relevant (vgl. Hahn/Taylor 1990 sowie von Reibnitz 1987).

Mit *Frühwarnsystemen* soll den unternehmenspolitischen Herausforderungen durch die internen und externen Anspruchsgruppen effektiver Rechnung gtragen und statt einem ad-hoc-Reagieren frühzeitiges Agieren der Unternehmung möglich gemacht werden. Frühwarninformationen im Rahmen strategischer Planung sind Vermutungen, Prognosen, kurzfristig erwartete Ereignisse, Trends sowie eingetretene Geschehnisse, die der Interpretation bedürfen.

Nach Ansoff (1979) haben alle vermeintlich überraschenden Ergebnisse ihre „weak signals", ihre schwachen Signale, die es durch aufmerksame Beobachtung der verschiedenen Entwicklungen wahrzunehmen gilt.

Hahn unterscheidet drei Generationen von Früherkennungssystemen (s. Hahn/Klausmann 1990):

(1) seit 1973 Frühwarnsysteme auf der operativen Ebene, die kurzfristig angelegt waren und vor allem dem Soll-Ist-Vergleich dienten,
(2) Ende der 70er Jahre Frühwarnindikatoren für alle internen und externen Problembereiche, die langfristig verfolgt werden sollten; neben innerbetrieblichen wurden damit auch zwischenbetriebliche und branchenübergreifende Vergleichsmöglichkeiten angestrebt,
(3) in der 3. Generation dann der Ausbau zu einem *strategischen Radar*, um strategische Diskontinuitäten bewältigen zu können; bei diesem permanenten Suchprozeß sollen erst recht bereits schwache und unstrukturierte Signale erkannt werden.

Der terminologische Übergang von Frühwarn- zu Früh*erkennungs*systemen zeigt den Funktionswandel vom Schwachstellenmanagement hin zum optimierenden Auftun strategischer Erfolgspotentiale. Dieses verstärkte Gewicht von innovativer Zukunftsorientierung führte weiter zur Anwendung der Szenarienmethode auf Probleme der Unternehmenspolitik. „Während Frühwarninformationen die voraussichtlichen

Wirkungen bereits existenter, jedoch nur verdeckt vorhandener Ereignisse bzw. Entwicklungen aufzeigen, geht es bei der Erarbeitung von Szenarien um die Beschreibung von potentiellen (d.h. möglichen) zukünftigen Situationen und um das nachvollziehbare Aufzeigen des Entwicklungsverlaufes, der zu dieser künftigen Situation führen könnte" (Hahn 1990, S. 15).

Mit der *Szenarienmethode* sollen Risiken und bisher unbekannte strategische Optionen wirksamer als mit Früherkennungssystemen aufgedeckt werden. Dazu werden auch qualitative Faktoren einbezogen, grundsätzlich alternative Entwicklungsmöglichkeiten in Betracht gezogen, speziell alternativ mögliche Veränderungen der Einflußfaktoren berücksichtigt und insgesamt das Denken in Alternativen und das Verständnis für Wandel gefördert.

Geschka und Hammer formulieren als Erfahrung der Planungspraxis, „daß man dem Management am besten zwei konträre Szenarien vorlegt; so wird der Manager zum Denken in Alternativen gezwungen und kann nicht zum Kompromiß und zur Unentschlossenheit des mitt-

Abb. 33: Grundidee der Szenariotechnik

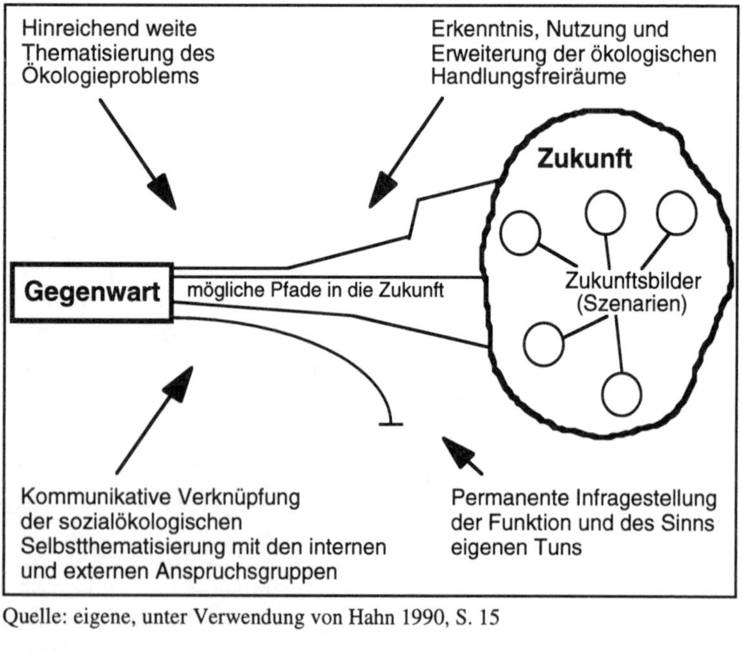

Quelle: eigene, unter Verwendung von Hahn 1990, S. 15

leren trendmäßigen Szenarios ausweichen“ (Geschka/Hammer 1990, S. 24).

Dagegen spricht die Psychologie: wenn ein optimistisches und ein pessimistisches Szenario als *Extremszenarien* gegenübergestellt werden, werden beide als eher unwahrscheinlich angesehen. Je nach konkreter Sachlage sind also eher drei oder mehr aus der gegenwärtigen Situation heraus entwickelte, mögliche Zukunftsbilder sinnvoll, wobei kosten- und arbeitsmäßiger Aufwand hier natürlich Grenzen setzen. Szenarien scheinen uns nach dem gegenwärtigen Entwicklungsstand strategischer Planungsinstrumente das erfolgversprechendste Verfahren, die unternehmenspolitische Selbstthematisierung zu unterstützen. Dabei schließt die Anwendung der Szenarienmethode für uns alle jene Elemente ein, die wir zu Beginn dieses Abschnitts als zum Wollen und Können der Unternehmung zugehörig definiert haben (s. Abb. 33).

Die Qualität der Szenarienmethode ist wesentlich abhängig von dem Verständnis, mit dem Unternehmen an das Gelingen von Strategie herangehen: je mehr der Fiktion gehuldigt wird, Planung sei Realisierung, und was vernünftig erscheine, müsse auch funktionieren, desto sicherer ist das Scheitern vorprogrammiert. Es ergibt sich nämlich dann rasch das, was wir als Fallstricke strategischen Denkens bezeichnen können. Dörner hat sich gründlich mit dem Denken und Handeln in Unbestimmtheit und Komplexität[1] beschäftigt. Dörner macht verschiedene charakteristische Verhaltensweisen aus, die aus der menschlichen Unvollkommenheit resultieren und trotz besserem Wollen zu unangemessenem Verhalten führen:

(1) Mangelnde *Zielkonkretisierung*: Ziele werden häufig zu allgemein formuliert.

(2) Mangelnde *Zielbalancierung*: bei zumindest z.T. konkurrierenden Zielen wird häufig eines bevorzugt und verfolgt, die nachteiligen Folgen für die anderen Ziele übersehen.

(3) Mangelnde *Hintergrundkontrolle*: dic Folgeentwicklungen des eigenen Handelns werden häufig geringgeschätzt, weil sie an anderer Stelle und zu anderer Zeit auftreten.

(4) *Reduktive Hypothesenbildung*: häufig wird der Neigung, alles auf eine Ursache zurückführen zu wollen, nicht genügend entgegengearbeitet.

1 So der Titel von Dörner 1993, vgl. auch Dörner 1989.

(5) Unzulänglichkeiten beim Erfassen von *Zeitabläufen*: z.B. werden Verzögerungen bei Wirkungsreaktionen häufig unterschätzt.
(6) *Lineares Denken*: Neben- und Fernwirkungen werden häufig übersehen.
(7) *Ballistisches Handeln*: das Treffen von Entscheidungen wird häufig irreführenderweise mit dem Lösen von Problemen gleichgesetzt.
(8) Keine *Selbstreflexion*: zu selten findet eine Überprüfung der eigenen Denkformen und methodischen Vorgehensweisen statt.

Dörner sieht die psychologischen Ursachen für diese Verhaltensweisen wesentlich in:

(1) *Ökonomietendenzen*: die Kapazitäten für bewußtes Denken sind beim Menschen begrenzt.
(2) *Überwertigkeit des aktuellen Motivs*: man wendet sich den noch nicht so drängenden Problemen ungern zu.
(3) *Schutz des eigenen Kompetenzempfindens*: Menschen mögen eigene Mißerfolge nicht.
(4) *Vergessen*: auch im Erinnerungsvermögen sind dem Menschen Kapazitätsgrenzen gesetzt (vgl. zu der ganzen Argumentation Dörner 1993, S. 132ff.).

Das Ökologieproblem ist von schier unendlicher Komplexität. Sloterdijks Bild vom Ozean, den man nicht durchschauen kann, vermag die Unmöglichkeit zu illustrieren, die ökologischen Probleme irgendwann „in den Griff zu bekommen". Das heißt, Dörners Überlegungen kommen bezogen auf das ökologische Problem (1) erst recht zum Tragen und (2) ist auch die Rationalitätsannahme, die Planungen gewöhnlich beigegeben wird, kritisch zu hinterfragen.

Von der *aktiven* Rolle des Unternehmens auf der strategischen Ebene hängt wesentlich ab, wie groß im Ergebnis seine Handlungs- und Entscheidungsfreiräume tatsächlich sind. Im ökologischen Handlungsfeld kann die Lern- und Fortschrittsfähigkeit einer Unternehmung daran abgelesen werden, inwieweit über die Formulierung ökologischer Grundsätze hinaus *Umweltqualitätsziele* aufgestellt werden, die hinreichend konkret sind, um (a) dem Gebot der Übersetzung von Zielen in Maßnahmen zu genügen, und (b) nicht nur als regulative Ideen über den Wolken der periodenbezogenen Geschäftspolitik schweben, sondern jährlich nicht nur verändert werden können, vielmehr verändert werden müssen.

Wegen der sozialen und kulturellen Qualität des Ökologieproblems gehört auch die Entwicklung und Korrektur von Umweltqualitätszielen zum sinnhaften Handeln: „Die fortschrittsfähige Organisation ist dann als effektiv zu betrachten, wenn sie evolutiert, die Unternehmenskultur muß in dem Fall zur Innovation über die Produktion von Sinn beitragen können" (Drepper 1992, S. 7).

Eine Unternehmung kann nicht jede beliebige Strategie erfolgversprechend wählen, sondern nur jene, die ihr *kulturell möglich* ist. Sowohl Strategie (weil nicht jede Strategie gangbar ist) als auch Kultur (weil die Unternehmung nicht zu jeder Strategie in der Lage ist) schränken also das Entscheidungs- und Handlungsspektrum der Unternehmung ein. Die im vorigen Abschnitt behandelte Selbstthematisierung unternehmenspolitischer Freiräume hat dementsprechend zur Aufgabe, durch Blick auf das Äußere (Machbarkeit von Strategie) und das Innere (Reichweite von Kultur) die Handlungsmöglichkeiten und -grenzen des Unternehmens zu definieren.

Als *strategische Flexibilität* wollen wir die Fähigkeit einer Unternehmung kennzeichnen, den Rahmen des strategisch und kulturell Möglichen auszuweiten, sodaß die dem Unternehmen zur Verfügung stehenden strategischen Optionen in ihrer Vielfalt zunehmen und vor allem die Wahl von Aktionen vermieden wird, die mit diesem Rahmen nicht kompatibel sind.

Flexibilität wird häufig mit bloßer Anpassungsfähigkeit verwechselt (die analog zum ökonomischen Verhaltensmodell das Gewicht wiederum einseitig auf die Rahmenbedingungen legt, an die sich angepaßt werden soll). Dies bedeutet zwar schon einen positiven Fortschritt gegenüber einem strategischen Verhalten nach der Losung „Augen zu und durch", dem nach wie vor viele Unternehmen verhaftet sind, genügt künftigen Ansprüchen jedoch immer noch nicht. Wir können (1) „Augen zu und durch", (2) bloße Anpassung und (3) strategische Flexibilität, die von den eigenen Fähigkeiten und Möglichkeiten herkommt, wie in Abb. 34 unterscheiden.

Bei der „Weltsicht" 3 alleine ist die Chance gegeben, aus der eigenen Sinngebung und Identität heraus beweglich zu werden. Flexibilität als Beweglichkeit bei Erhalten der Identität (Schwarzer 1994) vermeidet Erstarrung (was zu Krise und Niedergang führen kann) ebenso wie die

Preisgabe der Identität über Prozesse bloßer Anpassung. Strategische Flexibilität ist die Voraussetzung tatsächlicher *Innovationsfähigkeit.*

Abb. 34: Muster strategischen Verhaltens

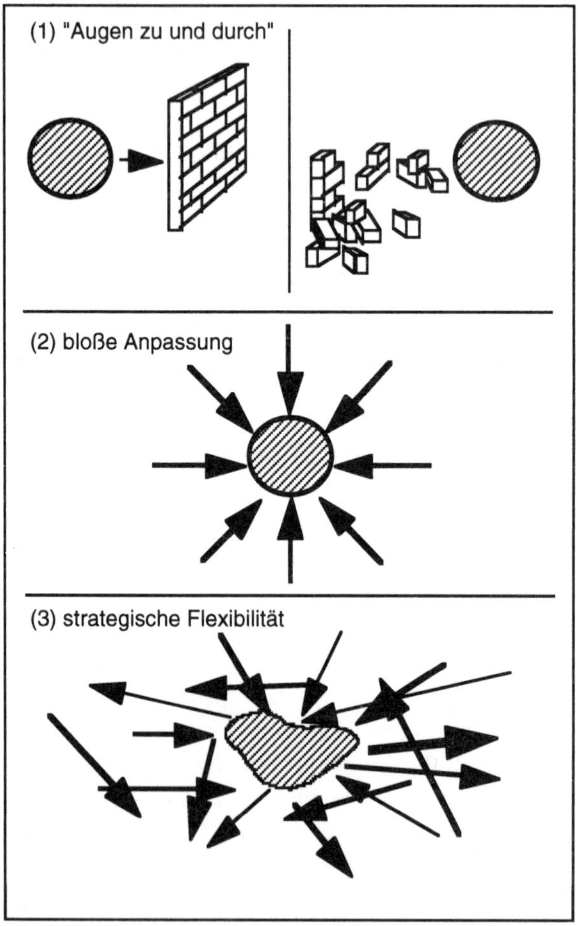

Quelle: eigene

10.3 Ökologisches Innovationsmanagement

Mit dem vorigen Abschnitt haben wir das Erfordernis nochmals bekräftigt, daß die strategische Unternehmenspolitik der Übersetzung in operationalisierbare und kontrollierbare Ziele bedarf. Das klingt betriebswirtschaftlich trivial, tatsächlich fällt es Unternehmen im ökologischen Handlungsfeld aber offensichtlich viel leichter, sich allgemein als umweltaktiv zu präsentieren denn konkrete *Umweltqualitätsziele* zu setzen. Solche Ziele haben allerdings den Vorzug, auf die innerbetrieblichen Funktionsbereiche durch die Definition von Teilzielen heruntergebrochen werden zu können und intern wie extern *kontrollierbar* zu sein. Die Fortentwicklung der Instrumente strategischer Unternehmensplanung hat denn auch befördert, daß Planungs- (d.h. Planerfüllungs-)zeiträume quasi in Umkehr der Langfristperspektive von Strategie wieder gekürzt werden, in der Absicht, dadurch effektiver und effizienter zu operieren.

Diese Absicht kann zu kontraproduktiven Effekten führen, und das gilt besonders stark im Rahmen des hier behandelten ökologischen Innovationsmanagements. Kurzfristiges Finanzcontrolling wird dadurch aufgewertet. Für das Verständnis von Innovationspolitik ist damit das Risiko verbunden, diese ebenfalls in einen Rahmen kurzfristiger Ergebnisorientierung zu pressen, statt Freiräume zu entwickeln für die Schaffung von Änderungs*potentialen* (vgl. Staudt 1985).

Innovationen sind nämlich zu einem wesentlichen Teil bereits be- oder verhindert, wenn sie direkt ergebnisorientiert angegangen werden: „Innovationen lassen sich weder herbeizitieren noch verordnen. Sie lassen sich auch nicht durch gezielten Mittel- und Ressourceneinsatz direkt ansteuern. Es kommt vielmehr darauf an, ein allgemeines kreatives Umfeld zu erzeugen, indem bestehende und identifizierbare Innovationshemmnisse abgebaut werden: z.B. starre Hierarchien, lange Kommunikationswege, mangelnder Informationsaustausch, Burgenmentalität und individuelles Machtstreben. Innovationen erwachsen aus einem kreativen Prozeß der Problemerkennung, Lösungsfindung sowie anschließender Umsetzung der Lösung in Produkte oder Dienstleistungen“ (Steinbrecher 1990, S. 8). Überholte Vorstellungen von einem Fortschritt, der vor allem technisch interpretiert wird, lassen ein eher lineares Denken über Innovationen noch möglich erscheinen. In einer offenen Gesellschaft lassen sich mit Fortschritt allerdings nicht mehr spezielle Inhalte verbinden, vor dem Hintergrund der ökologischen Krise schon gar nicht technisch enggeführte[1].

Wie Reichert in einer neueren Untersuchung erläutert, existiert eigentlich noch keine Theorie der Innovation: „Sind unter Innovationen nur radikale Neuerungen, sogenannte Basisinnovationen, zu subsumieren oder auch inkrementale Verbesserungen? Wenn das Neue ein wesentliches Merkmal von Innovationen darstellt, ist dann von dem subjektiven oder objektiven Verständnis des Terminus auszugehen? Bezieht sich der Innovationsbegriff auf ein Produkt oder einen Prozeß? In welchem Verhältnis stehen Innovationen und Inventionen; sind sie grundverschieden oder bestehen Überschneidungen?" (Reichert 1994, S. 16) Wie Reichert weiter feststellt (1994, S. 19), gehört das Innovationsphänomen zu den schlecht-definierten und schlecht-strukturierten Problembereichen. Das Selbstbewußtsein von Unternehmen gegenüber öffentlichen Verwaltungen stützt sich zu Recht darauf, daß Innovationen von Verwaltungen nur angeregt, von Unternehmen freilich gemacht werden können. Dieses Machen ist allerdings nicht steuerbar, indem nach linearen Input-Output-Vorstellungen der Etat der F+E-Abteilung erhöht wird. Die Frage ist, woher die Innovations*fähigkeit* kommt. Nach den Argumentationen dieser Arbeit ist Innovationsfähigkeit keine zielunabhängige Sekundärtugend, sondern die dafür erforderliche Kreativität beruht auf unternehmenskulturellen Voraussetzungen, die nicht denkbar sind ohne Ziele, auf die hin sich eine Unternehmung besten Wollens zusammenfinden kann. Innovation kann lediglich gewollt und quasi trotzdem zustandegebracht werden, nicht geplant im Sinne des umgangssprachlichen Verständnisses von Planen.

Diejenigen, die gleichwohl Innovationsprozesse planen und implementieren, können sich nicht einfach an in der Gesellschaft gegebene Werte halten; unabhängig von ihrer Bereitschaft dazu stehen sie faktisch unter dem Zwang, sich für *spezifische Werte* und *spezifische Interessen* entscheiden zu müssen (vgl. dazu P. Ulrich/Thielemann 1992, S. 65).

Unternehmen tragen heute *ordnungspolitische Mitverantwortung* für das Zustandekommen solcher Rahmenbedingungen, die für ökologische Innovationen förderlich sind. Über Verbände, Kommunikationsmedien etc. tragen sie kontinuierlich zur Ausgestaltung dieser Rahmenbedingungen bei.

---

1 Vgl. zur Unterscheidung von technischen und sozialen Innovationen Staudt 1985, S. 75ff.

Die ökologische Krise verlangt zwar nachhaltige Maßnahmen, angesichts der Vielfalt der Probleme ist zur Vorbereitung solcher Maßnahmen gerade aber auch Gelassenheit und Umsicht geboten. Weil der Charakter des ökologischen Problems immer wieder zu Fehlern verleitet,[1] ist neben einem offenen und kreativen Innovations*klima* die Korrekturmöglichkeit von Innovationen in ökologischer Absicht ein in der Regel unterschätztes, praktisch um so wichtigeres Kriterium. Vielfalt der Denkrichtungen und Offenheit der Fehlerkorrektur stehen in deutlichem Widerspruch zu der eindimensionalen, geradezu angstvoll geschürten technischen Innovationshektik, die nach wie vor in Unternehmen angetroffen werden kann. Staudt hat in Kritik daran[2] auf die Scheinhaftigkeit von Innovationshektik hingewiesen. Informatorische und kommunikative Defizite produzieren technisch, personell und sozial bedingte Widerstände.[3]

Innovationsmanagement ist auch in organisatorischer Hinsicht nicht etwas, was einfach „umzusetzen" wäre. Für Innovationsaufgaben gibt es nur sehr bedingt eine Organisations*form*: die — falls vorhanden — Abteilung für Forschung + Entwicklung, der über Budget- und Projektmittel bestimmte Ressourcen zur Verfügung gestellt werden, damit die

1 Siehe etwa den Substitutionsprozeß bei manchen chemischen Reinigungen von Waschbenzin über Perchlorethylen über Fluorchlorierte Kohlenwasserstoffe zu Waschbenzin. Sarkastisch könnte man das als „Schließung des ökologischen Kreislaufs" bezeichnen.

2 „Man betreibt Forschung und Entwicklung, nur weil die Konkurrenz das auch tut. Man subventioniert Innovationsförderungsprogramme und puscht neue Technologien, nur weil die USA oder Japan dies auch tun usw. Der technokratische Aktivismus verstärkt sich selbst, hält seine eigene Hektik für zunehmende Umweltdynamik und schafft doch keine Beschleunigung, sondern verstärkt Widerstände" (Staudt 1985).

3 Das heißt keineswegs, daß solche Widerstände in allen Fällen auf informatorische bzw. kommunikative Defizite zurückgeführt werden könnten. Zum Beispiel ist lean production inzwischen zu Recht umstritten (und nicht nur, weil darüber nicht ausreichend informiert würde): theoretisch bedeutet es einen erneut verengt produktionswirtschaftlichen Zugriff auf Unternehmen; praktisch stellen sich die betriebswirtschaftlichen Vorteile mittlerweile als z.T. kurzfristig und vordergründig heraus, und ökologisch bedeutet lean production in der Regel fat transportation. Was unter dem Logo „lean production" betrieben wird, ist mittlerweile allerdings so vielfältig, daß, wer will, es auch einreihen kann in eine fragwürdige Entwicklung von Managementrhetorik, die mit stagnierender inhaltlicher Substanz immer scheinradikaler wird (s. als neueres populäres Beispiel dafür Hammer/ Champy 1994).

Unternehmung über ihr Personal oder Aufträge an Dritte die für Innovationen nötigen Kenntnisse erwerben kann. Doch insgesamt gesehen ist (u.a. ökologische) Innovation weniger eine Frage der Aufbauorganisation als eine von *Prozessen*, in denen sich Ideenreichtum und Kreativität entfalten können.

Dabei binden wir einen solchen prozeßhaften Innovationsbegriff an die in dieser Arbeit teils aufgegriffene, teils eigenständig entwickelte Konzeption der Unternehmung als lern- und fortschrittsfähiger Organisation und können uns dabei auf folgende Abbildung beziehen:

Abb. 35: Die Konzeption einer fortschrittsfähigen Organisation im Rahmen eines Paradigmas evolutionsfähiger Systeme

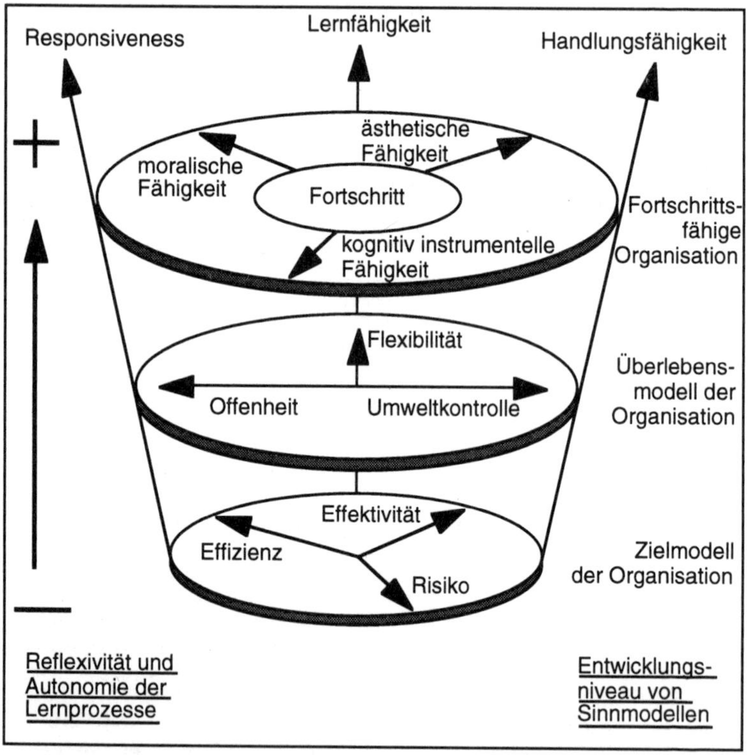

Quelle: Mayer 1991, S. 164

Wer unternehmenspolitisch zu früh kommt, den kann auch das Leben bestrafen. Wenn innerbetriebliche Promotoren einer Innovation im Unternehmen bzw. dieses gegenüber dem Markt zu früh kommen, werden sie sich noch nicht durchsetzen können.[1] Der Faktor Zeit (die Wahl des *richtigen* Zeitpunktes) hat also außerordentliches Gewicht im Innovationsprozeß. Echte Innovation trägt freilich immer Charakterzüge von Rebellion und Widerstand gegen das Vorherige, dadurch unterscheidet sie sich von der bloßen Modifikation. Die Frage ist natürlich, ob die Promotoren einer Innovation auch *vor* Akzeptanz bei den Entscheidungsträgern die Chance erhalten, ihre Ideen weiter zu kommunizieren. Unter anderem durch solche Möglichkeiten zeichnet sich ein wirkliches Innovationsklima aus.

In diesem Sinne lassen sich einige Innovationshemmnisse angeben, die auf mangelnde unternehmens*interne* Anstrengungen zurückgeführt werden können. In positiver Umkehrformulierung läßt sich als wichtig auszeichnen:

- hinreichende Einbeziehung aller „Wissenden",
- hinreichende Einbeziehung aller Betroffenen,
- hinreichende Berücksichtigung von Rückwirkungen auf technische Bereiche, organisatorische Abteilungen und Hierarchiestufen des Unternehmens,
- hinreichende Aufgeschlossenheit zur Infragestellung des Bisherigen,
- hinreichende Verknüpfung mit Weiterbildungsaktivitäten (neue Aufgaben erfordern zusätzliches Wissen),
- hinreichender Bezug auf die spezifischen gesellschaftlichen Herausforderungen, in denen das Unternehmen steht (statt dessen Denken zu einseitig vom Unternehmen her).

Die im Wettbewerb ausschlaggebenden Innovationschancen liegen also *in* der Unternehmung. Im Sinne der dritten Generation strategischer Planung geht es um ein Management fortwährenden Wandels. Unter Rückgriff auf unsere Erörterung in 10.2 lassen sich die für die Unternehmensführung erforderlichen *Fähigkeiten* so beschreiben: Steigerung der Handlungsfähigkeit der Organisation, ihrer Fähigkeit zur Bedürfnis- und Interessenberücksichtigung sowie ihrer Fähigkeit zum Erkenntnisfortschritt; task forces zur zusätzlichen ad-hoc-Planung werden eingerichtet, eine Parallelität von Strategie und Struktur angestrebt,

---

1 Die schwäbische Firma Fischer-Technik mußte dies beispielsweise erleben, als sie — ökologisch eindeutig sinnvoll — kleinere Kartonverpackungen für das von ihr produzierte Spielzeug anbot. Dieser bewußte Schritt wurde von Konsumentenseite zunächst abgelehnt (Umsatzrückgang) und erst nach Verzögerung akzeptiert.

ebenso größere Sensibilität gegenüber schwachen Signalen, die Diskontinuitäten bzw. Bedürfnissen Ausdruck geben. Strategische Planung kann nur als *Alternativenplanung* zur Innovationsplanung werden.[1]

Dabei muß die Unternehmung das Risiko eines ökologisch möglicherweise fundamentalen lags beachten; jenes zwischen eigenen Fortschritten und der ökologischen Problemlösungskapazität (gemessen am Stand der ökologischen Probleme): dieser lag wird trotz eigener Fortschritte vielleicht größer.

Von unserem funktions- und sinnorientierten Ansatz her sind *Produkt*innovationen von besonderer Bedeutung. In 10.4 werfen wir daher noch einen Blick auf das Feld der Produktpolitik.

10.4 Produktpolitik und ökologischer Strukturwandel

Ohne daß daraus schon die hinreichenden praktischen Konsequenzen gezogen worden wären, hat eine intensive wissenschaftliche Diskussion über die strukturellen Defizite einer Umweltpolitik stattgefunden, die vor allem über Grenzwerte und Auflagen steuert, es hingegen an flexiblen Anreizen fehlen läßt, die für Unternehmen innovative Impulse geben (vgl. Jänicke 1988, Wicke 1991). Eine analoge Feststellung kann überhaupt nicht getroffen werden für jenes Defizit bisheriger Umweltpolitik, das sich als einseitige Voranstellung der ökologischen Verbesserung von Produktions*verfahren* gegenüber einer ökologischen Produktpolitik kennzeichnen läßt.

Der von uns erläuterte Gedanke der *funktions*orientierten Unternehmenspolitik kann als Alternativprogramm zu einer solchen Vereinseitigung aufgefaßt werden: Innovation wird damit nicht reaktiv angekurbelt (wenn etwa ein bei der Produktion verwandter Hilfsstoff aufgrund gesellschaftlicher Kritik oder politischer Sanktionen nicht mehr weiterverwandt werden soll), sondern pro-aktiv und strategisch; es wird

---

1 In der Managementliteratur wird inzwischen inflationär viel von Risikomanagement und Risiko-Dialog gehandelt. Wir möchten uns dieser terminologischen Fokussierung eher verweigern, weil der Störfall zunehmend der Normalfall geworden ist und wir uns auch in dieser Arbeit eher mit der *Normalität* sozialen und ökonomischen Geschehens auseinandersetzen als mit dessen Risiken.

nämlich von der Funktion ausgehend die Frage nach den nötigen *und möglichen* Innovationen gestellt (vgl. Abb. 36).

Abb. 36: Fünf Ebenen ökologischer Unternehmenspolitik

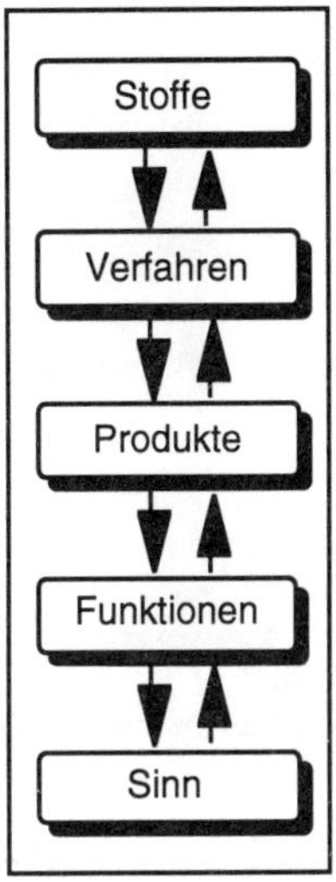

Quelle: eigene

Produkte sind also gleichsam „am nächsten dran“ im Rahmen der Funktionsorientierung, und deshalb ist die Produktpolitik im Rahmen der hier vorgetragenen *betriebswirtschaftlichen* Konzeption von so herausragender Bedeutung.

In der wissenschaftlichen wie in der politischen Diskussion hat sich inzwischen ein allgemeiner Konsens herausgebildet, daß eine konsequente ökologische Produktpolitik dem „Von der Wiege zur Bahre“-Konzept folgen muß. Damit ist gemeint, daß eine angemessene Produktbeurteilung nach ökologischen Kriterien die Berücksichtigung aller Stufen erfordert, auf denen das Produkt ökologisch relevant sein kann. Um der Mehrstufigkeit industrieller Verarbeitungsprozesse gerecht zu werden, ergibt sich vom Standpunkt des einzelnen Unternehmens daraus der in Abbildung 37 dargestellte *ökologische Produktlebenszyklus*.[1]

1 Dieses ökologische Lebenszykluskonzept liegt „natürlich“ etwas quer zu dem gängig in der Betriebswirtschaftslehre verhandelten, s. dazu Kreikebaum 1991, S. 71ff.

Abb. 37: Ökologischer Produktlebenszyklus

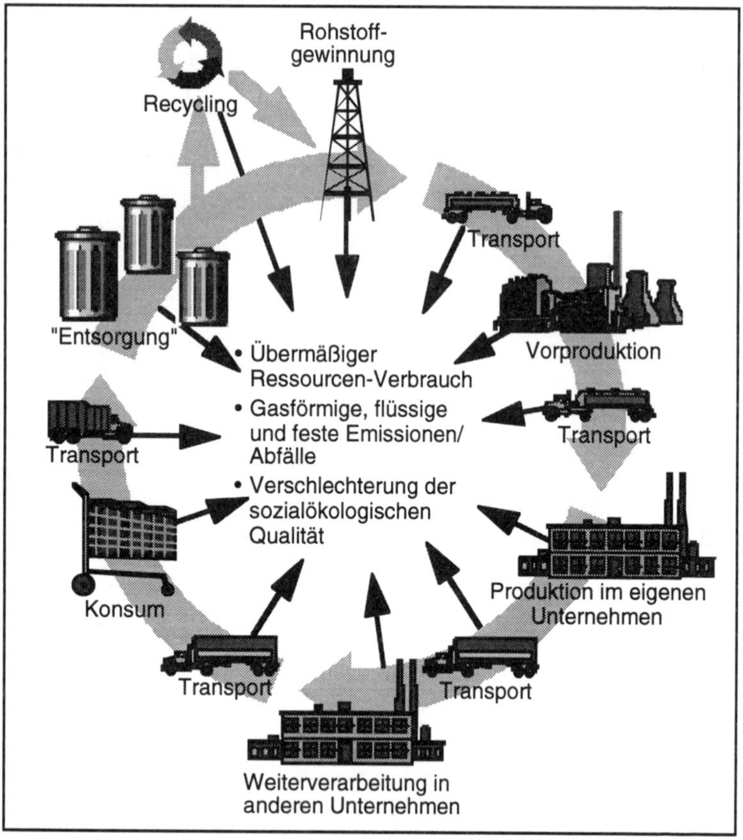

Quelle: eigene

Angesichts der großen mengenmäßigen Bedeutung von Verpackungsabfällen wird die Aufgabe umweltschonender Verpackungskonzepte z.T. als Bestandteil ökologischer Produktpolitik definiert (vgl. Wicke u.a. 1992, S. 189f.).

Im Sinne einer problemorientierten Betrachtungsweise, über die sich erst vernünftige Definitionen herstellen lassen, halten wir aus betriebswirtschaftlicher Perspektive eine Verknüpfung des funktionsorientierten Denkens mit einer strukturpolitischen Typisierung des Umweltschutzes für ergiebig. Letztere wollen wir mit Jänicke nach vier Klassen vornehmen (s. Abb. 38).

Abb. 38: Modell und Beispiele umweltpolitischer Strategien

	Nachsorge		**Vorsorge**	
	Reparatur/ Kompensation von Umweltschäden	**Entsorgung:** Additive Umwelttechnik	**Ökologische Modernisierung:** umweltfreundliche Technik	**Strukturveränderung**
BEISPIELE	Kompensation von Lärmschäden	passiver Lärmschutz	leisere Motoren	veränderte Verkehrsstrukturen
	Kompensation von Waldschäden	Rauchgasentschwefelung von Kraftwerken	rationellere Primärenergienutzung in Kraftwerken	stromsparendere Formen von Produktion und Konsum
	Beseitigung von Industriemüllschäden	Müllverbrennung	Abfall-Recycling	abfallarme Wirtschaftsformen

Quelle: Jänicke 1988, S. 15

Für besonders wichtig halten wir die Unterscheidung zwischen ökologischer Modernisierung und Strukturveränderung. Hier finden wir den vorher gekennzeichneten Widerspruch noch einmal gebündelt vor, denn die *ökologische Modernisierung* ist gleichsam die modernste Variante einer einseitig verfahrensorientierten Sichtweise, während wir die Klasse *Strukturveränderung* ohne weiteres mit dem funktionsorientierten Denken positiv zusammenbringen können.[1]

1 In der Arbeit von Kreikebaum (1992) werden diese beiden Klassen, deren Unterscheidung so wichtig ist, ständig durcheinandergebracht. So setzt er (S. 14) seinen Schlüsselbegriff des integrierten Umweltschutzes (IUS) synonym mit der ökologischen Modernisierung, ohne deren Kritik durch das Konzept der Strukturveränderung zu thematisieren — obwohl er selbst die Abbildung von Jänicke verwendet! An anderer Stelle (S. 49) werden als Schwerpunkte betrieblichen Umweltschutzes allein ökologische Modernisierung durch integrierte Technologien und Abfallwirtschaft genannt. Auf der anderen Seite wird an verschiedenen Stellen (etwa S. 64ff.) die Herstellung umweltfreundlicher Produkte programmatisch vertreten. Eine Erklärung dieser Widersprüche ergibt sich wohl am ehesten aus der Kreikebaumschen IUS-Definition, die der Reihenfolge nach (1) Technologien, (2) Recycling und (3) Produkte aufführt (S. 15). Wenn im *Gegensatz* zum funktionsorientierten Denken die Produkte am Schluß stehen, dann schwanken sie quasi ständig zwischen Erwähntwerden und Hintenrunterfallen.

Der Umweltpolitiktyp Strukturveränderung läßt sich wiederum verbinden mit jener *inhaltlichen* Analyse, die uns im 2. Kapitel zur Identifizierung besonders wichtiger Felder für ökologische Strukturreformen geführt hatte, nämlich Energie, Landwirtschaft, Chemie und Verkehr. Produktpolitische Innovationen im Rahmen eines funktionsorientierten Denkens sind also in ökologischer Hinsicht dort besonders überfällig, wo Unternehmen strukturpolitische Beiträge in Richtung dieser vier Felder leisten können.

Die Frage nach dem ökologischen Produkt hat inzwischen auch in die Betriebswirtschaftslehre Eingang gefunden, so explizit bei Türck (1991). Türck betont, „daß es das ökologische Produkt in seiner strengsten Form eigentlich nicht geben kann, denn irgendwelche Umweltbelastungen treten durch ein Produkt in seinen verschiedenen Lebensphasen praktisch immer auf" (Türck 1991, S. 7).

Dies entspricht zunächst der von uns vorgetragenen Argumentation, daß (a) es keine objektiv-naturwissenschaftlichen Kriterien dafür gibt, was denn ökologisch sei; allerdings nicht unbedingt jener, daß es (b) daher eine Frage der — möglichst verständigungsorientierten — Auseinandersetzung zwischen den Mitgliedern einer Gesellschaft ist, was denn als ökologisch wünschenswert definiert und was dafür getan (unter Umständen zu Lasten anderer Aufgaben) werden soll.[1] Und tatsächlich vermissen wir bei Türck nicht nur den Bogen zum funktionsorientierten Denken, sondern überhaupt die *kommunikative* Öffnung des Problems.

Trotz anschließender methodischer Einschränkungen (S. 124ff.) besteht der Kern des Türckschen Vorschlags in einer Matrix zur ökologischen Produktbewertung (S. 102ff.). Nutzwertanalyse und Bewertungspunkte ersetzen hier, je mehr auf sie gesetzt wird, den *gesellschaftlichen Diskurs*. Dabei bleibt solche Bewertungsmethodik natürlich prinzipiell in der Luft hängen eben deshalb, weil vernünftige Bewertungen nur durchgeführt werden können als Abwägungen zwischen verschiedenen Alternativen, alternative Produkte aber wiederum vernünftigerweise nur abgewogen werden können über die Thematisierung der dahinterstehenden Funktionen. Damit ergibt sich nun neben der Öffnung in Richtung Kommunikation noch eine sachliche, die wir be-

---

1 Dies meint natürlich nicht eine Gleichung Mehrheit = Wahrheit; dazu haben wir aber wohl im 7. Kapitel hinreichend gründlich argumentiert.

reits im 9. Kapitel dargelegt haben: gesellschaftliche Funktionen können in verschiedener Weise befriedigt werden, materielle Güter sind dafür nur eine Möglichkeit.[1]

Als ein methodischer Vorschlag, der im umfassenden Sinne als mit den inhaltlichen Kriterien unserer Argumentation kompatibel auftritt, versteht sich das Konzept der Produktlinienanalyse (PLA) (Projektgruppe Ökologische Wirtschaft 1987, s.a. Rubik 1992). Zweifellos ist das PLA-Konzept von seinen Begründungen und seiner Genese her[2] bezüglich der Bearbeitung des Ökologieproblems und ebenso hinsichtlich des funktionsorientierten Denkens als im Prinzip kompatibel mit unserer Argumentation anzusehen.

Methodisch und instrumentell ergibt sich allerdings eine Analogie zur Vorgehensweise von Türck, von der wir uns auch hier kritisch absetzen möchten: was *später* bei Türck die ökologische Produktbewertungsmatrix war, war *vorher* bei der Projektgruppe Ökologische Wirtschaft die Produktlinienmatrix. Diese anerkennt zwar den kulturell überformten Charakter des Ökologieproblems und die daraus resultierenden Widersprüche ausdrücklich, indem es dabei drei elementare Dimensionen gibt, nämlich Natur, Gesellschaft und Wirtschaft. Kommunikation kann jedoch in vernünftiger Weise nicht durch Matrizen substituiert werden. Die Austragung von realen Widersprüchen kann nicht *in* ein *methodisches* Instrument verlegt werden. Eine konsequente und weittragende ökologische Produktpolitik ist *vor allem* als kommunikative Selbstthematisierung zu begreifen. Sie kann *weder* einseitig einzelwirtschaftlich *noch* einseitig über gesellschaftliche Vorgaben verstanden werden. Der ökologische Strukturwandel kann nicht technisch gemacht werden und ist vor allem kulturell fragwürdig. Es ist ein Anliegen dieser Arbeit, zur Zusammenführung produktionsbezogener, lebensstilorientierter und ethischer Diskurse beizutragen. In diesem Sinne können wir ein Bedingungsdreieck des ökologischen Strukturwandels

1 Möglicherweise um bei einer vergleichsweise innovativen Themenstellung von der vorgängigen Betriebswirtschaftslehre nicht zu weit abzurücken, wendet sich Türck im hinteren Hauptteil gar nicht solchen Fragen zu, sondern vielmehr unternehmenseinseitigen statt interaktiven Wettbewerbsstrategien. In diesem Rahmen kommt er dann zu einer „Strategie der ganzheitlichen ökologischen Qualität" (S. 201ff.), die in keiner Weise inhaltlich begründet wird und implizit offensichtlich nur in dem Plädoyer besteht, alle betriebswirtschaftlichen Funktionsbereiche zu beachten.

2 Die PLA wurde zunächst unabhängig von akademischen Fachdisziplinen aus dem ökologischen Diskurs entwickelt.

definieren, das darauf verweisen soll, daß gesellschaftlicher Wandel, speziell ökologischer Strukturwandel *zwar* nicht so verstanden werden soll, daß für sein Eintreten eine Bedingungskonstellation erforderlich wäre, deren Wahrscheinlichkeitswert gleich Null ist, aber es bedarf einer Reihe von Veränderungen in allen drei Dimensionen (s. Abb. 39).

Abb. 39: Bedingungsdreieck des ökologischen Strukturwandels

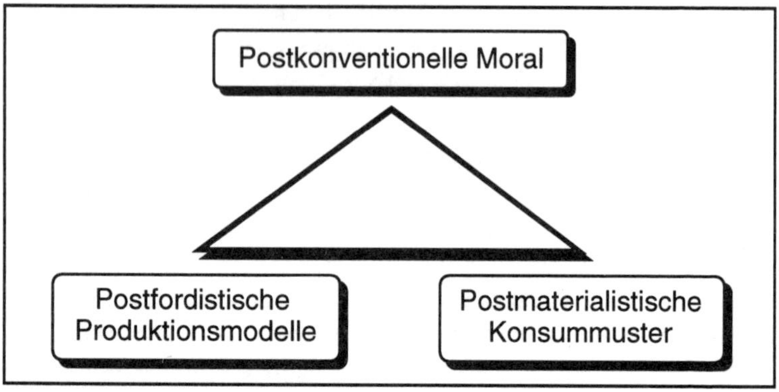

Quelle: eigene

Postfordistische Produktionsmodelle bedeuten *zunächst* Flexibilisierungen, weil Produktionsökonomie durch Marktökonomie abgelöst wird; sie *enthalten* aber auch Potentiale der Verschiebung von Arbeit auf Leben. Postmaterialistische Konsummuster bedeuten *zunächst* vielleicht das Aufsteigen von Erlebnisorientierung gegenüber dem herkömmlichen Produktnutzen und insofern zusätzliche Schübe für ressourcen- und schadstoffintensive Produktion; sie *enthalten* aber auch Potentiale der Verschiebung von erwerbswirtschaftlichem Konsum zu nichtmarktlicher Bedürfnisbefriedigung. Postkonventionelle Moral bedeutet *zunächst* die Preisgabe jeglicher vernunftbezogenen Rechtfertigung konkreten Handelns (es kommt nicht länger darauf an, was man tut, sondern wie man sich dabei fühlt); sie *enthält* aber auch Potentiale, nach der zwangsläufigen Entfernung aus vormodernen Bindungen zu einer Remoralisierung der Gesellschaft zu gelangen (s. dazu Apel 1990).

Von daher wenden wir uns nicht zufällig im nächsten Kapitel der Information und Kommunikation zu.

11. Kapitel

Ökologische Information und Kommunikation

„Keine Information ist weniger wert als die andere, das Geheimnis besteht darin, sie alle zu sammeln und dann Zusammenhänge zwischen ihnen zu suchen. Zusammenhänge gibt es immer, man muß sie nur finden wollen."

(Umberto Eco, Das Foucaultsche Pendel)

11.1 Die Grundidee ökologischer Informationssysteme im Unternehmen

Information läßt sich im Rahmen der Unternehmenspolitik aus einer Prozeßbetrachtung heraus in zweierlei Hinsicht und Richtung beschreiben:

(a) als die Menge der Informationen, die ein Unternehmen *erhält* bzw. selektiert, um möglichst vernünftige Entscheidungen treffen zu können, und

(b) als die Menge jener Informationen, mit denen das Unternehmen die internen bzw. externen Anspruchsgruppen *versorgt.*

In der Managementliteratur finden wir, wo sie sich überhaupt begriffskritisch mit Information und Kommunikation beschäftigt, Information definiert als „zweckorientiertes Wissen, also solches Wissen, das zur Erreichung eines Zweckes, nämlich einer möglichst vollkommenen Disposition eingesetzt wird."[1]

Der Begriff der Kommunikation (sogar der der Interaktion, vgl. Staehle 1991, S. 283) wird im Grunde als eng verwandt dargestellt, insofern auch dieser an den Typus einseitig zweckrationalen (nicht verständigungsorientierten) Handelns gebunden wird, nur daß im Ver-

1 Wittmann, 1959, S. 14. Es erscheint charakteristisch, daß diese Definition bei Staehle (1991) weiterhin auftaucht; charakteristisch insofern, als damit die einseitige und funktionalistische Prägung des Informationsbegriffs fortgeschleppt wird.

gleich zum Informationsbegriff die Beteiligung verschiedener Seiten (etwa als Sender und Empfänger) stärker akzentuiert wird.

Auf der Grundlage eines Modells, das die Unternehmung vorrangig unter dem Gesichtspunkt der Funktionserfüllung für die Gesellschaft und darüber hinaus sogar als sinnstiftend betrachtet, sind solche instrumentellen Verständnisse von Information und Kommunikation nicht länger haltbar. Die bloße Beschreibung des Unternehmens als informationsverarbeitendem Gebilde, wie sie in manchen systemtheoretischem Konzepten betont wird, ist gegenüber dieser Fragestellung übrigens noch indifferent: es geht ja gerade darum, nach welcher *Logik* und mit welchen *Mustern* ein Unternehmen die Informationen verarbeitet.

Die Grundidee ökologischer Informationssysteme für Unternehmen als solche ist, wie sich inzwischen herausgestellt hat, gegenüber verschiedenen Verständnissen von Information und Kommunikation ebenfalls indifferent. Bevor diese vielleicht überraschende These begründet wird, muß zunächst ein Blick auf die Entstehungsgründe solcher Systeme geworfen werden. Über die Argumentation dieser Arbeit sollte deutlich geworden sein, daß bis ca. Mitte der 80er Jahre das ökologische Problem für Unternehmen zum Handlungs*rahmen*, aber noch nicht zu den Handlungs*feldern* gehörte. Information und Kommunikation bezogen sich entsprechend nur auf die Rahmenbedingungen unternehmerischen Handelns und hatten noch keine Relevanz für eigenständiges Agieren und das Bemühen um Aufbau und Entwicklung strategischer Erfolgspotentiale.[1]

In dem Maße, in dem die Ökologie als eigenes Handlungsfeld von Unternehmen entdeckt wurde, stellte sich die Frage nach den verfügbaren Informationen für vernünftige Entscheidungen zu solchem Handeln. Damit mußte sofort auffallen, daß die Unternehmen bis dahin überhaupt nicht auf den eigenständigen Empfang *ökologischer* Informationen eingestellt werden, d.h. das vorgängige unternehmenspolitische Informationssystem beinhaltete keine entsprechenden Bausteine. Die Entwicklung solcher Bausteine, d.h. die Erfassung spezifischer ökologischer Informationen wurde zur unmittelbaren unternehmenspolitischen Aufgabe.

---

1 Wenn hier von Handlungsrahmen und Rahmenbedingungen die Rede ist, so als Restriktion und Grenze. Es ist klar, daß „eigenständiges Agieren" auch in vielfältiger Weise Bedingungen zu berücksichtigen hat, freilich neben den einschränkenden auch gerade die erfolgversprechenden.

Solche Bemühungen hatten in der ersten Phase zwei Stichworte:

- das der „ökologischen Buchhaltung", das sich auf den entsprechenden Konzeptvorschlag von Müller-Wenk (1978) bezog; dieses Konzept fand in seiner ursprünglichen Form keine große Verbreitung, weil schon vor Beginn der Aktivitäten von Vereinen wie f.u.t.u.r.e und B.A.U.M. eben das „Buchhalterische" an diesem Konzept überzeugend kritisiert war, das meinte, alles quantifizieren und in einen einheitlichen Saldo überführen zu können (vgl. dazu BUWAL 1991);
- das der Ökobilanz (s. Pfriem 1986a), das von Anfang an unter demselben Verdacht stand, nicht einlösbare Ansprüche aufzustellen, das sich aber wegen seiner vielfältigeren Interpretierbarkeit[1] bis zum heutigen Tage als umstrittener Sammelbegriff der Gesamtdiskussion halten konnte.

Die Grundidee ökologischer Informationssysteme für Unternehmen besteht darin, daß es von außen zu den Unternehmen und von den Unternehmen nach außen einen *eigenständigen* Strang ökologischer Informationen braucht. Dies *kann*, und damit komme ich auf meine Indifferenzthese zurück, so praktiziert werden, daß das Unternehmen nur einen sehr engen informatorischen Blick auf solche ökologischen Problemfelder richtet, wo die Bearbeitung für die enge betriebswirtschaftliche Handlungslogik unmittelbar geboten erscheint, und daß die externe Preisgabe ökologischer Informationen etwa nur dort erfolgt, wo sich das Unternehmen unmittelbare positive PR-Beiträge verspricht. Das Bemühen um möglichst aufrichtige Orientierung an Zielen, Bedürfnissen und Interessen der internen und externen Anspruchsgruppen ist also durch Einrichtung eines ökologischen Informationssystems an sich noch nicht demonstriert, sondern erst durch eine *spezifische* inhaltliche Auslegung, bei der tatsächlich dialogisch interaktive und nicht einseitig gerichtete Kommunikationsbeziehungen aufgebaut werden.

Wenn wir den Aufbau ökologischer Informationssysteme als unternehmenspolitische Maßnahme verstehen können, die ökologische Herausforderung als eigenständige zu verarbeiten, so ist mit der Frage des Ob jene des Wie natürlich eng verknüpft. Die Frage des Wie richtet sich

1 Mit dem Begriff Ökobilanz lassen sich angefangen von der völlig allgemeinen Aufforderung, ökologische Bilanz zu ziehen, über Produkt- oder Stoffbilanzen bis hin zur externen Umweltberichterstattung die verschiedensten Vorstellungen verbinden.

hier vor allem darauf, wie das ökologische Problem von der Unternehmung definiert wird: man muß wissen, *was* man wissen will.

Sowohl in der Sender- wie in der Empfängerrolle markieren Information und Kommunikation zwangsläufig selektive Prozesse; schon die positive Konzentration auf das, was von den Beteiligten für besonders wichtig gehalten wird, drängt anderes (vielleicht unbewußt) in den Hintergrund oder schaltet es gar völlig aus.

Eine Grundkomponente ökologischer Informationssysteme für Unternehmen hat daher darin zu bestehen, die Selektion ökologischer Problembestände mit dem unternehmenspolitischen Sensoren- und Verarbeitungssystem vernünftig zu verzahnen. Nur dann wird die Entscheidung für ein ökologisches Informationssystem die Entscheidung für (sozial-) ökologische Unternehmenspolitik.

Über die *Notwendigkeit* ökologischer Bilanzierung ökonomischen Handelns besteht inzwischen ein weitgehender Konsens.[1] Ökobilanzen werden als notwendig angesehen, um damit für ökonomische Entscheidungen im Rahmen des ökonomisch Vertretbaren ökologische Vor- und Nachteile besser gegeneinander abwägen zu können. Der Begriff der Ökobilanz ist zwar frühzeitig[2] unter Bezug auf ökologische *Unternehmens*politik in die Diskussion eingeführt worden, richtet sich aber meist auf Produkte (s. etwa BUWAL 1991 und Umweltbundesamt 1992). Neben dem Unternehmens- und dem Produktbezug gibt es auch regionalen Bezug von Ökobilanzen (vgl. Braunschweig 1987).

Die Frage des schwerpunktmäßigen Bezugs von Ökobilanzen ist selbstverständlich fundamental dafür, welche Akteure damit umgehen sollen bzw. können. Während ökologische Produktbilanzen ihren Verwendungszusammenhang erst einmal offenlassen, auch wenn Konsumenten hier als die naheliegendsten Verwender erscheinen mögen, läßt der Begriff „Ökobilanz für Unternehmen" zunächst offen, was eigentlich genau „bilanziert" werden soll, und definiert dafür eindeutig die Entscheidungsträger von Unternehmen als Verwender.

Während in den ersten Jahren (1986ff.) das Instrument Ökobilanz von Teilen der Industrie mit großem Argwohn betrachtet wurde, wird

---

1 Siehe die Anhörung „Ökobilanzen" der Bundestags-Enquete-Kommission „Schutz des Menschen und der Umwelt — Bewertungskriterien und Perspektiven für umweltverträgliche Stoffkreisläufe in der Industriegesellschaft" am 24./25.09.1992 in Bonn.

2 In kritischer Weiterführung von Müller-Wenks Konzept der ökologischen Buchhaltung; Müller-Wenk 1978, s. Pfriem 1986, S. 210ff.

es inzwischen zahlreich eingesetzt, um öffentlich zu kommunizieren, inwiefern die eigenen Produktlinien bzw. Produktionsprozesse ökologisch positiv zu bewerten sind bzw. positiver als die der Konkurrenz. Die Beliebtheit, deren sich Ökobilanzen inzwischen erfreuen, beruht z.T. darauf, daß sie stark nach je eigenen Interessen gestaltet werden können, solange keine verbindlichen methodischen Vorgaben existieren.[1] Es stellt sich allerdings als weiteres Problem (das durch solche Vorgaben kaum wird behoben werden können), daß auf exakte Aussagen orientierte Ökobilanzen mit recht einfachen Annahmen über die Beschreibbarkeit ökologischer Zusammenhänge operieren.

Bisher bekannte Ökobilanzverfahren gehen davon aus (müssen vermutlich aus Gründen der Reduktion von Komplexität davon ausgehen), daß:

- die Gesamtwirkung eines Unternehmungssystems über eine additive Beschreibung der monokausalen Ursache-Wirkungs-Ketten hinreichend beschrieben werden kann (systemische Zusammenhänge wie etwa Rückkopplungseffekte werden dadurch prinzipiell unterbelichtet);
- die ökologischen Folgen einer Stoff- und Energieaustauschbeziehung unabhängig sind vom Ort und Zeitpunkt des Geschehens (so wird beim Eintrag von Stoffen in ein Gewässer lediglich die Menge, nicht aber die Dosierung der Schadstoffe wahrgenommen);
- eine Produktlinie auf den Stufen des ökologischen Produktlebenszyklus isoliert werden kann (obwohl in der Praxis eher von einem Produktbaum mit einer Vielzahl unterschiedlicher Vorproduktionsstufen, Nutzungsmöglichkeiten und Entsorgungsstrukturen ausgegangen werden muß);
- spezifische Stoff- und Energieaustauschbeziehungen einem bestimmten Produkt oder gar einem bestimmten Verfahren innerhalb eines Unternehmens zugerechnet werden können (obwohl auch hier reale Vernetzungen solche Zurechenbarkeiten infragestellen).

„Sollen Öko-Bilanzen als Informationsinstrumentarium eingesetzt werden, sind die oben angeführten einschränkenden Punkte zu beachten. Als Entscheidungsgrundlage eignen sie sich deshalb nur, wenn

1 Mittlerweile hat sich ein DIN-Normenausschuß konstituiert, der die Methode der Ökobilanzierung standardisieren soll.

- von einer prinzipiellen funktionalen Vergleichbarkeit der Alternativen ausgegangen werden kann,
- die zu untersuchenden Systeme so eindeutig abgegrenzt werden können, daß im Rahmen der einzelnen Produktlinien-Module eine echte Vergleichbarkeit entsteht,
- die Untersuchungskomplexität nicht zu einer Vernachlässigung bedeutender Aspekte der Bilanzierung führt,
- die Dynamik, die durch die Entscheidung ausgelöst wird, keinen grundsätzlichen Einfluß auf die zu untersuchenden Alternativen hat und
- Informationen über qualitative ökologische Aspekte, die in der Bilanz nicht berücksichtigt werden, dem Akteur ebenfalls zur Verfügung stehen“ (Hallay/Pfriem 1994, S. 2f.).

Ein effizientes ökologisches Informationssystem wird zwei Bedingungen genügen müssen:

(a) Man muß wissen, *was* man wissen will;
(b) man muß wissen, *wer* dieses *wozu* wissen soll.

Die Verknüpfung des Akteurs- und Entscheidungsbezugs mit den Bilanzgegenständen ist also fundamental. Dabei muß die (natürlich beschränkte) *Verarbeitungs*kapazität der Anwender bei der *Erfassung* ökologisch relevanter Informationen berücksichtigt werden. Die zwischen Erfassung und Verarbeitung liegende *Aufbereitung* von Informationen[1] steckt dabei zwangsläufig in einem *Dilemma*, das aus ihrer Funktion folgt, Reduktion von Komplexität sein zu sollen: *entweder* geht die Aufbereitung so weit, daß den Anwendern die richtige bzw. optimale Entscheidung ziemlich direkt nahegelegt wird — dann führt das tendenziell zur *Entmündigung* der Anwender; *oder* die Aufbereitung hält sich so weit zurück, daß den Anwendern eine Fülle von Informationen vorgeführt wird, damit sie wirklich noch frei auswählen können — dann führt das tendenziell zur Überforderung der Anwender.[2] Wir

---

1 Streng genommen ist bereits jede Erfassung nicht objektiv und deshalb eine Vor-Aufbereitung: jeder Erfassung geht bewußt oder unbewußt Selektion voraus; es kann nie alles erfaßt werden, was relevant sein könnte.

2 Am Beispiel von Produktbilanzen für Konsumenten läßt sich entsprechend zeigen, daß die in Lehrbüchern beschworene Konsumentensouveränität zwar als regulative Idee taugen mag, unter empirisch-analytischen Gesichtspunkten aber eher fiktiv ist: entweder wird dem Konsumenten tendenziell verwehrt, bei der Kaufentscheidung seine zwangsläufig subjektiven Bewertungen einzubringen, oder er wird in

konzentrieren uns in dieser Arbeit auf Ökobilanzen bzw. ökologische Informationssysteme für *Unternehmen* und knüpfen daher noch einmal an die Feststellung an, daß deren Gegenstände genauer definiert werden müssen. In verschiedenen Forschungsprojekten, die zur Einführung solcher Systeme in und mit Unternehmen durchgeführt wurden, hat sich dafür eine Systematisierung in vier Bilanztypen herausgebildet (s. Abb. 40).

Abb. 40: Die Systematisierung der ökologischen Informationserfassung

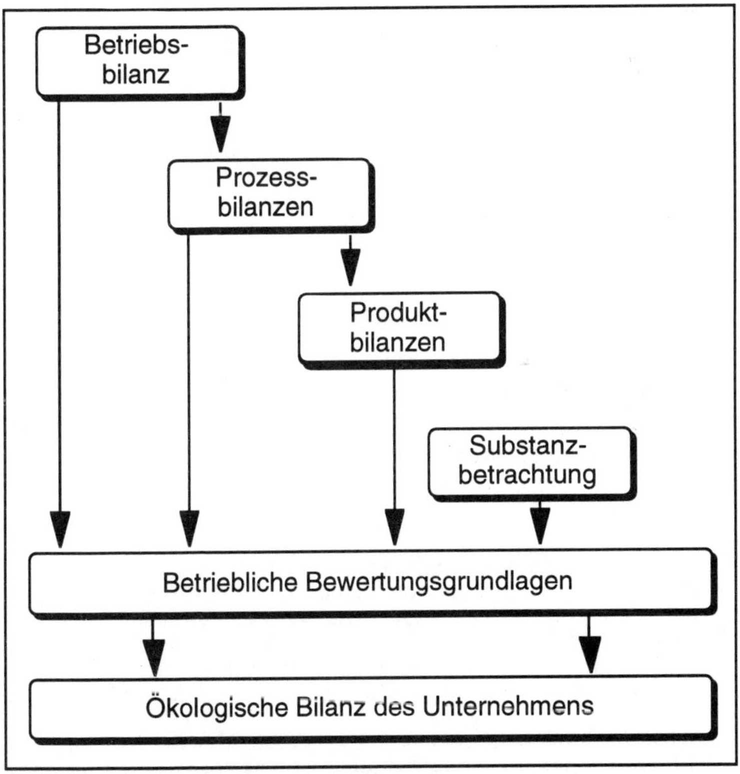

Quelle: Hallay/Pfriem 1992, S. 59

eine Lage gebracht, Diplom-Chemiker sein und möglichst noch Zusatzausbildungen haben zu müssen, um eine angemessene Abwägung und Entscheidung zu treffen.

Die Betriebsbilanz erfaßt zunächst die Stoff- und Energieströme, die in das Unternehmen hinein und aus ihm herausgehen. Sie läßt sich über mehrere Stufen aufschlüsseln und detaillieren. Prozeßbilanzen sollen dazu dienen, verschiedene Verfahren und Technologien, mit denen gleichartige Produkte hergestellt werden können, unter ökologischen Gesichtspunkten vergleichbar zu machen. Produktbilanzen verweisen im unternehmenspolitischen Blickwinkel auf das funktionsorientierte Denken: gleichartige Funktionen können möglicherweise mit verschiedenen Produkten erfüllt werden. Die Substanzbetrachtung schließlich soll die dauerhaften ökologischen Nutzungen des Unternehmens erfassen (z.B. Flächenverbrauch).

Diese Bilanztypen beruhen auf dem in 10.4 dargestellten „Von der Wiege bis zur Bahre"-Konzept (vgl. a. Projektgruppe Ökologisches Wirtschaften 1987). Dabei kann sich die Unternehmenspolitik im konkreten Fall bezüglich dieser verschiedenen Stufen sehr widersprüchlich verhalten.[1]

Während für die konsumentenseitige Nutzung bei Produktvergleichen oder für die räumliche (kommunale bzw. regionale) Erfassungsebene Ökobilanzen als solche ihre praktische Bedeutung weiter beibehalten[2], hat sich aus der unternehmensbezogenen Praxisforschung mittlerweile die Erkenntnis ergeben, daß Ökobilanzen im strengeren Wortsinn hier nur eine situativ eingeschränkte Rolle spielen können, eingebettet in die Konzeption eines *Öko-Controlling*, d.h. in die kontinuierliche Planung, Steuerung und Kontrolle der ökologisch relevanten Aktivitäten eines Unternehmens.[3]

---

1 Etwa bedingt durch in dieser Arbeit dargelegte Mechanismen wie die ökologische Optimierung von Verfahren bei Tabuisierung der Produkte als solcher. So verlagern die deutschen Automobilunternehmen gegenwärtig ihre Zulieferungen zunehmend von der Straße auf die Schiene, wegen mangelnder Effektivität von Lkw-gestütztem just-in-time-Management, um so effizienter Automobile produzieren zu können.

2 Wenngleich bisherige räumliche Ökobilanzen (s. etwa Braunschweig 1987) die Grenzen dieses Instrumentariums eher deutlich gemacht als verschoben haben; gerade hier gilt eben, daß Bewertungsverfahren Kommunikation nicht substituieren können.

3 Kernbausteine einer solchen Konzeption werden mit den Abschnitten dieses Kapitels vorgestellt; zur ausführlichen Darlegung s. Hallay/Pfriem 1992. Seidel sieht dabei gute Möglichkeiten über „Affinitäten der Controllingmerkmale zur betrieblichen Berücksichtigung ökologischer Belange" (Seidel 1988, S. 312ff.). Das gelte sowohl für die formale (Informationsmanagement) als auch für die inhaltliche

Für unternehmenspolitische Entscheidungsprozesse stellt demgemäß das Öko-Controlling das übergeordnete Instrumentarium dar, weil Entscheidungen und ihre Kontrolle ins System integriert werden und auf den kontinuierlichen Prozeß programmiert wird. Ökobilanzen genügen diesen Ansprüchen nicht.

11.2 Der Aufbau eines ökologisch orientierten Steuerungs-, Planungs- und Kontrollinstrumentariums

Die Bedingungen für die Möglichkeit der Einführung ökologischer Informationssysteme in Unternehmen haben zur Zeit des Abschlusses dieser Arbeit einen gewissen Schub erhalten durch die sogenannte Audit-Verordnung der Europäischen Union. Am 13.07.1993 ist die Verordnung (EWG) Nr. 1836/93 des Rates der Europäischen Gemeinschaften über die freiwillige Beteiligung gewerblicher Unternehmen an einem Gemeinschaftssystem für das Umweltmanagementsystem und die Umweltbetriebsprüfung in Kraft getreten. Diese Audit-Verordnung hat zu Recht intensive Diskussionen hervorgerufen, geht es doch um nichts weniger als den Versuch, einheitliche internationale Standards für die betriebliche Umweltpolitik zu finden.

Unter Standards sind dabei nicht konkrete ökologische Anforderungen zu verstehen, sondern vielmehr Kriterien eines Umweltmanagements, über die (d.h. über die Zertifizierung von Unternehmen, die den Kriterien genügen) eine Dynamik zu verstärkten umweltpolitischen Aktivitäten von Unternehmen in Gang gebracht werden soll.

Die Verordnung gilt ab dem 21. Monat ihrer Veröffentlichung, das heißt ab April 1995. In Deutschland beschäftigt(e) sich in dieser Zeit ein DIN-Ausschuß Umweltmanagement und Umwelt-Audit mit der weiteren Konkretisierung und Operationalisierung, 1994 fanden erste exemplarische Umweltbetriebsprüfungen statt.

(betriebliches Rentabilitäts- und Sicherheitsmanagement) Dimension (Funktionsdual). Höchst interessant sei außerdem die Indienststellung von Controlling für ein schwaches bzw. gefährdetes Unternehmensziel (nämlich Umweltschutz).

Als Vorreiter bei der Standardisierung des Umweltmanagements auf EG-Ebene läßt sich Großbritannien charakterisieren.[1] BS 7750, d.h. British Standard 7750, Specification for environmental management systems, wurde vom British Standard Institute (BSI) entwickelt und im März 1992 veröffentlicht. BS 7750 gibt selbst keine Umweltschutzziele vor, sondern fordert neben der Einhaltung gesetzlicher Ziele die Formulierung weiterer Umweltschutzziele und Vorgaben. Die britische und die EG-Verordnung ähneln sich stark, wobei nach Fichter (1993, S. 15) drei wesentliche Unterschiede auszumachen sind:

1. Die EG-Verordnung fordert von den sich beteiligenden Unternehmen die Veröffentlichung einer Umwelterklärung, die sowohl Daten als auch Bewertungen der Umweltwirkungen enthalten soll (BS 7750 verlangt nur Umweltleitlinien und -ziele).
2. Die EG-Verordnung bezieht sich nur auf die gewerbliche Wirtschaft, BS 7750 auch auf öffentliche Körperschaften.
3. Die EG-Verordnung beschränkt sich auf standortbezogene Auditierung, BS 7750 bezieht sich auf das gesamte Unternehmen.

Betrachtet man die bisherige Diskussion zur Audit-Verordnung, scheint hinsichtlich Punkt 3 bei der EG-Verordnung doch ein gravierendes Manko zu liegen; denn strategische Entscheidungen, die erhebliche Folgen für die ökologischen Auswirkungen eines einzelnen Standortes haben können, werden in der Regel nicht dort getroffen. Gerade mit Blick auf die Steuerungsfunktion von Management wäre zu wünschen, daß hier noch eine Nachbesserung im Sinne von BS 7750 erfolgt. Das wäre insbesondere für die ökologisch so bedeutsame Produktpolitik der Unternehmen von Belang. An diesem Punkt leidet die EG-Verordnung sowieso unter Unklarheiten: zwar sollen nach Anhang I.A 5 für Vorhaben im Zusammenhang mit neuen Entwicklungen oder neuen oder geänderten Produkten, Dienstleistungen oder Verfahren gesonderte Umweltmanagementprogramme aufgestellt werden und unter Anhang I.D (Gute Managementpraktiken), Punkt 2, heißt es, die Umweltauswirkungen jeder neuen Tätigkeit, jedes neuen Produkts und jedes neuen Verfahrens sollten im voraus beurteilt werden. Zwar sind also an diesen beiden Punkten im Anhang die Produkte berücksichtigt; in der Verordnung selbst, speziell auch in Artikel 5 (Umwelterklärung) findet die Produktpolitik jedoch keine ausdrückliche Erwähnung.

---

1 Vgl. hierzu Fichter 1993.

Spiller kritisiert darüber hinaus den schwammigen Charakter der mit der EG-Verordnung beabsichtigten „kontinuierlichen Verbesserung des betrieblichen Umweltschutzes" mit dem Argument, damit würden normale betriebswirtschaftliche Prozesse ökologisch zertifiziert werden können.[1]

In der Tat ist die Frage zu stellen (und von der weiteren Normierung abhängig), ob in Zukunft Unternehmen ökologische Gütesiegel dafür verliehen bekommen, daß sie das machen, was sie eh machen. Zumindest bei Großunternehmen, die, wie etwa in der Chemieindustrie, seit langem ein gewisses Umweltmanagement eingeführt haben, kann dieses Risiko beim jetzigen Normierungsstand nicht ausgeschlossen werden.

Ob die Audit-Verordnung also tatsächlich eine Dynamik in Gang setzt in Richtung ökologischer Optimierung von Unternehmenspolitik oder doch nur deren Verträglichkeit mit bestehenden Umweltgesetzen und -vorschriften sichern hilft, kann u.E. zur Zeit noch nicht eindeutig beantwortet werden. Wir vertreten diesbezüglich auch die Auffassung, daß mit der Preisgabe der Verbindlichkeit, d.h. der Beschränkung auf freiwillige Beteiligung, die im Vorfeld der Verabschiedung erfolgte, der Verordnung zu Unrecht ein wichtiger Zahn gezogen wurde: Marktwirtschaft braucht neben einem Höchstmaß an dezentralen Handlungsfreiheiten verbindliche gesellschaftliche Regeln. Die *Freiheit wovon* geht nur mit der *Freiheit wofür*. Und zumindest gegenwärtig kann noch niemand behaupten, die Attraktivität der Zertifizierung würde dazu führen, daß sich immer mehr und irgendwann alle Unternehmen den Audit-Kriterien unterwerfen.[2]

Eine aktive ökologische Unternehmenspolitik, die sämtliche hierarchischen und strukturellen Bereiche des Unternehmens umfaßt, ist ohne die Basis eines entsprechenden ökologisch orientierten Informations-, Analyse- und Steuerungsinstrumentariums undenkbar.

---

1 Allerdings erweist sich bei genauerer Betrachtung, daß Produktivitätssteigerungen im Energie- und Ressourcenmanagement inhärente Folge technischen und organisatorischen Fortschritts sind. Kontinuierliche Verbesserungen bedeuten mithin noch keine Einsparstrategien über das ökonomisch gebotene „Trendsparen" hinaus (Spiller 1993, o.S.).

2 Die Freiwilligkeit der Beteiligung hat u.a. ja auch zur Folge, daß gerade solche Unternehmen zu keiner externen Umweltberichterstattung gezwungen sind, an deren Informationen wegen ökologischer Brisanz die Öffentlichkeit vielleicht ganz besonderes Interesse hätte.

Das heißt, die bestehenden Instrumentarien zur Steuerung aller betrieblichen Aktivitäten müssen um ökologische Aspekte erweitert werden, bzw. neue Instrumente, die speziell der Berücksichtigung ökologischer Aspekte dienen, müssen in die Ablauforganisation und -steuerung integriert werden.

Ziel ist es, ein integriertes Hilfsinstrumentarium aufzubauen, das den neuen Anforderungen an die Gesamtorganisation des Betriebes gerecht wird. Hierbei sind die neu geschaffenen Funktionen und ihre kommunikative Einbindung in das Unternehmen ebenso zu berücksichtigen wie die Veränderungen in der unternehmerischen Zielsetzung, der strategischen Entwicklung des gesamten Unternehmens, die operative Steuerung, als auch die Integration ökologischer Aufgaben in die Arbeitsanforderungen bestehender Funktionen und Abteilungen.

So müssen die Kommunikationspolitik und die eingesetzten Entscheidungshilfsinstrumente dafür Sorge tragen, daß die Zielsetzung „ökologisches Verhalten aller beteiligten Personen im Unternehmen" umgesetzt werden kann. Dies bedeutet, daß jeder Beteiligte bei seinen Aktivitäten weiß, welche Umweltrelevanz vom Unternehmen allgemein und von der von ihm zu verantwortenden Tätigkeit im Speziellen ausgeht, und wie und in welcher Weise er sich im Rahmen der Gesamtstrategie des Unternehmens richtig verhalten sollte. Entsprechend müssen im Unternehmen die Informationen über die ökologische Relevanz des Unternehmens und der Entscheidungsspielräume einzelner Funktionen bekannt sein und beurteilt werden können.

Die Berücksichtigung ökologischer Faktoren bei der Leistungserstellung stößt darüber hinaus auf das Problem, den zumeist sehr komplexen Zusammenhang zwischen ökologischen und ökonomischen Notwendigkeiten als Handlungsorientierung in das alltägliche Management und die Fachfunktionsaufgaben zu integrieren. So kann es sein, daß, um ein ökologisches Ziel zu erreichen, auch solche Entscheidungen bzw. Handlungen in einem Unternehmen betroffen sind, bei denen zunächst kein direkter Zusammenhang zwischen dieser Tätigkeit und dem ökologischen Problem zu erkennen ist.

Die Grundlage für die Integration ökologischer Aspekte in die gesamte Ablauf- und Aufbauorganisation des Unternehmens bildet ein System zur ökologischen Informationsbeschaffung. Im Rahmen dieser Funktion geht es um interne und externe Erfassung und Verarbeitung unternehmensbezogener Umweltinformationen.

Hierbei lassen sich vier Informationsaufgaben charakterisieren:

- die Erfassung von Stoff- und Energieflußinformationen der unternehmensinternen Aktivitäten;
- die Bereitstellung von Stoff- und Energieflußinformationen aus dem ökologischen Lebenszyklus der Produkte;
- die Bereitstellung von Informationen zur Analyse der ökonomisch-ökologischen Restriktionen;
- die Aufbereitung von Informationen über ökologische Handlungsmöglichkeiten.

Hierbei ist davon auszugehen, daß ökologisch relevante Handlungen eines Unternehmens ursächlich auf die Stoff- und Energieaustauschbeziehungen, die im Rahmen dieser Aktivitäten mit der Natur erfolgen, zurückzuführen sind. Deshalb bildet die Grundlage eines jeden betrieblichen Informationssystems die Erfassung dieser Stoff- und Energieaustauschbeziehungen, die direkt durch die Aktivitäten des Unternehmens oder indirekt im Rahmen der Produktlebenszyklen, also der Vorproduktion, der Distribution, der Produktnutzung und Entsorgung, stattfinden.

Im Rahmen der Aufklärung des unternehmensinternen Stoff- und Energieflusses, der Umweltaustauschbeziehungen und der Erfassung der ökologischen Wechselwirkungen im Produktlebenszyklus hat das Informationsbeschaffungssystem deshalb die Aufgabe, Informationen über

- die Austauschbeziehungen des gesamten Betriebes;
- die Austauschbeziehungen einzelner Prozesse oder Verfahrensschritte;
- die stofflichen Wechselwirkungen im Rahmen der ökologischen Produktlebenszyklen (von der Wiege bis zur Bahre-Konzepte); und
- die Wechselwirkungen mit der Natur, die durch die Bereitstellung der Produktionsfaktoren und der notwendigen Infrastruktur entstehen,

zur Verfügung zu stellen.

Hierfür müssen diese Informationen nicht nur erfaßt, sondern auch entsprechend so strukturiert und aufbereitet werden, daß sie als Handlungs- und Entscheidungsgrundlage den Informationsansprüchen der spezifischen Funktionsträger genügen.

Die Informationserfassung und Strukturierung von Informationen, die als Bewertungskriterien der ökologischen Relevanz der betrieblichen Aktivitäten dienen können, stellt hierbei für die meisten Unternehmen eine völlig neue Aufgabe dar, die nur sehr wenige Anknüpfungspunkte zum traditionellen betrieblichen Informationssystem aufweist. So besteht in den meisten Unternehmen bisher keine systematisierte Erfassung der Informationen, die für eine ökologische Situationsbeschreibung des Unternehmens erforderlich sind.

Das Problem bei der Erfassung liegt in der Struktur dieser Informationen. So kann der Beurteilungsmaßstab für die Umweltverträglichkeit nicht unmittelbar aus der Ökologie als Wissenschaft heraus abgeleitet werden, denn die Ökotoxikologie kann nur kausale Ursachen- und Wirkungszusammenhänge aufzeigen und beschreiben. Sie bietet jedoch keinen Wertmaßstab, an dem die wirtschaftlichen Aktivitäten gemessen werden können. Wenn davon ausgegangen werden kann, daß betriebliche Aktivitäten prinzipiell Umweltwirkungen beinhalten, weil sie immer auf der Grundlage von Stoff- und Energieaustauschbeziehungen beruhen, dann ist der Maßstab nicht alleine aus der Ökotoxizität, sondern nur im Zusammenhang mit der Frage: „Was wollen wir als Gesellschaft der Natur und damit auch uns zumuten?" zu finden.

Als „umweltverträglich" kann die Leistungserstellung in diesem Sinne also nur dann angesehen werden, wenn sie sich mindestens an die gesellschaftlich zu definierenden Kriterien hält. Die Auswahl und Durchsetzung dieser Kriterien ist aber eine politische Frage. Auch der Beurteilungsmaßstab steht in Zusammenhang mit der politischen und selbst Veränderungen unterworfenen Fragestellung. Dieses Problem ist hinreichend aus der schier endlosen Debatte um die Grenzwerte bei der Einhaltung technischer Richtkonzentrationen bekannt.

Deshalb muß im Rahmen der Informationsbeschaffungsfunktion auch eine Erfassung und Aufbereitung der ökologischen Forderungen, wie sie von gesellschaftlich relevanten Anspruchsgruppen vorgetragen werden, stattfinden.

Die Informationserfassung aus dem Umsystem der Unternehmung hat hierbei eine Frühwarnfunktion. Sie muß die Dynamik der Veränderung von Ansprüchen rechtzeitig erkennen. Diese Dynamik entsteht aus der Verzahnung von unterschiedlichen Faktoren.

Einige dieser Faktoren sind:

- die Wahrnehmung der realen ökologischen Situation,
- die Entwicklung des allgemeinen gesellschaftlichen Wertewandels,

- die Erkenntnisse der ökologischen Ursachen- und Wirkungsforschung,
- die Veränderung der gesellschaftlichen Ansprüche an ein Unternehmen,
- die politische Umsetzung der Ansprüche,
- die juristische Umsetzung,
- die Veränderung relevanter Marktfaktoren.

Der Wirkungszusammenhang ist hierbei keineswegs monokausal, d.h. erkennbar in eine Richtung gerichtet, sondern die einzelnen Faktoren bedingen sich zum Teil gegenseitig. Jeder dieser Faktoren kann darüber hinaus selbst als eine Synthese aus verschiedenen Komponenten der Veränderung angesehen werden.

Neben den Informationen, die eine Beurteilung der Umweltsituation des Unternehmens erlauben, also der Erfassung der Stoff- und Energieströme und der beurteilungsrelevanten Informationen, müssen solche Instrumente zur Verfügung stehen, die zu einer Entscheidungsorientierung der Informationsverarbeitung führen.

Hierbei sind prinzipiell zwei Funktionen zu unterscheiden. So müssen die Instrumente einerseits die *ökologische Situation* des Unternehmens umfassend darstellen können; andererseits ergibt sich aus dieser Beurteilung noch nicht unmittelbar der notwendige Handlungsbedarf und die Entwicklung einer ökologisch orientierten Zielsetzung des Unternehmens. Aus diesem Grund besteht die zweite Funktion in einer Unterstützung der *Zielfindungsprozesse* und im Aufspüren von Handlungsspielräumen und Verbesserungspotentialen. Deshalb muß eine alleine am ökologischen Parameter orientierte Beurteilung, aufbauend auf der Informationserfassung zu den Stoff- und Energieströmen, um Zielfindungsinstrumentarien erweitert werden. Erst dann ist ein qualitatives, auf die Entscheidungsfindung orientiertes Analyseverfahren zum Aufspüren der sich ergebenden Handlungsrestriktionen gewonnen.

Der Grundtenor dieses Analysesystems muß sich darauf richten:

- die ökologische Situation des Unternehmens gemäß den bekannten Wirkungen abzuschätzen;
- die sich hierauf beziehenden, heutigen und zukünftigen gesellschaftlichen Ansprüche aufzuzeigen;
- die sich hieraus ergebenden, direkten Handlungsrestriktionen (Marktveränderungen, Käuferverhalten, Gesetze, Auflagen) zu erfassen.

Man muß also detailorientiert die genaue Ursache eines erkannten Problems darstellen, ohne den Gesamtzusammenhang einzelner Faktoren durch eine möglichst weitreichende Verdichtung der Analyse aus dem Auge zu verlieren.

Um aus dieser Analyse aber wirklich eine Handlungsorientierung ableiten zu können, muß das Instrumentarium sich in seiner Beurteilung auf das sowohl ökologisch als auch ökonomisch ausgerichtete Zielsystem des Unternehmens beziehen.

Das Ziel eines ökologisch orientierten *Steuerungssystems* ist es nun nicht, alle ökologisch relevanten Parameter per Diktat der Unternehmensleitung oder der für den Umweltschutz zuständigen Personen festzulegen, sondern die Ökologie als ein Zielkriterium in die Gesamtstruktur der operativen Planung und der alltäglichen Einzelentscheidungsfindungsprozesse zu integrieren. Die Aufgabe ist hierbei, die notwendige Kreativität und die Gestaltungsspielräume der Handelnden durch systematische und funktionsorientierte Information zu unterstützen.

Neben der organisatorischen Einbindung der Umweltschutzaufgaben und -verantwortung ist eine *Kontinuität* des Engagements nur durch eine unternehmensumfassende Erweiterung der Kommunikations- und Informationsstrukturen dauerhaft zu sichern. Ziel ist es, das Wissen über die Schwachstellen und die sich hieraus ergebenden Ansatzpunkte für eine Verbesserung der ökologischen Situation als Grundlage für die dauerhafte Integration ökologischer Faktoren in das Unternehmensgeschehen sicherzustellen. Aus der Schwachstellenanalyse und der Darstellung der Optimierungspotentiale lassen sich aber nicht immer kurzfristig zu realisierende, direkte Handlungsanweisungen ableiten.

Im Rahmen der ökologischen Unternehmenspolitik und der sich hieraus entwickelnden Zielsetzung sind die ökologischen Ansprüche an die einzelnen Managementfunktionen und Fachabteilungen innerhalb des Unternehmens zu definieren und die entwickelte Programmatik in handlungssteuernde Informationen umzusetzen.

Diese Umsetzung bedeutet, die für das Erreichen der ökologischen Zielsetzung relevanten Informationen so weit im Unternehmen bekanntzumachen, daß sie den handelnden Personen aufgabenbezogen zur Verfügung stehen. Diese brauchen sowohl Daten und Fakten zur umweltpolitischen Zielsetzung und deren konkreter Umsetzung (vgl. Kapitel 12.1) als auch direkte Steuerungsinformationen zur Durchführung der anlaufenden ökologisch bedingten Veränderungsprozesse. Wichtig sind ebenfalls die entsprechenden Kontrollparameter. Die Basis für eine solche Kommunikation bildet ein ökologisches *Kennzahlensystem.* Dabei werden wir sehen, daß Kennzahlensysteme in den naturwissenschaftlich exakter definierbaren ökologischen Problembereichen[1] wichtige Dienste leisten können, die Grenzen ihrer Anwendbarkeit (= die zwangsläufige Subjektivität von Wertsetzung und Bewertung in anderen Problemfeldern) uns aber wiederum darauf verweisen, daß moderne und zukunftsorientierte Unternehmenspolitik das *Fundament ethisch-kultureller Selbstthematisierung* braucht.

11.3 Ökologische Kennzahlen und die Produktion von Wert und Qualität

Die Aufgabe eines Kennzahlensystems ist es, einerseits dem Management durch die Verdichtung von Einzeltatbeständen entscheidungsorientierte Informationen zu liefern; andererseits soll es die betrieblich definierten Zielvorgaben für die unteren Hierarchieebenen zu konkreten Sachzielen spezifizieren und sie auf diesen Ebenen umsetzbar machen. Das Ziel von ökologischen Kennzahlensystemen ist darüber hinaus, die *Kontrollfunktion* des Umweltmanagements klarer zu strukturieren.

Die Entwicklung steuernder Kennzahlensysteme ist noch in der Anfangsphase, entsprechend sind die bisher eingesetzten Systeme noch stark eingeschränkt. Bisher gibt es diese vor allem zur Steuerung interner Veränderungsprozesse, d.h. Kennzahlen, die die Außenkommunikation des Unternehmens steuern könnten, sind bei den heute bekannten ökologischen Kennzahlensystemen nicht berücksichtigt worden.

Ebenso wie bei der Entwicklung von ökologisch orientierten Beurteilungsverfahren gibt es bei der Modellierung von betrieblichen Kennzahlensystemen die Möglichkeit, diese auf eine rein monetäre Basis (vgl. hierzu Wagner, G.R./Janzen 1991) zu stellen, oder das System mit Hilfe von stoffbezogenen Kennzahlen (vgl. Hallay/Strobel 1992) zu steuern.

---

1 Diese sind den engeren umwelttechnischen Zugriffen dann auch eher zugänglich.

Eine dritte Möglichkeit bestände in der Entwicklung direkt an ökologischen Kriterien orientierter Kennzahlen, wie zum Beispiel ökologischer Recheneinheiten nach dem Schweizer Öko-Bilanz-Verfahren.

Im Rahmen unserer Implementationsprojekte[1] haben wir aber auf die Entwicklung von Kennzahlen, die auf eigenen ökologischen Recheneinheiten basieren, aus den bereits beschriebenen Gründen verzichtet.

Der Aufbau und die Verwaltung eines umfassenden Kennzahlensystems ist in der ersten Implementationsphase der ökologischen Unternehmenspolitik selbst ein weitergehendes Ziel bei der Maßnahmenplanung zum Informationssystem. Denn ähnlich wie bei klassischen Finanz-Controlling-Kennzahlen liegt die Aussage- und Steuerungsfähigkeit eines solchen Systems in dem Managementwissen um die Einflüsse der Veränderung einzelner Kennzahlen auf den Gesamtzusammenhang.

Ein solches System gewinnt also dann an Funktionsfähigkeit in dem Maße, wie im Unternehmen die Erfahrungen über Wirkungszusammenhänge einzelner ökologischer Faktoren (Kennzahlen) wachsen.

Ökologische Kennzahlen lassen sich auf der Systematik zur Erfassung und Darstellung der Stoff- und Energieströme aufbauen. Die Basis eines entsprechenden Kennzahlensystems bilden also die erhobenen Betriebs-, Produkt- und Prozeßbilanzen.

Die in der Substanzbetrachtung anfallenden Bereiche Flächenversiegelung, Bodenverbrauch und Infrastrukturnutzung sind in diesem System zunächst ausgeklammert, weil betriebliche Veränderungsprozesse der Substanz in der Regel einfachen Kriterien unterliegen und relativ langsam ablaufen, so daß ein Kennzahlensystem in der Planungs- und Steuerungsphase dieser Bereiche kaum Vorteile bringt.

Das relativ einfach aufgebaute Kennzahlensystem basiert auf der Struktur der Input-Outputsystematik. Entsprechend werden Kennzahlen zu den folgenden Bereichen erfaßt:

- Material
- Energie
- Abfall
- Wasser
- Luft

---

1 Hier sind wiederum die entsprechenden Praxisforschungsprojekte unter Leitung bzw. Beteiligung des Verfassers gemeint.

Die Maßeinheit sind hierbei physikalische Größen, also Kilogramm, Kubikmeter und Kilojoule.

Auch die Verdichtung der Kennzahlen richtet sich nach dieser Struktur, d.h. die Kennzahlen in den Umweltbereichen, die innerbetrieblich zunächst auf der Ebene einzelner Prozesse/Verfahren oder für die einzelnen Produktlinien erhoben werden, verdichten sich dann auf der Gesamtebene zu Betriebs- und Unternehmenskennzahlen.

Grundlage der *Materialkennzahlen* ist zunächst die Ebene der einzelnen Input-Outputbilanzen, die wiedergibt, in welcher Form die Stoffe und Energien im Unternehmen eingekauft werden. Diese muß auf die einzelnen Prozesse oder Produkte bezogen werden. Hieraus ergibt sich zunächst die erste Kennzahl, die Einsatzmenge der Roh-, Hilfs- und Betriebsstoffe pro Prozeß oder Produkteinheit und als zweite Kennzahl auf der Outputseite der zur Wertschöpfung beitragende Prozeß/Produktoutput.

Aufbauend auf dieser Größe können zunächst die Effizienzkennzahlen für einzelne Materialien als Quoten bestimmt werden.

$$\text{Stoffeffizienz} = \frac{\text{Produkt / Prozeßoutput}}{\text{Stoffinput}}$$

Eine erste Verdichtung kann dann durch eine Summenbildung in den Einzelkategorien und eine Berechnung nach dem gleichen Schema vorgenommen werden. So ergeben sich entsprechende Effizienzkennzahlen für die Kategorien Roh-, Hilfs- und Betriebsstoffe.

$$\text{Rofstoffeffizienz} = \frac{\text{Produkt / Prozeßoutput}}{\text{Rohstoffinput}}$$

$$\text{Hilfsstoffeffizienz} = \frac{\text{Produkt / Prozeßoutput}}{\text{Hilfsstoffinput}}$$

$$\text{Betriebsstoffeffizienz} = \frac{\text{Produkt / Prozeßoutput}}{\text{Betriebsstoffinput}}$$

Für die *Energiekennzahlen* werden analog zu den Materialkennzahlen zunächst die Energieeinsatzmengen der einzelnen Energieträger pro produzierte Einheit oder Periode dargestellt. Als zweite Kennzahl wird die Energieträgerquote erhoben. Im dritten Schritt kann dann die Energieeffizienz pro Einheit oder Periode ermittelt werden, wobei diese sowohl für die Einzelenergieträger als auch für die Summe der eingesetzten Energie erhoben wird.

Ähnlich können Kennzahlen für die Bereiche Abfall, Wasser und Luft gebildet werden.

Abb. 41: Der praxisorientierte Aufbau des Kennzahlensystems am Beispiel eines Unternehmens aus der metallverarbeitenden Industrie

Betriebsbezogene Kennzahlen: (diese werden lediglich für den gesamten Betrieb erhoben)	1. Einsatzstoffverbrauch: • Rohstoffe • Hilfsstoffe • Betriebsstoffe 2. Einsatzstoffeffizienz • Rohstoffe • Hilfsstoffe • Betriebsstoffe 3. Gefahrstoffeinsatz • Anzahl • Menge • durchschnittliche Lagerdauer	4. Energieeinsatz • Energieverbrauch • Energieträger 5. Wasserverbrauch • Wassereffizienz • CSB/ BSB5 Durchschnitt 6. Luftbelastung • Menge und Einsatzeffizienz für die Parameter: Lösemittel (Halogenhaltig) Lösemittel (Halogenfrei) Kohlendioxid NOx (Stickoxide) Schwefeldioxid
Verfahrenskennzahlen: (diese werden soweit möglich für jeden abgegrenzten Verfahrensschritt erhoben)	1. Betriebsstoffe • Menge • Effizienz	4. Wasserverbrauch • Menge • Effizienz • Belastung
	2. Gefahrstoffeinsatz • Menge • Quote	5. Luftbelastung • Lösemittel (m. Halogen) • Lösemittel (Halogenfrei)
	3. Abfall • Menge je Kategorie • Reinheitsquote	6. Energieverbrauch je Energieträger • Energieeffizienz
Produktbezogene Kennzahlen: (diese werden für jede Produktgruppe ermittelt bzw. zugerechnet; bezogen auf ein erstelltes Produkt)	1. Rohstoffeffizienz	3. Abfallaufkommen • Menge je Kategorie • Menge gesamt
	2. Energie • Einsatzmenge • Energieträgerquote	

Quelle: Hallay/Pfriem 1992, S. 155f.

Aufgrund der Informationssituation und der schon technisch begrenzten Möglichkeiten zur Erfassung, insbesondere in mittelständischen Betrieben, die über kein Monitoring-System mit kontinuierlicher Überwachung verfügen, wird eine Struktur, bei der alle Kennzahlen erhoben werden können oder die Summen der einzelnen Prozeßerhebung auf die Gesamtkennzahlen des Betriebes hochzurechnen sind, nur schwer zu verwirklichen sein.

Die Praxis zeigt, daß es hier sinnvoll ist, nur die unternehmensspezifischen Zahlen zu erheben, die in bezug auf die Umweltsituation als handlungssteuernd relevant eingestuft werden.

Ebenso können einige Kennzahlen bei ausreichender Aussagekraft direkt auf der Betriebsebene ermittelt werden. Hier ist es angebracht, nur an den Stellen auf die Prozeß- bzw. Produktebene zu gehen, wo dies von der Maßnahmensteuerung notwendig und machbar ist.

Insofern ist insgesamt klar, daß ein *vollständiges Kennzahlensystem* (s. Abb. 41) für zahlreiche Betriebe und Unternehmen etwas darstellt, an das nur *Annäherung* erreicht werden kann, nicht aber dessen vollständige Durchführung.

Aus den Anwendungsbeispielen wird ersichtlich, daß Kennzahlen ihren wichtigen Nutzen haben für die ökologischen Probleme, die im engeren Feld der Stoff- und Energieflüsse angesiedelt sind. Schon bei den direkt input- bzw. outputbezogenen ökologisch relevanten Informationen geht es ja nicht allein um die Erfassung stofflicher Mengenströme: Informationen über die aktuelle ökologische Situation des Unternehmens beispielsweise oder darüber, welche Schritte zur Verbesserung eingeleitet sind, können jenseits ihrer Datenkomponenten auch als *sinnstiftende und motivationsunterstützende Informationen* verstanden werden.

Diese kommunikative Dimension verdeutlicht das Erfordernis, *gewichtende Beurteilungen* vorzunehmen; solche Beurteilungen ergeben sich häufig keineswegs zwangsläufig aus den erfaßten Mengen. Ferner müssen solche Beurteilungsgrade auch dort ermöglicht werden, wo gesellschaftliche und kulturelle Thematisierungen des Ökologieproblems[1] eindeutige Schlüsse mangels eindeutiger Informationen von vornherein nicht erlauben.

---

1 Und diese Probleme sind oft die schwerwiegenderen, vgl. a. Kap. 1 und 2 sowie Teil II dieser Arbeit.

Die Bewertung der Umweltwirkungen für ein Unternehmen muß

- naturwissenschaftlichen Kriterien genügen,
- gesetzliche und gesellschaftliche Anforderungen einbeziehen,
- gegenwarts- und zukunftsgerichtet sein (risk-management),
- der Unsicherheit und z.T. schwierigen Quantifizierbarkeit von Umweltdaten Rechnung tragen (und damit keine Scheinexaktheit durch absolute Rechnungsgrößen vortäuschen),
- auf die konkrete Umweltsituation und den Unternehmenstyp, Ressourcenpotentiale, Reaktionsspielräume, das Fortschrittsstadium einer umweltorientierten Unternehmensführung etc. Rücksicht nehmen (ausführlich dazu s. Stahlmann 1994).

Für die nötigen gewichtenden Beurteilungen kommt es nun darauf an, die Kriterien zu definieren, die aus allgemeinen ökologischen Erwägungen heraus Berücksichtigung finden sollten, sowie zur jeweiligen Bewertung *innerhalb* der Kriterien eine Methode anzuwenden, die sowohl einfach handhabbar ist als auch die Subjektivität von Bewertungen nicht verschleiert.[1]

Als *Bewertungsmethode* bietet sich hier die ABC-Analyse an. Diese hat den Vorteil, daß sie

- als Methode bereits in den Unternehmen bekannt und deshalb methodisch einfach nachzuvollziehen ist,
- durch die grobe Rasterung der Exaktheit der zugrundeliegenden Erkenntnisse Rechnung trägt,
- Problembereiche durch die vorweggenommene Einstufung übersichtlich darstellen kann,
- als Grundlage für die Entscheidungsfindungsprozesse und Maßnahmenplanungen, wie sich in praktischer Umsetzung erwiesen hat, gut geeignet ist.

Die Einstufung der eingesetzten Roh-, Hilfs- und Betriebsstoffe, der Produkte, Emissionen und Produktionsprozesse nach den einzelnen Bewertungskriterien erfolgt nach einem A-B-C-Raster entsprechend der ökologischen Relevanz und zugleich auf den damit verbundenen Handlungsbedarf hin:

- Die A-Einstufung weist auf ein besonders relevantes ökologisches Problem und somit großen Handlungsbedarf hin.

---

1 Vgl. zum folgenden ausführlicher: Hallay/Pfriem 1992, Kap. 6.1.

- Die B-Einstufung bedeutet, daß ein ökologisches Problem mit mittelfristigem Handlungsbedarf besteht.
- Eine Einstufung mit C wird in den Fällen vorgenommen, in denen nach vorliegendem Kenntnisstand die Umweltwirkungen so gering sind, daß die gesellschaftlichen Ansprüche keinen Handlungsbedarf erfordern.

Als *Kriterien*, die für eine ökologisch angemessene Beurteilung Berücksichtigung finden müssen, haben sich in den unter Leitung des Verfassers dieser Arbeit durchgeführten Praxisforschungsprojekten folgende sieben herausgeschält:

(1) Einhaltung umweltrechtlicher Rahmenbedingungen[1]
(2) Gesellschaftliche Anforderungen[2]
(3) Beeinträchtigungen der Umwelt im Sinne des ökologischen Normalfallrisikos[3]
(4) Beeinträchtigungen der Umwelt durch potentielle Störfälle[4]
(5) Internalisierte Umweltkosten (Lager- und Entsorgungskosten, Abgaben und Kontrollaufwand)[5]
(6) Beeinträchtigung der Umwelt im Rahmen der vor- und nachgelagerten Stufen[6]
(7) Verluste/Wertschöpfungsanteil[7]

Der Bewertungs- und Beurteilungsprozeß hat eine Schlüsselrolle im Gesamtsystem des Öko-Controlling (s. hierzu Abb. 42). Vor allem diese Phase der Systemanwendung zeigt, daß die Erfassung und Verar-

---

1 B heißt hier beispielsweise, daß vom Gesetzgeber Verschärfungen vorgesehen sind.
2 A heißt hier, daß starke gesellschaftliche Kritik bis hin zur Verbotsforderung z.B. eines spezifischen Stoffes existiert.
3 Im Bereich der Wasserbelastung ginge es hier bei A etwa um einen Stoff, der in der Wassergefährdungsklasse 2 oder 3 aufgeführt wird.
4 C wäre dann die Situation, daß keine Störfallgefahr besteht bzw. im Störfall keine Gefahr.
5 Mittlerer Aufwand bei solchen Kosten würde etwa mit B eingestuft.
6 Die Einstufung nach A, B oder C wird hier in den Feldern Rohstoffgewinnung, Vorproduktion, Gebrauch, Entsorgung und Recyclingfähigkeit vorgenommen.
7 Je höher die stoffliche Wertschöpfung ist, d.h. der stoffliche Beitrag der eingesetzten Materialien zum fertigen Produkt, desto geringer sind in gewisser Hinsicht die ökologischen Folgen der konkreten Produktion, denn desto geringer sind die Emissions- und Abfallströme. Mit dem Kriterium Verluste/Wertschöpfung wird eine weitere direkte Schnittstelle zwischen traditionellen betriebswirtschaftlichen und speziell ökologischen Aspekten geschaffen.

beitung ökologisch relevanter Informationen als quasi-technische Aufgabe grob mißverstanden würde: sie ist *ein wichtiges Element der*

Abb. 42: Öko-Controlling als System

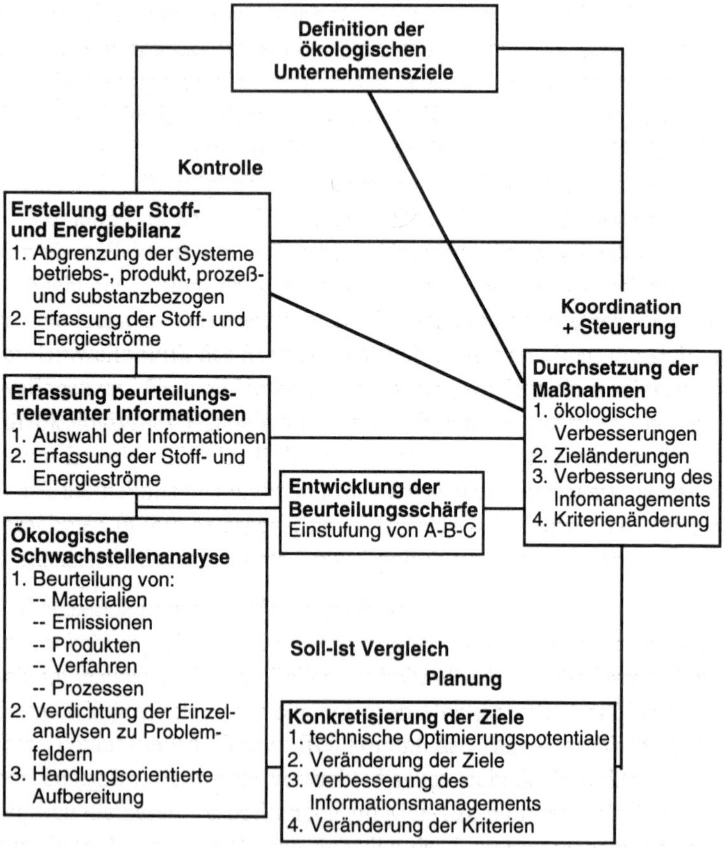

Quelle: eigene

ethisch-kulturellen Selbstthematisierung des Unternehmens. Dazu bedarf es einmal einer gründlichen *internen* Kommunikation.[1]
Wenn wir auf der anderen Seite die Unternehmung verstehen als ein Subsystem der offenen Gesellschaft, das in vielerlei *externen* Kommu-

1 Vgl. zu den organisations- und personalwirtschaftlichen Aspekten Kap. 12

nikationsverpflichtungen steht und über aktive Kommunikationspolitik nach außen selbst einen bedeutenden Teil der Unternehmenspolitik gestaltet, so stellen wir nicht nur anhand des Kriteriums 2 (Gesellschaftliche Anforderungen) fest, daß die ökologische Beurteilung ein höchst gesellschaftlicher und kommunikativer Vorgang ist. Wir wenden uns daher im nächsten Abschnitt genauer der externen Kommunikation von Unternehmen zu.

11.4 Externe ökologische Kommunikation

Wie die Absatzpolitik wird auch die Kommunikationspolitik in der gängigen betriebswirtschaftlichen Marketingtheorie[1] in erster Linie als einseitiges Handeln der Unternehmen verstanden: „Zentrales Merkmal der Kommunikation ist die Übermittlung von Informationen und Bedeutungsinhalten zum Zweck der Steuerung von Meinungen, Einstellungen, Erwartungen und Verhaltensweisen gemäß spezifischer Zielsetzungen".[2] „Proaktive Öffentlichkeitsarbeit" (Meffert/Kirchgeorg 1992, S. 309) bleibt freilich einseitig, wenn sie einseitig bleibt. Wir haben in dieser Arbeit hoffentlich zur Genüge deutlich gemacht, daß Kommunikation gerade im externen Handlungsfeld sinnvollerweise nur als dialogischer, nicht als (sei es noch so aufgeklärt betriebener) monologischer Prozeß verstanden werden kann. Die externe ökologische Kommunikation ist daher nicht wie das traditionelle betriebswirtschaftliche Verständnis von Kommunikationspolitik eine von zahlreichen Methoden, die eigenen Produkte bzw. Dienstleistungen „an den Mann (bzw. die Frau) zu bringen" — ökologische Kommunikation kann als die Schlüsselaktivität des Unternehmens angesichts der ökologischen Herausforderung verstanden werden.

Dazu brauchen wir freilich einen angemessenen *allgemeinen* Begriff von dem, was unter Kommunikation zu verstehen ist.[3] Nicht hinrei-

---

1 Vgl. a. unsere Kritik in Kap. 3.2.

2 So Meffert und Kirchgeorg 1992, S. 220, die diese „einseitig einseitige" Betrachtungsweise noch dadurch verstärken, daß sie dabei auf die klassischen Instrumente des Kommunikationsmix verweisen — Werbung, Verkaufsförderung, Öffentlichkeitsarbeit und persönlichen Verkauf.

3 Vgl. dazu ausführlicher den von Ch. Schwarzer verfaßten Teil in Fischer u.a. 1993, S. 37ff.

chend scheint uns das auch in der Betriebswirtschaftslehre verbreitete nachrichtentechnische Kommunikationsmodell von Shannon und Weaver (1976)[1]. Danach kodiert der Sender eine Teilmenge der Nachrichten und übersetzt sie in das Signal, das durch einen Kanal vom Sender zum Empfänger übertragen wird. Während dieses Übertragungsvorganges kann das Signal durch Störungen verfälscht werden. Der Empfänger verwandelt das Signal zurück in eine Nachricht und übermittelt diese an das Ziel (s. Abb. 43).

Abb. 43: Das nachrichtentechnische Modell der Kommunikation

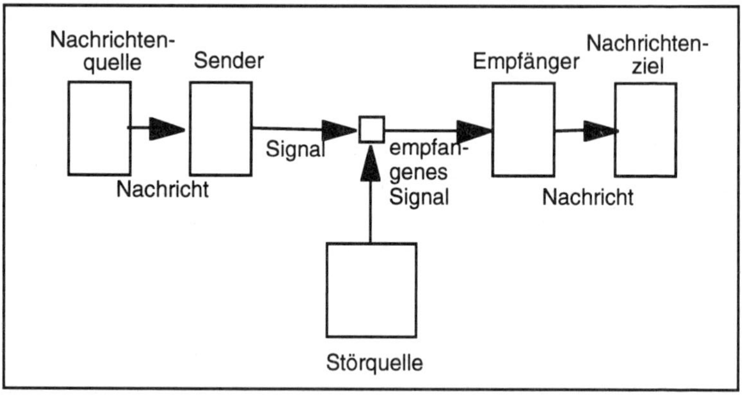

Quelle: Shannon/Weaver 1976, S. 16

Informationen, Botschaften und Bedeutungen erscheinen danach wie transportable Gegenstände. Das Kommunikationsproblem verkommt zum Transportproblem von Absichten, wobei unterstellt wird, daß das Signal prinzipiell im Sinne des Senders dekodiert und gelesen werden kann und nach erfolgreicher Kommunikation das Wissens- bzw. Meinungsgefälle ausgeglichen ist. Der Umstand, daß Sender und Empfänger sich aufgrund unterschiedlicher Erfahrungen in verschiedenen Situationen befinden können, aufgrund derer es nicht gelingt, sich zu verständigen, wird nicht berücksichtigt. Weder die Gründe von Kommunikation, die dahinterstehenden Motive noch deren geschichtliche Situation (Vorgeschichte, von daher spezifischer Sinn etc.) werden beachtet.

1 Shannon, C./Weaver, W. (1976): Mathematische Grundlagen der Informationstheorie, München/Wien.

Das nachrichtentechnische Kommunikationsmodell ist vor allem *einseitig*: es konzentriert die Aktivität auf den Sender, der Empfänger verharrt in der Rolle des passiven Rezipienten.

Watzlawick u.a. (1974) haben demgegenüber auf die Kreisförmigkeit von Kommunikationsprozessen hingewiesen. Jede Kommunikation (die nicht auf verbale Kommunikationen eingeschränkt werden soll) hat einen Inhalts- und einen Beziehungspunkt: der *Inhaltsaspekt* vermittelt die Daten; der *Beziehungsaspekt* bestimmt, wie die Daten aufgefaßt werden (vgl. Watzlawick u.a. 1974, S. 56). Nach der Erkenntnistheorie des radikalen Konstruktivismus[1] ist die von uns wahrgenommene Welt ein Konstrukt unseres Gehirns — das allerdings an der Umwelt geprüft wird: es soll uns nämlich erlauben, uns in der „realen" Welt einigermaßen sicher bewegen und orientieren zu können. Der Verlauf und die Folgen der Wahrnehmung werden also in erster Linie durch den Zustand und die Eigenschaften des Subjektes und nicht durch ein äußeres Signal bestimmt.

Kommunikation kann in diesem Sinne als gegenseitiges Bereitstellen von Reizen oder Signalen verstanden werden, die von den Kommunikationspartnern mehr oder weniger wahrgenommen und auf die eine oder andere Weise verarbeitet, mit Bedeutung versehen und behalten, also gelernt werden.[2] Kommunikation kann Vertrauen produzieren, durch gegenseitiges Bereitstellen von Wahrnehmungsmaterial, das wechselseitig lernend aufgenommen wird. Das Lernen führt zum gegenseitigen Erfüllen von Handlungserwartungen, zum gegenseitigen Verstehen.

Kommunikation als wechselseitiges Lernen soll im folgenden graphisch veranschaulicht werden (s. Abb. 44, 45 u. 46). Joe und Sally[3] seien unsere Kommunikationspartner.

Das informationsverarbeitende (besser, das informationsschaffende) System wird dargestellt als abgeschlossene Einheit (a), in die keine Informationen eindringen können. Dic Einheit nimmt mit den Sinnesorganen (b) Signale aus der Umwelt auf. (b) steht hier stellvertretend für alle Sinnesorgane und nicht nur für die Augen, wie die Grafik vielleicht

1 Vgl. dazu auch den letzten Teil von Kap. 7.

2 Lernen heißt hier natürlich nicht, etwas nach vorgegebenen Regeln tun oder wiederholen zu können, sondern eher die Veränderung des Gedächtnisses.

3 Dieses graphische Illustrationsbeispiel verdanken wir Christoph Schwarzer.

nahelegen mag. Welche Signale überhaupt wahrgenommen werden können, hängt von der Beschaffenheit oder, wenn man so will, von der Kapazität der Organe ab. Welche Signale aber im Moment wahrgenommen werden und besonders wie sie wahrgenommen werden, wird durch die sogenannte „Struktur" Joes bestimmt.

Diese Struktur ist in der Abbildung mit (c) bezeichnet und entspricht dem gemusterten Bereich. Die Struktur schließt Gedächtnis, Erfahrungen, Emotionen etc. ein und ist bei jeder Person unterschiedlich.

Zum einen bestimmt diese Struktur die Wahrnehmung, zum anderen wird die Struktur durch die Aktivitäten der Wahrnehmung verändert. Der Zustand der Struktur bestimmt auch das Verhalten (e) und das Bilden von Verhaltenserwartungen, die hier im Raum (d) dargestellt werden, der der „Struktur" gegenüberliegt.

Joes Verhalten ist für ihn selbst nicht sichtbar. Dies ist dadurch angedeutet, daß die Sinnesorgane sich außerhalb der „Verhaltenslinie" befinden. Vielmehr bedarf es eines Beobachters, der das Verhalten wahrnimmt.

Abb. 44: Joe trifft Sally zum ersten Mal,...

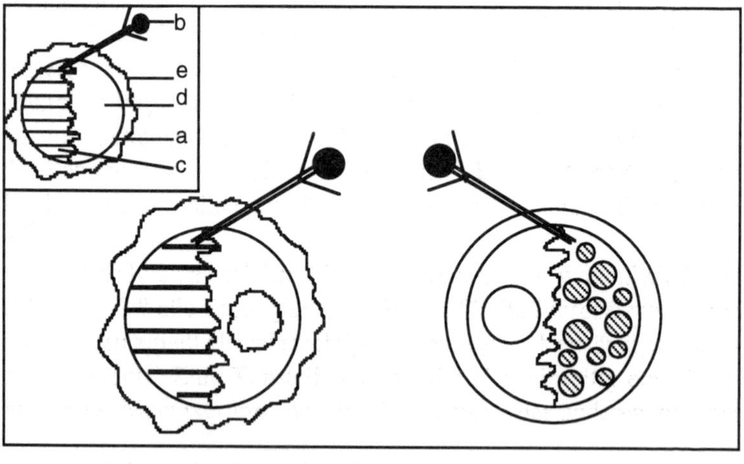

Für Joe selber ergibt sich sein Verhalten eher beiläufig, indem er versucht, die Signale, die er wahrnimmt, so zu verarbeiten, daß er in einen ausgeglichenen Zustand gelangt.[1]

1 Mit Ausgeglichenheit ist hier nicht der Zustand der Ruhe gemeint, den man gemeinhin darunter versteht, sondern der Ausgleich der durch Wahrnehmung eintretenden Veränderungen, durch Gegen-

Wenn Joe nun Sally trifft, können wir sehen, wie Kommunikation vonstatten geht.
Joe tritt Sally gegenüber, und beide nehmen sich gegenseitig wahr. Angenommen, sie treffen sich zum ersten Mal, so haben doch beide Verhaltenserwartungen in bezug auf ihr Gegenüber (dargestellt in (d)). Diese Verhaltenserwartungen beruhen auf Erfahrungen mit anderen Personen. Vielleicht kannte Joe schon mal eine Frau namens Sally, mit der er nicht so gut zurande kam, oder Sally sind ältere Herren mit Halbglatze, so wie Joe, sympatisch, da sie sie an ihren Lieblingsonkel erinnern — wer weiß.

Angenommen wir stellen fest, daß z.B. Sallys Verhaltenserwartungen (d) nicht mit dem Verhalten, das sie an Joe beobachtet (e), übereinstimmen. So könnte Joe passionierter Zigarrenraucher sein, während ihr Onkel nie rauchte und auch sonst einen sehr gesunden, sportlichen Lebensstil pflegte. Ähnlich kann es Joe mit seinen Erwartungen in bezug auf Sallys Verhalten ergehen, so daß nach einiger Zeit folgende Situation möglich wäre:

Abb. 45: ... sie lernen sich allmählich kennen, ...

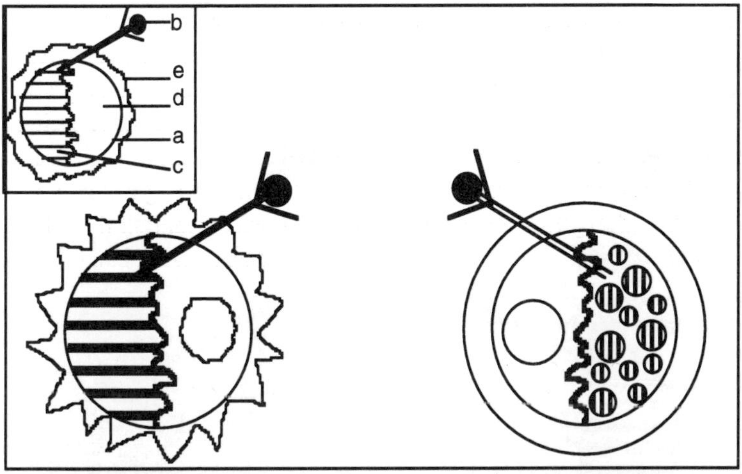

steuern. Wichtig ist, daß dieses Gegensteuern nicht aufgrund der Veränderungen in der „wirklichen Welt" stattfindet, sondern sich an der Wahrnehmung der Welt durch die individuellen Instrumente orientiert, wie dies beim Instrumentenflug im Nebel der Fall ist.

Beiden ist es nicht gelungen, dem anderen die eigene Konstruktion erfolgreich „unterzuschieben“. Dieses Scheitern veranlaßt beide, aktiv zu werden. Vielleicht überlegt Sally noch einmal, ob ihr Onkel nicht doch geraucht hat, oder sie prüft im Geiste andere Familienmitglieder, die sie Joe „unterschieben“ könnte.

Das Ganze muß natürlich nicht bewußt geschehen, und wird es wahrscheinlich auch nicht.

Durch diese Aktivitäten machen Joe und Sally Erfahrungen, die ihre Struktur (c) und damit auch ihr tatsächliches Verhalten, ihr jeweiliges Bilden von Handlungserwartungen und ihre Art wahrnehmen, verändern. Im Laufe der Zeit steigt vielleicht durch erfolgreiches „trial and error“ die Lebensdauer der Konstruktionen, oder die Änderungen, die sie erfahren, werden immer geringer, so daß Joe und Sally zunehmend in der Lage sind, das Verhalten ihres Gegenüber vorauszusagen. Idealerweise könnte man von gelungener Kommunikation sprechen, wenn die Handlungserwartungen in (d) sich mit dem decken, was mit Hilfe von (b) und (c) wahrgenommen wird. Beide entsprechen ihren gegenseitigen Handlungserwartungen und jeder kann das zukünftige Verhalten des Anderen recht gut abschätzen.

Abb. 46: ... und nach einer Phase des Versuchs und Irrtums „stimmen“ die Verhaltenserwartungen.

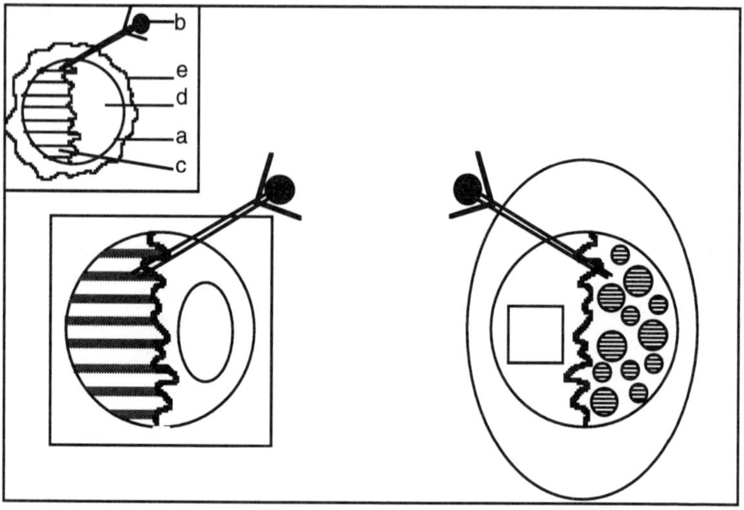

Es sollte klar sein, daß so ein Prozeß der Anpassung a) Zeit benötigt und nicht, wie es das nachrichtentechnische Modell nahelegt, blitzartig durch das Übertragen der „richtigen Botschaft" vor sich geht und b) auf Erfahrungen im Umgang miteinander beruht, der Scheitern und damit auch wieder die Konstruktion „besserer" Verhaltensannahmen ermöglicht.

Wir grenzen uns von vornherein von einem *äußerlichen* Kommunikationsverständnis ab, das auf die Rede- und Schriftform fixiert ist. Rede- und Schriftform sind eben nur äußerliche Formen eines Prozesses, der sich so beschreiben läßt, daß es um die *gemeinsame* Suche von Unternehmen und anderen (gerade auch Kritikern) nach besseren Lösungen geht. Eine solche Beschreibung stellt offensichtlich auch Voraussetzungen auf für die anderen Mitakteure der Kommunikation, vor allem die, daß sie dem Unternehmen nicht von vornherein die Chance zur Veränderung absprechen, d.h. sie müssen dem Unternehmen die *Bereitschaft* und — mindestens über Hilfe — auch die *Fähigkeit* zu ökologisch besseren Problemlösungen zusprechen.

Von seiten des Unternehmens setzt *ökologische* Kommunikation wesentlich voraus, daß es Formen schafft, die die Unternehmensaktivitäten kommunizierbar machen, d.h. die anderen nicht zuschütten mit Informationen und so tendenziell entmündigen, sondern ihnen im Gegenteil Möglichkeiten geben zur kommunikativen Intervention. Eine Form können *externe Umweltberichte von Unternehmen* sein. Sie sollten sowohl im engeren Sinne berichten, d.h. von stattgefundenen unternehmenspolitischen Aktivitäten Kenntnis geben, als auch konkrete *Umweltqualitätsziele* enthalten, die das Unternehmen setzt und die hinreichend konkret sein müssen, um nachvollziehbar und kontrollierbar zu sein.

Nun finden wir im Umgang der Unternehmen mit der Öffentlichkeit in ökologischen Fragen eine eigentümliche Schizophrenie vor: einerseits möchte man möglichst hörbar und wirksam über umweltschutzbezogene Aktivitäten der Firma berichten, andererseits fürchtet man sich davor, daß Inhalte und Formen einer ökologischen Berichterstattung zu stark von außen reguliert werden könnten.

Entsprechend den gestiegenen gesellschaftlichen Anforderungen wächst die Zahl der Unternehmen ständig, die ein Umweltkapitel zum Bestandteil von Firmenbroschüren und Geschäftsberichten machen. In solchen Kapiteln wird regelmäßig dargestellt, daß es sich um eine ökologisch besonders engagierte Firma handelt.[1]

Das Problem solcher Selbstdarstellungen liegt darin, daß die Selektierung der Information einseitig vom Unternehmen vollzogen wird und von anderen kaum nachvollzogen werden kann. Nicht nur wie berichtet wird, sondern auch worüber (und worüber nicht), entscheidet allein das Unternehmen. Dem psychologischen Druck, Positives zu berichten, vielleicht sogar noch besser darzustellen, kritische Bereiche der Unternehmenstätigkeit dagegen herunterzuspielen oder überhaupt zu verschweigen, ist damit kein Hemmnis entgegengestellt. Es ist genau so, als dürfte ein Unternehmen in der Bilanz in beliebiger Weise über seine Forderungen und Vermögensbestände berichten, seine Verbindlichkeiten aber gleichzeitig geheimhalten.

Das Spiel einer solchen externen Berichterstattung von Unternehmen ist in Deutschland schon einmal durchgespielt worden: als mit Beginn der 70er Jahre die bundesdeutschen Unternehmen mehr als vorher nach ihrer sozialen Verantwortung befragt wurden, sollten *Sozialbilanzen* darüber Auskunft geben.

Die Vorschläge, für solche Sozialbilanzen verbindliche methodische Regeln zu entwickeln, um ihre Aussagekräftigkeit herzustellen, konnten sich nicht durchsetzen (vgl. dazu Dierkes 1974).

Die Weigerung der Unternehmerseite, solche verbindlichen Regeln zu akzeptieren, war am Ende für alle Beteiligten wenig hilfreich, auch für sie selbst. Denn unternehmenspolitische Selbstbelobigungen hinsichtlich freiwilliger betrieblicher Sozialleistungen, die nach freien Stücken von der Unternehmensführung gestaltet werden, verfehlen zwangsläufig ihren Zweck: überzeugend darzulegen, daß es sich um ein (in diesem Fall sozial) besonders engagiertes Unternehmen handelt.

Von einer überbetrieblich normierten externen *Umweltberichterstattung* hingegen würden die Unternehmen, die ökologisch überdurch-

---

1 So heißt es etwa bei der Fa. Mohndruck GmbH: „Umweltschutz ist heute eine unausweichliche Notwendigkeit — und Bestandteil unseres wirtschaftlichen Daseins. Auch in diesem Bereich denken wir weiter — und wir tun gut daran. Die Kunden unserer Kunden werden in absehbarer Zeit Druckerzeugnisse verlangen, die umweltschonend hergestellt wurden. Wir geben uns jedoch nicht damit zufrieden, auf die Ansprüche des Marktes zu reagieren — wir sind selbst Schrittmacher. Deshalb produzieren wir nicht nur umweltgerecht, sondern bieten unseren Kunden auch entsprechende Marktorientierung" (Mohndruck 1991).

schnittliche Leistungen erbringen, mit Gewißheit Nutzen ziehen können.

Der Druck der Öffentlichkeit darauf, daß Unternehmen nicht nur überhaupt, sondern *glaubwürdig* berichten, wird in nächster Zeit sicher steigen. Die Konsumenten achten in großer Zahl heute neben technischen und anderen Qualitätsaspekten auf die ökologische Beschaffenheit der Produkte. Dabei stehen sie längst nicht mehr allein, sondern finden Unterstützung durch Verbraucherverbände, einschlägige Publikationen und Institutionen. Der Zwang, aufgrund öffentlichen Drucks Produkte aus dem Handel zu nehmen, ist betriebswirtschaftlich immer negativ zu bewerten: die Zahlen verschlechtern sich, und die Unternehmung hat wieder ein Beispiel mangelnder Voraussicht und Planung geliefert. Eine Umweltberichterstattung, die nicht einseitig bleibt, sondern eingebettet wird in ein Konzept *dialogorientierter* Kommunikation mit Kunden und kritischer Öffentlichkeit, kann solche Fehler vermeiden helfen. Das hätte hinsichtlich betrieblicher Sozialbilanzen auch gegolten, ohne daß die Energie sozialpolitischer Vorreiterunternehmen damals ausgereicht hätte, solche Normierungen zu erreichen. Hauptinteressent daran war freilich mit den Arbeitnehmern die wesentliche unternehmens*interne* Anspruchsgruppe. Bei der Umweltberichterstattung ist die Gesellschaft zur Gänze betroffen und im Prinzip interessiert; von daher halten wir die Normierungschancen hier für größer.

Die spezifischen Verbraucherinteressen machen deutlich, daß Umweltberichterstattungen von Unternehmen sich natürlich nicht nur mit ökologischen Optimierungsmöglichkeiten der Produktionsverfahren beschäftigen dürfen, sondern zu ökologischen Eigenschaften und Problemen der hergestellten Produkte gründliche Auskunft liefern müssen.

Im Rahmen ökologisch erweiterter Verbraucherinformationen haben externe Kriterien vermutlich positiv stimulierende Wirkungen auf die Unternehmen. Umgekehrt ist es für Unternehmen von Vorteil, sich bei ihrer Erfassung und Verarbeitung beurteilungsrelevanter Informationen an Kriterien zu orientieren, die von Organen einer kritischen Verbraucheröffentlichkeit vorgegeben werden.

Gegenüber der Umweltaufsicht des Staates haben die Unternehmen bereits heute bestimmte Pflichten der externen Berichterstattung.[1]

---

1 Nach dem Bundesimmissionsschutzgesetz (§§ 26 bis 31) können externe Messungen auch ohne die Zustimmung des Anlagenbetreibers vorgenommen werden.

Zu den Kapitalgebern und Investoren ist die ökonomische Relevanz ökologischer Probleme und Risiken längst über zahlreiche negative Erfahrungen durchgedrungen. Auch ihre besonderen Informationsinteressen müßten bei der Regelfindung für eine externe Umweltberichterstattung Berücksichtigung finden, was beispielsweise die Abschreibesicherheit von Investitionen betrifft. Für sie wie auch für die Versicherungswirtschaft stellt sich vor allem die Frage nach der Abschätzbarkeit ökologischer Risiken. Natürlich operiert man hier stark im Bereich ungewisser Erwartungen, jedoch stellt sich um so mehr die Frage nach möglichen Kalkulierbarkeiten.

Die Quellen solcher Risiken können sehr verschiedene sein: standortbedingte Einflußfaktoren (z.B. geologische oder hydrogeologische Verhältnisse), Altlasten, Freiwerden gefährlicher Stoffe im sogenannten Normalbetrieb, Unfallrisiken, spezielle Risiken durch Lagerung, Transport oder Logistik.

Die Methodik einer externen Umweltberichterstattung müßte in bezug auf die Heterogenität der Anspruchsgruppen hinreichend komplex gestaltet werden. Auf der Grundlage eines funktionierenden Öko-Controlling würde sich der Aufwand des Unternehmens hierfür allerdings in betriebswirtschaftlich vertretbaren Grenzen halten.

Erst eine Methode, bei der nicht die ökonomischen, sondern die ökologischen Gesichtspunkte des Unternehmens im Vordergrund stehen, verdiente seriöserweise den Namen Umweltberichterstattung. In einer Studie des Wissenschaftszentrums Berlin, die die Umweltberichterstattung von 20 deutschen Großunternehmen auswertete (vgl. Uka 1986), wurden vor Jahren bereits Forderungen in dieser Richtung erhoben: so sollten Unternehmen über von ihnen emittierte Schadstoffe möglichst vollständig und differenziert berichten, also auch nicht mit zu hoch aggregierten Daten, und sie sollten die spezifischen ökologischen Folgen ihrer Tätigkeit auch ausdrücklich zu den Verhältnissen der Branche in Beziehung setzen.

Der Vorschlag, Unternehmen sollten sich in ihrer Umweltberichterstattung ausdrücklich auf die ökologischen Standards der Branche beziehen, verweist darauf, daß die Offenlegung stofflicher und energetischer Informationen natürlich nur in dem Maße Sinn macht, wie diese Fakten in prüfender Weise in Beziehung gesetzt werden zu ökologischen Zielen, die vernünftigerweise aufgestellt werden können.

Die Option auf eine periodische externe Umweltberichterstattung der Unternehmen nach bestimmten Verfahrensregeln hat inzwischen Unterstützung erfahren durch den Entwurf des Allgemeinen Teils eines *Umweltgesetzbuches* (Kloepfer u.a. 1990), das unter den sogenannten Umweltpflichten in einem eigenen Paragraphen die Umweltrechnungslegung in Unternehmen fordert. Der § 14 Abs. 1 heißt im Wortlaut: „Betreiber von nach diesem Gesetz oder aufgrund dieses Gesetzes genehmigungsbedürftigen Anlagen, die nach den § 264 Abs. 1, § 325 Abs. 1 Satz 1, Abs. 2 des Handelsgesetzbuches zur Aufstellung und Offenlegung eines Lageberichts verpflichtet sind, haben einmal jährlich über die wesentlichen Auswirkungen auf die Umwelt einschließlich der Reststoffe und Abfälle, die von den Anlagen und den in ihnen hergestellten Produkten verursacht werden, und die zu ihrer Vermeidung oder Verminderung getroffenen Maßnahmen sowie die Tätigkeit des Umweltbeauftragten öffentlich zu berichten. Der Bericht kann Teil des Lageberichts (§ 289 des Handelsgesetzbuches) sein" (Kloepfer u.a. S. 44).

Die erklärte Absicht ist hier also, eine „umweltbezogene Publizitätspflicht" (S. 180) der Unternehmen zu schaffen. Interessanterweise betonen die Verfasser, daß die Publizitätspflicht der Unternehmen sich zwar historisch als Mittel der Information der Aktionäre und des Gläubigerschutzes entwickelt habe, aber mittlerweile längst anerkannt sei, daß die Unternehmung gegenüber der Öffentlichkeit insgesamt *grundlegende Unterrichtungspflichten* habe.[1]

So heißt es im Umweltgesetzbuch-Entwurf zur Erläuterung des § 14: „Das Informationsinteresse der Öffentlichkeit beschränkt sich jedoch nicht auf die wirtschaftliche Lage des Unternehmens. Die Auswirkungen der Unternehmenstätigkeit auf die Umwelt sind von ebenso großer gesamtgesellschaftlicher Bedeutung. Großunternehmen haben daher nicht nur darüber öffentlich Rechenschaft abzulegen, wie sie wirtschaften, sondern auch darüber, wie sie ihre Umwelt belasten" (S. 180).

Verfassungsrechtliche Bedenken und der Rückzug auf Betriebsgeheimnisse gegen eine umweltbezogene Publizitätspflicht der Unternehmen werden von den Autoren zurückgewiesen. Gegen solche Beden-

---

1 Die Juristen drücken hier genau die Veränderung im Verhältnis zwischen Unternehmung und Gesellschaft aus, die in der betriebswirtschaftlichen Debatte als steigende Verantwortung der Unternehmung gegenüber ihren internen und externen Anspruchsgruppen beschrieben worden ist.

ken stellen die Autoren die Grundsätze einer offenen demokratischen Gesellschaft und das Erfordernis einer Ökologisierung des Wirtschaftens: „Sinn der öffentlichen Rechenschaft über die Umweltauswirkungen der Unternehmenstätigkeit ist es vielmehr, die umweltbezogenen Entscheidungen im Unternehmen über die gesetzlichen Bestimmungen hinaus öffentlicher Kritik auszusetzen und die Unternehmen zu veranlassen, bei bedeutsamen wirtschaftlichen Entscheidungen die Umweltbelange freiwillig besser zu berücksichtigen, und so umweltverträgliches Wirtschaften anzuregen" (S. 180).[1]

Mit Kritik an gängiger Praxis wird das Plädoyer für externe Umweltberichterstattung der Unternehmen auch von Schmidheiny erhoben: „Eine systematische, dokumentierte, regelmäßige und objektive Beurteilung ist nötig, um festzustellen, inwieweit eine Unternehmung den Zielen einer nachhaltigen Entwicklung entspricht. Sie erleichtert nicht nur die Kontrolle durch das Management, sondern gestattet auch, die Einhaltung der Unternehmenspolitik einschließlich der gesetzlichen Vorschriften zu überwachen. Die Berichterstattung über den Fortschritt in Richtung nachhaltiger Entwicklung ist eine anspruchsvolle Aufgabe und unterscheidet sich erheblich vom Umwelt-Reporting. Sie erfordert, daß Unternehmen ihre ökologischen und ökonomischen Leistungen für die Lebensqualität der heutigen und künftigen Generationen bewerten. Dieses Ziel muß erst erreicht werden."[2]

---

1 Skepsis äußern die Autoren hinsichtlich der Möglichkeit quantifizierter ökologischer Bilanzen. Damit entsprechen sie der in dieser Arbeit vorgetragenen Auffassung: gerade wenn man beherzigen will, daß das Ökologieproblem ein zutiefst soziales ist, nämlich wie wir Menschen in und mit der Natur leben wollen, und wenn entsprechend die konkreten Umweltqualitätsziele von Unternehmen auch immer subjektiv geprägt sind, muß auf dem Feld der ökologischen Berichterstattung der Schein der naturwissenschaftlichen Exaktheit und Objektivität vermieden werden.

2 Schmidheiny 1992, S. 138, wo es weiter heißt: „Im Idealfall informieren die Unternehmen alle interessierten Bezugsgruppen regelmäßig über ihre Fortschritte in Richtung nachhaltiger Entwicklung, um deren Reaktionen als Feed-back zu verwenden. Durch die in Form und Inhalt einheitlichen Informationen wäre dann klar zu erfahren, ob ein Unternehmen auf nachhaltige Weise arbeitet, welche Verbesserungen es mit der Zeit erreicht hat und wie sein Erfolg im Vergleich zu anderen Unternehmen zu bewerten ist. Eine optimale Berichterstattung hätte demnach den Bedürfnissen und Erwartungen aller Beteiligten zu entsprechen. Das heißt, sie müßte deutlich und verständlich sein, die Leistung des Unternehmens klar darstellen und einen Vergleich im zeitlichen Ablauf und mit anderen Unternehmen ermöglichen. Die Praxis entspricht diesem Ideal noch nicht. Die mei-

Nachdrücklich fordert der Kurswechsel-Bericht von den Unternehmen eine zielbewußte Berichterstattung und gerade dort, wo bereits ein internes ökologisches Berichtswesen existiert, zügig zur *externen* Umweltberichterstattung überzugehen.

Wir sehen daher gestiegene Aussichten dafür, daß immer noch starker unternehmerischer Widerstand gegen eine externe ökologische Berichterstattung von Unternehmen, periodisch und nach bestimmten verbindlichen Verfahrensregeln, größerer ökologischer Vernunft weicht.

Eine solche Berichterstattung umfaßt im Idealfall die nachfolgenden 10 Elemente (der Weg zu deren Vervollständigung kann als *Annäherung* an das Optimum betrachtet werden):[1]

1. Dialogorientierung
Der Umweltbericht soll den Dialog zwischen Unternehmen und Anspruchsgruppen fördern. Dazu muß der Bericht zugeschnitten werden auf die Informationsbedürfnisse der Leser, in diesem Sinne gut lesbar und verständlich sein. Das Vertrauen der Leser in die Bereitschaft des Unternehmens, seine Umweltpolitik offen und verständigungsorientiert zu kommunizieren, muß durch die Art und Weise, wie der Bericht abgefaßt ist, entwickelt und gestärkt werden.

2. Problemkommunikation
Offene Kommunikation bedeutet, neben den Leistungen die noch nicht bewältigten Probleme zu kommunizieren. „Tue Gutes und rede darüber“ ist streng genommen nichts anderes als die moderne Variante des Bemühens, andere in die Irre zu führen. Kommunikation von Problemen beinhaltet die ausdrückliche Kommunikation eigener Fehler, Schwächen und Defizite im Umgang mit diesen Problemen. Wenn durch echten Dialog Probleme als gemeinsame identifiziert werden, werden die externen Anspruchsgruppen in die Pflicht genommen, selbst zur Lösung beizutragen. Außerdem wird ein dementsprechend gestalteter Umweltbericht mit Sicherheit auf größeres Interesse stoßen und so den Dialog zusätzlich fördern.

---

sten Unternehmen versäumen es, die Öffentlichkeit regelmäßig über ihre Umweltpolitik bzw. ihre Bemühungen um eine nachhaltige Entwicklung zu informieren.“

1 Vgl. Fischer u.a. (1993), S. 85ff.

3. Darstellung des Unternehmens und seiner gesellschaftlichen Funktion

Der Umweltbericht soll den praktischen Stellenwert ökologischer Ziele in der Unternehmenspolitik offenlegen. Das beginnt bei der Wiedergabe der (falls vorhanden) Umweltleitlinien und der Beschreibung, welche Rolle ökologische Aspekte in Unternehmensphilosophie und Unternehmensverfassung spielen. Dazu gehört ferner neben der Betrachtung der Produktionsverfahren die Beurteilung der Produkte im Sinne einer zeitgemäßen gesellschaftlichen Wertschöpfung. Produkte sind wie Dienstleistungen kein Selbstzweck, sondern dazu da, sich wandelnde gesellschaftliche Bedürfnisse zu befriedigen.Der Umweltbericht soll zur Beobachtung und Selbstbeobachtung des Unternehmens dienen, ob tatsächlich eine zukunftsorientierte, entsprechend flexible Produktpolitik verfolgt wird.

4. Darstellung und ökologische Beurteilung der Stoff- und Energieaustauschbeziehungen

Der Umweltbericht muß in verständlicher Form Vollständigkeitskriterien genügen. Das hat sich zu beziehen auf:

- den stofflich-energetischen Input und Output des Betriebes,
- die vor- und nachgelagerten Stufen hinsichtlich des Produktes,
- die logistischen und transportbezogenen Aspekte.

Die Daten dürfen unter dem Gesichtspunkt der Nachvollziehbarkeit nicht zu hoch aggregiert sein, d.h. die Verknüpfung von Zahlen mit den dahinterstehenden Problemen muß geleistet werden.

5. Darstellung des Umweltprogramms, konkreter Umweltqualitätsziele und der Organisation des betrieblichen Umweltschutzes

Der Umweltbericht soll in eindeutiger und nachprüfbarer Weise aufführen, welche Konsequenzen die Unternehmung aus der analysierten Situation und ihrer ökologischen Beurteilung zu ziehen gedenkt.

Solche Konsequenzen sollen keine allgemeinen Absichtserklärung zur Verbesserung der Situation enthalten, sondern operationalisierte, d.h. wenn möglich auch quantifizierte Ziele.

Konkrete Zielsetzungen dieser Art sind für alle Problemfelder und Handlungsbereiche zu entwickeln, die vorher in dem Umweltbericht aufgeführt werden.

Solche Ziele sollen nicht nur bezüglich ihres Stellenwertes an relativer ökologischer Verbesserung vorgestellt, sondern möglichst auch hinsichtlich ihrer Reichweite bezogen auf die konkreten ökologischen Problemlagen beurteilt werden. Es geht ja nicht nur um die Frage, ob das einzelne Unternehmen zu (vielleicht völlig marginalen) ökologischen Fortschritten in der Lage ist, sondern welche praktischen Konsequenzen sich daraus für die gesamte ökologische Problemkonstellation ergeben. Weiterhin soll der Umweltbericht die spezifische Art und Weise, wie der Umweltschutz im Unternehmen organisiert ist, beschreiben und begründen. Die Begründung dient u.a. der Kommunikation zwischen Unternehmen über die Frage, wie die Organisation betrieblichen Umweltschutzes optimiert werden kann.

6. Jährlicher Umweltbericht als ein Schritt in der Zeit
Weniger bezogen auf die Leistungen und Aufwände als vielmehr auf die realen ökologischen Effekte der Unternehmenstätigkeit soll der jährliche Umweltbericht präzise ökologische Vergleiche mit der Vorperiode ermöglichen. Es ist Rechenschaft abzulegen darüber, inwiefern die für das abgeschlossene Geschäftsjahr gesetzten Umweltqualitätsziele erreicht bzw. verfehlt wurden. Im zweiten Fall sind soweit möglich die Gründe zu kommunizieren. Ferner ist über die Kommunikation des (falls schon existent) Umweltberichts der Vorperiode zu berichten und sind daraus Schlußfolgerungen zu ziehen für die Frage, wie der Dialog zwischen Unternehmen und Anspruchsgruppen verbessert werden kann, denn auch hier gilt: Verbesserung ist immer noch möglich. Schließlich soll auch zur ökologischen Organisationsentwicklung des Unternehmens in der Zeit Stellung genommen werden, gegebenenfalls natürlich auch zu direkt strukturbezogenen Veränderungen in der Organisation des betrieblichen Umweltschutzes.

7. Darstellung der Methode und der Grenzen der Erfassung
Der Umweltbericht soll Nachvollziehbarkeit für diejenigen, die ihn lesen, schließlich auch dadurch herstellen, daß die Methode seiner Erstellung beschrieben wird. Das betrifft also die Auswahl der Daten und Informationen, die Erfassungsweise und die Verarbeitungsschritte, soweit dies nicht bereits aus den vorherigen Teilen des Berichts deutlich wird.

Den Charakter des Umweltberichtes als offenem Kommunikationsinstrument (nicht als einseitiger PR-Aktivität zur Erzeugung von Goodwill) sollte die Unternehmung dadurch unterstreichen, daß auch auf methodische Schwierigkeiten und Grenzen der Umweltberichterstattung eingegangen wird.

Ferner sollten die Versuche beschrieben werden, die speziell ökologiebezogene Informationsverarbeitung des Unternehmens mit dessen gesamtem Informationssystem und dem kaufmännischen Rechnungswesen zu verknüpfen, einschließlich der EDV-technischen Aspekte dieser Aufgabenstellung.

8. Vorschläge zur Verbesserung staatlicher Umweltpolitik

Offene Kommunikation schließt ein, auf das allzu beliebte Lamento über die Irrungen und Wirrungen staatlicher Politik zu verzichten. Statt dessen soll der Umweltbericht konkrete Kritik an Defiziten staatlicher Umweltpolitik (sofern das Unternehmen diese hat) ausdrücklich einbeziehen und, falls möglich, dazu Lösungsvorschläge unterbreiten.

Vor allem sollen sich Umweltberichte einbetten in die Kommunikation über effektivere und effizientere Umweltpolitik des Staates.

Nicht nur ökologisch, sondern gerade betriebswirtschaftlich profitieren ökologische Vorreiter unter den Unternehmen von einer verschärften Umweltpolitik des Staates, natürlich nicht von einer, die sich auf Auflagen und Ge- und Verbote konzentriert, sondern einer solchen, die für ökologisches Handeln von Unternehmen die richtigen ökonomischen Impulse gibt. Im Rahmen des hier vertretenen Verständnisses von Unternehmenskommunikation wäre es wünschenswert, wenn Unternehmen in ihre externen Umweltberichte auch Vorschläge für eine wirksamere anreizorientierte Umweltpolitik einbauen würden.

9. Kommunikation über Marktprobleme

In Umkehrung eines in den vergangenen Jahren vielzitierten Satzes scheint in einer Reihe von Fällen ein hohes Risiko für die Unternehmen darin zu liegen, mit seinen ökologischen Möglichkeiten der Marktnachfrage vorauszueilen. Wer zu früh kommt, den kann tatsächlich das Leben bestrafen. So wurde versucht, fischer-technik-Produkte mit wesentlich kleineren Verpackungen am Markt zu plazieren, als dieser das zum betriebswirtschaftlichen Schaden des Unternehmens noch sabotierte, und es mußte Jahre später ein neuer Anlauf genommen werden. Oder was ist mit dem Tapetenhersteller, der von der PVC-Produktion wegwill und feststellen muß, daß ein nicht geringer Teil seines Absatzvolumens (woran ja neben Umsatz und Rendite auch immer Arbeitsplätze hängen) in PVC-aufgeschäumten Strukturtapeten besteht, wobei es zu PVC hierfür noch keine gleichwertige stoffliche Alternative gibt?

Es wäre ein bedeutender Fortschritt, wenn im Rahmen externer Umweltberichte Unternehmen auch darüber kommunizieren würden, welche ökologischen Schwierigkeiten sie ihrerseits mit dem Markt haben.

10. Aktive Verarbeitung kritischer Stellungnahmen
Die Kraft des ökologischen Dialogs lebt von der Verknüpfung interner und externer Kommunikation. Ökologisch kommunizierende Mitarbeiter sind die besseren Innovatoren; und Mitarbeiter, die sich als Beteiligte der ökologischen Unternehmenspolitik verstehen, können diese auch nach außen besser kommunizieren. Umweltberichte im Sinne der von uns gemachten Empfehlungen sind nicht für die Ablage gedacht, sondern zur Intensivierung kontinuierlicher Kommunikation. Das erfordert seitens der Unternehmen die Kompetenz, auf Anforderung hin zu einzelnen Aspekten des Umweltberichts differenziert Stellung zu nehmen und daraus für sich selbst lernen zu können.

Ähnlich dem Beispiel des französischen bilan social, wo die Stellungnahme des Betriebsrats zur Sozialbilanz einen Bestandteil dieser darstellt, kann für die Umweltberichte von Unternehmen überlegt werden, Stellungnahmen Interner oder Externer (Umweltschutzverbände, von einer konkreten Unternehmenstätigkeit Betroffener o.ä.) beizufügen und dadurch den Dialog zu verstärken.

Eine externe Umweltberichterstattung, die diese Bausteine beinhaltet, ist zweifellos unter Aufwandsgesichtspunkten komplex und wegen der möglichen Darlegung von Schwächen des Unternehmens nicht völlig ohne Risiko.

Wir gehen allerdings davon aus, daß ein solcher Berichterstattungstyp im Trend steigender gesellschaftlicher Ansprüche an die Unternehmen liegt.

Auf diesem Wege wird eine *ökologisch orientierte Corporate Identity* der Unternehmung geschaffen und gestärkt, die Marktkommunikation auch in ihrer ökologischen Dimension entwickelt und ein Vertrauensverhältnis zu den vielfältigen ökologischen Anspruchsgruppen geschaffen.

Wir haben in dieser Arbeit mehrfach darauf hingewiesen, daß Kommunikation nicht hinreichend beschrieben werden kann durch den Informationstransport von A nach B. Ein Schritt in dialogischer Richtung ist die gegenüber den zahlreichen und von ihren Zielen her heterogenen Anspruchsgruppen aufgeschlossene Selbstthematisierung der

Unternehmen. Nun haben Aufgeschlossenheitsdefizite in einer Reihe von Fällen[1] gerade bei einem Teil der externen Anspruchsgruppen die Skepsis gegenüber dem Verhalten von Unternehmen in solchen Situationen eher verstärkt. Die häufiger aufgetretene Konfliktbereitschaft und Konfliktstärke von Bürgern und Bürgerinitiativen provoziert auf der unternehmenspolitischen Seite neue Formen konsensualen (d.h. zunächst einmal verständigungsorientierten) Handelns. Es soll eine stärkere demokratische Verfahrenslegitimation durch Einbeziehung der von der jeweiligen Unternehmensentscheidung tatsächlich Betroffenen erzielt werden, damit auch eine größere Rechtssicherheit, ohne daß es zu betriebswirtschaftlich unvertretbaren Verfahrensverzögerungen kommt, eintritt. In dieser Hinsicht steht sogar zu vermuten, daß eine stärkere demokratische Verfahrenslegitimation die zeitliche Effizienz des Verfahrens erhöhen wird.[2]

Die strategische Thematisierung neuer Formen konsensualen Handelns geht davon aus, daß die parlamentarische Demokratie zwar zahlreiche Institutionen für verständigungsorientierte Konfliktaustragung zur Verfügung stellt, in der konkreten Situation jedoch auch immer wieder Erweiterungen braucht.[3] Solche Erweiterungen, mit denen unter Einsatz nichtverrechtlichter Formen der Auseinandersetzung nach Konsens gesucht wird, werden seit einiger Zeit unter dem Begriff „mediation“ geführt. Mediation heißt zunächst nur Vermittlungsverfahren, ohne feste Regeln. Ein neutraler Moderator muß nicht, kann aber hinzugezogen werden; er wird *Mediator* genannt.

Ist ein Mediator mit im Spiel, kann seine Rolle unterschiedlich ausgelegt werden:

- beschränkt auf verfahrensorientierte Eingriffe,

---

1 Der vielleicht in den vergangenen Jahren meistdiskutierte in Deutschland war der — höchstrichterlich gescheiterte — Versuch der Daimler-Benz AG, die Teststrecke Boxberg zu realisieren.

2 Vgl. dazu Gaßner u.a. 1991; für die unternehmens*internen* Entscheidungsbildungsprozesse ist dieser Zusammenhang übrigens bereits aus der Debatte um die „japanische Herausforderung“ bekannt (vgl. dazu Pascale/Athos 1982, S. 99ff.).

3 Vgl. Zilleßen 1992; solche Erweiterungen werden in der neueren Diskussion eher als flexibel situative diskutiert, nicht auf der verfassungs- oder wirtschaftsordnungsbezogenen Verrechtlichungsebene wie in früheren Demokratisierungsdebatten. Ein Begriffssymbol in Deutschland zur Zeit der DDR-Auflösung waren die Runden Tische; mit diesen war ein anderes Politikverständnis verbunden als mit dem nachfolgenden Wiedervereinigungsprozeß.

- beauftragt, nicht nur verfahrens-, sondern auch ergebnisorientiert einzugreifen,
- befugt zu einem Urteil, das für die beteiligten Konfliktparteien akzeptabel sein soll.

Aus sozialwissenschaftlicher Perspektive mag die letztere Rolle vielleicht optimal erscheinen (so Zilleßen 1992, S. 12). Der Argumentationsgang unserer Arbeit legt eher eine andere Positiion nahe: die Unternehmung wie auch alle anderen am Konflikt beteiligten Organisationen, Institutionen und Individuen sind vor allem hinsichtlich ihrer *endogenen Lern- und Entwicklungspotentiale* zu betrachten. Hinzu kommt ja auch noch, daß vermutlich (z.B. bei Bürgerinitiativen und Umweltverbänden) in dem Verständigungskreis Repräsentanten, d.h. *Stellvertreter* spezifischer Gruppen- und Organisationsinteressen, vertreten sind, die zur Vertiefung der demokratischen Legitimation die Rückkoppelung mit denen herstellen müssen, die sie vertreten; auch darüber finden Lernprozesse statt.

Wir favorisieren daher ein Mediationkonzept, wo der Mediator über Verfahrensprobleme hinaus zwar die Konsistenz bzw. Plausibilität einzelner inhaltlicher Positionen hinterfragen, jedoch auf die Rolle verzichten soll, die wesentlichen Lösungsvorschläge zu machen.

Für die erfolgreiche Durchführung von Mediation-Verfahren werden inzwischen Verfahrensgrundsätze erörtert sowie Konzepte zur Phaseneinteilung des Verfahrens. Würtenberger (1991, S. 261) nennt sieben Grundsätze:

(1) Die Möglichkeit zur Diskussion von Alternativen muß noch möglich sein.[1]

(2) Durch Unterstützung des Mediators soll die Auseinandersetzung möglichst sachlich sein.

(3) Zum Zwecke der Verfahrensgerechtigkeit müssen Rede- und Teilnahmerechte definiert und gewahrt werden.

---

1 Schon dieser „grundsätzlichste“ Grundsatz birgt möglicherweise ein fundamentales Problem: wenn es über Verhandlungstabus einer Verhandlungsseite keinen Konsens gibt. Vgl. etwa den mediation-Fall der Werksansiedlung von Daimler-Benz AG im baden-württembergischen Rastatt, wo das Unternehmen „logischerweise“ nicht über das Ob verhandeln wollte, sondern nur über das Wo.

(4) Technisch-wissenschaftliche Streitpunkte sollen in einem gutachterlichen Brainstorming geklärt werden.[1]
(5) Die Auswahl der Beteiligten ist sorgfältig durchzuführen.[2]
(6) Alle Beteiligten müssen von der Notwendigkeit eines Konsenses überzeugt sein (win-win-Situation).[3]
(7) Die Herstellung der Konsens-Lösung ist vom Geschick des Verfahrensleiters abhängig, der die Beteiligten in den Konsens einbinden muß.[4]

Was die Phasen des Mediationprozesses betrifft, so lassen sich hier die Vorverhandlungsphase, die eigentliche Verhandlungsphase und die Implementierungsphase unterscheiden (vgl. Holznagel 1990).

In der *Vorverhandlungsphase* ist die elementar wichtige Auswahl der Verhandlungsteilnehmer zu treffen sowie festzulegen, wie die Verfahrensregeln sein sollen. Während der *Verhandlungsphase* soll — in Übereinstimmung mit der unternehmenspolitischen Generallinie von Verständigungsorientierung, wie sie mit dieser Arbeit vertreten wird — sowohl die Informationsgewinnung als auch die Problemlösungssuche möglichst kooperativ angegangen werden, um zu einem tragfähigen Verhandlungsergebnis zu kommen. Diese Tragfähigkeit ist Voraussetzung dafür, daß sich in der *Implementierungsphase* die Verhandlungsparteien an das Ergebnis gebunden fühlen, so daß auch die Überwachung der Implementation kooperativ erfolgen kann. Für den Fall von Unstimmigkeiten, gegebenenfalls aber auch schon bei Unklarheiten, d.h. kommunikativen Defiziten hinsichtlich einzelner Komponenten der Implementation sollten die Verhandlungen noch einmal aufgenommen werden.

Der Erfolg eines solchen Mediationprozesses ist wesentlich davon abhängig, daß alle Beteiligten gute Gründe für die Einschätzung haben können, prinzipiell gleichberechtigte Akteure eines Verständigungsprozesses zu sein. Eine Konstellation, bei der eher einseitig ein Akteur bzw. eine Akteursgruppe nur die Zustimmung der anderen zu einer

---

1 Soweit dies geht; dieser Grundsatz geht auf die zahlreichen Negativerfahrungen mit Gutachten und Gegengutachten zurück.

2 Wenn nämlich nur eine wichtige Gruppe nicht vertreten ist, geht die Mediation am Sinn des Verfahrens zwangsläufig vorbei.

3 Das hat natürlich Verbindung mit dem Problem zu Grundsatz (1), nämlich der *Möglichkeit* eines Konsenses.

4 Wie oben schon angedeutet, halten wir die Rolle des Mediators damit für überschätzt; trotzdem sind seine Fähigkeiten natürlich von großem Belang.

schon vorgefaßten Zielsetzung und Strategie haben will, mag zwar dem Titel nach auch als Mediationprozeß ablaufen, genügt aber den hier geschilderten Definitionskriterien eigentlich nicht. Der Begriff des Konsensus-Managements ist daher prozessual zu verstehen: es geht nicht um Akzeptanz bzw. Zustimmung gegenüber einer bereits existierenden Planung, sondern der regulativen Idee nach um die verständigungsorientierte Planerstellung durch die Betroffenen. Natürlich haben spezifische Akteure im Mediationprozeß bereits zu Beginn bestimmte Absichten, gerade Unternehmen; die *Qualität* des Prozesses hängt freilich ab von der prinzipiellen inhaltlichen Offenheit, mit der er durchgeführt wird. Eine überkommene Verhandlungskultur, auf Sieg oder Niederlage zu gehen, ist einer erfolgreichen Mediation auf jeden Fall abträglich.[1] Zu lernen gilt es demgegenüber vor allem, ökologische Probleme auch praktisch als gemeinsame Probleme anzunehmen.

Unternehmen können ihr Umfeld für ökologische Innovationen selbst verbessern. Über den situativen Konflikt hinaus können neue Formen der externen Kommunikation entwickelt werden, bis hin zu *strategischen Allianzen* mit Betroffenen und Kritikern im Vorfeld konkreter Probleme.

Wir sehen, daß die unternehmenspolitische Thematisierung ökologischer Ziele und Probleme Interaktion auch im Prozeß der Durchführung verlangt. Die bisherigen konzeptionellen Ansätze von Mediation weisen in diese Richtung.

Für die externe Thematisierung ist eine Unternehmung notwendige Voraussetzung, die sich auch *intern* als kommunizierendes Gebilde begreift. Wir kommen daher im letzten Kapitel zur ökologischen Organisations- und Personalentwicklung.

---

1 Fisher und Ury erzählen zur Karikierung einer solchen Einstellung, die nur Sieg oder Niederlage kennt, die Geschichte von einem Passanten, der zwei Frisbee-Spieler fragt: Wer gewinnt denn eigentlich? Siehe Fisher/Ury 1984, S. 200.

12. Kapitel

Ökologische Organisations- und Personalentwicklung

„Der große Bonaventura sagte, die Gelehrten müßten die Wahrheit, die in den Aktionen der kleinen Leute stecken, zu begrifflicher Klarheit bringen ...“
„So wie es Ubertins Denkschriften und das Kapitel zu Perugia getan haben, als sie das Streben der einfachen Leute nach Armut in theologische Lehrentscheidungen übersetzten?“
„Ja, aber das kommt meistens zu spät, wie du gesehen hast, und wenn es kommt, hat sich die Wahrheit der einfachen Leute bereits in die Wahrheit der Mächtigen verwandelt, die dem Kaiser mehr nützt als den kleinen Brüdern des armen Lebens. Wie bleibt man den Erfahrungen der einfachen Leute nahe, indem man sich sozusagen ihre operative Kraft, ihre Handlungsfähigkeit bewahrt, um damit die Welt zu verändern und zu verbessern?“
(Dialog von William von Baskerville und Adson von Melk in Umberto Ecos Roman „Der Name der Rose“)

Im Unterschied zu den Strukturmerkmalen aller vorherigen Kapitel möchten wir hier eine Vorbemerkung machen, damit nicht etwa das Mißverständnis entsteht, das Folgende würde *nicht* auf dem Vorherigen, gerade auch dem theoretischen Teil II der Arbeit, aufbauen. Organisationen sind intern wie extern durch *Werte* geprägt: „Das Handeln von Individuen und Organisationen ist teilweise durch die Werte dieser Individuen und Organisationen bestimmt ... Der Erfolg einer Organisation beruht teilweise auf den Entscheidungen und Handlungen der mit der Organisation verbundenen Interessengruppen“ (Freeman/Gilbert 1991, S. 23). Und Organisationen können in der *Selbst*beschreibung wie in der *Fremd*beschreibung sehr verschieden verstanden werden: (1) als Maschinen, (2) als Organismen, (3) als Gehirne, (4) als Kulturen, (5) als politische Systeme, (6) als psychische Gefängnisse, (7) als Fluß und Transformation, (8) als Herrschaftsinstrumente“ (s. Gomez/Timmermann 1992, S. 14f.). In diesem Sinne scheint es uns *logisch*, wenn wir in diesem letzten Kapitel der Arbeit eher *konventionell* beginnen (mit dem rechtlichen Rahmen für die Organisation des betrieblichen Umweltschutzes) und eher *unkonventionell* enden: unkonventionell deshalb, weil sich für Organisations- und Personal*entwicklung* ab einem bestimmten Punkt nichts mehr sagen läßt — nur noch *tun*.

Auf der Grundlage dessen, was wir in dieser Arbeit bereits über Unternehmen als *lernfähige soziale Systeme*, die Notwendigkeit ihrer Selbstbeobachtung, Selbstbeschreibung, Selbstreflektion etc. dargelegt haben, ergibt sich die Behandlung von ökologischer Organisations- und Personalentwicklung als gefährliche Gratwanderung: nicht nur, daß ein Teil der Vertreter solcher Konzepte so tut, nein, auch wir selbst kräftigen damit möglicherweise den Eindruck, als könnte sich eine managementtheoretisch gut aufgeklärte zentrale Leitung des sozialen Systems Unternehmung gleichsam hinsetzen und Organisations- und Personalentwicklung planen. Die nachfolgenden Ausführungen mögen trotz aller Gestaltungspragmatik hoffentlich diesen Eindruck nicht erwecken. Wir befinden uns nicht nur jenseits der nach wie vor verbreiteten betriebswirtschaftlichen Einstellung, Organisation und Personal als vor allem formalisierbare und als zu formalisierende Bereiche zu betrachten[1] — wir wollen uns auch jenseits der Idee verorten, das Lernen von sozialen Systemen bzw. von Individuen in sozialen Systemen sei wesentlich eine von außen (oder oben) *steuerbare* Angelegenheit.

12.1 Der bestehende rechtliche Rahmen für die Organisation des betrieblichen Umweltschutzes

Die Grundlage für die in den meisten Unternehmen heute vorfindbare Organisation des betrieblichen Umweltschutzes bildet die bestehende Gesetzgebung zu den Umweltschutzanforderungen, die von den Betrieben eingehalten werden müssen. Im Rahmen dieser gesetzlichen Anforderungen können Umweltschutzaufgaben nicht mehr einfach an bestimmte Abteilungen delegiert werden. So verlangt das Bundes-Immissionsschutzgesetz (BImSchG) in der Fassung der 3. Novelle vom Betreiber genehmigungsbedürftiger Anlagen die Darlegung der Verantwortlichkeit für betriebliche Entscheidungen mit Umweltrelevanz, z.B.

---

1 „Formalisierung wird oft als das zentrale Element von Organisiertheit gesehen“ (Neuberger 1977, S. 19).

durch Offenlegung der Aufbau- und Ablauforganisation und einer klaren Zuordnung der Verantwortungen (§ 52a BImSchG). Der verantwortliche Betreiber muß hiernach den Behörden zur Erlangung der Genehmigung nachweisen, „auf welche Weise sichergestellt ist, daß die dem Schutz vor schädlichen Umwelteinwirkungen und vor sonstigen Gefahren, erheblichen Nachteilen und erheblichen Belästigungen dienenden Vorschriften und Anordnungen beim Betrieb beachtet werden“ (vgl. § 52a BImSchG).

In diesem Sinne in bezug auf die oben genannten Forderungen der BImSchG-Novelle sind vom Betreiber Maßnahmen nach Art und Umfang zu treffen, daß der Schutz der Umwelt im Sinne des Gesetzes ohne Ausnahme erfüllt werden kann.

Dies verlangt vom verantwortlichen Management zugleich auch eine erhöhte Wahrnehmung seiner Aufsichtspflichten, zum Beispiel für die Bestellung und Qualifikation der Beauftragten für Immissionen, Gewässerschutz und Abfallentsorgung.[1]

Organisatorisch finden wir den Umweltschutz im Unternehmen zunächst als *betriebliche Stabsfunktion* vor. Auf der Grundlage der oben angesprochenen „Betreiberpflichten“, die in § 55 BImSchG aufgeführt werden, wurde in den meisten umweltsensiblen Unternehmen ab einer bestimmten Größe eine eigene Organisationsform des betrieblichen Umweltschutzes eingeführt. Dabei werden in dieser klassischen Umweltschutzorganisation die emissionssensiblen Bereiche der Produktion in ihrer Linienstruktur der Entscheidungsfindung durch Stäbe oder Stabsstellen zum Immissionsschutz unterstützt.

Die Stäbe selbst haben keine Entscheidungsfunktion, sie beraten die Entscheidungsträger lediglich in deren Linienaufgaben. Ziel ist es, die Treffsicherheit der Linienentscheidungen durch das spezifische Know-how und Detail-Wissen der Umweltstäbe zu erhöhen.

---

1 Der Gesetzgeber führt in § 310a (1) des Ordnungswidrigkeitengesetzes (OWIG) dazu das Folgende aus: „(1) Wer als Inhaber eines Betriebes oder Unternehmens vorsätzlich oder fahrlässig die Aufsichtsmaßnahmen unterläßt, die erforderlich sind, um in dem Betrieb oder Unternehmen Zuwiderhandlungen gegen Pflichten zu verhindern, die den Inhaber als solchen treffen und deren Verletzung als Strafe oder Geldbuße bedroht ist, handelt ordnungswidrig, wenn eine solche Zuwiderhandlung begangen wird, die durch die gehörige Aufsicht hätte vermieden werden können. Zu den erforderlichen Aufsichtsmaßnahmen gehört auch die Bestellung, sorgfältige Auswahl und Überwachung von Aufsichtspersonen.“

Die gesetzlichen Grundlagen hierzu sind im BImSchG sowie in der 5. und 6. Verordnung für den Bereich des Immissionsschutzes und in den Gesetzen zur Bestellung von Gewässerschutz, Abfall- und Gefahrgutbeauftragten enthalten. Hierbei legt z.B. die 6. BImSchV fest, in welchen Fällen eine organisatorische Einbindung von Umweltsachverstand zu erfolgen hat. Bei der typischen Einbindung des Umweltschutzes in die Betriebsorganisation ist nach der heutigen gesetzlichen Lage davon auszugehen, daß die Funktion der Immissionsschutzbeauftragten, die die Belange des betrieblichen Umweltschutzes über die verantwortliche Linienfunktion in die betrieblichen Entscheidungen und Kontroll- und Führungsaufgaben einzubringen haben, als Stabsfunktion auszulegen ist. Dies gilt zumindest immer dann, wenn die Bestellung nach § 53 (1) BImSchG zu erfolgen hat oder eine entsprechende Anordnung der Behörden nach § 52 (2) zu befolgen ist. Diese Regelung trifft analog auch für die Funktion des Abfall- und Gewässerschutzbeauftragten sowie ebenfalls für die grundsätzliche Regelung der Funktion des Störfallbeauftragten zu, die entsprechend im allgemeinen keine Entscheidungsfunktion, sondern dem Grundsatz nach Beratungsfunktionen ausüben.

Wenn der Beauftragte in diesem Sinne durch seine Stellenbeschreibung und seine umweltschutzbezogene Querschnittaufgabe keine Entscheidungs-, aber auch vielfach keine Sachkompetenz in Einzelfragen hat, hängt die Durchsetzungsfähigkeit von Umweltschutzmaßnahmen wesentlich an der Fähigkeit dieser Funktionsträger zur Zusammenarbeit mit dem Betreiber bzw. den Personen im Unternehmen, die die Betreiberpflichten übernommen haben (Geschäftsführung, Vorstand etc.), denn selbst die Verpflichtung zur Darstellung, auf welche Weise im Betrieb der Schutz der Umwelt nach dem Gesetz sichergestellt wird, hat für den Vollzug ökologisch vertretbarer Maßnahmen zunächst nur geringe Bedeutung. Sie dient eher der Bestimmung des Schuldigen, wenn es im Rahmen einer betrieblichen Aktivität zu einem Umweltstraftatbestand oder einer Ordnungswidrigkeit gekommen ist.

Mit Bezug auf diesen gesetzlichen Rahmen werden Beauftragte damit zu *Emissionsspezialisten*, d.h. ihre Aufgabe liegt in der Verhinderung bzw. Begrenzung betrieblicher Emissionen. Ihr Einfluß wird durch die Funktionsbeschreibung und durch ihre organisatorische und hierarchische Einbindung in der Regel auf diesen Bereich der direkten Produktion begrenzt. Als Emissionsspezialisten haben sie zudem in der

Regel eine naturwissenschaftliche oder technische Ausbildung. Hierdurch kommt eine weitere Begrenzung der Tätigkeitsfelder zustande. Organisatorische, betriebswirtschaftliche oder im weiteren Sinne juristische Maßnahmen, wie z.B. die Veränderung des Einkaufs von Roh-, Hilfs- und Betriebsstoffen, die Schulung der Mitarbeiter über die technische Dimension hinaus, oder die Veränderung von Lieferverträgen etc. können von diesen Funktionsträgern oder organisatorischen Einheiten zumeist nicht oder nur unzureichend wahrgenommen werden.

In Klein- und Mittelbetrieben verstärkt sich in der Regel nochmals dieses Problem. Durch die schlechte Personalsituation im Bereich Umweltschutz, durch die gesetzlichen Möglichkeiten zur Zusammenlegung verschiedener Beauftragtenfunktionen auf eine Person, durch die Möglichkeit der Übernahme der Beauftragtenfunktion als zusätzliche Funktion zur eigentlichen Linienarbeit reduziert sich die Möglichkeit der Einflußnahme hier extrem auf den Bereich der Einhaltung der gesetzlichen Vorschriften durch den Einsatz entsprechender Technologien.

Diese formale Einbindung des Umweltschutzes entspricht allerdings der lange gehegten Sichtweise der ökologischen Herausforderung an die Unternehmenspolitik. Danach ist Umweltschutz eine zunächst technische Anforderung, die in der Produktion „zwangsläufig" entstandenen Emissionen nach den rechtlichen Bestimmungen so zu behandeln (durch Filter, Katalysatoren, Kläranlagen etc.), daß diese „ordnungsgemäß" in die Natur entlassen werden können.

Analog dieser Sichtweise der technischen Einbindung des Umweltschutzes ist in der Regel die formale Einbettung des Umweltschutzes eine „end of pipe"-Organisation. Danach ist die formalisierte Umweltschutzorganisation in einem lediglich *administrativen* Sinn für die Einhaltung ökologischer Ansprüche durch den Einsatz entsprechender Technologien, durch Arbeitsanweisungen und Qualifikationsmaßnahmen der Mitarbeiter verantwortlich.

Als funktional selbständige Teilorganisation sind die Umweltschutzabteilungen oder Einzelpersonen nicht für die Produktion oder die Entwicklung von Produkten verantwortlich, sondern für den Umweltschutz. Umweltschutz wird damit zu einer eigenständigen Funktion innerhalb der Unternehmen. Ihre strukturelle Verantwortung im Rahmen der Gesamtorganisation endet vor der Entscheidung über die prinzipielle Produktionstechnik oder Produktentscheidungen. Wir können daher die traditionelle Organisationsform betrieblichen Umweltschutzes als *„end-of-pipe"-Organisation* kennzeichnen.

Entsprechend der typischen Entstehung von Wertebildern einzelner Mitarbeiter, in Kleingruppen oder in Teilorganisationen und der daraus resultierenden Verhaltensweisen (vgl. Mayntz 1976) entwickeln solche Funktionsträger oder Abteilungen durchaus innovatives Potential. Dieses wird sich aber zwangsläufig auf ihre eigene Verantwortlichkeit beziehen, also zum Beispiel die auf die Verbesserung der betrieblichen Umweltschutztechnologie, die Entwicklung mustergültiger Arbeitsanweisungen etc.

Schon heute sind diese klassischen Umweltschutzfunktionen oder Organisationseinheiten nicht mehr an der Bedeutung des Umweltfaktors bzw. der Realität der betrieblichen Entscheidungen orientiert, denn die Unternehmenspolitik wird zunehmend durch ökologische Einflußfaktoren beeinflußt, die weit außerhalb des Geltungsbereiches der klassischen Umweltschutzorganisationsformen liegen. Insbesondere die das Produkt oder die betriebliche Leistung betreffenden ökologischen Ansprüche können durch diese Organisationsform nicht mehr in das Unternehmen integriert werden. Dies gilt zum einen für den Bereich der gesellschaftlichen und marktbezogenen Ansprüche aufgrund der ökologischen Folgen der Produktnutzung und Entsorgung. Insbesondere letzteres wird zunehmend zu einem ökonomisch höchst brisanten Risikopotential für das Unternehmen. Aber auch der weite Bereich der Reduzierung ökologischer Folgen der Produktion bzw. Leistungserstellung durch grundlegend andere Produktionsverfahren oder den Einsatz anderer Roh-, Hilfs- oder Betriebsstoffe kann in der klassischen Umweltschutzorganisation kaum umfassend bewältigt werden.

Aus der beschriebenen organisatorischen Einbindung des Umweltschutzes ergibt sich für die Umsetzung einer ökologischen Unternehmenspolitik aber noch ein weiteres gewichtiges Problem.

Pointiert könnte man sagen: Nur dort, wo es etwas vor der Produktion zu beschützen gibt (also nur dort, wo Emissionen anfallen), wird eine solche Umweltschutzorganisation, d.h. werden die entsprechenden Funktionsträger mit ihren Spezialkenntnissen gebraucht.

Die organisatorische Selbständigkeit der klassischen Umweltschutzorganisation innerhalb des Unternehmens führt so zwangsläufig aufgrund der immanenten Aufgabenstellung zu einem Mehr an Umweltschutztechnik und zu einem Mehr an technisch orientierter Umweltschutzorganisation. Je mehr Geld für diesen Bereich ausgegeben wird, desto mehr Gewicht erhalten die entsprechende Abteilung und die in ihr arbeitenden Personen.[1]

Die bisherige Praxis der Einbindung des Umweltschutzes in die Unternehmensorganisation reicht nicht nur nicht weit genug, sondern diese Form kann selbst zu einem *Verhinderungsfaktor* einer ökologischen Unternehmenspolitik werden, denn eine konsequente ökologische Unternehmenspolitik führt zwangsläufig zu einem Bedeutungsverlust für diese reinen „end of pipe"-Funktionen und -Abteilungen.

Das hat bei den betroffenen Abteilungen bzw. Funktionsträgern aber verständlicherweise Angst vor Bedeutungsverlust, Ansehen etc. zur Folge. Ängste provozieren jedoch offene oder versteckte Widerstände (vgl. Hermann 1984). Typisch für das hierdurch bedingte Verhalten ist das Zurückhalten von dringend benötigtem Expertenwissen oder die Aufblähung von Details bei der Lösung komplexer Probleme bis hin zur Verhinderung bestimmter Lösungsansätze durch gezielte Einflußnahme etc.

Ein Unternehmen, das sich aktiv der ökologischen Herausforderung stellt, kann freilich mit der bisherigen Praxis nicht zufrieden sein und muß deswegen versuchen, Organisationsformen und -abläufe zu finden, die die eigenen Produkte, die Vorlieferanten und damit die ökologischen Probleme und die ökologische Relevanz des gesamten ökologischen Produktlebenszyklus in die Organisation des betrieblichen Umweltschutzes miteinbeziehen.

Die oben angeführten Schwierigkeiten der bisherigen Organisation des betrieblichen Umweltschutzes lassen sich nur dann lösen, wenn die Aspekte einer ökologischen Unternehmenspolitik eine prinzipielle Handlungsmaxime aller Funktionsträger im Unternehmen werden. Damit in die alltäglichen Entscheidungen und Handlungen ökologische Aspekte integriert werden können, müssen allerdings die entsprechen-

---

1 Deutlich wird dies, betrachtet man zum Beispiel die von den Umweltschutzabteilungen verantwortlich betreuten Umweltschutzberichte großer Chemieunternehmen. Dort wird in fast euphorischer Sprache darauf hingewiesen, wieviel Arbeitsaufwand und vor allem wieviel Geld das Unternehmen für den Umweltschutz (Bau von Kläranlagen, Filtern, thermische Verwertungsanlagen etc.) jährlich ausgibt (vgl. Bayer Umweltschutz-Bericht 1991). Das dahinterstehende ökologisch wie betriebswirtschaftlich zweifelhafte Weltbild — mehr Kosten gleich besserer Umweltschutz — läßt sich nur auf die bestehende allzu beschränkte organisatorische Einbindung des Umweltschutzes zurückführen.

den organisatorischen Rahmenbedingungen geschaffen werden (vgl. Abb. 47).

Abb. 47: Bausteine einer ökologischen Organisationsentwicklung

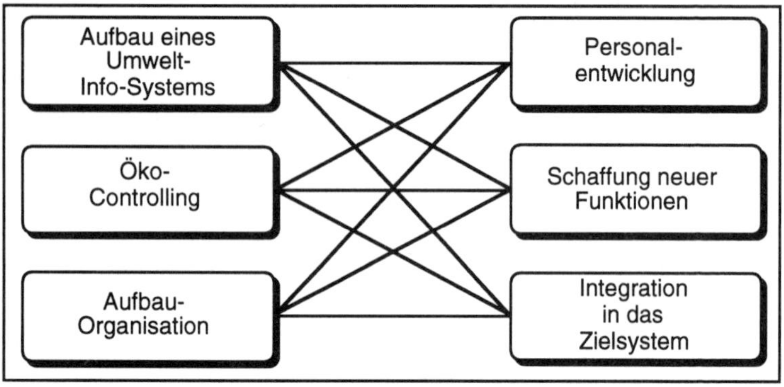

Quelle: eigene

Als wesentliche Bausteine können hier genannt werden:

1. Einbindung ökologischer Aspekte in die Fachfunktionen und Aufgaben der Mitarbeiter
2. Durchsetzung einer ökologisch orientierten Personalentwicklung
3. Integration ökologischer Aspekte in das Ziel- und Beurteilungssystem der Führungskräfte
4. Integration ökologischer Fachfunktionen
5. Aufbau eines ökologisch orientierten Steuerungs-, Planungs- und Kontrollinstrumentariums

12.2 Die Integration ökologischer Aspekte in das Ziel- und Beurteilungssystem der Führungskräfte

Entscheidend für die erfolgreiche Umsetzung einer ökologisch orientierten Unternehmenspolitik ist das den betrieblichen Aktivitäten zugrundeliegende Zielsystem.[1] Deshalb gilt es, ökologische Aspekte als

1 Auch wenn die Verwendung dieses Begriffes im folgenden vielleicht recht harmonisch klingen mag, *gilt* die oben explizierte Differenzierung in (a) Ziele der Organisation, (b) Ziele der Organisationsmit-

gleichberechtigte Teilziele in die Handlungsmaxime aufzunehmen. In diesem Sinne muß der Zielfindungsprozeß auf allen hierarchischen und funktionalen Ebenen des Unternehmens um ökologische Aspekte erweitert werden.

Eine Aufgabe besteht hierbei darin, die Entwicklung ökologischer Ziele und Planungen und die unternehmensweite Kommunikation dieser Aspekte in die im Unternehmen genutzten *Zielfindungs- und Planungsinstrumentarien* zu integrieren. So muß beispielsweise in einem Unternehmen, das die Teilzieldefinition im Rahmen von Management-by-Objectives-Konzeptionen (vgl. Hopfenbeck 1991, S. 481ff.) vornimmt, die Teilzielbildung durch eine Systematisierung der ökologischen Faktoren und eine überprüfbare Faktenorientierung der Einzelziele unterstützt werden.

Ein solches Zielsystem kann seine Grundlage in einem Umweltprogramm finden. Ein solches Programm dient zum einen der Steuerung und Koordination der einzuleitenden Maßnahmen; andererseits stellt ein solches Programm eine Selbstverpflichtung aller an der Zielfindung beteiligten Organisationsmitglieder dar.

Die ökologische Teilzielfindung mit Hilfe eines betrieblichen Umweltprogramms stellt auch eine programmatische Aussage des Managements gegenüber den Mitarbeitern dar. Hiermit wird die Ernsthaftigkeit, mit der eine ökologische Unternehmenspolitik integrativer Bestandteil der Ausrichtung des Gesamtunternehmens wird und ökologischen Ansprüchen genügendes Verhalten eine größere Rolle bei den betrieblichen Entscheidungen und Aktivitäten erhalten soll, unterstrichen.

Nur wenn die Zielsetzung inhaltlich und zeitlich definiert wird, ist es möglich, eine wirksame *Erfolgskontrolle* der eingeleiteten Maßnahmen durchzuführen. Nur allzu leicht kann der Umweltschutz sonst an den „unbequemen Stellen" zurückgedrängt und durch einen beliebigen Aktionismus in weniger relevanten Bereichen ersetzt werden.

Aus diesem Grund muß ein Umweltprogramm eine kurzfristige, dem üblichen Planungsrhythmus angepaßte sehr konkrete Zielsetzung enthalten. Die hier formulierten Ziele und Pläne stellen Ansprüche an die einzelnen Managementbereiche dar. Sie dienen damit als Grundlage der Managementaktivitäten. Der ernsthafte Versuch der Implementation

glieder für sich und (c) Ziele der Organisationsmitglieder für die Organisation.

einer ökologischen Unternehmenspolitik darf jedoch nicht vergessen, diese Ziele und Pläne auch in den Prozeß der Leistungsbeurteilung auf allen Managementebenen des Unternehmens zu integrieren. Nur so bildet sich ein Ansporn für das Management zu ökologischem Verhalten, denn wenn, wie bisher, Umweltschutz als lediglich lästige Rahmenbedingung angesehen wird, die im Rahmen der meisten Funktionen im Unternehmen für die eigene Beurteilung jedoch von geringer Relevanz ist, ist mit einer grundsätzlichen Verhaltensänderung des Managements nur bedingt zu rechnen.

Darüber hinaus muß die ökologische Zielsetzung im Rahmen der mittel- und langfristigen Planung *umgesetzt* werden. Nur so ist gewährleistet, daß die Einzelaktivitäten zusammenwirken und sich nicht gegenseitig neutralisieren. In der mittel- und langfristigen Perspektive sollten auch solche Aktivitäten benannt werden, die im Rahmen kurzfristiger Planungsperioden aus organisatorischen, funktionalen oder finanziellen Gründen noch nicht durchsetzbar sind. Mit ihrer Festlegung im Umweltprogramm bleiben sie als Perspektive im Gedächtnis der Akteure haften und können bei einer möglichen Veränderung der Rahmenbedingungen herangezogen werden. Ebenso hat ein Unternehmen durchaus Einfluß auf die bestehenden Rahmenbedingungen (vgl. Kap. 4). Die Aufnahme von mittel- und langfristigen Perspektiven bildet in diesem Sinne die Grundlage für eine aktive ökologisch orientierte Veränderung dieser Bedingungen.

Betrachtet man die bestehenden Zielfindungsinstrumentarien, stellt sich jedoch die Frage, inwieweit diese für die Integration ökologischer Fragestellungen überhaupt geeignet sind oder durch prinzipiell neue Ansätze ergänzt werden müssen. Dies ist vor allem ein Problem der internen und externen *Kommunikationsprozesse*, die im Zielfindungsprozeß die Grundlage bilden. Bei den bestehenden Ansätzen werden die externen Ansprüche an das Unternehmen von den entsprechenden Abteilungen, die für die jeweilige externe Kommunikation mit Marktpartnern oder anderen Anspruchsgruppen (Behörden etc.) zuständig sind, aufgenommen und dann im internen Zielfindungsprozeß mit eingebracht. Ökologische Ansprüche lassen sich auf diese Weise jedoch nur bedingt einbringen. So kann (s. Kap. 6.1) die Natur ihre Ansprüche nicht selbst anmelden; die Ansprüche werden damit zumeist erst dann aufnahmegerecht über den Markt kommuniziert, wenn sie von Konsumenten, Anwendern oder betroffenen Gruppen als Problem wahrgenommen werden und sie sich in einem zweiten Schritt als gesellschaftlich relevanter ökologischer Anspruch an das Unternehmen umsetzen.[1] Insbesondere die Umsetzung erkannter Probleme in den gesellschaftlichen Willensbildungsprozeß funktioniert hierbei oft mit einer jahrelangen Verspätung, dann aber mit einer ungeheueren Dynamik, die das Unternehmen binnen kürzester Zeit überrollen kann. Die Frage ist also, ob durch eine erweiterte interne und externe Kommunikation die ökologischen Ansprüche nicht frühzeitiger in den Zielfindungsprozeß des Unternehmens mit eingebracht werden können. Die Industrie versucht derzeit, Ansätze hierzu umzusetzen. So lassen sich zunehmend Unternehmen bei ihren strategischen Zielsetzungsprozessen von Umweltschutzaktivisten oder Zukunftsforschern unterstützen.[2]

12.3 Die Einbindung ökologischer Aspekte in die Fachfunktionen und Aufgaben der Mitarbeiter

Eine aktive ökologische Unternehmenspolitik berührt nicht nur die Aufgaben einzelner, speziell für den Umweltschutz zuständiger Funktionsträger im Unternehmen. Begreift man die Durchsetzung ökologischen Verhaltens als eine die gesamte Organisation umfassende *Querschnittaufgabe*, sind hiermit weitreichende ablauforganisatorische Veränderungsprozesse verbunden, denn die Berücksichtigung ökologischer Aspekte verlangt oftmals innerbetriebliche Interaktionen, die quer zur bestehenden Organisationsstruktur und Ablaufplanung liegen.

In diesem Sinn müssen die sich aus den ökologischen Zielen entwikkelnden Anforderungen in organisatorische Zuständigkeiten und Betriebsabläufe umgesetzt und kommuniziert werden.

Ein Beispiel hierfür ist die Anweisung, daß es keine Entwicklung oder Veränderung von Produkten oder Produktionsverfahren ohne Prüfung der Umweltverträglichkeit durch den Umweltausschuß des Unternehmens mehr geben darf. In einigen Unternehmen ist die Integration

1 Dies sind Bedingungen, die natürlich in vielen Fällen nicht gegeben sind.

2 Vgl. dazu das Beispiel des mittelständischen Möbelunternehmens Wilkhahn, das so weit gegangen ist, einen Zukunftsforscher als gleichberechtigten Geschäftsführer für Ökologie und Innovation zu berufen (vgl. Zeitschrift „Mensch und Design", 3/92, S. 52).

ökologischer Aspekte in die Ablauforganisation — insbesondere bei besonders sensiblen Investitionsentscheidungen — durch den bestehenden gesetzlichen Druck schon heute üblich.[1]

Ebenso sind die Veränderungen der individuellen Aufgabenstellung und eine eventuelle Neugestaltung der Prioritätensetzung von Entscheidungsspielräumen zu definieren. Wenn zum Beispiel im Rahmen des Einkaufs von Rohmaterialien die hierfür zuständigen Personen die Auswahl der Lieferanten nicht nur nach ökonomischen und technischen Kriterien durchführen, sondern zusätzlich ökologische Aspekte berücksichtigen sollen, muß mit diesen Personen nicht nur eine entsprechende Veränderung ihrer Aufgabenstellung kommuniziert, sondern es muß auch klar definiert werden, in welcher Priorität ökonomische, technische und ökologische Aspekte gehandhabt werden sollen. Dies bedeutet im Regelfall, daß nicht nur die Aufgabenstellung in der typischen Form von Stellenbeschreibungen oder Organisationshandbüchern weiterentwickelt werden muß, sondern daß ebenfalls die typischerweise eingesetzten Instrumente zur Bewältigung dieser Aufgaben verändert werden müssen. Benutzt im oben genannten Beispiel der Funktionsträger zur Auswahl der Lieferanten eine Bewertungsmatrix mit einem Punktsystem, so sind in diese Matrix ebenfalls die ökologischen Aspekte zu integrieren. In vielen Projekten zum Öko-Controlling haben wir[2] feststellen müssen, daß insbesondere diese Veränderung der eingesetzten Instrumente nicht geschehen ist, was in der Folge zu einer starken Verunsicherung der betroffenen Funktionsträger und damit zu einer geringen Umsetzungschance für ökologisches Verhalten bei diesen Personen geführt hat. Vielfach fehlen hier bisher aber auch Instrumente, die dieser Berücksichtigung ökologischer Aspekte gerecht werden.

---

1 So gilt etwa im Bereich der Bayer AG, daß Investitionen mit einem Volumen von über 50.000,-- DM vom zuständigen Umweltschutzbereich gegengezeichnet werden müssen.

2 Wir beziehen uns hier auf Praxisforschungsprojekte des Instituts für ökologische Wirtschaftsforschung (IÖW) GmbH, an denen der Verfasser als Projektleiter beteiligt war. Der Bericht des Projektes bei dem Lengericher Verpackungsfolienhersteller liegt vor als: Hallay (Hg.) 1990 (Auftraggeber die Ministerien für Wirtschaft und Umwelt des Landes Nordrhein-Westfalen). Der Bericht des Projektes bei den Firmen Nordenia AG in Steinfeld (Oldenburger Münsterland) und Borges GmbH (Osnabrück) — Auftraggeber die Ministerien für Wirtschaft und Umwelt des Landes Niedersachsen — findet sich in Pfriem/Hallay/Lehmann 1991. Bezogen darauf wie auch weitere Projekte ist inzwischen veröffentlicht: Hallay/Pfriem 1992.

Zu den relevanten organisatorischen Veränderungen, die im Rahmen der betrieblichen Steuerungsfunktion kommuniziert werden müssen, gehören auch solche, die sich auf die Funktionsfähigkeit des Umweltinformationssystems (vgl. Kapitel 11) beziehen. So muß zum Beispiel eine Konzeptualisierung und eine Definition der Aufgaben stattfinden, welche Informationsstränge die Funktionsträger im Rahmen des Umweltinformationssystems selbst regelmäßig oder in Ausnahmefällen zu bedienen haben; d.h. die Mitarbeiter im Einkauf müssen zum Beispiel wissen, welche Informationen sie auf jeden Fall von einem neuen Lieferanten anfordern müssen, damit dessen ökologische Solvenz geprüft werden kann.

Auch wenn im Rahmen einer ökologischen Unternehmenspolitik die Berücksichtigung ökologischer Aspekte zunehmend in alle Funktionsbereiche des Unternehmens als Querschnitssaufgabe integriert werden muß, bedeutet dies nicht, daß es nicht spezielle Umweltschutzfunktionen in einem Unternehmen geben muß. Alleine die gesetzlichen Anforderungen erfordern solche speziellen Funktionen. Darüber hinaus wird natürlich weiterhin in vielen Bereichen spezielles Umweltschutzwissen gefordert sein. Dies gilt insbesondere im Rahmen der Implementation der ökologischen Unternehmenspolitik.

Prinzipiell lassen sich hier *drei* typische Umweltschutzfunktionen unterscheiden. So werden weiterhin *(1) Spezialisten* für die Anwendung von Umweltschutztechnologien oder die Einhaltung ökologischer Anforderungen etwa durch die Gesetzgebung an das Unternehmen gebraucht. Ebenso sind solche Spezialfunktionen im Rahmen des Aufbaus von Umweltinformationssystemen im Sinne einer Umweltkommunikation als personale Funktion denkbar.

Im Bereich eines ökologisch orientierten Marketing können hier ebenfalls neue Aufgaben entstehen. Einige Unternehmen haben schon heute eine Umweltschutzberatung für ihre Kunden, die diesen insbesondere helfen soll, im Umgang mit den Produkten den an sie gestellten ökologischen Ansprüchen und Forderungen gerecht zu werden.[1]

Darüber hinaus werden *(2)* für die oben beschriebene Integration ökologischer Aspekte in die Management- und Fachfunktionen entsprechende *Fachpromotoren* gebraucht. Diese haben die Aufgabe, in den

1 So hat etwa die Fa. Herberts, die als Unternehmen das Lacksystem für Automobile herstellt, einen speziellen Kundenberater, der die Anwender dieser Lacke bei ihren Umweltschutzaktivitäten unterstützen soll (vgl. Herberts GmbH & Co. KG (Hg.) 1991).

einzelnen funktionalen Unternehmensbereichen für eine Integration der ökologischen Anforderungen im Rahmen des Organisationsentwicklungsprozesses zu sorgen. Fachpromotoren bilden die Brücke zwischen den ökologischen Ansprüchen einerseits und der bisherigen Auslegung der Aufgabenstellungen, deren typischer Abwicklung oder Durchführung in den einzelnen Fachabteilungen andererseits. Die Fachpromotoren müssen deshalb zu ihrem funktionsbezogenen Fachwissen das relevante ökologische Wissen besitzen und dieses in ihre Funktionseinheit hineintragen. Die Abbildung 48 zeigt am Beispiel der Fa. Kaldewei, wie solche Fachfunktionsträger in die Umweltschutzorganisation in einem typischen mittelständischen Betrieb integriert werden können.

Abb. 48: Umweltschutz-Organisation der Fa. Kaldewei

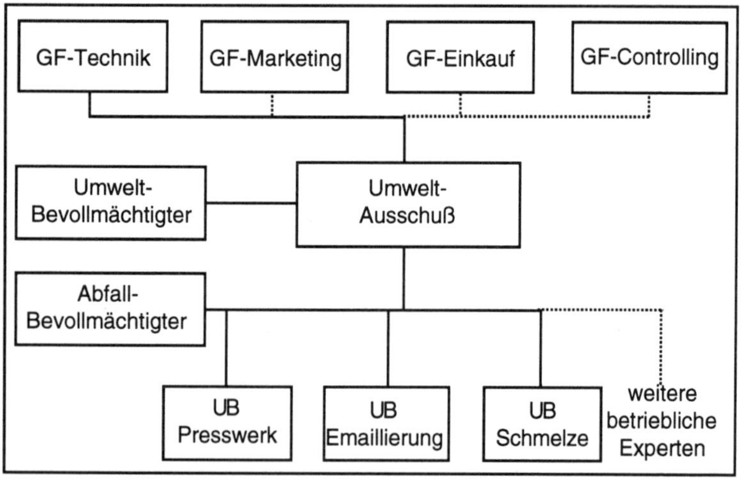

Quelle: Hallay/Pfriem 1992, S. 194

Begreift man die Implementation einer ökologischen Unternehmenspolitik als einen Organisationsentwicklungsprozeß (vgl. Kapitel 12.4), so ist dieser Prozeß ebenfalls funktional *(3)* durch entsprechende *Prozeßpromotoren* zu unterstützen. Ihre Aufgabe besteht insbesondere in der Anleitung und Weiterentwicklung des Implementationsvorhabens. Begreift man Implementation als einen partizipativen Prozeß, der nicht einfach von oben bestimmt werden kann, sondern an dem alle betroffenen Personen beteiligt sind, so sind die notwendigen Fähigkeiten und Qualifikationen der Prozeßpromotorenfunktion im Unternehmen, insbesondere in der Vermittlung von ökologischem Querschnittwissen, in der Fähigkeit zur Anleitung und Moderation von Arbeitsgruppen zu suchen. Da die Implementation einer ökologischen Unternehmenspolitik wie jede prozessuale Weiterentwicklung der Organisation eines Unternehmens zwangsläufig zu Konflikten innerhalb der Organisation führt, besteht eine ebenso wichtige Aufgabe der Prozeßpromotoren in der Entwicklung und Umsetzung eines adäquaten Konfliktlösungsmanagements.

12.4 Organisationsentwicklung und ökologische Organisationsentwicklung

Das Konzept der Organisationsentwicklung (OE) ist von seiner Entstehungsgeschichte her zu kennzeichnen als „Gegenbewegung zu der einseitig auf formale Strukturen ausgerichteten traditionellen Organisationstechnik“ (Ulrich/Fluri 1992, S. 207). Mit anderen Worten: wir finden in der theoretischen Grundorientierung von OE-Konzepten genau jene Kombination wieder, die sich aus unseren theoretischen Überlegungen vor allem in Teil II dieser Arbeit ergeben hat: daß nämlich strukturelle und kulturelle Veränderungen nicht gegeneinander ausgespielt werden sollten, sondern aufeinander angewiesen sind.

Gemessen an manchen anderen Managementkonzepten und -praktiken ist Organisationsentwicklung relativ alt.[1]

In Deutschland gründete sich 1980 eine Gesellschaft für Organisationsentwicklung (GOE) mit dem Ziel, „bessere Voraussetzungen für Information, Kommunikation und Zusammenarbeit im Bereich der Orga-

1 Pieper (1988, S. 43) formuliert, OE sei relativ neu und schreibt dazu: „Erste nennenswerte Anwendungen in der Wirtschaft erfolgten erst 1957/58 bei Union Carbide und Esso Standard Oil in den USA, dem Ursprungsland von OE. Aus dieser Zeit stammt auch der Begriff selbst. Wahrscheinlich wurde er von Robert Blake, Jane Mouton und Herbert Shepard geprägt, die für das Projekt bei Esso verantwortlich waren.“
Gemessen an z.B. den in Kap. 6 und 7 diskutierten Ansätzen und Diskussionen über Organisationskultur oder Unternehmensethik, etwa auch über ökologische Unternehmenspolitik, scheint mir OE doch damit ein vergleichbar älteres Thema zu sein, einschließlich einer also bisher bereits mehr als dreißigjährigen Geschichte.

nisationsentwicklung zu schaffen".[1] Trebesch machte bereits 1982 mehr als 50 unterschiedliche OE-Versionen aus.[2]

Staehle bringt Organisationsentwicklung auf den Begriff des geplanten organisatorischen Wandels mit der Absicht, „die Funktionsweise einer Gesamtorganisation oder wesentlicher Teile davon mit dem Ziel der Effizienzverbesserung zu ändern. Organisationsentwicklung (OE) ist dann eine Form des geplanten Wandels, bei der unter Verwendung verhaltenswissenschaftlicher Erkenntnisse zunächst ein Klima der Offenheit für Wandel und ein Klima des Vertrauens zu den Agenten des Wandels geschaffen wird; damit ist die Voraussetzung gegeben, eine Veränderung aus der Organisation selbst heraus zu erreichen" (Staehle 1987, S. 635).

Als allgemein läßt sich diese Definition insofern kennzeichnen, als offengelassen wird, ob es sich dabei um einen eher managementgeleiteten Prozeß handelt, in dem die übrigen Organisationsmitglieder vor allem eine Objektrolle spielen, oder ob Partizipationsorientierung dazu gehört. Ob das Ziel der Effizenzsteigerung ohne weitere Hinzufügung vernünftigerweise zum Inhalt einer allgemeinen OE-Definition gehört, dazu sei hier erst einmal ein Fragezeichen gesetzt — wir werden darauf weiter unten zurückkommen.

Wir unterscheiden zur Klärung der Frage von Subjekten und Objekten im OE-Prozeß zwischen OE als *Sozialtechnologie* und OE als *Partizipationsentwicklungsprozeß*.[3]

Von ihren Ursprüngen her, d.h. der Problemstellung, auf die hin sie entwickelt wurde, läßt sich OE als soziotechnisches Konzept definieren, und diese Definition entspricht auch den Intentionen ihrer Wegbereiter.

---

1 Siehe Leitbild und Grundsätze der Gesellschaft für Organisationsentwicklung (GOE) e.V., Langenfeld o.J.

2 Trebesch, K.: 50 Definitionen der Organisationsentwicklung — und kein Ende. Oder: Würde Einigkeit stark machen?, OE 2/1982, S. 37-62. Trebesch war jahrelang Mitredakteur dieser Zeitschrift der Gesellschaft für Organisationsentwicklung und betrieb dann zusammen mit anderen Redakteuren auf dem Wege des Management-buy-out den Sprung zu einer von der Gesellschaft unabhängigen Zeitschrift, deren Mitherausgeber er ist (s. Organisationsentwicklung in der Zeitschrift Organisationsentwicklung, OE 1/90, S. 76ff.).

3 Dabei können wir uns anlehnen an Pieper 1988: „Die eine Linie faßt OE eher als eine Management-Strategie auf, nämlich geplanten und vom Management geführten organisationalen Wandel, die andere eher als ein organisationales Lernverfahren" (S. 53).

Ein Beleg dafür ist das dem Schwerpunkt-Thema „Sozio-technische Systeme — Grundlage für neue Formen der Arbeitsorganisation" gewidmetete Heft der Zeitschrift Organisationsentwicklung, wo in einem von 1981 nachgedruckten Aufsatz Eric Trist aus der Zeit der Pionierarbeiten des Londoner Tavistock Institute programmatisch berichtet: „Es war die Zeit (1949) des Wiederaufbaus der Industrie nach dem Kriege, auf die sich zwei Aktionsforschungsprojekte des Instituts bezogen: das eine untersuchte die tiefenpsychologischen Gruppenbeziehungen auf allen Ebenen (einschließlich der Management/Arbeiter-Schnittstelle) in einer einzelnen Organisation — einer privaten Ingenieurfirma. Das andere Projekt befaßte sich mit der Verbreitung von innovativen Arbeitsabläufen und organisatorischen Maßnahmen, die eine Steigerung der Produktivität ohne größeren Kapitalaufwand leisten sollten" (OE 4/90, S. 11). Der von Staehle zitierten Definition entsprechend steht hier die Effizienzsteigerung der technisch-organisatorischen (Arbeits-) Abläufe ganz eindeutig im Vordergrund, die soziale Dimension hat demgegenüber instrumentalen Charakter.

Inwiefern bei Arbeitsstrukturierungsmaßnahmen, bei Einführung neuer Formen der Arbeitsorganisation, bei den Betriebsobjekten im Rahmen des Programms Humanisierung der Arbeit etc. die soziale Dimension überhaupt eine eigenständige Rolle hätte oder nur Mittel zum Zweck der Produktivitätssteigerung wäre, darüber wurde viele Jahre lang in der industriesoziologischen und verwandten Literatur gestritten (vgl. u.v.a. Schäuble 1979).[1]

Pieper will „den Begriff Sozialtechnologie ... als Kategorie der Kritik definieren, die es ermöglicht, OE doch noch als Ganzes, nämlich in

---

1 Pieper nennt neben dem soziotechnischen Ansatz den situativen Ansatz der Organisationstheorie als eine der theoretischen Quellen von OE: „Da die meisten Organisationen ebenso wie ihre Umwelt äußerst komplex seien und sich die Umwelt laufend ändere, könnten nur situationsbezogene Lösungen entwickelt werden" (Pieper 1988, S. 64).
Dabei ist für Pieper OE zunächst einmal als solche als Sozialtechnologie anzusehen: „Auch für OE gelten die Kriterien der instrumentellen Rationalität ... Ansonsten wäre OE selbst dysfunktional. Denn in allen zweckorientierten Organisationen können sowohl die Probleme wie die Problemlösungen nicht ohne Bezug zum Organisationszweck formuliert werden" (Pieper 1988, S. 120).
Für Wirtschaftsunternehmen sei das Ziel die Gewinnerwirtschaftung, daher sei OE davon gekennzeichnet, daß die Unternehmensleitung nicht nur den OE-Prozeß initiiere, sondern ihm auch die Zielsetzung vorgebe und den Change Agent daran binde.

ihrer Anwendung als Sozialtechnologie, zu kritisieren“ (Pieper 1988, S. 112).

In der Kategorie der Sozialtechnologie kommen also Effizienzsteigerung (ohne partizipative Teilziele mit eigenständigem Rang) auf der Zielebene und von Anfang bis Ende managementgeleiteter Prozeß (ohne ernsthaft partizipative Methoden) auf der Mittelebene zusammen.

Demgegenüber kann eine Strömung ausgezeichnet werden, die als kritischer Gegenpol gegen OE als Sozialtechnologie die OE-Diskussion und -Praxis von Anfang an mitgeprägt hat: OE als Partizipationsentwicklungsprozeß.[1]

Die soziale Dimension kann danach nicht bloß Mittel zu (ökonomischen u.ä.) Zwecken sein, sondern ist selbst auf der Zweckebene zu definieren. Dies ist zumindest möglich, wenn man mit Sievers und Trebesch als Ziel von OE eine systematische und geplante Veränderung sowohl des Verhaltens der Organisationsmitglieder als auch der von Strukturen und Prozessen in der Organisation bestimmt (vgl. Sievers/Trebesch 1980).

In diesem gegenüber Partizipation offenen Sinne definiert Pieper OE als eine mit Hilfe der Methoden und Instrumente der angewandten Sozialwissenschaften intendierte langfristige und umfassende Veränderung sowohl von Einstellungen, Verhalten und Fähigkeiten der Organisationsmitglieder als auch der Strukturen und Prozesse in der Organisation und der in der Organisation verwendeten Technologien“ (Pieper 1988, S. 56).

Wesentlich scheint mir bei beiden Definitionen, daß eine Kombination struktureller und personaler Aspekte offenkundig konstitutiv für OE ist. Allerdings sind damit die sich daran unmittelbar anschließenden Fragen noch nicht beantwortet: inwiefern und mit welcher Richtung stehen Organisationsstrukturen zur Disposition? Geht es bei der personellen Dimension um deren Berücksichtigung zwecks besserer sozialtechnokratischer Anpassung oder welche Richtung darf diese Dimension nehmen? Welche Rolle spielen mögliche unternehmensinterne Konflikte und wie soll damit umgegangen werden?

---

1 „Die Schaffung von personellen und strukturellen Möglichkeiten zur chancengleichen Interessenartikulation und -durchsetzung eines jeden Mitglieds der betreffenden Organisation. Dies impliziert einen Abbau von Herrschaft und Macht im Sinne der Definitionen Webers“ (Pieper 1988, S. 124).

Im Rahmen der Position, OE als Partizipationsentwicklungsprozeß zu verstehen, ist OE zwangsläufig auch als *Konfliktaustragungsstrategie* zu begreifen, denn ohne Offenheit für Konflikte und deren Austrgung kann sich Partizipation gar nicht entwickeln: einem solchen Prozeß Harmonie als Voraussetzung zu unterstellen, hieße, ihn von vornherein unmöglich zu machen.

Zur Offenheit für Konflikte gehört dabei auch, daß OE nach dem Selbstverständnis seiner Verfechter keine Lösungen für konkrete Konflikte angeben, sondern sich eher als methodisches Verfahren zur vernünftigen Austragung von Konflikten definieren möchte.

Zum Partizipationsbegriff steht der Emanzipationsbegriff in enger Verwandtschaft, als Aufhebung von Fremdbestimmung; Partizipation wird als Alternative zu Fremdbestimmung und somit sowohl als Ergebnis wie als Mittel von Emanzipation gesehen.[1]

Kappler betont vor allem die grundsätzliche *Unabgeschlossenheit* von Partizipationsentwicklungsprozessen: „Wie kommt man von einer nicht partizipativen Organisation zu einer selbstbewußten Organisation, in der der Prozeß der Gegenbewegung gegen Instrumentalisierung in Gang bleibt, da ein Partizipationsprozeß kein Ende kennt?" (Kappler 1989, Sp. 1640) Dieser Gedanke erhellt übrigens, wieso die deutschen Gewerkschaften sich schwertaten und tun mit OE-Konzepten, auch wenn sie sich eindeutig der partizipationsorientierten Strömung zurechnen: das Ziel dieser OE-Konzepte ist gerade wirkliche Offenheit, und nicht Schließung durch institutionelle Regulierung von Mitbestimmungsrechten, die dann meist doch nicht wahrgenommen werden.

Was den Rahmen einer Demokratisierungsstrategie angeht, in die partizipationsorientierte Konzepte sich eingebettet sehen, darf man das nicht so mißverstehen, als ob bestimmte Demokratisierungskonzepte und -perspektiven zugrundegelegt würden. Dann wäre ja OE möglicherweise wiederum instrumental, und das soll sie nach dieser Auffassung per definitionem nicht sein.

1 Vgl. Pieper 1988, S. 125. Ganz in diesem Sinne charakterisiert Sievers (1978) OE als Aktionsforschungsprozeß und damit im Rahmen einer *Demokratisierungsstrategie*.

Als positive Merkmale von Organisationsentwicklung lassen sich auszeichnen:

Abb. 49: Positive Merkmale von Organisationsentwicklung

1. Vom Anfang her Einsicht, daß Wandel nötig ist
2. vom Ende her offene Planung
3. mehrdimensionale Zielsetzung
4. umfassender Wandel
5. langfristiger Wandel
6. Betroffene als Beteiligte (partizipatives Grundmodell)
7. Schwerpunkt auf den Wandel von Gruppen
8. Einbeziehung eines Change Agent
9. Intervention durch erfahrungsgeleitetes Lernen (Aktionsforschung)
10. umsetzungs- und handlungsorientierte Ergebnisse

Quelle: eigene

Auf der anderen Seite ist die Grundidee von Organisationsentwicklung in verschiedener Hinsicht dem Risiko unangemessener oder mißbräuchlicher Verwendung ausgesetzt. Systematisieren lassen sich diese Risiken wie folgt:

Abb. 50: Risiken von Organisationsentwicklung

1. OE als manipulative Sozialtechnik
2. Geringschätzung der strukturell- organisatorische Faktoren
3. Ausblendung von realer Hierarchie und Macht
4. mangelnder Bezug auf externe Unternehmenspolitik
5. zu kurzfristige Erfolgserwartungen
6. Zieleunklarheit im Prozeß
7. missionarische Euphorie
8. mangelnde Motivation und Partizipation der Beteiligten
9. auf Dauer pflegebedürftige Insellösung
10. Dauerabhängigkeit von externer Beratung

Quelle: eigene

Bemerkenswerterweise befassen sich diejenigen, die zu den theoretischen und praktischen Pionieren des OE-Konzeptes gehören, mit der im engeren Sinne ökologischen Dimension von Unternehmenspolitik bisher nicht. Umgekehrt ist schon allgemein der Bereich Organisation bei denjenigen Vertretern der Betriebswirtschaftslehre, die sich überhaupt mit dem Thema Ökologische Unternehmenspolitik beschäftigen, deutlich unterbelichtet.[1]

Die theoretische Konzeptionierung von OE, wie sie sich in den einschlägigen Beiträgen darstellt, verzichtet in auffälliger Weise auf inhaltliche Bestimmungen. Von daher läßt sich fragen, ob diese Offenheit vielleicht nicht nur eine Stärke, sondern auch eine Schwäche gerade partizipationsorientierter OE-Ansätze darstellt. Ich möchte im voraus zu der nachfolgenden Argumentation dazu die Vermutung äußern, daß das Problem weniger im Fehlen konkreter Demokratisierungskonzepte liegt, als vielmehr in der *mangelnden Thematisierung unternehmenspolitischer Inhalte* von Organisationsentwicklung. Die Beziehung Unternehmung — externe Umwelt halten wir in diesem Zusammenhang für zentral: daher muß die bisherige Konzeptionierung von OE speziell unter diesem Gesichtspunkt geprüft werden.[2]

In Bezug auf die Unternehmensumwelt gibt es zwischen dem sozialtechnologischen und dem partizipationsorientierten Verständnis von OE Unterschiede, die wohl nicht zufällig sind. Der Begriff Umwelt ist dabei zunächst einmal im weiten betriebswirtschaftlichen Sinne zu verstehen, (noch) nicht eingeschränkt auf die ökologische Umwelt.

Nach der Einschätzung von Pieper gilt Anpassung an die Umwelt praktisch in der gesamten OE-Literatur als wesentliches Ziel von OE: „Die Organisation solle mittels OE dazu befähigt werden, sich an sich

---

1 Vgl. dazu Antes 1990, S. 100ff.; schon die akademisch-betriebswirtschaftliche Konzentration der Organisation des betrieblichen Umweltschutzes auf die gesetzlich vorgeschriebenen Institute (s. etwa Wicke u.a. 1992, S. 34ff.) hängt hinter der unternehmenspolitischen Praxis zurück (s. vorher in diesem Kapitel), erst recht vermißt man theoretische und konzeptionelle Vermittlungen zwischen ökologischer Unternehmenspolitik und Organisationsentwicklung. Sofern sich mit dem Bereich Organisation beschäftigt wird, dann geht es dabei nämlich nur um die Integration umweltpolitischer Aspekte in die Aufbau- und Ablauforganisation, mit Konzentration auf die Einrichtung der Betriebsbeauftragten für Umweltschutz (vgl. etwa a. Schreiner 1988).

2 Vgl. a. unsere Ausführungen zum Problem der offenen Unternehmensverfassung in Kap. 6.1.

ändernde Umwelterfordernisse anzupassen, um so Zielerreichung und Überleben zu sichern."[1] Es geht also im Kern um bessere Reaktionen der Unternehmen auf den als solchen nicht hinterfragten Wandel der Umwelt.

Wenn dies die Aufgabe der Organisation aus Effizienzgründen ist, dann ist die Unterstellung einer grundsätzlichen Zielharmonie zwischen Organisation und Organisationsmitgliedern natürlich entlastend: wenn eine solche Unterstellung gemacht wird, ist die durch OE verfolgte Bemühung, die Ziele der Organisationsmitglieder mit jenen der Organisation in Einklang zu bringen, auch kein besonderes Problem, zumindest kein theoretisches.

Mit solchen Vorstellungen liegen sozialtechnologische OE-Konzepte sehr direkt bei ebenso vorgängigen wie rückständigen Annahmen Allgemeiner Betriebswirtschaftslehre über die Beziehung zwischen Unternehmen und Umwelt, wo die Unternehmung in erster Linie als (reaktiver) Anpasser an externe Rahmenbedingungen und Datenkränze verstanden wird.

Man kann die Umwelt(en) des Unternehmens freilich auch anders betrachten. Es kann zwar nicht darum gehen, der einzelnen Unternehmung in bezug auf ihre Umwelten Handlungsspielräume zu unterstellen, die sie nicht hat. Es geht auch nicht um den Vorschlag von Strategien, die sich bei ihrer ersten Erprobung als von Grund auf unrealistisch erweisen. Es geht freilich zunächst um einen *offenen Blick* auf die Beziehungen zwischen Unternehmung und Umwelt.

In diesem Sinne handelt es sich im ersten Schritt um eine weniger (aus-)schließende Definition, wenn an die Stelle der Anpassung an den Umweltwandel eine Zielformulierung gesetzt wird, „daß mittels OE die Organisation in die Lage versetzt werden soll, Umweltveränderungen überhaupt erst einmal wahrzunehmen, dabei für sie relevante Trends herauszufiltern, ihren eigenen Handlungsspielraum bestimmen zu lernen und darauf aufbauend dem jeweiligen Zielsystem adäquate Aktions- und Reaktionsformen zu entwickeln" (Pieper 1988, S. 110f.).

Sofern Unternehmensentscheidungen überhaupt als kontingent angesehen werden,[2] kann davon ausgegangen werden, daß im Rahmen eines partizipationsorientierten OE-Prozesses mehr Gesichtspunkte in

---

1 Pieper 1988, S. 106, er verweist dabei u.a. auf: Argyris 1967 und Gebert 1974.

2 Vgl. dazu Osterloh 1983; auch: Sydow 1985. Und natürlich Kap. 4.4 dieser Arbeit

den Entscheidungsprozeß eingebracht werden als im Rahmen eines sozialtechnologischen. Die breitere Basis von Entscheidungsgesichtspunkten hat zumindest *potentiell* vernünftigere Entscheidungen zur Folge.

Der Berücksichtigung vorhandener Bedürfnisse für die erfolgreiche Verknüpfung von Organisationsentwicklung und Innovation kommt eine bedeutende Rolle zu. „Eine Organisation ... ist (ex definitione) ‚innovativ‘, wenn sie ein Führungssystem (Controlling Overlayer) besitzt, das gleichzeitig in hohem Maße drei Fähigkeiten aufweist. Diese Fähigkeiten wollen wir als Handlungsfähigkeit, als Empfänglichkeit (Fähigkeit zur Bedürfnisberücksichtigung) und als Fähigkeit zum Erkenntnisfortschritt bezeichnen. Hinter der Kennzeichnung steht eine in der wissenschaftlichen Diskussion nicht ungeläufige Klasse von Innovationsbegriffen: Danach liegt eine Innovation vor, wenn neue Ideen und Lösungskonzepte (das ist eine Frage der Erkenntnisfähigkeit), die im Lichte der Bedürfnisse und Werte der Betroffenen ‚wertvoll‘ sind (das ist eine Frage der Fähigkeit zur Bedürfnisberücksichtigung), tatsächlich in die Tat umgesetzt werden und die Realität verändern (das ist eine Frage der Handlungsfähigkeit)“ (Kirsch u.a. 1979, S. 133).

Die Frage ist nun: worin bestehen dem Inhalt nach die *Bedürfnisse und Werte der Betroffenen*, die im Rahmen eines partizipationsorientierten OE-Prozesses für wertvoll gehalten werden müssen? Oder, wenn Kirsch auf der Zielebene zwischen Individualzielen, Zielen der Organisationsmitglieder für die Organisation und Zielen der Organisation unterscheidet (s. Kirsch 1971, S. 129ff.): worin bestehen die Ziele der Organisationsmitglieder für die Organisation; und existieren nicht — im Hinblick auf unsere Frage nach der Beziehung von Unternehmung und Umwelt — Individualziele, die bisher von den Individuen gar nicht auf die Organisation projiziert und nur als arbeits- und berufsexterne Ziele angesehen werden, sehr wohl aber zu Zielen der Organisationsmitglieder für die Organisation gemacht werden könnten?

Hier kommt das Dilemma auch der partizipationsorientierten OE-Ansätze zum Tragen, das Kind mit dem Bade auszuschütten: mit der Offenheit, die wie die Abkehr von OE als einseitig managementgeleitetem Prozeß erst einmal positiv zu bewerten ist, wird möglicherweise zuviel offengelassen, wenn nicht die unternehmenspolitischen Inhalte eines OE-Prozesses hinreichend thematisiert werden.

Da mit der Orientierung auf Partizipation Inhalte der internen Unternehmenspolitik zwangsläufig zur Sprache gebracht werden, gibt es einen gleichsam unausgesprochenen Mechanismus, im Rahmen eines solchen OE-Verständnisses Inhalte externer Unternehmenspolitik zu kurz kommen zu lassen.

Der partizipationsorientierte OE-Ansatz zeigt sich hier in seiner Gebundenheit an die Gesamtentwicklung der deutschen Betriebswirtschaftslehre, im Unterschied zur Herausbildung des systemorientierten Ansatzes an der Hochschule St. Gallen.[1]

Von daher tritt die Alternative zwischen sozialtechnologischer und partizipationsorientierter Konzeption von Organisationsentwicklung zurück hinter dem Problem der Außenorientierung des unternehmenspolitischen Systems: es geht im Kern um die Frage des Unternehmensmodells, d.h. darum, ob das Unternehmen nicht in scheinhafter Weise („Konsumentensouveränität"), sondern realiter (Funktions- und Sinnorientierung) als Teilsystem der Gesellschaft anerkannt wird bzw. agiert.

Wenn im OE-Kontext „Partizipation als Mittel zur Herstellung und Vergrößerung von Lebenschancen" (Pieper 1988, S. 152) verstanden wird, dann sind eben diese angesichts des heute erreichten Ausmaßes der Zerstörung der natürlichen Lebensgrundlagen der Menschen auf die ökologische Herausforderung der Unternehmenspolitik zu beziehen.[2]

Was nützt es letztlich, wenn eine auf OE als Partizipationsentwicklungsprozeß gerichtete Konzeption am Ende gar Führung als solche in

---

1 „Die bundesdeutschen Reformen der für das Fach grundlegenden Theorie Gutenbergs betrafen die Soziologisierung des Faches vor allem hinsichtlich der Innenbeziehungen des Unternehmens: Angefangen von der Abkehr von Gutenbergs ganz nach Taylor gerichteter Sicht der menschlichen Arbeit im Betrieb traten Entscheidungsprozesse und Verhaltensweisen innerhalb der Unternehmung ins Zentrum. ... Eine Theorie des Handelns von Unternehmen im gesellschaftlichen Umfeld wird so nicht gelingen können" (Freimann/ Pfriem 1991, S. 120f.; vgl. a. unsere Ausführungen in Kap. 3 und 5).

2 Und diese Herausforderung kann durch die Thematisierung von Macht und Herrschaft nicht angemessen beschrieben werden. Einstellungen zum Ökologieproblem haben häufig genug *nichts* mit dem eigenen Standort im (i.e. Sinne) *sozialen* Rollengefüge zu tun. Auf der anderen Seite kann ein Management auf Verweigerung oder gar Sabotage gegenüber ökologischen Aktivitäten stoßen; um so mehr kommt es für die Unternehmensführung darauf an, den Eindruck zu vermeiden, als sollten ökologische Aktivitäten von Problemen wie Lohn, Arbeitszeit etc. ablenken.

Frage stellt,[1] die unternehmenspolitischen Inhalte, insbesondere die Probleme und Aufgabe externer Unternehmenspolitik, dabei aber unter den Tisch fallen?

Theoretisch gefaßt: sogar ein OE-Verständnis, das für seine partizipationsorientierte Konzeption eine radikale Selbstverwaltungskonzeption zur regulativen Idee hätte, würde sich immer noch nicht zwangsläufig mit dem Problem der externen Effekte (als ökonomischer Fassung des Ökologieproblems) auseinandersetzen müssen: auch das *herrschaftsfreiest* geführte Unternehmen hat ein ökonomisches Interesse an der Produktion externer Effekte. Dieses Interesse kann nicht durch noch mehr Demokratisierung, sondern nur durch eine Thematisierung der Möglichkeiten und Grenzen ökologischer Unternehmenspolitik eingedämmt werden. Demgegenüber verhält sich die partizipationsorientierte OE-Strömung in ihrer bisherigen Konzeptionierung abstinent. Es ist daher zu fragen, wie sich OE als Partizipationsentwicklungsprozeß verändern müßte, wenn die ökologische Dimension darin aufgehoben sein soll.

Die sozialökologische Sichtweise des Ökologieproblems hat Folgen für die Konzeption von Organisationsentwicklung: mangelnde Thematisierung von Produktpolitik und externer Kommunikation im OE-Prozeß sind kritisch zu hinterfragen.

Die Forderung an überkommene OE-Konzepte, dieses Manko zu korrigieren, darf keineswegs als konkret-normativ in dem Sinne mißverstanden werden, als solle eine konkrete Orientierung auf ökologische Unternehmenspolitik bzw. gar eine bestimmte Konzeption davon von den Change Agents vorgeschrieben werden. Vielmehr geht es auch hier erst einmal wieder um Öffnung, um Aufschließung des Bewußtseins der Organisationsmitglieder eines Unternehmens für die Inhalte der externen Unternehmenspolitik.

Wie schon angedeutet, reichen als theoretische Fundierung Begründungen für den internen Partizipationsentwicklungsprozeß und seine grundsätzliche Unabgeschlossenheit nicht aus.

Darin scheint mir übrigens die grundsätzliche theoretische Schranke der verdienstvollen Arbeit von Pieper bestehen, wenn er mit Bezug auf

---

1 Wobei basisdemokratische Emphase nach dem in diesem Punkt kläglichen Scheitern der Grünen sicher kritischer als vorher reflektiert werden sollte.

Habermas als eigenes Programm eine diskursive Organisationsentwicklung vorschlägt.

Dabei hätte das Bemühen, die Habermassche Diskursethik auf die unternehmenspolitische Ebene herunterzubrechen, durchaus einen für den offenen Blick auf externe Unternehmenspolitik hilfreichen Gedanken hervorbringen können: wenn sich Pieper auf Habermas' Definition der Lebenswelt als kulturell überliefertem Vorrat an Deutungsmustern bezieht (1988, S. 165), dann hätte die Verknüpfung dieser Definition mit dem von Kirsch gemachten Vorschlag, zwischen Individualzielen und Zielen der Organisationsmitglieder an die Organisation zu unterscheiden, doch genau zu der Frage führen können, wie es um die Thematisierbarkeit unternehmensexterner lebensweltlicher Interessen innerhalb des Unternehmens steht.

In Unternehmen Tätige, auf welcher Hierarchiestufe auch immer, geben ihr Umweltbewußtsein (das in den entsprechenden Umfragen immer wieder zum Ausdruck gebracht wird) ja nicht am Werkstor ab, sondern geraten in die entsprechenden Alltagsschizophrenien[1] eben in dem Maß, in dem die Trennung zwischen drinnen und draußen stabilisiert wird. Werden solche Fragen innerhalb eines OE-Prozesses nicht thematisiert, dann wird der vermeintlich offene Partizipationsentwicklungsprozeß in Wirklichkeit vorzeitig geschlossen.

Die konsequente Anwendung der Diskursidee auf die Unternehmensführung als Konsensus-Management (vgl. dazu P. Ulrich 1983) könnte dann nur gelingen, wenn das formalistische Risiko des Habermasschen Diskursprinzips überwunden wird:[2] die partizipativ erreichte Bereitschaft aller Mitglieder einer Unternehmensorganisation zur ökologischen Zerstörung, indem sie das weiter tun, was sie tun, könnte diese niemals moralisch rechtfertigen.[3]

Auch ein entschränkter Diskurs aller internen und externen Anspruchsgruppen könnte ja zu unmoralischen Entscheidungen führen, wenn etwa Güter hergestellt und verbreitet werden, die das Fortbeste-

---

1 „Papa, in was für einer Dreckschleuder arbeitest Du eigentlich?".

2 Siehe Kap. 7. Interessanterweise ist Pieper sehr wohl sympathisch, daß der Begriff der Lebenswelt von Habermas bei näherem Hinsehen normativ befrachtet ist, vgl. ders. 1988, S. 167; zur Kritik daran Pfriem 1990.

3 Ein Negativbeispiel in dem hier gemeinten Sinne lieferten die Rheinmetall-Arbeiter, die Mitte Dezember 1990 unter der Forderung nach Erhalt der Arbeitsplätze in der Rüstungsindustrie die Düsseldorfer Innenstadt für einige Stunden lahmlegten.

hen der Menschheit in den nachfolgenden Generationen ernsthaft gefährden.[1]

Um des arbeitenden Individuums willen (oder weil einer der wichtigsten Grundgedanken der Moderne jener der *individuellen* Autonomie ist), sollte zwischen der strukturellen und der kulturellen Dimension noch die *personale* eingeführt werden.

Zur Erfassung von Organisationsstrukturen sind nach Kieser und Kubicek fünf Dimensionen hauptsächlich relevant:

„(1) Spezialisierung (Arbeitsteilung),
(2) Koordination,
(3) Konfiguration (Leitungssystem),
(4) Entscheidungsdelegation (Kompetenzverteilung),
(5) Formalisierung“ (Kieser/Kubicek 1983, S. 79).

In diesem Sinne sind unternehmensinterne Hierarchien mit vorgängigen Vorstellungen von Arbeitsteilung und Effizienz aufs engste verknüpft. Damit sind der allgemeinen und chancengleichen Teilnahme an diskursiven Willensbildungsprozessen in der normalen täglichen Unternehmenspraxis enge Grenzen gezogen. Im Rahmen einer ökologischen Organisationsentwicklung, die die grundsätzliche Offenheit des Partizipationsentwicklungsprozesses nicht nur einschließt und voraussetzt, sondern erst recht zur Geltung bringen will, müssen diese Grenzen nicht nur hinterfragt, sondern potentiell auch überwunden werden können.

Für die personale Dimension gilt: „Eine partizipative OE muß von einem offenen Menschenbild ausgehen, das weder sozial noch kulturell determiniert ist“ (Pieper 1988, S. 148). Es ist aber natürlich die Anschlußfrage zu stellen, welche Rolle die ökologische Dimension bei der Personalentwicklung in Unternehmen spielen kann. Nitschke hat im Rahmen eines Gutachtens im Auftrag der Enquete-Kommission des Deutschen Bundestages „Zukünftige Bildungspolitik — Bildung 2000“ fünf Gesichtspunkte für *berufliches Umweltlernen* vorgeschlagen:

---

1 Einer zu eng gefaßten Diskursethik liegt ein zu positives Menschenbild zugrunde, das die Menschen gerade in der modernen Zeit eher widerlegt als gerechtfertigt haben. Daher kann eine kritische Gesellschaftstheorie eben *nicht* auf die kritische Beurteilung und normative Einordnung von Totalitäten, Lebensformen und Kulturen, von Lebenszusammenhängen und Epochen im ganzen verzichten — wie Pieper freilich Habermas positiv zitiert (1988, S. 162).

„1. Verhaltensbezogenes Leitbild ist der schonende Umgang mit der natürlichen Umwelt, dessen Reichweite idealerweise bis zum präventiv-innovativen Umweltschutz geht. Dieses Verhalten wird von ökonomischen Zwängen begrenzt.
2. Die für dieses Verhalten erforderliche Umweltqualifikation gliedert sich in vier Fachkomponenten auf: erweiterte Fachqualifikation, Umweltbewußtsein, Motivation zum umweltgerechten Verhalten im Arbeitsalltag und allgemeine Handlungskompetenz, um sich im betrieblichen Kontext für den Umweltschutz stark zu machen.
3. Verschiedene, sich im Zeitablauf wandelnde Rahmenbedingungen auf individueller, organisatorischer und gesellschaftlicher Ebene nehmen auf die Möglichkeiten des Umweltlernens Einfluß (z.B. Betriebsklima, Schulsituation, veränderte Bedürfnislagen).
4. Erfolgreiches Umweltlernen muß verschiedene didaktische Prinzipien wie Erfahrungsbezug, emotionale Ansprache oder Projektarbeit beachten.
5. Ansätze zum Umweltlernen sollten unter Berücksichtigung der genannten Faktoren möglichst flächendeckend bis zum konkreten Verhalten hinführen und zugleich dessen Reichweite im obigen Sinne ausdehnen“ (Nitschke 1990, S. II).

Wenn Partizipation lernbar ist, dann erst recht über Partizipationsinhalte, in denen die Mitglieder von Unternehmensorganisationen solche Interessen und Bedürfnisse einbringen können, die bei ihnen nachweislich eine wesentliche Rolle spielen, oft aber nur als unternehmensexterne interpretiert und behandelt werden.

Für das parteiliche Einbringen ökologischer Probleme bzw. möglicher Ziele der Unternehmenspolitik gelten dann wohl erst recht Verhaltenselemente wie *Kommunikationsfähigkeit*, *Kooperationsfähigkeit*, *Konfliktfähigkeit* (vgl. Friedel-Howe 1985, S. 242).

Ein Unternehmen erstmals in die ökologische Herausforderung ausdrücklich zu stellen und damit zu untersuchen, welche Schwachstellen und Defizite der überkommenen Unternehmenspolitik im Lichte dieser Herausforderung auftauchen, läßt sich insofern als Versuch praktischer Kulturkritik verstehen: die Kultur eines Unternehmens, das auf den Ebenen des normativen, des strategischen und des operativen Managements künftig ökologische Gesichtspunkte systematisch zu berücksichtigen sucht, unterscheidet sich kulturell fundamental von dem Vorzustand.

Ökologische Organisationsentwicklung führt daher auch zur Verbesserung der Organisationskultur. Unternehmensführungen handeln dabei klug, wenn sie die unternehmensspezifischen Ziele im ökologischen Feld der Organisation nicht einseitig vorgeben, sondern auf die Entwicklung von Organisationskultur durch *praktischen Diskurs* setzen: häufig treten so mehr Schwachstellen und Optimierungspotentiale zutage, unterschiedliche organisationsinterne Sichtweisen führen mit hoher Wahrscheinlichkeit zu einem komplexeren Bild von Problemen und Lösungsmöglichkeiten; zugleich trägt die Erweiterung von Handlungsspielräumen der Organisationsmitglieder auch zur Vertiefung der ökologischen Unternehmenspolitik bei.

Stärker als das frühere Bemühen, durch Unternehmensphilosophien vor allem auf dem Gebiet der Mitarbeiterführung Grundsätze zu formulieren, mit denen ein Unternehmen seine spezifischen Vorteile gegenüber vegleichbaren zu belegen sucht (z.B. in der Konkurrenz um knappe Fachkräfte), spiegeln die Debatten über Unternehmenskultur (vgl. Kap. 6) wider, daß Sinnfragen längst den unternehmenspolitischen Alltag erreicht haben.

Gerade aufgrund der Vernachlässigung von Sinnzusammenhängen beginnt in vielen Fällen die sozialintegrative Funktion der Unternehmung zu versagen (vgl. P. Ulrich 1984).

Diese kulturelle Dimension ökologischer Organisationsentwicklung wird einerseits als konzeptioneller Ausgangspunkt behauptet; andererseits bedeutet die bisherige Geringschätzung der Aufgaben externer Unternehmenspolitik in OE-Konzepten, daß die in dieser Arbeit vorgetragene Funktions- und Sinnorientierung dabei noch keine systematische Rolle spielt.

Für die *Moderation* von Organisationsentwicklungsprozessen gibt es grundsätzlich zwei Möglichkeiten: entweder der Prozeß wird aus internen Kräften heraus organisiert (wobei dann nicht nur die Frage, wer es macht, sondern erst einmal jene, wer darüber bestimmt, wer es macht, von Belang ist) oder es gibt einen externen Change Agent. In letzterem Fall steht die Frage nach der tatsächlichen Unabhängigkeit des Change Agent: aufgrund der Bezahlung des Beraters/der Berater durch die Auftraggeber (in der Regel die Unternehmensleitung) können ökonomische Abhängigkeiten entstehen, die sich auf Prozeß und Ergebnisse niederschlagen.

Das Demokratisierungspotential eines konkreten Organisationsentwicklungsprozesses aus der normalen Situation eines durchschnittlichen Unternehmens heraus sollte nicht überschätzt werden. Planung wird in der Regel bislang noch nicht als Diskurs verstanden (vgl. dazu aber Kappler 1980). Planung als Diskurs taugt zudem zwar als regulative Idee, beinhaltet aber noch keine Regularien zu Möglichkeiten des Herrschaftsabbaus in der konkreten Situation eines OE-Prozesses. Das gilt auch für die Prinzipien einer *partizipativen Organisationsstrukturierung* von Bartölke und Wächter (vgl. dies. 1980, S. 20ff.):

- Festlegung von Zielen im Dialog,
- Aufbau der Organisationsstruktur von unten nach oben,
- Herstellung eines Konsens über allgemeine Regelungen,
- Artikulation sich wandelnder Interessen muß möglich sein,
- Entscheidungsprozesse sind offenzulegen,
- Sicherung der Informationen über Zielsysteme und der Information über die jeweiligen Entscheidungsbereiche.

Wie oben erläutert und begründet wurde, hat die verhaltenswissenschaftliche „Öffnung" der Betriebswirtschaftslehre im entscheidenden Punkt nicht öffnend, sondern schließend gewirkt: verhaltenswissenschaftlich wurde die Masse der Organisationsmitglieder = im Unternehmen Beschäftigten in der Objektrolle moderner festgezurrt, als dies Gutenberg vermocht hatte.

Nur aus einer *handlungstheoretischen statt verhaltenswissenschaftlichen Perspektive* aber, d.h. der Rolle des potentiellen Subjekts statt des realen Objekts läßt sich sinnvoll die Differenz zwischen objektiv vorhanden und subjektiv wahrgenommenen Handlungs- und Entscheidungsspielräumen der unternehmenspolitischen Akteure thematisieren.

Insofern dürfen die Initiatoren eines OE-Prozesses (in den meisten Fällen die Unternehmensleitung) gleichsam aus Erfolgsgründen (aus Gründen des Erfolgs eben dieses OE-Prozesses) möglichst nicht das Heft in der Hand behalten.

Das heißt: vom Anfang her geplant darf der Wandel nur sein, insofern das auslösende Problem beschrieben werden kann; vom Ende her muß der Prozeß in jedem Fall offen sein — je weniger dies der Fall ist, desto mehr gilt: es wird nicht gelingen.

Zu kurzfristige Erfolgserwartungen sind nach den Erfahrungen, die bislang in OE-Prozessen gemacht wurden, von Nachteil; im ökologischen Problemfeld gilt das sicher erst recht.

Ein weiterer erwähnenswerter Gesichtspunkt scheint mir darin zu bestehen, daß der externe Change Agent sich überflüssig machen muß — in dem Maße, indem Unternehmensberatung stattfindet, die vor allem auf den nächsten Auftrag orientiert, gilt wie eben: es wird nicht gelingen.

Wie kann sich nun im Zusammenhang mit Organisationsentwicklungskonzepten Betriebswirtschaftslehre zu einer „Theorie der von den Entscheidungen der Unternehmensleitung Betroffenen in ihrer Betroffenheit?" entwickeln (Kappler 1976, S. 128).

Vielleicht ist doch eine der Ursachen dafür, daß gesellschaftspolitische Perspektiven und Konzepte in u.a. diesem unserem Lande so weit entfernt sind von dem, was als Realität „dasteht", eben darin zu sehen: daß es Teilen derjenigen, die gekonnt hätten, wenn sie gewollt hätten, am Vermögen gefehlt hat, vom Widerstand zur alternativen Gestaltung überzugehen.

Wenn die Kritik an der verhaltenswissenschaftlichen Schein-Öffnung der Betriebswirtschaftslehre praktische Geltung erhalten soll, d.h. die Akteure *von Verhaltensobjekten zu Handlungssubjekten* werden sollen, dann gibt es sicher keine ernsthafte Alternative dazu, „die Betroffenen zu Beteiligten am unternehmenspolitischen Prozeß der Bedürfnisbestimmung, der Strategiebewertung und des Interessenausgleichs zu machen" (P. Ulrich 1980, S. 36).

Der Übergang von Betroffenheit zu Beteiligung fordert erst recht Inhalte: warum und wofür soll bzw. will sich beteiligt werden?

Es ließe sich etwa thematisieren, inwiefern im Rahmen eines partizipativen OE-Prozesses Organisationsmitglieder zum Entwerfen verschiedener Entwicklungsszenarien für ihre Unternehmung kommen.[1]

Dabei steht auch in Frage, wie Organisationsentwicklung Organisationsstrukturen verändern kann. Wenn hinsichtlich der durchschnittlichen Bearbeitung des Ökologieproblems in der Unternehmensorganisation durch Betriebsbeauftragte für Umweltschutz (vgl. zu Beginn dieses Kapitels) mittlerweile allgemein Einigkeit über die mangelnde Effizienz dieses Instrumentariums besteht, so gibt es diese sicher noch nicht auf der Lösungsebene.

Auch eine ökologisch sensibilisierte Geschäftsführung nämlich kann je nach Unternehmenslage außerstande sein, Umweltschutz neben allen anderen Bestandteilen der Gesamtverantwortlichkeit mit der genügen-

1 Vgl. — ohne Partizipationsorientierung — von Reibnitz 1987.

den Intensität zu betreiben. Und die Betriebsbeauftragten sind ja in aller Regel unternehmensintern rekrutierte Techniker, die wenig oder gar keine Erfahrung mit der Einleitung und Durchführung von Organisationsentwicklungsprozessen haben. Dafür sind freilich gerade soziale, psychologische und didaktische Kompetenzen gefordert; außerdem genügend Zeit, um jenseits der unmittelbar technischen Aspekte betrieblicher Umweltprobleme und jenseits der Verantwortung für alles und jedes im Unternehmen solche Prozesse erfolgreich zu organisieren und zu betreuen. Und Bereitschaft zum Blick nach draußen.

Es geht also um offene externe Kommunikation des Unternehmens mit ökologischen Kritikern und um mehr: um die Frage, wie dieser Dialog systematisch und kontinuierlich gestaltet werden kann.

Das Plädoyer für ökologische Organisationsentwicklung läßt sich schließlich auch klassifizieren als Orientierung auf unternehmenspolitische *Innovation.*

Für eine so verstandene (u.a. ökologische) Innovationsfähigkeit lassen sich (vgl. Kap. 10) mindestens zwei Bedingungen formulieren:

1. Nur eine über das operative Geschäft *hinausblickende* Unternehmung, die also die Ebenen des strategischen und darüber hinaus des normativen Managements als den Unternehmensalltag leitend zu organisieren versucht, wird in diesem Sinne innovationsfähig sein.
2. Die allgemeine Auffassung, Innovation sei vor allem ein technisches Phänomen, geht fehl. Vielmehr sind *soziale und organisatorische* Innovationen als Grundlage der technischen zu verstehen.

Bezieht man diese Innovationsorientierung auf die Unternehmung als geistig-kulturelles System — und *in diesem Rahmen* hat sich ökologische Organisationsentwicklung zur praktischen Geltung zu bringen oder nicht —, dann müssen solche Normen (wie ökologische Unternehmenspolitik für uns in der Zukunft definiert werden soll) vor allem durch Einsicht der Organisationsmitglieder erstarken.[1]

---

1 Wir vertreten also für Organisationsentwicklung in der Konsequenz genau die Position, die wir theoretisch im 7. Kapitel begründet haben, als es um den ethischen Diskurs ging: daß die theoretische Beschränkung auf Prozeduren und Verfahren zu sehr in die Enge führt, die Beschäftigung mit inhaltlichen Normen allerdings nicht als Oktroy daherkommen darf.

Dann kann Lernen mehr sein als Aneignung von Wissen oder Verhaltenstechniken, bzw. dann „läßt sich OE redefinieren als kollektive Maßnahme zur Erreichung einer neuen Moral- und Problemlösungsstufe“ (Pieper 1988, S. 325). Wir gehen davon aus, daß Organisationsentwicklungsprozesse nicht bei der Thematisierung des Ökologieproblems aufhöhren. Die Verknüpfung von Inhalt und Form, von Problem und Betroffenenaktivierung, bürgt geradezu für die Effizienz offener Prozesse (d.h. *vor allem*: deren Offenheit).[1]

12.5 Ökologische Personalentwicklung

Die speziell *personalwirtschaftliche* Bearbeitung des Ökologieproblems im Rahmen der Betriebswirtschaftslehre steckt noch völlig in den Kinderschuhen, obwohl doch ständig deutlicher wird, daß eine effektive und effiziente ökologische Unternehmenspolitik entscheidend davon abhängt, wie weit die in einem Unternehmen tätigen *Menschen* dieses Konzept mittragen und umsetzen.[2]

Organisationsentwicklung ist abhängig von der Entwicklungsfähigkeit der Organisationsmitglieder (vgl. Bartölke 1980). Auch die produktivsten Ideen und die größte Bereitschaft einer Unternehmensführung, Organisationsentwicklung partizipationsorientiert durchzuführen, kann an der mangelnden (Selbst-)Entwicklungsfähigkeit der Organisationsmitglieder scheitern. „Organisationen werden unabhängig von konkreten Personen gedacht, existieren aber faktisch nur durch und für konkrete Personen“ (Bartölke 1980, S. 322). Die Bereitschaft der Organisationsmitglieder, sich neben Zielen für sich selbst Ziele für die Organisation zu eigen zu machen, ist unterschiedlich verteilt. Solche Bereitschaft unterstellt, ist dann die Frage, wie eigensinnig und selbstän-

1 Damit ist die Verschränkung von Ökologie und Demokratie angesprochen, wohl eines der brisantesten Zukunftsprobleme. Wir möchten darauf hinweisen, daß wir *dieses* Problem in dieser Arbeit nur bezüglich der Extreme thematisiert haben: in der Zurückweisung eines elitären ökologischen Fundamentalismus und mit dem Hinweis, daß ein Maximum an Demokratie noch nicht für Ökologie bürgt.

2 „Dies verwundert um so mehr, als ja gerade den Mitarbeitern als wichtigsten Trägern des Unternehmensgeschehens eine zentrale Rolle im Zusammenhang mit einem umweltbewußten Unternehmensverhalten zukommt“; Remer/Sandholzer 1992, S. 512.

dig die Organisationsmitglieder ihre Ziele für die Organisation entwikkeln und beibehalten dürfen. Bartölke sieht die Gefahr, daß dieser Prozeß einseitig als Sozialisationsprozeß *gegenüber* den Organisationsmitgliedern verläuft: „Wenn organisationale Sozialisation aus Sicht der Organisation erfolgreich ist, dann erzeugt sie Selbstverpflichtungen auf die Organisation und Loyalität" (Bartölke 1980, S. 330).

Die Frage ist tatsächlich, inwiefern eine Unternehmensführung selbst bei besten Absichten in der Lage ist, die eigene Rolle und die selbstdefinierten Organisationsziele kritisch zu reflektieren, etwa auch darauf zu achten, daß die Unternehmenskultur die Organisationsmitglieder in ihrer Eigenständigkeit nicht erschlägt. So ist etwa auch zu achten auf mögliche „Widerstände, die auf die Unsicherheit ihrer Konsequenzen und die Notwendigkeit der Aufgabe funktional autonom gewordener Gewohnheiten zurückzuführen sind" (Bartölke 1980, S. 332, s.a. Kiechl 1990). Gerade Vorgesetzte „besten Glaubens" können zu der Überzeugung neigen, die Mitarbeiter sollten „endlich" einsehen, daß sie recht haben.[1] Organisationen sind als Interaktionen von Menschen mit prinzipiell gleichen Rechten zu verstehen (vgl. Bartölke 1980, S. 339); eine nur instrumentell angegangene Personalentwicklung ist unmöglich. In diesem Sinne unterzieht Neuberger das gängige Verständnis von Personalwirtschaft starker Kritik: „Wie jede betriebliche Funktion hat auch die Personalwirtschaft einen Leistungsbeitrag zu liefern: Das Produkt des Personalwesens ist Personal, nicht Persönlichkeit ... Der Mensch ist Mittel. Punkt" (Neuberger 1991, S. 9).

Eine auf die Bearbeitung des Ökologieproblems hin orientierte Personalpolitik der Unternehmen kann daher nicht einfach dem Umweltschutz ein vorgängiges Verständnis von Personalwirtschaft aufpropfen, weil dieses selbst kritisch hinterfragt werden muß. Nicht eine eher anpassungsorientierte organisationsinterne Sozialisation ist hinreichend, sondern neue Formen innerbetrieblichen sozialen Lernens sind gefordert, über die *ethisch verantwortungsvolles Handeln* gelernt werden kann.

Die Entwicklungsfähigkeit der für das Personalwesen im Unternehmen zuständigen Manager ist dabei von fundamentaler Bedeutung. Sie selbst sind in der Vergangenheit häufig ja gar nicht mit den Inhalten des

---

1 In der Literatur wird häufig grundsätzlich Komplementarität der Befriedigung individueller Bedürfnisse und der Erreichung optimaler organisationaler Effektivität unterstellt. Kritisch dazu Bartölke 1980, S. 335.

Ökologieproblems vertraut, die sie jetzt in ihre Urteile und Entscheidungen eingehen lassen sollen. Häufig sind ihnen auch die Risiken einer innovationshemmenden Selektion durch die eigene Tätigkeit nicht genügend bekannt.[1] Leistungsbeurteilung ist immer Verhaltensbeurteilung; aus der Vorgesetztenrolle heraus müssen zuständige Manager der Personalabteilung damit gerade solches Verhalten positiv bewerten, das sich von eher traditionellen Untergebenenrollen abhebt. Diese kritischen Gesichtspunkte sind dann auf das Ökologieproblem hin zu konkretisieren.

Daraus resultiert die Schlußfolgerung, die verschiedenen Elemente der Personalwirtschaft — Personalplanung, Personalbeschaffung, Personalbeurteilung, Personalvergütung und Personalentwicklung (s. dazu Steinmann/Schreyögg 1991, S. 555ff.) — unter ökologischen Kriterien neu zu reflektieren. So hat die Personal*planung* ja nicht nur quantitative, sondern auch qualitative Komponenten; zu fragen wäre hier nach den Eingangsqualifikationen, die neue Mitarbeiter mitbringen. Im ökologischen Feld ist Qualifikation dabei natürlich nicht bloß eine Sache technischer Fertigkeiten; es kommt wesentlich auch auf die Sensibilität der einzelnen Person an.[2] Wichtig nicht vom Blick auf die einzelne Person her, sondern aus der Perspektive der Personalplanung ist sicher der Versuch, diese zum Instrument einer Hebung des ökologischen Sensibilitätsniveaus der Gesamtunternehmung zu machen: ökologische Aspekte der Personalplanung ergeben sich somit keineswegs nur für Umweltspezialistenrollen, sondern umgekehrt gerade für davon ganz entfernte Rollen und Stellen in der Unternehmung.[3]

Von ökologischen Elementen bei der Personal*beschaffung* kann dann gesprochen werden, wenn bei der (zwangsläufig selektiven) Be-

---

1 In der Praxis stößt man immer wieder auf 4 Selektionsstufen: 1) nur bestimmte Menschen bewerben sich (Selektion durch Unternehmensprofil, Anzeige usw.), 2) nur bestimmte Menschen werden genommen (Selektion durch Personalabteilung), 3) nur bestimmte Menschen bleiben (Selektion durch Unternehmenskultur), 4) von denen, die bleiben, werden außerdem noch eine Anzahl durch die Organisation unterdrückt (nochmals Selektion durch Unternehmenskultur). Vgl. auch Bartölke 1980.

2 Diese kann sich aus ganz verschiedenen Quellen speisen: persönlicher Erfahrungen, familiärer Erziehung, schulischer Sozialisation etc.

3 „Die Planung personaler Ressourcen- und Naturschutzpotentiale muß also zu einem Anforderungsprofil des Personalbestandes führen, das neben Einstellungs- und Wertkomponenten vor allem konkrete Angaben über das insgesamt erforderliche ökologiebezogene Fachwissen enthält"; Remer/Sandholzer 1992, S. 522.

urteilung in der Vor-Einstellungssituation ökologische Komponenten oder Standpunkte der Bewerber eine positive Rolle spielen.[1] Die Personal*beurteilung* betrifft dasselbe Phänomen hinsichtlich schon eingestellter Mitarbeiter; dabei kann ein Ausbau dergestalt erfolgen, daß (sei es für spezifische Funktionen, sei es sogar generell) ökologische Aufgeschlossenheit zu einem Voraussetzungselement für innerbetrieblichen Aufstieg gemacht wird. In der betrieblichen Realität wird dies vermutlich häufig mißlingen: Mitarbeiter, die Probleme hochbringen, stoßen kaum zwangsläufig auf die Zustimmung ihrer Vorgesetzten. Wo umgekehrt solche als ökologisch sehr aufgeschlossen bekannt sind, stoßen wir auf das Phänomen ökologischer Wendehälse: Ökologie nicht aus Überzeugung, sondern aus Opportunismus — und entsprechend oberflächlich.[2]

Die Personal*vergütung* kann ebenso als Element ökologischer Unternehmenssteuerung entwickelt werden. So läßt sich ökologisches Arbeiten als ein zentrales Qualitätsmerkmal von Arbeit definieren und entsprechend positiv bewerten. Umgekehrt können für überdurchschnittliche ökologische Aktivitäten, etwa einschlägige Verbesserungsvorschläge, monetäre Anreize geschaffen werden.[3]

Das wichtigste Feld der Verknüpfung von Ökologie und Personalwirtschaft ist zweifellos die Personal*entwicklung*. Hier kommt unser Grundgedanke erneut zum Tragen, daß die ökologische, d.h. praktisch-moralische Entwicklung von Unternehmenspolitik sich auf nichts anderes stützen kann als eben die *Entbergung der endogenen moralischen Potentiale*, die in der Unternehmung stecken.

Dafür ist es wichtig, die zu geringe Reichweite verhaltenswissenschaftlicher Überlegungen zu reflektieren, wie sie gerade in die Betriebswirtschaftslehre stark Eingang gefunden und sogar zu einem eigenen betriebswirtschaftstheoretischen Ansatz geführt haben (vgl. Schanz 1977, vgl. dazu Staehle 1991, S. 36ff.).

---

1 Zum Teil finden wir in der unternehmenspolitischen Praxis Fälle, wo eine Orientierung darauf von der Bewerberseite ausgeht, wenn z.B. hochqualifizierte Bewerber ihren Einstieg in ein Unternehmen der Chemischen Industrie davon abhängig machen, daß sie nicht im Bereich der Gentechnologie eingesetzt werden.

2 Ökologische Wendehälse finden sich natürlich auch auf höheren Managementebenen.

3 Es gibt heute bereits Unternehmen, die *ökologische* Verbesserungsvorschläge höher prämiieren als andere; vgl. dazu Winter 1992, S. 126.

Ökologisches *Handeln* wird hier vom bloßen *Verhalten* eindeutig abgegrenzt, indem das Verhalten vor allem *reaktives* Verhalten gegenüber externen Bedingungen und Reizen akzentuiert, wohingegen beim Handeln das Gewicht auf der aktiven Erkenntnis, Nutzung und ggfs. auch Erweiterung von Handlungsfreiräumen liegt. Bezogen auf die Individualität des einzelnen Mitgliedes der Unternehmensorganisation geht es um die Frage nach dem *persönlichen* Beitrag zu ökologischen Unternehmenszielen, bei der Zielbildung wie bei der Zielrealisierung. Die Eingebundenheit der einzelnen Akteure in die Organisation stellen für das individuelle ökologische Handeln ebenso Restriktionen dar wie mangelnde Aufgeschlossenheit dafür und mangelndes technisches Vermögen, so daß wir zu folgender Beschreibung gelangen (s. Abb. 51):

Abb. 51: Handlungsblitz

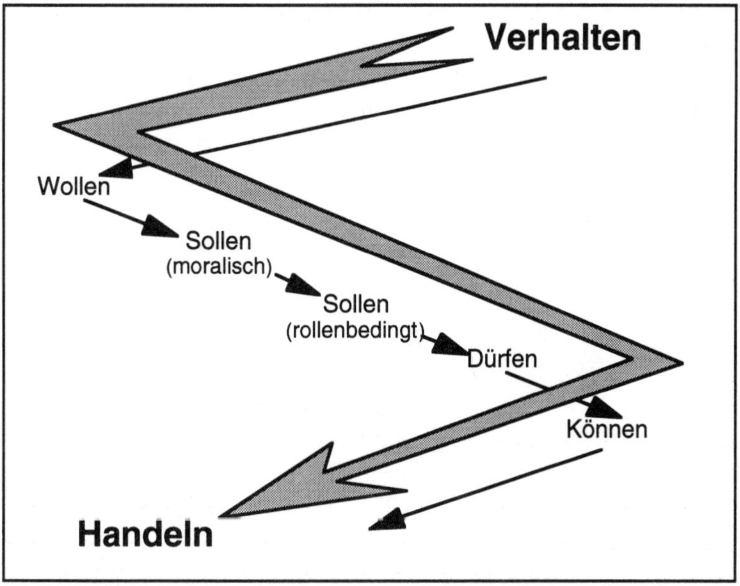

Quelle: eigene

Mit dem „Dürfen" ist das mögliche Problem angesprochen, daß die Handlungsbereitschaften einzelner Unternehmensakteure oder auch -gruppen über die Grenzen hinausgehen, die von der Organisation vermittels ihrer Entscheidungsträger und der dazugehörigen Entscheidungs*bildungs*prozesse gesteckt werden. Hier, wo es also folglich um *inner*betriebliche ökologische Konflikte geht, erweist sich in besonderem Maße, daß die Disposition zu ökologischem Handeln nicht dann nur noch vom Können, sondern insbesondere auch von der Entschiedenheit des Wollens abhängt, d.h. von den generellen Werthaltungen und Einstellungen, für eine richtige und wichtige Sache gerade auch *dann* einzutreten, wenn dafür nicht bloß positive Gratifikationen zu erwarten sind.

Auf der anderen Seite ist zu betonen, daß ökologisches Handeln auf wesentlich mehr bauen kann als auf das entschiedene Ja dazu. Ökologisches Handeln läßt sich lernen und es kann gefördert werden. In der Literatur werden dazu etwa die Aufgaben definiert:

1. Das „Nicht-Erfahrbare“ wahrnehmbar machen,
2. Bewertungskompetenz entwickeln,
3. Emotionale Stabilisierung: Wach sein zur Angstfähigkeit,
4. Umweltschonendes Verhalten lernen und automatisieren (vgl. Preuss 1991, S. 119ff.).

Solche Aufgaben lassen sich mit Fichter auf Ansatzpunkte, Maßnahmenbeispiele und Aktionsfelder im Unternehmen hin konkretisieren (s. Abb. 52).

Um die lernbaren Qualifikationen zu kennzeichnen, die im Bereich des ökologischen Handelns die eng fachlichen Qualifikationen überschreiten, spricht man auch von *Schlüsselqualifikationen*. Solche Schlüsselqualifikationen sind etwa: Kritikbereitschaft und -fähigkeit, Kommunikationsfähigkeit, Verständnis und Sensibilität für System-Umwelt-Beziehungen, Kreativität, Lernbereitschaft, Zukunftsorientierung (vgl. a. Remer/Sandholzer 1992, S. 531).

In welchem Ausmaß heute von Unternehmen bereits solche Qualifikationen abverlangt werden bzw. schon in die Personalbeschaffung und -auswahl eingehen, wird unterschiedlich beurteilt; von einer einfachen und linearen Trendentwicklung kann hier sicher nicht gesprochen werden. Andererseits handelt es sich um Qualifikationsfelder, die auch *außerhalb* des ökologischen Handlungsfeldes im engeren Sinne von außerordentlichem Belang sind.

Welche Bereitschaft und Fähigkeiten die Menschen, speziell auch die Mitglieder von Unternehmensorganisationen, in der nächsten Zukunft aufbringen werden, kann diese Arbeit nicht beantworten. Diese Antwort ist Sache der *Praxis*.

Abb. 52: Ansatzpunkte zur Förderung umweltschonenden Handelns

Ziel / Aufgabe	Ansatzpunkte	Beispiele für Maßnahmen	Aktionsfelder im Unternehmen
Das "Nicht - Erfahrbare" wahrnehmbar machen	Verbesserung der Wahrnehmungshilfen:		
	• Analoge Gestaltungsmittel	• Produktkennzeichnung (Bsp. Buch: wie viele Bäume wurden für ein Exemplar verbraucht)	Information
	• Transformation in alltägliche Vergleichsgrößen	• Flußwasserqualität: Anzeige des Salzgehalts in gehäuften Teelöffeln	Arbeitsplatzgestaltung
	• Antizipationshilfen	• Warnzeichen f. vergifteten Fluß: Fischgerippe	Information
	• Warn- und Hinweissymbole	• Umweltzeichen (als Verbraucherinfo)	Information
	• Feed- Back- Schleifen	• Verbrauchsanzeige direkt am Wasserhahn in Liter und Pfennig/ DM	Arbeitsplatzgestaltung
	Personale Wahrnehmungsbefähigung:		
	• Flexibilisierung des Wahrnehmungsstils	• Training: Vertrautes fremd und Fremdes vertraut machen	Aus- / Weiterbildung
	• Steigerung der Wahrnehmungskapazitäten	• ganzheitliches Erkennen: z.B. Öko - Spiele	Aus- / Weiterbildung
	• Aufmerksamkeitslenkung	• Betriebsrundgang. Hinweise auf Gefahrstoffe	Motivation
	• Wiederentdeckung der Sinne	• Workshop: Endeckung der Sinne (Riechen...)	Soziale Aktivitäten
Wachsen zur Angstfähigkeit	• Handlungsperspektiven aufzeigen	• Broschüre mit praktischen Umwelttips	Information
	• Konfrontation mit Angst und Bedrohung vor Umweltzerstörung	• Workshop: Umwelt - Encounter	Aus- / Weiterbildung

Fortsetzung s. S. 390

Fortsetzung Abb. 52

Bewertungs-kompetenz entwickeln	Verbesserung der situativen Bewertbarkeit: Wahrnehmungshilfen sind Bewertungshilfen	Vergrößerung der situativen Wahrnehmbarkeit	Arbeitsplatzgestaltung Information
	Förderung des persönl. Bewertungsvermögens: • Verbesserung des Umweltwissens • Wertewandel zur "ökologischen Ethik"	• Seminar: Abwasser u. Flußwasser - Qualität • Training: Förderung vernetzten Denkens • Umweltbewußtes Verhalten von Vorgesetzten • Workshop: Welt- / Naturbild hinterfragen • Einrichtung von Umwelt- Qualitätszirkeln	Aus- / Weiterbildung Aus- / Weiterbildung Führung Aus- / Weiterbildung Organisationsstruktur
Umwelt-schonendes Handeln lernen und automatisieren	Verbesserung der situativen Verfügbarkeit von Verhaltensangeboten		Organisationsstruktur Information Führung Aus- / Weiterbildung
	Training und Verhaltensausformung		Führung Soziale Aktivitäten
	Handlungsanreize		Anreizsysteme Unternehmenskultur

Quelle: Fichter 1992, S. 69f.

Zum Schluß

Schön ist, Mutter Natur, deiner Erfindung Pracht
Auf die Fluren verstreut, schöner ein froh Gesicht
Das den großen Gedanken
Deiner Schöpfung noch Einmal denkt.
(Friedrich Gottlieb Klopstock, Der Zürchersee)

Es kann nicht die Aufgabe einer knappen Schlußbemerkung sein, eine Arbeit, die so komplex ist wie die hier vorgelegte,[1] nochmals zusammenzufassen. Wir möchten vielmehr versuchen, die Quintessenz der Arbeit möglichst knapp und thesenartig zu porträtieren, ausgehend von den vier Anforderungen, die Umberto Eco an eine *wissenschaftliche* Arbeit stellt (s. Eco 5. Aufl. 1992, S. 40ff.).

„1. Die Untersuchung behandelt einen erkennbaren Gegenstand, der so genau umrissen ist, daß er auch für Dritte erkennbar ist" (Eco 1992, S. 40).

Was ist der Gegenstand der vorliegenden Arbeit? Mit Ecos Trost, der Ausdruck Gegenstand sei nicht unbedingt im konkreten Sinn zu verstehen, wollen wir es uns nicht zu leicht machen. Als Gegenstand der Arbeit möchten wir kennzeichnen das Bemühen um Fortschritte zu einer empirisch gehaltvollen Theorie der Firma[2] im ökologischen Handlungsfeld, wobei die Praxis nicht nur in der Gestalt von Empirie Bedingung vernünftigen Theoretisierens sein soll; sondern aus diesem Theoretisieren sollen auch Gestaltungsorientierungen für die Praxis erwachsen, die solchen Vorschlägen vermutlich überlegen sein werden, die meinen, auf das Theoretisieren verzichten zu können. Theorie wird also weder aus sich selbst noch für sich selbst entwickelt.

1 Wir hoffen natürlich, daß bei der Lektüre eher der Eindruck von Komplexität entstanden ist als jener von Heterogenität.

2 In diesem Schlußwort ist wie in der ganzen Arbeit *inhaltlich* synonym von Theorie der Firma und Theorie der Unternehmung die Rede. Der Terminus „Theorie der Firma" verweist mehr auf die Bögen zur volkswirtschaftlichen Theorie, der Terminus „Theorie der Unternehmung" eher auf den sozialwissenschaftlich *und* ökologisch aufgeklärten Gutenberg, den es heute bräuchte.

Auf der konkreteren Ebene betrifft der Gegenstand der vorgelegten Arbeit die ökologische Herausforderung von Unternehmenspolitik und Betriebswirtschaftslehre, deren Analyse uns zur Konzeption einer sozialökologischen Ethik für die Unternehmenspolitik geführt hat. Gegenüber möglichen Mißverständnissen ist uns dabei eines außerordentlich wichtig: wir haben keinen ethisch-normativen *Zugang* gewählt, sondern *Möglichkeiten* für ethisch verantwortungsvolles Handeln als *Ergebnis der Analyse* aufgetan. Die Frage etwa, was denn ein *gutes Produkt* sei, ist zunächst keine ethische Frage, stellt sich bei näherem Hinsehen dann aber als solche heraus. Mit dieser Konzeption und abgestützt durch volkswirtschaftliche wie betriebswirtschaftliche Aspekte einer Theorie der Firma haben wir Bausteine eines strategischen Innovationsmanagements der Unternehmung im ökologischen Handlungsfeld vorgestellt, die sich in Information und Kommunikation, Organisations- und Personalentwicklung ausdifferenzieren. Die übergreifende Schlußfolgerung lautet hier, daß die Unternehmung sich insbesondere als *kommunizierendes Gebilde* zu verstehen und im Rahmen dieser Rolle Ansprüche und Aufgaben zu thematisieren hat.

„2. Die Untersuchung muß über diesen Gegenstand Dinge sagen, die noch nicht gesagt worden sind, oder sie muß Dinge, die schon gesagt worden sind, aus einem neuen Blickwinkel sehen" (Eco 1992, S. 41).

Hinsichtlich der Qualität des Ökologieproblems und der Erfordernisse betriebswirtschaftlicher Verarbeitung wird (I) eine Argumentation ausgebreitet, die wir in dieser Verknüpfung tatsächlich für neu und weiterführend halten. Das Ökologieproblem wird in jener angemessenen Reichweite thematisiert, in bezug auf die die Unternehmen „natürlich" große Schwierigkeiten[1] einer hinreichenden Problembearbeitung haben. Daraus wird dann freilich nicht ein fundamentalistischer Begriff von Ökologie abgeleitet, sondern ein solcher vielmehr widerlegt und es werden die *sozialen und kulturellen Gehalte des Ökologieproblems* wie des Ökologiebegriffs herausgearbeitet. Vor diesem Hintergrund lassen sich zahlreiche der bisherigen betriebswirtschaftlichen Zugänge auf das Ökologieproblem als verkürzt kennzeichnen, weil sie (z.T. direkt von den überkommenen betrieblichen Funktionsbereichen her aufgebaut) die Ökologie nur einseitig aus dem Blickwinkel der Unternehmung be-

1 Diese Schwierigkeiten sind möglicherweise so groß, daß „es" nicht geht.

trachten. Für die theoretische wie praktische Integration von Ökologie in Betriebswirtschaftslehre[1] bedarf es jedoch einer *doppelperspektivischen* Methode; erst mit dieser werden die ökologischen Handlungsfreiräume der Unternehmen hinreichend sichtbar.

Wir sind dann (II) der Frage nach der theoretischen Fundierbarkeit solcher Überlegungen nachgegangen. In der neueren Managementwissenschaft gewinnt dabei der Bezug auf die Systemtheorie offenkundig zunehmend an Attraktivität, die sich bei genauerem Hinsehen freilich differenzierter und heterogener darstellt als in manchen Publikationen verhandelt. Wir haben den Nutzen dieses Bezugs herausgearbeitet, aber auch den Nachteil, den man in Kauf nimmt, wenn man die begrenzte Reichweite systemtheoretischer Überlegungen übersieht: systemtheoretische Antworten auf Fragen nach den Funktions- und Stabilitätsbedingungen in den Beziehungen zwischen Systemen und ihren Umwelten vermögen für die Fragen nach Sinn und Qualität keine überzeugenden Lösungsvorschläge anzubieten. Ausgehend von der steigenden Bedeutung *normativen* Managements in der Unternehmenspolitik entwickeln wir daher eine Konzeption, wie Ethik nicht als (ethisch-normativer) Zugang zur Bearbeitung betriebswirtschaftlicher Probleme daherkommt, sondern möglich wird durch die Existenz unternehmenspolitischer Handlungs- und Entscheidungsfreiräume, die sich aus *analytischen* Überlegungen ergeben. In dem Kontext, in dem solche Freiräume mehr oder weniger ethisch verantwortungsvoll genutzt werden können, lassen sich dann auch Fragen nach Sinn und Qualität thematisieren. In Übereinstimmung mit der Gutenbergschen Auffassung, die *Unternehmung als Gegenstand betriebswirtschaftlicher Theorie* auszuzeichnen (s. Gutenberg 1929), werden die konzeptionellen Gedanken zu einer sozialökologischen (Unternehmens-)Ethik verknüpft mit volkswirtschaftlichen und betriebswirtschaftlichen Anschlußelementen für eine Theorie der Firma im ökologischen Handlungsfeld.

Auf dieser Grundlage kann die dem Sinnproblem vorgelagerte Frage nach der gesellschaftlichen Funktion von Unternehmen (III) *praktisch* aufgenommen und mit Jantsch (vgl. Jantsch 1973) dann in Richtung Sinnproblem weitergeführt werden. Wir betrachten dies als *kulturelle Selbstthematisierung* der Unternehmen, mit der hinreichende Bedingun-

1 Die Betriebswirtschaftslehre als das, *wohinein* integriert wird, verkörpert dabei nicht mehr als den Blickwinkel; die Integration des Ökologieproblems in diese darf *in keiner Weise* deren Verkümmerung bedeuten.

gen geschaffen werden können für ein strategisches Innovationsmanagement. Diese kulturelle Selbstthematisierung läßt das Unternehmen in Abgrenzung zu Luhmann (vgl. Kap. 5.2 und Kap. 8.2) als sowohl selbstreferentiell wie auch fremdreferentiell erscheinen. Die Resultate einer solchen Selbstthematisierung treten in z.B. ökologisch als wirksam nachvollziehbaren *Innovationen* zutage, ihre Voraussetzungen werden in der kommunikativen und sozialen Dimension der Unternehmenstätigkeit geschaffen. Von daher bestimmt sich bei der in Teil III der Arbeit geleisteten praktischen Übersetzung der vorher entfalteten theoretischen Grundlagen unser selektiver Zugriff auf Gebiete, die in der Regel als *instrumentelle* Bereiche der Betriebswirtschaftspolitik behandelt werden: Information und Kommunikation sowie Organisations- und Personalentwicklung. Wir betrachten also einen *kreisförmig* zu beschreibenden Prozeß ohne Anfang und Ende, bei dem in keiner Weise mechanisch das eine als Voraussetzung des anderen zu denken ist: Organisationsentwicklung für entwicklungsfähige Organisationsmitglieder (Bartölke 1980). Die vorgelegte Arbeit versucht hier neue Impulse zu geben, indem jenseits und zeitlich gleichsam „vor" der betriebswirtschaftlichen Thematisierung des Ökologieproblems angestellte Überlegungen mit diesem verknüpft werden.

„3. Die Untersuchung muß für andere von Nutzen sein" (Eco 1992, S. 42).

Ob dies zutrifft, haben auch im vorliegenden Fall „die anderen" zu beurteilen. Mit der Unterscheidung von Eco soll hier nicht die Behauptung aufgestellt werden, es handle sich um eine jener Arbeiten, „nach denen ein anderer Wissenschaftler nichts Gutes mehr sagen kann, wenn er sie nicht berücksichtigt" (Eco 1992, S. 42). Vielleicht handelt es sich um eine jener Arbeiten, „bei denen die Wissenschaftler gut daran täten, sie zu berücksichtigen: aber auch wenn sie es nicht tun, geht die Welt nicht unter" (Eco 1992, S. 43). Auch dies haben freilich die anderen zu beurteilen.

Vom Verfasser selbst ist dazu vorzutragen, daß bei aller Skepsis doch die Hoffnung besteht, das Vorgelegte könne sowohl der Theorie wie der Praxis nützen. Der *Theorie*, weil sie weit über die Betriebswirtschaftslehre hinaus einer kritischen Bestimmung der Unternehmung im ökologischen Handlungsfeld, die sich *aus* der Praxis speist und *in* die

Praxis zurückwirkt, bedarf.[1] Und der *Praxis*, weil die Unternehmenspraktiker tiefergehende Empfehlungen verdienen, als akademische Betriebswirte sie in den vergangenen Jahren auf Tagungen und Konferenzen zur ökologischen Unternehmensführung häufig gegeben haben.[2] Die vorgelegte Arbeit steht deshalb über das unmittelbar verbundene persönlich-akademische Interesse des Verfassers hinaus in einem forschungsstrategischen Kontext, der sich als *Praxisforschung* bezeichnen läßt (vgl. als Beispiel Hallay/Pfriem 1992).

Wenn man das Tun der unternehmenspolitischen Selbstbeobachtung und Selbstthematisierung durchdenkt, dann sind Unternehmen sowohl Gegenstand wie auch Initiator und Träger von ökologischen Innovationen — auf dieser wahrhaft dialektischen Beziehung baut Praxisforschung auf.

„4. Die Untersuchung muß jene Angaben enthalten, die es ermöglichen nachzuprüfen, ob ihre Hypothesen falsch oder richtig sind, sie muß also die Angaben enthalten, die es ermöglichen, die Auseinandersetzung in der wissenschaftlichen Öffentlichkeit fortzusetzen. Das ist eine ganz fundamentale Anforderung" (Eco 1992, S. 44).

Fürwahr. Es möge nicht als Unbescheidenheit ausgelegt werden, wenn wir an dieser Stelle folgendes zur Erläuterung anführen: es sind zehn Jahre her, daß der Verfasser zum ersten Mal eine Arbeit zum Thema „Ökologie und Betriebswirtschaftslehre" vorgelegt hat (s. Pfriem 1983). Seitdem gab es neben viel Zustimmung auch immer wieder *Widerspruch in zwei* (spiegelbildlich entgegengesetzten) *Varianten.* Zum einen wurde und wird vertreten, mit der Option auf ökologische Unternehmenspolitik (und sozialökologische Unternehmensethik) würde die strukturelle, systembedingte Befangenheit unterschätzt, aus der heraus Unternehmen die natürliche Umwelt der Menschen schädigen und zerstören. Zum anderen wurde und wird gemahnt, man solle doch mehr

1 Wir möchten solches als eine *empirisch gehaltvolle kritische Theorie der Unternehmung* auszeichnen. Empirie ist nicht die Praxis, auf die eher unbegründete Vorschläge angewendet werden, sondern das Material, das *begründet* theoretischen Verallgemeinerungen zugeführt wird.

2 Der Verfasser dieser Arbeit ist bei solchen Veranstaltungen des öfteren zu der Einschätzung gelangt, daß bei manchen akademischen Betriebswirten die ökologische Sensibilität und die intellektuellen Bedürfnisse von Unternehmenspraktikern nicht gerade hoch eingeschätzt werden.

beim betriebswirtschaftlichen Leisten bleiben, näher an der (als monetär und kalkulatorisch-ökonomisch verstandenen) Sprache der Unternehmen und auf Exkurse in Sozialwissenschaft, Philosophie und die Tiefenschichten des Ökologieproblems stärker verzichten.

Die Auseinandersetzung um richtig und falsch geht also dieser Arbeit bereits voraus und wird mit ihr hoffentlich noch verstärkt. Denn beide Kritiken sind zurückzuweisen. Der Hase kann seinerseits den Igel nicht überlisten, wenn er von vornherein aufs Laufen verzichtet. Es nützen auch keine Theorien, aus denen der Hase allenfalls lernen kann, daß es noch einen zweiten Igel gibt (dessen Frau) ; freilich erst recht keine, aus denen der Hase immer nur lernt, wie er schneller laufen kann, als ob es das Problem des zweiten Igels nicht gäbe. Handlungstheorie mit offenem Blick auf die Schärfe und Tiefe des Ökologieproblems ist gefordert, darüber ist zu streiten im Grundsätzlichen wie im Konkreten.

Wir entschuldigen uns für eine möglicherweise anmaßend verstandene Argumentation (sie ist nicht so gemeint): mit Luhmann haben wir alle Beiträge zum Anspruchsgruppenkonzept zurückgewiesen, die einseitig auf *Fremdreferentialität* offener Systeme setzen, um mit der Kritik an Luhmanns Vereinseitigung von *Selbstreferentialität* zu einem erweiterten und aufgeklärten Anspruchsgruppenkonzept zurückzukehren.

In diesem Sinne hat die Vielfalt der theoretischen Bezüge in der vorgelegten Arbeit den Zweck, eine Vielzahl von Anschlußmöglichkeiten aufzudecken, aus denen eine weiter zu entwickelnde kritische Theorie der Unternehmung im ökologischen Handlungsfeld schöpfen kann. über die richtige Behandlung jeder einzelnen Anschlußstelle in dieser Arbeit kann und soll man sich streiten können; das kann die Sache, die den Schreiber mit den Lesenden verbindet, nur voranbringen.

Von zwei Lösungsaufgaben mußte die Arbeit von vornherein Abstand nehmen:

(1) Den Abendhimmel, an dem man sich berauscht, kann man nicht theoretisch erfassen. Trotz der im 7. Kapitel geäußerten Kritik an der linguistischen Wende (Engführung) der Philosophie in diesem Jahrhundert wird hier[1] Wittgenstein gefolgt: wovon man wissenschaftlich nicht reden kann, davon soll man wissenschaftlich schweigen. Daher gilt als Auffassung des Verfassers dieser Arbeit, daß die Genesung der menschlichen Naturbeziehung nur begrenzt

1 Mit der wichtigen Modifikation „wissenschaftlich"

von dem abhängt, was sich in den eher rationalen Dimensionen menschlichen Handelns vollzieht. Schon von daher sind u.E. die Aussagemöglichkeiten von Theorie begrenzter, als es die Arbeit ansonsten vielleicht vermuten läßt.

Diese Feststellung läßt sich auch *positiv* formulieren: *jenseits* der rationalen Wahrnehmungsformen und Handlungsmuster der Menschen liegen (schlummern) Potentiale, die durch die bisherige Moderne zwar eher fast systematisch verschüttet wurden, die aber (1) nötig sind für das, was mit dieser Arbeit „natürlich" normativ vorgeschlagen wird und (2) unserer Einschätzung nach noch vorhanden sind, daher ein *„Prinzip Hoffnung"* (vgl. Bloch 1978) *begründen* können im Unterschied zu einem bloßen Prinzip Verantwortung oder gar einem Prinzip Verzweiflung.

(2) Wenn die Konsumentensouveränität stärker als gegenwärtig eingelöst werden sollte,[1] wird möglicherweise festzustellen sein, daß die souveränen Konsumenten ökologischen Erwartungen weit weniger entsprechen, als dies vorher gehofft wurde. Mit anderen Worten: auch die beste wissenschaftliche Arbeit kann menschliche (gesellschaftliche) *Praxis* im Entscheidenden nicht ersetzen. Theorie kann freilich immer noch (oder erst recht?) eine kritische Aufklärungsfunktion erfüllen. Theorie steht dabei allerdings vor dem zusätzlichen Problem, daß sie anscheinend (oder nur scheinbar?) mit dem Menschen als Mangelwesen, das immer mehr braucht, will und sich nimmt, dafür niemals gelassen und zufrieden wird, besser umgehen kann als mit dem Menschen als einem Wesen, das die Fülle des Lebens annimmt und sich darin möglichst vergnüglich verausgabt — für die betriebswirtschaftliche Theorie trifft diese Feststellung in geradezu extremer Weise zu.

Sind die Grenzen von Theorie damit noch enger gesteckt, so ist für die künftige Praxis der menschlichen Naturbeziehung eher Skepsis geboten als Zuversicht. Ein Leben, das sich von der Natur entfernt, wird abstrakter und negativer. Bei näherem Hinsehen stellt man fest: die Leute wissen nichts mehr und können nichts mehr. Solche Gedanken tran-

1 Dies ist hier nicht neoklassisch gemeint, sondern im Sinne von: wenn betroffene Menschen noch mehr über sich selbst entscheiden können...

szendieren „natürlich“ den Rahmen einer wissenschaftlichen Arbeit, sollten aber zum (guten?) Schluß nicht unerwähnt bleiben.

„You may say, that I‘m a dreamer, but I‘m not the only one.“
(John Lennon)

Abbildungsverzeichnis

Literatur

Adizes, I. (1981): Wie man Mismanagement überwindet, München.

Altvater, E. (1987): Sachzwang Weltmarkt, Hamburg.

Ansoff, H.I. (1979): Strategic management, London.

Ansoff, H.I. (1981): Zum Entwicklungsstand betriebswirtschaftlicher Planungssysteme, in: Steinmann, H.(Hg.): Planung und Kontrolle, Probleme der strategischen Unternehmensführung, München.

Antes, R. (1990): Unternehmensführung, in: Institut für Ökologie und Unternehmensführung (Hg.): Erster Zwischenbericht zum Forschungsprojekt „Entwicklung und Erprobung eines Curriculums zur Integration der Ökologie in die wirtschaftswissenschaftliche Ausbildung", Oestrich-Winkel, S. 89-99.

Antes, R. (1992): Die Organisation des betrieblichen Umweltschutzes, in: Steger, U. (1992), S. 487-509.

Apel, K.-O. (1989): Normative Begründung der „Kritischen Theorie" durch Rekurs auf lebensweltliche Sittlichkeit? Ein transzendentalpragmatisch orientierter Versuch mit Habermas gegen Habermas zu denken, in: Honneth, A./McCarthy, Th./Offe, C./Wellmer, A.(Hg.): Zwischenbetrachtungen. Im Prozeß der Aufklärung, Frankfurt a.M., S. 15-65.

Apel, K.O. (1990): Zurück zur Normalität? — Oder könnten wir aus der nationalen Katastrophe etwas Besonderes gelernt haben? Das Problem des (welt)geschichtlichen Übergangs zur postkonventionellen Moral aus spezifisch deutscher Sicht, in: Apel, K.O. (Hg.): Diskurs und Verantwortung. Das Problem des Übergangs zur postkonventionellen Moral, Frankfurt a.M., S. 370-474.

Argyris, C.: Today's problems with tomorrow's organizations, in: Journal of Management Studies 4/67, S. 31-55

Aring, J./Butrin, B./Danielczyk, R./Hellbrecht, J. (1989): Krisenregion Ruhrgebiet? Alltag, Strukturwandel und Planung, Oldenburg.

Arnason, J.P. (1980): Marx und Habermas, in: Honneth, A./Jaeggi, U.(Hg.): Arbeit, Handlung, Normativität, Frankfurt a.M., S. 137ff.

Arnason, J.P. (1988): Praxis und Interpretation: sozialphilosophische Studien, Frankfurt a.M.

Arnason, J.P. (1989): Weltauslegung und Verständigung, in: (Hg.) Honneth, A./McCarthy, T./Offe, C./Wellmer, A.: Zwischenbetrachtungen. Im Prozeß der Aufklärung, Frankfurt a.M.

Arndt, H. (1980): Arbeit, Produktivität, Vernunft, in: mehrwert. Beiträge zur Kritik der politischen Ökonomie Nr. 15/16, Berlin-West, S. 11-24.

Arrow, K.J. (1969): The organization of economic activity: Issues pertinent to the choice of market versus nonmarket allocation, in: The Analysis and Evaluation of Public Expenditure: The PPB System, Band 1. U.S Joint Economic Committee, 91st Congress, 1st Session, Washington D.C.

Arrow, K.J. (1977): Einige ordinal-utilitaristische Bemerkungen über Rawls‘ Theorie der Gerechtigkeit, in: Höffe, O.(Hg.), S. 199-223.

Bardmann, T.M. (1994): Wenn aus Arbeit Abfall wird: Aufbau und Abbau organisatorischer Realitäten, Frankfurt a.M.

Bartölke, K. (1980): Organisationsentwicklung für entwicklungsfähige Organisationsmitglieder, in: Kappler, E.(Hg.): Unternehmensstruktur und Unternehmensentwicklung, Freiburg.

Bataille, G.: Das Prinzip der Verausgabung, o.O. o.J.

Bayer (Hg.) (1991): Umweltschutz-Bericht, Leverkusen.

Bayertz, K. (1986): Metaphysik in ökologischer Absicht. Probleme einer Umweltethik, Berlin.

Bayertz, K. (1987): GenEthik, Reinbek.

Beck, U. (1986): Risikogesellschaft. Auf dem Weg in eine andere Moderne, Frankfurt a.M.

Beckenbach, F. (1989): Die Wirtschaft der Systemtheorie, Schriftenreihe des IÖW 35/89, Berlin.

Beckenbach, F. (1990): Die volkswirtschaftliche Theorie der Firma. Kritik und ökologische Erweiterungsmöglichkeit, in: Freimann, J. (1990), S. 75-104.

Beckenbach, F. (Hg.) (1991): Die ökologische Herausforderung für die ökonomische Theorie, Marburg.

Beckenbach, F. (1991a): Zwischen Frosch- und Vogelperspektive: Das Ökologieproblem als Verknüpfung von ökonomischer Entscheidungs- und Reproduktionstheorie, in: ders. (1991), S. 63-108.

Becker, A./Küpper, W./Ortmann, G. (1988): Revisionen der Rationalität, in: Küpper, W./Ortmann, G. (Hg.), S. 89-113.

Becker, G.S. (1982): Der ökonomische Ansatz zur Erklärung menschlichen Verhaltens, Tübingen.

Becker, G.S./Stigler, G.J. (1977): De Gustibus Non Est Disputandum, in: American Economic Review, S. 76-90.

Bender, C. (1994): Selbstorganisation in Systemtheorie und Konstruktivismus, in: Rusch, G./Schmidt, S.J. (Hg.): Konstruktivismus und Sozialtheorie, DELFIN 1993, Frankfurt a.M.

Benhabib, S. (1992): Kritik, Norm und Utopie, Frankfurt a.M.

Bentham, J. (1987): An Introduction to the Principles of Morals and Legislation, in: Ryan, A., pp. 65-111, Erstveröffentichung 1789.

Berger, J./Müller, J./Pfriem, R. (Hg.) (1982): Kongreß Zukunft der Arbeit. Wege aus der Massenlosigkeit und Umweltzerstörung, Bielefeld.

Billen, G. (1992): Die Macht der Konsumenten: Was können wir tun?, in: Glauber, H./Pfriem, R. (1992), S. 213-221.

Birnbacher, D. (Hg.) (1980): Ökologie und Ethik, Stuttgart.

Birnbacher, D. (1991): Mensch und Natur. Grundzüge der ökologischen Ethik, in: Bayertz, K.(Hg.): Praktische Philosophie. Grundorientierungen angewandter Ethik, Reinbek, S. 278-321.

Bleicher, K. (1986): Unternehmenskultur und strategische Unternehmensführung, in: Hahn, D./Taylor, B. (1986), S. 757-797.

Bleicher, K. (1988): Betriebswirtschaftslehre — Disziplinäre Lehre vom Wirtschaften in und zwischen Betrieben oder interdisziplinäre Wissenschaft vom Management?, in: Wunderer, R. (1988), S. 109-131.

Bleicher, K. (1991): Das Konzept Integriertes Management, Frankfurt a.M./New York.

Bloch, E. (1977): Subjekt — Objekt. Erläuterungen zu Hegel, Frankfurt a.M.

Bloch, E. (1978): Das Prinzip Hoffnung, 3 Bände, Frankfurt a.M.

Blumer, H. (1969): Symbolic Interactionism. Perspective and Method, Englewood Cliffs, Prentice Hall.

Bogun, R./Osterland, M./Warsewa, G. (1990): Was ist überhaupt noch sicher auf dieser Welt? Arbeit und Umwelt im Risikobewußtsein von Industriearbeitern, Berlin.

Böhme, G. (1985): Die Konstituierung der Natur durch Arbeit, in: Böhme, G./Schramm, E. (1985), S. 53-62.

Böhme, G. (1989): Für eine ökologische Naturästhetik, Frankfurt a.M.

Böhme, G. (Hg.) (1989): Klassiker der Naturphilosophie: von den Vorsokratikern bis zur Kopenhagener Schule, München.

Böhme, G./Böhme, H. (1987): Das Andere der Vernunft, Frankfurt a.M.

Böhme, G./Schramm, E. (Hg.) (1985): Soziale Naturwissenschaft, Frankfurt a.M.

Bonus, H. (1980): Öffentliche Güter und der Öffentlichkeitsgrad von Gütern, in: Zeitschrift für die gesamte Staatswissenschaft, 136/1980, S. 50-81.

Bornemann, E. (1991): Die Sensibilisierung von Führungskräften für ökologische Fragestellungen, in: Institut für Umweltanalyse und Bewertung (Hg.): Kolloquium: Umweltschutz als Managementaufgabe, Reader zur Tagung, Leverkusen.

Braudel, F. (1986): Die Dynamik des Kapitalismus, Stuttgart.

Braunschweig, A. (1987): Die ökologische Buchhaltung für die Stadt St. Gallen, St. Gallen/Schweiz.

Braverman, H. (1977): Die Arbeit im modernen Produktionsprozeß, Frankfurt a.M./New York.

Brunowsky, R.-D./Wicke, L. (1985): Der Öko-Plan — Durch Umweltschutz zum neuen Wirtschaftswunder, München.

Bühl, W.L. (1987): Soziologie und Systemtheorie, in: Soziale Welt Nr.37, Göttingen, S. 363-389.

Bundes-Immissionsschutzgesetz (BImSchG) (1991), in: Wichtige Umweltgesetze für die Wirtschaft, 3. Auflage Herne/Berlin, S. 86-115.

Bundesamt für Umweltschutz, Wasser und Landwirtschaft der Schweiz (BUWAL) (1991): Ökobilanz von Packstoffen, Bern.

BUWAL SRU Nr. 132 (1991): Ökobilanzen von Packstoffen (Habersatter, K.), Bern.

Capra, F. (1983): Wendezeit. Bausteine für ein neues Weltbild, München/Wien.

Carnegie, D. (1926): How to win and influence people, New York.

Castoriadis, C. (1981): Durchs Labyrinth. Seele, Vernunft, Gesellschaft, Frankfurt a.M.

Castoriadis, C. (1984): Gesellschaft als imaginäre Institution, Frankfurt a.M.

Chandler, A.D. (1962): Strategy and structure, Cambridge u.a.

Chmielewicz, K. (1975): Arbeitnehmerinteressen und Kapitalismuskritik in der Betriebswirtschaftslehre, Reinbek.

Churchman, C.W. (1981): Der Systemansatz und seine „Feinde“, Bern/ Stuttgart.

Clausen, L. (1988): Produktive Arbeit, destruktive Arbeit, Berlin/New York.

Coase, R. (1937): The Nature of the Firm, in: economica, new series, vol. 4, S. 386-405.

Coenenberg, A.G./Baum, H.-G. (1987): Strategisches Controlling — Grundfragen der strategischen Planung und Kontrolle, Stuttgart.

Cramer, F./Kaempfer, W. (1992): Die Natur der Schönheit. Zur Dynamik der schönen Formen, Frankfurt a.M./Leipzig.

Crozier, M./Friedberg, E. (1993): Die Zwänge kollektiven Handelns: Über Macht und Organisation, Frankfurt a.M.

Cyert, R.M./March, J.G. (1963): A Behavioral Theory of the Firm, Englewood Cliffs, NJ.

Deal, T./Kennedy, A. (1987): Unternehmenserfolg durch Unternehmenskultur, Bonn.

Deneke, M. (1985): Zur Tragfähigkeit des Stoffwechselbegriffs, in: Böhme, G./Schramm, E. (1985), S. 42-52.

Der Minister für Wirtschaft, Technik und Verkehr des Landes Schleswig-Holstein (Hg.) (1991): Umweltverträgliches Wirtschaften. Der Markt der Zukunft. Unternehmen lernen von Unternehmen, Kiel.

Dierkes, M. (1974): Die Sozialbilanz, Frankfurt a.M.

Dlugos, G. (1984): Die Lehre von der Unternehmenspolitik — eine vergleichende Analyse der Konzeptionen, in: DBW, 44. Jg., S. 287-305.

Dlugos, G. (1989): Unternehmenspolitik als Führungsaufgabe, in: (Hg.) Kieser, A./Reber, G./Wunderer, R.: Handwörterbuch der Führung, Stuttgart, Sp. 1985-1994,

Dopfer, K. (1990): Elemente der Evolutionsökonomik: Prozeß, Struktur und Phasenübergänge, in: Witt, U.(Hg.): Studien zur evolutorischen Ökonomik, Berlin, S.19-47.

Dörner, D. (1989): Die Logik des Mißlingens. Strategisches Denken in komplexen Situationen, Reinbek.

Dörner, D. (1993): Denken und Handeln in Unbestimmtheit und Komplexität, in: GAIA, Nr. 3, S. 128-138.

Drepper, Ch. (1992): Unternehmenskultur: Selbstbeobachtung und Selbstbeschreibung im Kommunikationssystem „Unternehmen", Frankfurt a.M. u.a.

Dyckhoff, H. (1991): Berücksichtigung des Umweltschutzes in der betriebswirtschaftlichen Produktionstheorie, in: Ordelheide, D./ Rudolph, B./Büsselmann, E.(Hg.): Betriebswirtschaftslehre und ökonomische Theorie, Stuttgart.

Dyckhoff, H. (1992): Betriebliche Produktion — Theoretische Grundlagen einer umweltorientierten Produktionswirtschaft, Berlin u.a.

Dyckhoff, H. (1992a): Organische Integration des Umweltschutzes in die Betriebswirtschaftstheorie, in: Seidel, E. (1992), S. 57-80.

Dyckhoff, H./Souren, R. (1993): Grundlegende umweltschutzorientierte Erweiterungen der Produktionstheorie, in: WISU 4/93, S. 333-346.

Dyllick, Th. (1989): Management der Umweltbeziehungen, Wiesbaden.

Ebers, M. (1987): Organisationskultur, in: Kieser, A./Reber, G./Wunderer, R. (Hg.): Handwörterbuch Führung, Stuttgart, Sp. 1619-1630.

Ebers, M. (1989): Organisationskultur als Führungsaufgabe, in: Kieser, A./Reber, G./Wunderer, R.(Hg.): Handwörterbuch der Führung, Stuttgart, Sp. 1619 -1630.

Eco, U. (1992): Wie man eine wissenschaftliche Abschlußarbeit schreibt, 5. Auflage Heidelberg.

Edding, C./Doppler, K. (1990): Organisationsentwicklung in der Zeitschrift Organisationsentwicklung, in: OE 1/90, S. 76-83.

Eisendle, R./Miklautz, E. (Hg.) (1992): Produktkulturen: Dynamik und Bedeutungswandel des Konsums, Frankfurt a.M./New York.

Engelmann, P. (Hg.) (1990): Postmoderne und Rekonstruktion, Stuttgart.

Fichter, K. (1992): Personalpolitik im Rahmen Ökologie-orientierter Unternehmensführung, Bremen.

Fichter, K. (1993): Umweltmanagement-Standards: der BS7750, in: IÖW Informationsdienst Nr. 3-4, 8. Jg.,Berlin, S. 14-17.

Fischer, D./Kühling, B./Pfriem, R./Schwarzer, C. (1993): Kommunikation zwischen Unternehmen und Gesellschaft: Voraussetzungen angemessener Umweltberichterstattung von Unternehmen, Oldenburg

Fisher, R./Ury, W. (1984): Das Harvard-Konzept, Frankfurt a.M./New York.

Flieger, B. (1992): Kooperatives Marketing für ökologische Produkte, in: Glauber, H./Pfriem, R. (1992), S. 173-195.

Foerster, H. v.(1993): Wissen und Gewissen: Versuch einer Brücke, Frankfurt a.M.

Frank, M. (1987): Zwei Jahrhunderte Rationalitäts-Kritik und ihre „postmoderne“ Überbietung, in: (Hg.) Kamper, D./Reijen, W. van (1987), S. 99-121.

Frankena, W.K. (1979): Ethics and the environment, in: Goodpaster, K.E./Sayre, K.M.(Hg.): Ethics and Problems of the 21th century, Notre Dame (Ind.).

Frankfurter Institut (1986): Mehr Mut zum Markt: Konkrete Problemlösungen, Bad Homburg.

Freeman, R.E. (1984): Strategic management: A stakeholder approach, Boston etc.

Freeman, R.E./Gilbert, D.L. (1991): Unternehmensstrategie, Ethik und persönliche Verantwortung, Frankfurt a.M./New York.

Freimann, J. (1984): Geldökonomie und Realökonomie. Bemerkungen zum Gegenstand der Wirtschaftswissenschaften, in: Schanz, G.

(Hg.): Nationalökonomie und Betriebswirtschaftslehre, Wiesbaden, S. 39-72.

Freimann, J. (1984a): An den Grenzen der Märkte: Marketing-Imperialismus in der Krise, in: Staehle, W.H./Stoll, E.(Hg.): Betriebswirtschaftslehre und ökonomische Krise: kontroverse Beiträge zur betriebswirtschaftlichen Krisenbewältigung, Wiesbaden, S. 161-178.

Freimann, J. (Hg.) (1990): Ökologische Herausforderung der Betriebswirtschaftslehre, Wiesbaden.

Freimann, J. (1990a): Plädoyer für die Normierung von betrieblichen Öko-Bilanzen, in: ders. (1990), S. 177-195.

Freimann, J. (1991): Anmerkungen zu Heinz Strebels Kritik an „Alternativen Ansätzen betriebswirtschaftlicher Umweltökonomie" im FÖB 8/1991, in: FÖB — Forschungsinformationsdienst Ökologisch orientierte Betriebswirtschaftslehre, 12/1991, S. 27-32.

Freimann, J./Pfriem, R. (1991): Unternehmen und natürliche Umwelt — programmatische und wissenschaftstheoretische Aspekte sozialökologischen Denkens in der Betriebswirtschaftslehre, in: Schauenberg, B. (Hg.): Wirtschaftsethik. Schnittstellen von Ökonomie und Wissenschaftstheorie, Wiesbaden, S. 117-134.

Friedel-Howe, H. (1985): Partizipationskompetenz. Problematik des Konzepts und Vermittlung im Weiterbildungsansatz, in: Die Unternehmung, 3/1985, S. 231-245.

FUUF/Forschungsgruppe Umweltorientierte Unternehmensführung (Hg.) (1991): Umweltorientierte Unternehmensführung. Möglichkeiten zur Kostensenkung und Erlössteigerung — Modellvorhaben und Kongreß, Reihe Berichte des Umweltbundesamtes, Bd. 11/91, Berlin.

Gälweiler, A. (1990): Strategische Unternehmensführung, 2. A., Frankfurt a.M./New York.

Gaßner, H. u.a. (1991): Möglichkeiten der Verfahrensbeschleunigung unter qualitativen und quantitativen Aspekten, Studie im Auftrag des Deutschen Naturschutzringes DNR e.V., Berlin.

Gebert, D. (1974): Organisationsentwicklung, Stuttgart.

Georgescu-Roegen, N. (1988): The Entropy Law and the Economic Process in Retrospect, IÖW-Schriftenreihe 5/87, Berlin.

Geschka, H./Hammer, R. (1990): Die Szenario-Technik in der strategischen Unternehmensplanung, in: Hahn, D./Taylor, B. (1990), S. 238-263.

Glaeser, B. (1989): Entwurf einer Humanökologie, in: ders.(Hg.): Humanökologie. Grundlagen präventiver Umweltpolitik, Opladen.

Glasersfeld, E. v.(1991): Fiktion und Realität aus der Perspektive des radikalen Konstruktivismus, in: Rötzer, F./Weibel, P.(Hg.): Strategien des Scheins. Kunst, Computer, Medien, München, S. 161-175.

Glauber, H./Pfriem, R. (Hg.) (1992): Ökologisch wirtschaften. Erfahrungen, Strategien, Modelle. Frankfurt a.M.

Gleich, A. v. (1989): Über den technischen Umgang mit Natur, in: Seifert, E.K./Pfriem, R. (1989), S. 67-83.

Goeudevert, D. (1990): Ökologische Verkehrssysteme — eine Zukunftsaufgabe der Automobilindustrie, in: IG Metall (Hg.): Zukunft der Automobilindustrie, 2. Symposium der IG Metall Wolfsburg und des Gesamtbetriebsrates der Volkswagen AG am 6. und 7. Februar 1990 im Congresspark Wolfsburg.

Gomez, P./Zimmermann, T. (1992): Unternehmensorganisation: Profile, Dynamik, Methodik, Frankfurt a.M./New York.

Grabher, G. (1994): Lob der Verschwendung: Redundanz in der Regionalentwicklung: Ein sozialökonomisches Plädoyer, Berlin.

Grießhammer, R. (1994): „Stoff-Enquete“ will konkrete Umweltziele festlegen, in: Ökologische Briefe, Nr. 36/94, S. 7-9.

Gruhl, H. (1975): Ein Planet wird geplündert, Frankfurt a.M.

Günther, K. (1989): Neue Konzepte in der Verpackungsindustrie. Das B+K-Ökologiekonzept, in: Steinmann, H./Löhr, A. (1989), S. 397-412.

Günther, K. (1992): Praktische Umsetzung des Umweltmanagements — Die umweltorientierte Organisationsentwicklung, in: Glauber, H./Pfriem, R. (1992), S. 131-142.

Gutenberg, E. (1929): Die Unternehmung als Gegenstand betriebswirtschaftlicher Theorie, Berlin/Wien.

Gutenberg, E. (1957): Betriebswirtschaftslehre als Wissenschaft, Krefeld.

Gutenberg, E. (1983): Grundlagen der Betriebswirtschaftslehre, Bd. 1: Die Produktion, (1. Auflage 1951, 22. Auflage 1976, 24. Auflage 1983) Berlin/Heidelberg/New York.

Haber, W. (1993): Von der ökologischen Theorie zur Umweltplanung, in: GAIA 2/93, S.96-106.

Habermas, J. (1981): Theorie des kommunikativen Handelns (2 Bde.), Frankfurt a.M.

Habermas, J. (1985): Der philosophische Diskurs der Moderne. Zwölf Vorlesungen. Frankfurt a.M.

Habermas, J. (1985a): Die Neue Unübersichtlichkeit, Frankfurt a.M.

Habermas, J. (1991): Erläuterungen zur Diskursethik, Frankfurt a.M.

Habermas, J. (1991a): Treffen Hegels Einwände gegen Kant auch auf die Diskursethik zu?, in: Habermas (1991), S. 9-30.

Habermas, J. (1992): Nachmetaphysisches Denken: philosophische Aufsätze, Frankfurt a.M.

Hahn, D. (1990): Stand und Entwicklungstendenzen der strategischen Planung, in: Hahn, D./Taylor, B. (1990), S. 3-30.

Hahn, D./Klausmann, W. (1990): Frühwarnsysteme und strategische Unternehmensplanung, in: Hahn, D./Taylor, B. (1990), S. 264-280.

Hahn, D./Taylor, B. (Hg.) (1990): Strategische Unternehmensplanung: Stand und Entwicklungstendenzen, 4. A., Heidelberg/Wien.

Hallay, H. (Hg.) (1990): Die Ökobilanz — ein betriebliches Informationssystem. Schriftenreihe des IÖW Nr. 27, Berlin.

Hallay, H./Pfriem, R. (1992): Öko-Controlling. Umweltschutz in mittelständischen Unternehmen, Frankfurt/New York.

Hallay, H./Pfriem, R. (1994): Erleichtern Öko-Bilanzen die Kommunikation über ökologische Folgewirkungen?, in: IÖW Informationsdienst Nr. 1, Jg. 9, S. 1-3

Hallay, H./Pfriem, R. (1994a): Lernen zu lernen zu lernen..., in: IÖW Informationsdienst Nr. 3-4, Jg. 9, S. 1-3.

Hallay, H./Strobel, M. (1992): Grundlagen eines betrieblichen Kennzahlensystems, in: Hallay, H./Lehmann, S.(Hg.): Kennzahlen für den Einsatz im ökologischen Controlling, Berlin.

Haller, M. (1991): Risikomanagement — zwischen Risikobeherrschung und Risiko-Dialog, in: Organisationsforum Wirtschaftskongreß (Hg.): Umweltmanagement, Wiesbaden. S. 167-189.

Hammer, M./Champy, J. (1994): Business Reengineering: Die Radikalkur für das Unternehmen, Frankfurt a.M./New York.

Hampicke, U. (1991): Naturschutz — Ökonomie, Stuttgart.

Hampicke, U. (1992): Ökologische Ökonomie, Opladen.

Harborth, H.-J. (1991): Dauerhafte Entwicklung statt globaler Selbstzerstörung: eine Einführung in das Konzept des „sustainable development“, Berlin.

Hassenpflug, D. (Hg.) (1991): Industrialismus und Ökoromantik: Geschichte und Perspektiven der Ökologisierung, Wiesbaden.

Hassenpflug, D. (1993): Sozialökologie: Ein Paradigma, Opladen.

Heinen, E. (1966): Das Zielsystem der Unternehmung. Grundlagen betriebswirtschaftlicher Entscheidungen, Wiesbaden.

Heinen, E. (1974): Neue Denkansätze in der entscheidungsorientierten Betriebswirtschaftslehre, in: Der Österreichische Betriebswirt, Heft 3.

Heinen, E. (1975): Kosten und Kostenrechnung, Wiesbaden.

Heinen, E. (1976): Grundfragen der entscheidungsorientierten Betriebswirtschaftslehre, München.

Heinen, E. (1978): Betriebswirtschaftliche Kostenlehre. Kostentheorie und Kostenentscheidungen, 5. A., Wiesbaden.

Heinz, B. (Hg.) (1988): Ökomarketing, Schriftenreihe des IÖW Nr. 18/88, Berlin.

Hejl, P.M. (1992): Konstruktion der sozialen Konstruktion. Grundlinien einer konstruktivistischen Sozialtheorie, in: Gumin, H./Meier, H. (Hg.): Einführung in den Konstruktivismus, München, S. 109-146.

Henseling, K.O. (1992): Ein Planet wird vergiftet. Der Siegeszug der Chemie: Geschichte einer Fehlentwicklung, Reinbek.

Herberts GmbH & Co.KG (Hg.) (1991): Umweltbericht, Wuppertal.

Hermann, U. (1984): Die Implementierung betrieblicher Rationalisierungshandlungen und der personelle Widerstand, Göttingen.

Hesse, M. (Hg.) (1992): Verkehrswirtschaft auf neuen Wegen? Unternehmenspolitik vor der ökologischen Herausforderung, Marburg.

Hesse, M. (1994). Ein runder Tisch für den Güterverkehr. Erfahrungen mit prozessualen Kommunikationsformen in einem nichtkommunikativen Milieu. unveröff. Ms.

Hill, W. (1988): Betriebswirtschaftslehre als Managementlehre, in: Wunderer (1988), S. 133-151.

Hill, W./Fehlbaum, R./Ulrich, P. (1981): Organisationslehre. Ziele, Instrumente und Bedingungen der Organisation sozialer Systeme, 3. A., Bern/Stuttgart.

Hirschman, A.O. (1974): Abwanderung und Widerspruch, Tübingen.

Hirschman, A.O. (1988): Engagement und Enttäuschung: Über das Schwanken der Bürger zwischen Privatwohl und Gemeinwohl, Frankfurt a.M.

Höffe, O. (Hg.) (1977): Über John Rawls‘ Theorie der Gerechtigkeit, Frankfurt a.M..

Hofstadter, D.R. (1985): Gödel, Escher, Bach. Ein endloses Geflochtenes Band, Stuttgart.

Hogrebe, H. (1991): Integration des ökologischen Interesses in die Unternehmensverfassung, in: Der Minister für Wirtschaft, Technik und Verkehr des Landes Schleswig-Holstein, Kiel, S. 74-76.

Höhn, R. (1989): Führungsmodelle — Harzburger Modell, in: Kieser, A./Reber, G./Wunderer, R.: Handwörterbuch der Führung, Stuttgart, Sp. 614-621.

Höhn, R./Böhme, G. (1979): Der Weg zur Delegation von Verantwortung im Unternehmen — Ein Stufenplan, 5. A., Bad Harzburg.

Holznagel, B. (1990): Konfliktlösung durch Verhandlungen: Aushandlungsprozesse als Mittel der Konfliktverarbeitung bei der Ansiedlung von Entsorgungsanlagen für besonders überwachungsbedürftige Abfälle in den Vereinigten Staaten und der Bundesrepublik Deutschland, Baden-Baden.

Holznagel, B. (1990a): Konfliktmittlung im Umweltrecht, in: IUR, Heft 2, S. 37-42, Hamburg.

Homann, K. (1993): Wirtschaftsethik. Die Funktion der Moral in der modernen Wirtschaft, in: Wieland, J. (Hg.): Wirtschaftsethik und Theorie der Gesellschaft, Frankfurt a.M.

Homann, K./Blome-Drees, F. (1992): Wirtschafts- und Unternehmensethik, Göttingen.

Homann, K./Suchanek, A. (1987): Wirtschaftsethik — Angewandte Ethik oder Beitrag zur Grundlagendiskussion?, in: Biervert, B./Held, M. (Hg.): Ökonomische Theorie und Ethik, Frankfurt a.M/New York

Honneth, E. (1989): Kritik der Macht, Frankfurt a.M.

Hopfenbeck, W. (1990): Umweltorientiertes Management und Marketing, Landsberg.

Hopfenbeck, W. (1991): Allgemeine Betriebswirtschafts- und Managementlehre, 4.A. Landsberg.

Horkheimer, M. (1992): Traditionelle und kritische Theorie, Frankfurt a.M.

Horkheimer, M. (1992a): Vernunft und Selbsterhaltung, in: ders. (1992): Traditionelle und kritische Theorie, Frankfurt a.M.

Huber, J. (1982): Die verlorene Unschuld der Ökologie, Frankfurt a.M.

Hundt, S. (1977): Zur Theoriegeschichte der Betriebswirtschaftslehre, Köln.

Hutter, M. (1992): Wirtschaft und Bewußtsein. Zur Karriere von Bedürfnis und Erwartung, in: Krohn, W./Küppers, G. (Hg.), S. 334-362.

Huyssen, A./Scherpe, K.R. (Hg.) (1986): Postmoderne, Zeichen eines kulturellen Wandels, Reinbek.

ICC (1989): Umweltschutz Audits, Köln.

Illich, I. (1975): Selbstbegrenzung. Eine politische Kritik der Technik, Reinbek.

Immler, H. (1985): Natur in der ökonomischen Theorie, Opladen.

Immler, H. (1989): Vom Wert der Natur. Zur ökologischen Reform von Wirtschaft und Gesellschaft. Natur in der ökonomischen Theorie Teil 3, Opladen.

Inglehart, R. (1977): The Silent Revolution: Changing Values and Political Styles Among Western Publics, Princeton.

Inglehart, R. (1989): Kultureller Umbruch: Wertwandel in der westlichen Welt, Frankfurt a.M./New York.

Jäger, A. (1990): Wirtschaftsethik als ökonomisches und christliches Postulat, in: Ulrich, P.(Hg.): Auf der Suche nach einer modernen Wirtschaftsethik: Lernschritte zu einer reflexiven Ökonomie, Bern/ Stuttgart, S. 39-51.

Jänicke, M. (Hg.) (1978): Umweltpolitik, Opladen.

Jänicke, M. (1987): Staatsversagen, München.

Jänicke, M. (1988): Ökologische Modernisierung. Optionen und Restriktionen präventiver Umweltpolitik, in: Simonis, U.E. (Hg.): Präventive Umweltpolitik, Frankfurt a.M./New York, S. 13-26.

Janisch, M. (1993): Das strategsiche Anspruchsgruppenmanagement — Vom Shareholder zum Stakeholder Value, Bern/Stuttgart/Wien.

Jantsch, E. (1973): Unternehmung und Umweltsysteme, in: Hentsch, B./Malik, F.(Hg.): Systemorientiertes Management, Bern/Stuttgart, S. 27-46.

Jantsch, E. (1978): Erkenntnistheoretische Aspekte der Selbstorganisation natürlicher Systeme, in: Hejl, P. et al.(Hg.): Wahrnehmung und Kommunikation, Frankfurt.

Jantsch, E. (1979): Die Selbstorganisation des Universums. Vom Urknall zum menschlichen Geist, München.

Kambartel, F. (1975): Bemerkungen zum normativen Fundament in der Ökonomie, in: Mittelstraß, J.(Hg.):Methodologische Probleme einer normativ-kritischen Gesellschaftstheorie, S. 107ff.

Kamper, D. (1987): Aufklärung — was sonst? Eine dreifache Polemik gegen ihre Verteidiger, in: (Hg.) Kamper, D./Reijen, W. van, S. 37-45.

Kamper, D./van Reijen, W. (Hg.) (1987): Die unvollendete Vernunft: Moderne versus Postmoderne, Frankfurt a.M.

Kant, I. (1956): Kritik der reinen Vernunft, Hamburg.

Kant, I. (1989): Die Metaphysik der Sitten. Werksausgabe Bd. VIII, 8. Auflage Frankfurt a.M.

Kapp, K.W. (1979): Soziale Kosten der Marktwirtschaft, Frankfurt a.M.

Kappler, E. (1976): Zum Theorie-Praxis-Verhältnis einer noch zu entwickelnden Theorie der Betriebswirtschaftslehre, in: Ulrich, H.(Hg.): Zum Praxisbezug der Betriebswirtschaftslehre, Bern.

Kappler, E. (1980): Brauchen wir eine neue Betriebswirtschaftslehre? Vorbemerkungen zur kritischen Betriebswirtschaftslehre, in: Koubek, N./Küller, H.D./Scheibe-Lange, I. (Hg.) (1980): Betriebswirtschaftliche Probleme der Mitbestimmung, Köln, S. 177ff.

Kappler, E. (1989): Partizipation und Führung, in: Kieser, A./Reber, G./Wunderer, R.(Hg.): Handwörterbuch der Führung, Stuttgart, Sp. 1631-1647.

Katalyse-Technikergruppe (1982): Ruhrgebiet — Krise als Konzept, Bochum.

Kiechle, R. (1990): Vom Umgang mit Widerstand gegen Änderungen, in: Rühli, E./Krulis-Randa, J.S.(Hg.): Gesellschaftsbewußte Unternehmenspolitik — „Societal Strategy", Bern/Stuttgart, S. 227-255.

Kieser, A. (1994): Fremdorganisation, Selbstorganisation und evolutionäres Management, in: zfbf 46, Nr. 3, S. 199-228.

Kieser, A./Kubicek, H. (1983): Organisation, 2. A., Berlin/New York.

Kieser, A.; Kubicek, H. (1978): Organisationstheorien, Bd. I und II, Stuttgart/Berlin/Köln.

King, A./Schneider, B. (1991): Die Globale Revolution. Ein Bericht des Rates des Club of Rome, Hamburg.

Kirchgässner, G. (1991): Homo Oeconomicus, Tübingen

Kirsch, W. (1971): Entscheidungsprozesse, 3 Bände, Wiesbaden.

Kirsch, W. (1990): Unternehmenspoltik und strategische Unternehmensführung, München.

Kirsch, W./Esser, W.-M./Gabele, E. (1979): Reorganisation — theoretische Perspektive des geplanten organisatorischen Wandels, München 1978; wiederabgedruckt als: Das Management des geplanten Wandels von Organisationen, Stuttgart.

Klipstein, M. v./Strümpel, B. (1985): Wertewandel und Wirtschaftsbild der Deutschen, in: Politik und Zeitgeschichte, B. 42/85 (Beilage zur Wochenzeitung das Parlament), S. 19-38.

Kloepfer, M./Rehbinder, E./Schmidt-Aßmann, E. (1990): Umweltgesetzbuch — Allgemeiner Teil, Berichte 7/90 des Umweltbundesamtes, 2. Auflage Berlin.

Koubek, N./Küller, H.D./Scheibe-Lange, I. (1980): Betriebswirtschaftliche Probleme der Mitbestimmung, Köln.

Krämer-Badoni, Th. (1991): Verkehrswende von unten, in: Kommune 6/91, Frankfurt.

Kreikebaum, H. (1989): Strategische Unternehmensplanung, 3. A., Stuttgart/Berlin.

Kreikebaum, H. (1991): Strategische Unternehmensplanung, 4. Auflage Stuttgart.

Kreikebaum, H. (1992): Umweltgerechte Produktion: integrierter Umweltschutz als Aufgabe der Unternehmensführung im Industriebetrieb, Wiesbaden.

Kroeber, A.L./Kluckhorn, L. (1952): Culture: A Critical Review of Concepts and Definitions, Cambridge Mass.

Krohn, W./Küppers, G. (Hg.) (1992): Emergenz: Die Entstehung von Ordnung, Organisation und Bedeutung, Frankfurt a.M.

Kruse, H. (1990): Reform durch Regionalisierung. Eine politische Antwort auf die Umstrukturierung der Wirtschaft, Frankfurt a.M./New York.

Küpper, W./Ortmann, G. (Hg.) (1988) : Mikropolitik: Rationalität, Macht und Spiele in Organisationen, Opladen.

Le Goff, J. (1984): Die Geburt des Fegefeuers, Stuttgart.

Leipert, Ch. (1989): Die heimlichen Kosten des Fortschritts, Frankfurt a.M.

Leiss, W. (1979): Die Grenzen der Bedürfnisbefriedigung, in: (Hg.) Duve, F.: Technologie und Politik 12. Das Magazin zur Wachstumskrise. Die Zukunft der Ökonomie 1, Reinbek.

Lorenzen, P. (1989): Philosophische Fundierungsprobleme einer Wirtschafts- und Unternehmensethik, in: Steinmann, H./Löhr, A. (1989), S. 25-57.

Lovelock, J. (1991): Das Gaia-Prinzip. Die Biographie unseres Planeten, Zürich/München.

Luhmann, N. (1984): Soziale Systeme, Grundriß einer allgemeinen Theorie, Frankfurt a.M..

Luhmann, N. (1986): Ökologische Kommunikation: Kann die moderne Gesellschaft sich auf ökolgische Gefährdungen einstellen?, Opladen.

Luhmann, N. (1987): Soziale Systeme: Grundriß einer allgemeinen Theorie, Frankfurt a.M.

Lyotard, J.-F. (1982): Das postmoderne Wissen, Bremen.

Lyotard, J.-F. (1984): Ökonomie des Wunsches, Bremen.

Lyotard, J.-F. (1990): Beantwortung der Frage: Was ist postmodern?, in: (Hg.) Engelmann, P.: Postmoderne und Dekonstruktion. Texte französicher Philosophen der Gegenwart, Stuttgart, 1990

Mag, W. (1988): Was ist ökonomisches Denken?, in: DBW, Nr. 6, S. 761-776.

Maier-Rigaud, G. (1991): Die Herausbildung der Umweltökonomie: Zwischen axiomatischem Modell und normativer Theorie, in: Beckenbach (1991), S. 27-43.

Malthus, Th. (1798): Essay on the Principle of Population, London.

March, J.G./Simon, H.A. (1958): Organizations, New York/London.

Martens, E./Schnädelbach, H. (1991): Philosophie. Ein Grundkurs, Bd. 2, Reinbek.

Marx, K. (1967): Das Kapital, Bd. 1, Frankfurt a.M.

Maslow, A.H. (1977): Motivation und Persönlichkeit, Olten/Freiburg i.Br..

Maturana, H.R. (1982): Erkennen. Die Organisation und Verkörperung von Wirklichkeit, Braunschweig/Wiesbaden.

Maurer, R. (1982): Ökologische Ethik?, in: Allgemeine Zeitschrift für Philosophie, Stuttgart, S. 17-39.

Maurer, R. (1986): Moderne oder Postmoderne? Ein Resümee, in: Koslowski, P./Spaemann, R./Löw, R.(Hg.): Moderne oder Postmoderne? Zur Signatur des gegenwärtigen Zeitalters, Weinheim.

Mayntz, R. (1976): Bürokratische Organisation, 3. Auflage Köln/Berlin.

Mead, G.H. (1968): Geist, Identität und Gesellschaft aus der Sicht des Sozialbehaviorismus, Frankfurt a.M.

Meadows, D.C. (Hg.) (1972): Die Grenzen des Wachstums. Bericht des Club of Rome zur Lage der Menschheit, Stuttgart.

Meckling, W.H. (1976): Values and the Choice of the Model of the Individual in the Social Sciences, in: Schweizerischen Zeitschrift für Volkswirtschaft und Statistik, S. 545-560.

Meffert, H. (1990): Ökologieorientierte Marketing- und Werbestrategie der Marke Opel, Hamburg.

Meffert, H./Benkenstein, M./Schubert, F./Walter, Th. (1986): Unternehmensverhalten und Umweltschutz — Ergebnisse einer empirischen Untersuchung in der Bundesrepublik Deutschland, Arbeitspapier Nr. 31 der Wissenschaftlichen Gesellschaft für Marketing und Unternehmensführung, Münster.

Meffert, H./Kirchgeorg, M. (1992): Marktorientiertes Umweltmanagement, Stuttgart.

Meißner, W./Hödl, E. (1978): Beschäftigungseffekte der Umweltpolitik, Bonn.

Meran, J. (1990): Ist es ökonomisch vernünftig, moralisch richtig zu handeln?, in: Ulrich, P. (1990), S. 53-88.

Merchant, C. (1989): Entwurf einer ökologischen Ethik, in: Dürr, H.P./Zimmerli, W.Ch.(Hg.): Geist und Natur. Über den Widerspruch zwischen naturwissenschaftlicher Erkenntnis und philosophischer Welterfahrung, Bern u.a.

Meyer, B. (1991): Von der entscheidungsorientierten Betriebswirtschaftslehre zur evolutionären Managementlehre, 2. A., Hamburg

Meyer-Abich, K.M. (1984): Wege zum Frieden mit der Natur, München.

Meyer-Abich, K.M. (1989): Wirtschaftliche Verantwortung für die Natur, in: Seifert, E.K./Pfriem, R. (1989), S. 55-66.

Minsch, J. (1992): Grundlagen und Ansatzpunkte einer ökologischen Wirtschaftspolitik, in: Glauber, H./Pfriem, R. (1992), S. 55-73.

Mittelstraß, J. (1990): Wirtschaftsethik oder der erklärte Abschied vom Ökonomismus auf philosophischen Wegen, in: Ulrich, P. (1990), S. 17-38.

Mittelstraß, J. (1992): Auf dem Wege zur Transdisziplinarität, in: GAIA Nr. 5/92, S. 250

Mohndruck GmbH (1991): Umweltbericht, Gütersloh.

Moscovici, S. (1982): Versuch über die menschliche Geschichte der Natur, Frankfurt a.M.

Müller-Wenk, R. (1978): Die ökologische Buchhaltung, Frankfurt/New York.

Nelson, R.N./Winter, S.G. (1982): An Evolutionary Theory of Economic Change, Cambridge.

Neuberger, O. (1977): Führung und Organisation, Stuttgart u.a.

Neuberger, O. (1988): Betriebswirtschaftslehre: Management-Wissenschaft? Management der Wissenschaft vom Management? (Wirtschafts-)Wissenschaft fürs Management!, in: Wunderer, R. (1988), S. 51-64.

Neuberger, O. (1991): Personalentwicklung, Stuttgart.

Neuberger, O./Kompa, A. (1987): Wir, die Firma. Der Kult um die Unternehmenskultur, Weinheim.

Nitschke, Ch. (1990): Umweltlernen in der beruflichen Aus- und Weiterbildung. Ein erster Überblick über Infrastruktur, programmatische Aussagen und praktische Ansätze, Schriftenreihe des IÖW Nr. 40/90, Berlin.

o.V. (1990): „Dieses ethische und soziale Gesäusel“, Interview mit Nestlé-Chef Helmut Maucher, in: manager magazin 4/90, S. 36-37.

o.V. (1992): Ganzheitliches Management bei Wilkhahn, in: Mensch und Design, 3/92, S. 52.

Oelmüller, W. (1978): Transzendentalphilosophische Normenbegründung, Paderborn.

Oesterdiekhoff, G.W. (1993): Unternehmerisches Handeln und gesellschaftliche Entwicklung: Eine Theorie unternehmerischer Institutionen und Handlungsstrukturen, Opladen.

Osers, J. (1980): Sozialistische Wirtschaftsmodelle, Frankfurt/New York

Osterloh, M. (1983): Handlungsspielräume und Informationsverarbeitung, Bern/Stuttgart.

Pascale, R.T./Athos, A.G. (1982): Geheimnis und Kunst des japanischen Managements, München.

Patzig, G. (1984): Ökologische Ethik — innerhalb der Grenzen bloßer Vernunft, Wien.

Peters, Th.; Waterman, R.H. (1984): Auf der Suche nach Spitzenleistungen. Was man von den bestgeführten US-Unternehmen lernen kann, Landsberg.

Pfriem, R. (1983): Ökologie und Betriebswirtschaftslehre, Arbeitspapier Nr.75 des Fachbereiches Wirtschaftswissenschaft der Bergischen Universität, Wuppertal.

Pfriem, R. (1983a): Betriebswirtschaftslehre in sozialer und ökologischer Dimension, Frankfurt a.M./New York.

Pfriem, R. (Hg.) (1986): Ökologische Unternehmenspolitik, Frankfurt a.M./New York.

Pfriem, R. (1986a): Brauchen wir eine ökologische Wirtschaftsethik und Unternehmensphilosophie?, in: Pfriem, R. (1986), S. 244-255.

Pfriem, R. (1989): Das Ökologieproblem als Gegenstand einer möglichen Unternehmensethik,in: Seifert, E./Pfriem, R.(Hg.): Wirtschaftsethik und ökologische Wirtschaftsforschung, Bern/Stuttgart, S. 111-128.

Pfriem, R. (1989a): Ökologische Unternehmensführung, Schriftenreihe des IÖW Nr. 13/88, Berlin.

Pfriem, R. (1990): Die provozierende These, in: Seidel, E.(Hg.): Forschungsinformationsdienst, Ökologisch orientierte Betriebswirtschaftslehre, Siegen, S. 14.

Pfriem, R. (1990a): Können Unternehmen von der Natur lernen? in: Pfriem, R.: Sozialökologische Unternehmensethik und Arbeitsbegriff, Schriftenreihe des IÖW 38/90, Berlin, S. 3-44.

Pfriem, R. (1990b): Zur Rekonstruktion des Arbeitsbegriffs in ökologischer Absicht, in: Pfriem, R.: Sozialökologische Unternehmensethik und Arbeitsbegriff, Schriftenreihe des IÖW 38/90, Berlin, S. 46-70.

Pfriem, R. (1992): Funktionsorientierte Unternehmenspolitik zur Bewältigung von Mobilität und Transport, in: Hesse (1992), S. 205-218.

Pfriem, R. (1994): Der Igel ist immer schon weiter. Überlegungen zum Theorie-Praxis-Problem der Betriebswirtschaftslehre, in: Fischer-Winkelmann, W.F.(Hg.): Praxisvollzug der Betriebswirtschaftslehre, Wiesbaden.

Pfriem, R./Hallay, H./Lehmann, S. (1991): Umwelt-Controlling — Aktive Nutzung von Umweltbilanzen für Unternehmen im Rahmen einer präventiven Umweltpolitik, Endbericht Teil 1, Berlin.

Picht, G. (1989): Der Begriff der Natur und seine Geschichte, Stuttgart.

Picot, A./Kaulmann, T. (1992): Theorie der Unternehmung, in: Gablers Wirtschaftslexikon, 13. A., Wiesbaden, S. 3275-3280.

Pieper, A. (1985): Das Gute, in: Martens, E./Schnädelbach, H. (Hg.): Philosophie — Ein Grundkurs, Bd. 1, Reinbek.

Pieper, R. (1988): Diskursive Organisationsentwicklung. Ansätze einer sozialen Kontrolle von Wandel, Berlin/New York.

Pigou, A.C. (1937): Praktische Fragen der Volkswirtschaft, Jena.

Piore, M.J./Sabel, C.F. (1987): Das Ende der Massenproduktion. Studie über die Requalifizierung der Arbeit und die Rückkehr der Ökonomie in die Gesellschaft, Berlin.

Polanyi, K. (1978): The Great Transformation, Frankfurt a.M.

Polanyi, K. (1979): Ökonomie und Gesellschaft, Frankfurt a.M.

Prätorius, G. (1989): Auto 2000. Von der Produkt- zur Systemoptimierung, Nr. 7 der Arbeitspapiere des Instituts für Ökologie und Unternehmensführung, Oestrich-Winkel.

Preuss, S. (1991): Umweltkatastrophe Mensch — Über unsere Grenzen und Möglichkeiten, ökologisch bewußt zu handeln, Heidelberg.

Priddat, B. (1994): Ökonomische Knappheit und moralischer Überschuß: Theoretische Essays zum Verhältnis von Ökonomie und Ethik, Hamburg.

Prittwitz, V. v.(1990): Das Katastrophenparadox. Elemente einer Theorie der Umweltpolitik, Opladen.

Probst, G.J.B. (1987): Selbst-Organisation — Ordnungsprozesse in Organisationen aus ganzheitlicher Sicht, Berlin/Hamburg

Projektgruppe Ökologisches Wirtschaften (1987): Produktlinienanalyse, Köln.

Pümpin, C. u.a. (1985): Unternehmenskultur — Basis strategischer Profilierung erfolgreicher Unternehmen, in: Die Orientierung, Nr. 85.

Raffée, H. u.a. (1987): Marketing und Lärmminderung. Ergebnisse einer Studie zum ökologieorientierten Konsumentenverhalten, Mannheim.

Raffée, H. u.a. (1988): Marketing und Ökologieorientierung. Eine empirische Studie unter besonderer Berücksichtigung der Lärmminderung, Mannheim.

Raffée, H./Förster, F./Fritz, W. (1992): Umweltschutz im Zielsystem von Unternehmen, in: Steger, U. (1992), S. 241-256.

Rat der Sachverständigen für Umweltfragen (1974): Umweltgutachten 1974, Stuttgart.

Rat der Sachverständigen für Umweltfragen (1988): Umweltgutachten 1988, Stuttgart.

Rawls, J. (1979): Eine Theorie der Gerechtigkeit, Frankfurt.

Reibnitz, U. v.(1987): Szenarien — Optionen für die Zukunft, Hamburg.

Reiche, J./Fülgraff, G. (1987): Eigenrechte der Natur und praktische Umweltpolitik — ein Diskurs über anthropozentrische und ökozentrische Umweltethik, in: Zeitschrift für Umweltpolitik 3/87.

Reichert, L. (1994): Evolution und Innovation, Berlin.

Reijen, W. van (1987): Post-scriptum, in: Kamper, D./Reijen, W. van (Hg.), S. 9-36.

Reijen, W. van (1987a): Miss Marx, Terminals und Grands Récits oder: Kratzt Habermas wo es nicht juckt?, in: Kamper, D./Reijen, W. van (Hg.), S. 536-569.

Remer, A./Sandholzer, U. (1992): Ökologisches Management und Personalarbeit, in: Steger, U. (1992), S. 511-536.

Riebel, P. (1955): Die Kuppelproduktion, Opladen.

Rubik, F. (1992): Die Produktlinienanalyse: Instrument einer ökologischen Produktpolitik, in: Glauber, H./Pfriem, R. (1992), S. 153-172.

Sachs, W. (1991): Natur als System. Vorläufiges zur Kritik der Ökologie, in: Scheidewege — Jahresschrift für skeptisches Denken, Jahrgang 21, 1991/92, S. 83-97.

Schäfer, L. (1991): Natur, in: Martens, E./Schnädelbach, H. (1991), S. 467-507.

Schäfer, L. (1993): Das Bacon-Projekt: von der Erkenntnis, Nutzung und Schonung der Natur, Frankfurt a.M.

Schanz, G. (1977): Grundlagen der verhaltenstheoretischen Betriebswirtschaftslehre, Tübingen.

Schäuble, G. (1979): Die Humanisierung der Industriearbeit, Frankfurt a.M./New York.

Schierenbeck, H. (1989): Grundzüge der Betriebswirtschaftslehre, 10. Auflage München/Wien.

Schmalenbach, E.: Die Privatwirtschaftslehre als Kunstlehre, in: Schweitzer, M.(Hg.): Auffassungen und Wissenschaftsziele der Betriebswirtschaft, Darmstadt 1978, S. 33ff.

Schmidheiny, S. (1992): Kurswechsel. Globale unternehmerische Perspektiven für Entwicklung und Umwelt, München.

Schmidt, B. (1986): Postmoderne — Strategien der Moderne, Darmstadt/Neuwied.

Schmidt, E. (1992): Natur am Verhandlungstisch — Die ökologische Verantwortung der Sozialpartner, in: Glauber, H./Pfriem, R. (1992), S. 143-150.

Schmidt, S.J. (1987): Der radikale Konstruktivismus: Ein neues Paradigma im interdisziplinären Diskurs, in: ders.(Hg.): Der Diskurs des Radikalen Konstruktivismus, Frankfurt.

Schmidt-Bleek, F. (1994): Wieviel Umwelt braucht der Mensch?: MIPS — das Maß für ökologisches Wirtschaften, Berlin.

Schnädelbach, H. (1991): Philosophie, in: Martens, E./Schnädelbach, H. (Hg.): Philosophie — Ein Grundkurs, Bd. 1, Reinbek, S. 36-76.

Schneider, D. (1981): Geschichte betriebswirtschaftlicher Theorie, München/Wien.

Schneider, D. (1993). Betriebswirtschaftslehre, Band.1: Grundlagen, München/Wien.

Schneider, D. (1994): Betriebswirtschaftslehre, Band. 2: Rechnungswesen, München/Wien.

Schönherr, H.-M. (1989): Die Technik und die Schwäche. Ökologie nach Nietzsche, Heidegger und dem „schwachen" Denken, Wien.

Schönherr, H.-M. (1989a): Von der Schwierigkeit Natur zu verstehen. Entwurf einer negativen Ökologie, Frankfurt a.M.

Schreiner, M. (1988): Umweltmanagement in 22 Lektionen. Ein ökonomischer Weg in die ökologische Wirtschaft, Wiesbaden.

Schulte, G. (1993): Der blinde Fleck in Luhmanns Systemtheorie, Frankfurt a.M./New York

Schulze, G. (1993): Die Erlebnisgesellschaft: Kultursoziologie der Gegenwart, Frankfurt a. M./New York

Schumpeter, J.A. (1952): Theorie der wirtschaftlichen Entwicklung, Berlin.

Schwarzer, C. (1994): Strategie und Flexibilität, unveröffentlichtes Manuskript

Seidel, E. (1988): Ökologisches Controlling — Zur Konzeption einer ökologisch verpflichteten Führung von und in Unternehmen, in: Wunderer, R. (1988), S. 307-322.

Seidel, E. (1989): Ökologisch orientierte Unternehmensführung als betriebliche Kultur- und Strukturinnovation, in: Seidel, E./Wagner, D. (1989), S. 261-279.

Seidel, E. (Hg.) (1992): Betrieblicher Umweltschutz: Landschaftsökologie und Betriebswirtschaftslehre, Wiesbaden.

Seidel, E. (1992a): Für ein engeres und fruchtbareres Verhältnis von Betriebswirtschaftslehre und Landschaftsökologie, in: Seidel, E. (1992), S. 1-14.

Seidel, E. (1992b): Entwicklung eines betrieblich-ökologischen Rechnungswesens. Schlüssel zu einer tatsächlichen Ökologisierung des Wirtschaftens, in: Seidel, E. (1992), S. 229-246.

Seidel, E. (1992c): Die Markwirtschaft vor der ökologischen Bewährungsprobe, in: GAIA, Nr. 2, S. 95-104.

Seidel, E./Menn, H. (1988): Ökologisch orientierte Betriebswirtschaft, Stuttgart u.a.

Seidel, E./Wagner, D. (Hg.) (1989): Organisation: evolutionäre Interdependenzen von Kultur und Struktur der Unternehmung, Wiesbaden.

Seifert, E.K./Pfriem, R. (Hg.) (1989): Wirtschaftsethik und ökologische Wirtschaftsforschung, Bern/Stuttgart.

Seifert, E.K. (1986): Zum Problem einer „Naturvergessenheit ökonomischer Theorien", in: Pfriem (1986), S. 15-51.

Seifert, E.K. (1989): Die ökologische Herausforderung für den wirtschaftsethischen Diskurs, in: Seifert, E.K./Pfriem, R. (1989), S. 11-40.

Seitz, N. (1987): Bananenrepublik und Gurkentruppe: Die nahtlose Übereinstimmung von Fußball und Politik 1954-1987, Frankfurt a.M.

Shannon, C./Weaver, W. (1976): Mathematische Grundlagen der Informationstheorie, München/Wien

Sievers, B. (1978): Organisationentwicklung als Aktionsforschung, in: ZfO, 4/1978, S. 209-218.

Sievers, B./Trebesch, K. (1980): Bessere Arbeit durch OE — Offenheit und Effizienz. Konzepte und Methoden des geplanten sozialen Wandels, in: Psychologie heute, 6/1980, S. 49-56.

Sik, O. (1979): Humane Wirtschaftsdemokratie — Ein dritter Weg, Hamburg.

Simon, H.A. (1957): Models of Man. Social and Rational: Mathematical Essay on Rational Human Behavior in a Social Setting, New York/London.

Simon, H.A. (1993): Homo rationalis: Die Vernunft im menschlichen Leben, Frankfurt a.M./New York.

Simonis, U.E. (Hg.) (1990): Basiswissen Umweltpolitik: Ursachen, Wirkungen und Bekämpfung von Umweltproblemen, Berlin.

Simonis, U.E. (1992): Rio-Konferenz — was war, was bleibt?, in: IÖW Informationsdienst, Nr. 3-4, Jg. 7, S. 1-2.

Sloterdijk, P. (1989): Eurotaoismus. Zur Kritik der politischen Kinetik, Frankfurt a.M.

Sohn-Rethel, A. (1981): Produktionslogik und Aneignungslogik (zu Lucas Aerospace), in: Löw-Beer, P. (1981): Industrie und Glück, Berlin, S. 195ff.

Spiller, A. (1993): Welche Anforderungen an Umweltschutz-Audits stellen Umweltschutzorganisationen? Unveröff. Vortragsmanuskript

Spitzley, H. (1980): Wissenschaftliche Betriebsführung. REFA-Methodenlehre und Neuorientierung der Arbeitswissenschaft, Köln.

Sprenger, R.U. (1979): Beschäftigungseffekte der Umweltpolitik, Berlin/München.

Staehle, W. (1983): Funktionen des Managements, Bern/Stuttgart.

Staehle, W. (1987): Management, 3. Auflage München.

Staehle, W. (1988): Managementwissen in der Betriebswirtschaftslehre — Geschichte eines Diffusionsprozesses, in: Wunderer, R. (1988), S. 3-21.

Staehle, W. (1991): Management, 6. Auflage München.

Staehle, W. (1991a): Bleicher, Knut: Das Konzept Integriertes Management. (Rezension), in: Management Revue, Heft 4/91, S. 386-390.

Staehle, W. (1992): Umweltschutz und Theorie der Unternehmung, in: Steger, U. (1992), S. 67-82.

Stahlmann, V. (1988): Umweltorientierte Materialwirtschaft — das Optimierungskonzept für Ressourcen, Recycling, Rendite, Wiesbaden.

Stahlmann, V. (1994): Umweltverantwortliche Unternehmensführung, München.

Staudt, E. (1983): Mißverständnisse über das Innovieren, in: DBW, 43. Jg., S. 341-356.

Staudt, E. (1985): Innovation, in: DBW, 45. Jg.

Steger, U. (Hg.) (1988): Umweltmanagement, Wiesbaden.

Steger, U. (1992): Handbuch des Umweltmanagements, München.

Steger, U. (1993): Nicht moralischer Zweig der Betriebswirtschaftslehre, in: Ökologische Briefe Nr. 42 vom 20. Oktober 1993.

Steger, U./Prätorius, G. (1992): Umweltorientierte Unternehmensstrategie in der Automobilindustrie, in: Hesse (1992), S. 117-130.

Steinbrecher, M. (1990): Systemisch-evolutionäres Management. Von der Notwendigkeit ganzheitlichen Denkens und Handelns, Berlin.

Steinmann, H. (1973): Zur Lehre von der „gesellschaftlichen Verantwortung der Unternehmensführung", in: WIST 10/1973, S. 467-472.

Steinmann, H./Gerum, E. (1978): Reform der Unternehmensverfassung. Methodische und ökonomische Grundüberlegungen, Köln u.a.

Steinmann, H./Löhr, A. (1989): Unternehmensethik, Stuttgart.

Steinmann, H./Löhr, A. (1989a): Grundfragen und Problembestände einer Unternehmensethik, in: (Hg.) dies., S. 3-21.

Steinmann, H./Löhr, A. (1991): Unternehmensethik, 2. A., Stuttgart.

Steinmann, H./Oppenrieder, B. (1985): Brauchen wir eine Unternehmensethik? Ein thesenartiger Aufriß einzulösender Argumentationpflichten, in: Die Betriebswirtschaft, Jg. 45., S. 170-183.

Steinmann, H./Schreyögg, G. (1991): Management. Grundlagen der Unternehmensführung, 2. A., Wiesbaden.

Steinvorth, U. (1985): Gerechtigkeit, in: Martens/Schnädelbach (1991), S. 306-347.

Steinvorth, U. (1990): Klassische und moderne Ethik. Grundlinien einer materialen Moraltheorie, Reinbek.

Stitzel, M. (1992): Gedanken zu einer Forschungslandkarte der ökologischen Betriebswirtschaftslehre, in: Seidel, E. (1992), S. 31-56.

Strasser, J./Traube, K. (1981): Die Zukunft des Fortschritts, Bonn-Bad Godesberg.

Strebel, H. (1980): Umwelt und Betriebswirtschaft, Berlin.

Strebel, H. (1991): Konzepte betriebswirtschaftlicher Umweltökonomie vor dem Hintergrund des Rückstandsproblems, in: FÖB — Forschungsinformationsdienst ökologisch orientierte Betriebswirtschaftslehre, 8. Ausgabe März/April 1991, S.13-18.

Strebel, H. (1992): Material- und Energiebilanzen als umweltpolitisches Instrument, in: Umweltwirtschaftsforum, 1. Jg., Heft 1, S. 9-15.

Strohm, H. (1980): Politische Ökologie, Hamburg.

Strümpel, B. (1989): Erosion der Arbeitsethik — und was dann?, in: Seifert, E.K./Pfriem, R. (1989), S. 43-53.

Strümpel, B. (1992): Das Wirtschaftwunder und kein Ende: Erfahrung und Bewußtsein, in: Zoll, R. (Hg.): Ein neues kulturelles Modell: Zum soziokulturellen Wandel in Gesellschaften Westeuropas und Nordamerikas, Opladen, S. 130-141.

Suchantke, A. (1993): Partnerschaft mit der Natur: Entscheidung für das kommende Jahrtausend, Stuttgart.

Sydow, J. (1985): Organisationsspielraum und Büroautomation, Berlin/New York.

Taylor, F.W. (1917): Grundsätze wissenschaftlicher Betriebsführung, Berlin/München.

Thielemann, U. (1990): Die Unternehmung als ökologischer Akteur? in: Freimann, J. (1990), S. 43-72.

Thompson, V.A. (1969): Bureaucracy and Innovation. University, Al.

Tiebler, P. (1990): Absatzwirtschaft/Marketing/Handelsbetriebslehre, in: Institut für Ökologie und Unternehmensführung (Hg.): Erster Zwischenbericht zum Forschungsprojekt „Entwicklung und Erprobung eines Curriculums zur Integration der Ökologie in die wirtschaftswissenschaftliche Ausbildung", Oestrich-Winkel, S. 130-142.

Trebesch, K.(1982): Definitionen der Organisationsentwicklung — und kein Ende. Oder: Würde Einigkeit stark machen?, in: OE 2/1982, S. 37-62.

Trepl, L. (1983): Ökologie — eine grüne Leitwissenschaft? — Über Grenzen und Perspektiven einer modischen Disziplin, Kursbuch 74, S. 6-27.

Trepl, L. (1987): Geschichte der Ökologie. Vom 17. Jahrhundert bis zur Gegenwart, Frankfurt a.M.

Tribe, L. (1980): Was spricht gegen Plastikbäume?, in: Birnbacher, D. (1980), S. 20-71.

Trist, E. (1990): Sozio-technische Systeme: Ursprung und Konzept, in: OE 4/90, S. 10-26.

Tuchman, B. (1984): Die Torheit der Regierenden, München.

Türck, R. (1991): Das ökologische Produkt, Ludwigsburg/Berlin.

Türk, K. (1988): Herstellung von Konsens durch Führung, in: Wunderer, R. (1988), S. 85-96.

Ueberhorst, R./de Man, R. (1992): Zweite Frankfurter Studie zur Förderung chemiepolitischer Verständigungsprozesse, Teil I: Zur Initiierung, Durchführung und Fortsetzung erster kooperativer Arbeiten mit gewerkschaftlichen, industriellen und ökologischen Partnern, Frankfurt a.M.

Uka, W. (1986): Umweltberichterstattung der Großunternehmen. An Beispielen der Geschäftsberichte der Elektrizitätswirtschaft und der Chemischen Industrie. IIUP rep 86-113, Berlin.

Ulrich, H. (1981): Management-Philosophie für die Zukunft, Bern/Stuttgart.

Ulrich, H. (1984): Management, Bern/Stuttgart.

Ulrich, H./Krieg, W. (1974): Das St. Galler Management Konzept, Bern/Stuttgart.

Ulrich, H./Krieg, W./Malik, F. (1976): Zum Praxisbezug einer systemorientierten Betriebswirtschaftslehre, in: Ulrich, H. (Hg.): Zum Praxisbezug der Betriebswirtschaftslehre, Bern/Stuttgart.

Ulrich, H./Probst, G.J.B. (1988): Anleitung zum ganzheitlichen Denken und Handeln: ein Brevier für Führungskräfte, Bern/Stuttgart.

Ulrich, P. (1977): Die Großunternehmung als quasi-öffentliche Institution, Stuttgart.

Ulrich, P. (1980): Plädoyer für unternehmenspolitische Vernunft, in: Management Zeitschrift IO, 1/1980, S. 36ff.

Ulrich, P. (1981): Wirtschaftsethik und Unternehmensverfassung: Das Prinzip des unternehmungspolitischen Dialogs, in: Ulrich, H.(Hg.): Management-Philosophie für die Zukunft, Bern/Stuttgart 1981.

Ulrich, P. (1983): Konsensus-Management: Die zweite Dimension rationaler Unternehmensführung, in: BFuP, Jg. 35, S. 70-84.

Ulrich, P. (1984): Systemsteuerung und Kulturentwicklung. Auf der Suche nach einem ganzheitlichen Paradigma der Managementlehre, in: Die Unternehmung, 38. Jg., S. 303-325

Ulrich, P. (1986): Transformation der ökonomischen Vernunft: Fortschrittsperspektiven der modernen Industriegesellschaft, Bern/Stuttgart.

Ulrich, P. (1988): Betriebswirtschaftslehre als praktische Sozialökonomie — Programmatische Überlegungen, in: Wunderer, R. (1988), S. 191-215.

Ulrich, P. (1989): Der spezielle Blick der Allgemeinen Betriebswirtschaftslehre für die ökonomischen Dinge der Unternehmensführung — Ein sozialökonomischer Ansatz, in: Kirsch, W./Picot, A.(Hg.): Die Betriebswirtschaftslehre im Spannungsfeld zwischen Generalisierung und Spezialisierung, Wiesbaden, S. 137-154.

Ulrich, P. (1989a): Unternehmensethik — Führungsinstrument oder Grundlagenreflexion?, in: Steinmann, H./Löhr, A. (1989), S. 179-200.

Ulrich, P. (1989b): Lassen sich Ökonomie und Ökologie wirtschaftsethisch versöhnen?, in: Seifert, E.K./Pfriem, R. (1989), S. 129-149.

Ulrich, P. (Hg.) (1990): Auf der Suche nach einer modernen Wirtschaftsethik: Lernschritte zu einer reflexiven Ökonomie, Bern/Stuttgart.

Ulrich, P. (1990a): Wirtschaftsethik als Kritik der „reinen" ökonomischen Vernunft, in: Matthiessen, Ch. (Hg.) (1990): Ökonomie und Ethik — Moral des Marktes oder Kritik der reinen ökonomischen Vernunft, Freiburg i.Br., S. 111-138.

Ulrich, P. (1990b): Wirtschaftsethik auf der Suche nach der verlorenen ökonomischen Vernunft, in: ders. (1990), S. 179-226.

Ulrich, P. (1991): Ökologische Unternehmenspolitik im Spannungsfeld von Ethik und Erfolg, Beiträge und Berichte des Institut für Wirtschaftsethik Nr. 47, St. Gallen.

Ulrich, P./Fluri, E. (1992): Management, 6. Auflage.

Ulrich, P./Thielemann, U. (1992): Ethik und Erfolg: unternehmensethische Denkmuster von Führungskräften; eine empirische Studie, Bern/Stuttgart.

Umweltbundesamt (Hg.) (1992): Ökobilanzen für Produkte: Bedeutung — Sachstand — Perspektiven, Berlin.

Umweltmanagement. So wird es gemacht, manager spezial, Beilage zu manager magazin 9/91

Vanek, J. (1975): Marktwirtschaft und Arbeiterselbstverwaltung, Frankfurt/New York.

Vester, F. (1988): Neuland des Denkens, 5. Auflage München.

Vester, F. (1990): Ausfahrt Zukunft. Strategien für den Verkehr von morgen. Eine Systemuntersuchung, München.

Vornholz, G. (1993): Zur Konzeption einer ökologisch tragfähigen Entwicklung: eine ökonomisch-theoretische Analyse der Bedingungen für die Erhaltung der natürlichen Lebensgrundlagen, Marburg.

Vossenkuhl, W. (1985): Praxis, in: (Hg.) Martens, E./Schnädelbach, H.: Philosophie — Ein Grundkurs, Bd. 1, Reinbek.

Wagner, B. (1990): Bedürfnisorientierte Unternehmenspolitik, Bern/Stuttgart.

Wagner, G.R. (Hg.) (1990): Unternehmung und ökologische Umwelt, München.

Wagner, G.R. (1990a): Unternehmung und ökologische Umwelt — Konflikt oder Konsens?, in: Wagner, G.R. (1990), S. 1-28.

Wagner, G.R./Fichtner, S. (1992): Unternehmerische Abfallwirtschaft, in: Steger, U. (1992), S. 557-570.

Wagner, G.R./Janzen, H. (1991): Ökologisches Controlling. Mehr als ein Schlagwort?, in: Controlling. Zeitschrift für erfolgsorientierte Unternehmenssteuerung, Heft 3, S. 120-129.

Walger, G. (1993): Produktive Produktion: Ein Beitrag zur Rekonstruktion der Betriebswirtschaftslehre als ökonomische Theorie, Bern/Stuttgart.

Walzer, M. (1990): Kritik und Gemeinsinn. Drei Wege der Gesellschaftskritik, Berlin.

Watzlawick, P./Beavin, S.H./Jackson, D. (1974): Menschliche Kommunikation: Formen, Störungen, Paradoxien, 4. A., Bern u.a.

Weizsäcker, E.U. v. (1989): Erdpolitik, Darmstadt.

Welsch, W. (1988): Unsere postmoderne Moderne, 2. Auflage Weinheim.

Werckmeister, O.K. (1989):Zitadellenkultur: Die schöne Kunst des Untergangs in der Kultur der achtziger Jahre, München/Wien.

Wicke, L. (1986): Die ökologischen Milliarden. Das kostet die zerstörte Umwelt — so können wir sie retten, München.

Wicke, L. (1991): Umweltökonomie, 3. Auflage München.

Wicke, L./Haasis, H.-D./Schafhausen, F./Schulz, W. (1992): Betriebliche Umweltökonomie. Eine praxisorientierte Einführung, München.

Wiesenthal, H. (1990): Ökologischer Konsum — ein Allgemeininteresse ohne Mobilisierungskraft? Eine Bestandsaufnahme im Lichte der Rational-Choice-Theorie, in: Hildebrandt, E.(Hg.): Schriftenreihe des IÖW 25/89, S. 21-32.

Wiesenthal, H. (1991): „Rational Choice", Unsicherheit und ökologische Rationalität, in: Beckenbach, F. (1991), S. 281-298.

Williamson, O.E. (1990): Die ökonomischen Institutionen des Kapitalismus: Unternehmen, Märkte, Kooperationen, Tübingen.

Willke, H. (1991): Systemtheorie, 3. A., Stuttgart/New York.

Willke, H. (1993): Systemtheorie entwickelter Gesellschaften, 2. A., Weinheim/München.

Winter, G. (1987): Das umweltbewußte Unternehmen. Ein Handbuch der Betriebsökologie mit 22 Checklisten für die Praxis, 4. A., München.

Winter, G. (1992): Für ein integriertes System umweltorientierter Unternehmensführung, in: Glauber, H./Pfriem, R. (1992), S. 124-130.

Witte, E. (1973): Innovationsfähige Organisation, in: Zeitschrift für Organisation, 42. Jg., Heft 1, S. 17-24.

Wittmann, W. (1959): Unternehmung und unvollkommene Information, Köln/Opladen.

Wöhe, G. (1990): Einführung in die Allgemeine Betriebswirtschaftslehre, 17. Auflage München.

Wollnik, M. (1988): Das Verhältnis von Organisationsstruktur und Organisationskultur, in: Dülfer, E. (Hg.): Organisationskultur, Stuttgart 1988, S. 49-76.

Worldwatch Institute (Hg.) (1992): Zur Lage der Welt 1992. Daten für das Überleben unseres Planeten, Frankfurt a.M.

WSI-Projektgruppe (1974): Grundelemente einer Arbeitsorientierten Einzelwirtschaftslehre (WSI-Studie Nr. 23), Köln.

Wunderer, R. (Hg.) (1988): Betriebswirtschaftslehre als Management- und Führungslehre, 2. A., Stuttgart.

Würtenberger, Th. (1991): Akzeptanz durch Verwaltungsverfahren, in: Neue Juristische Wochenschrift, Heft 5, S. 257ff., Frankfurt.

Zilleßen, H. (1992): Verwaltung als Vermittlung — neue Formen der Konfliktregelung im Industriestaat, in: Fortbildung Nr. 1/92, Bochum.

Carl v. Ossietzky Universität Oldenburg
Fachbereich Wirtschafts- und Rechtswissenschaften

Prof. Dr. Reinhard Pfriem

Allgemeine Betriebswirtschaftslehre,
Unternehmensführung und betriebliche Umweltpolitik

Publikationen

Glauber, H. / Pfriem, R. (Hg.):
Ökologisch Wirtschaften. Erfahrungen – Strategien – Modelle,
Frankfurt a.M. 1992 DM 19,90

Hallay, H. / Pfriem, R.:
Öko-Controlling. Umweltschuz in mittelständischen Unternehmen,
Frankfurt/New York 1993 DM 58,-

Schriftenreihe:

Nr. 1 Pfriem, R.:
Stellungnahme zum Fragenkatalog der Enquetekommission „Schutz des Menschen und der Umwelt" zur Expertenanhörung Ökobilanzen/Produktlinienanalysen, September 1992
DM 10,-

Nr. 2 Pfriem, R. / Hallay, H. / Pfaffenberger, W.:
Arbeitnehmerinteressen und Öko-Bilanzen, Oktober 1992
DM 15,-

Nr. 3 Kneifel, M. / Smit, J.:
Das geplante Prüfgelände der Mercedes-Benz AG im emsländischen Papenburg – Planung, Konflikt, Lösung, Januar 1993 DM 25,-

Nr. 4 Fischer, D. / Kühling, B. / Pfriem, R. / Schwarzer, Ch.:
Kommunikation zwischen Unternehmen und Gesellschaft. Voraussetzungen angemessener Umweltberichterstattung von Unternehmen, August 1993 DM 15,-

Nr. 5 Pfriem, R.:
Externe ökologische Kommunikation von Unternehmen, Oktober 1994 DM 10,-

Nr. 6 Pfriem, R.:
Betriebswirtschaftslehre als ökonomische und Kulturwissenschaft, November 1994 DM 10,-

Die aufgeführten Publikationen können portofrei gegen Zusendung eines Verrechnungsschecks bestellt werden bei:
Prof. Dr. Reinhard Pfriem
Carl von Ossietzky Universität Oldenburg • Institut für BWL I • Postfach 2503 •
26111 Oldenburg • Tel.: 0441-798-8345/8356 • Fax: 0441-798-8341